金尉出版　Money錢

金尉出版　Money錢

活用技術分析寶典

從K線、均線到交易高手的養成祕笈

上冊

朱家泓——著

金尉出版 Money錢

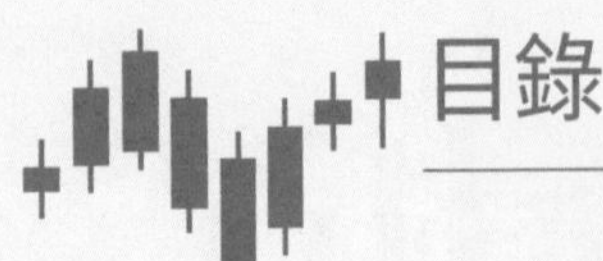

目錄

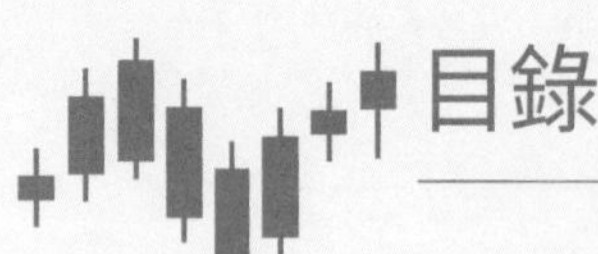

目錄

目錄

自序1

股市修行40年 願渡有緣人

股市是修行的道場，「初入不知股市險，再入已是股市人」。走出校門步入社會的莘莘學子，自認練就一身武功，抱著美麗願景與自信下山挑戰武林，一陣闖蕩後遍體鱗傷，才知道理想很豐滿，現實很骨感，很多人進入股票市場也是這樣。

我踏入股市，經歷過1990年台股大盤由高點12,682點，經過7個月慘跌到2,550點的狀況，當時自己與絕大多數散戶一樣，多年的積蓄付諸東流；如今，也見證到2024年台股創24,416點歷史高點的奇蹟。

我進入股市前面22年，是菜鳥浮浮沉沉，直到2006年57歲才正式開始學習技術分析，並且下定決心把股市當作個人事業的第三春（第一春是中正理工學院1973年畢業服務軍旅，第二春是1995年退伍開設印刷禮贈品公司），人生第三春，把經營股市作為事業，從此踏上股市的不歸路。

2011年7月，金尉出版社（原富傳媒股份有限公司），幫我出版了第1本《抓住飆股輕鬆賺》基礎技術分析書，之後陸續出版《抓住線圖股民變股神》、《抓住K線獲利無限》、《做對5個實戰步驟你就是賺錢高手》，至今13年，4本書銷售超過30萬本。在出第1本書後的次年2012年，承蒙「理周教育學苑」請我開股票技術分析相關課程，轉眼至今也整整教學12年之久。

這十幾年下來的教學相長以及在股市中的實戰操作，讓我對技術分析有更深層的體悟，一直想寫一本結合理論與實戰的技術分析大全，把個人這十多年的股市心得分享給與我有相同職志的投資朋友參考，經過3年的慢工出細活，終於在金尉出版社始終如一的支持之下，完成這本書。

股市的複雜性難以想像，有永遠學不完的學問，但要掌握所有的因素才做股票，也是不切實際，經歷40餘年操作，終於領悟化繁為簡，一招半式練到爐火純青，自然就能闖股市武林且立於不敗之地，讀者如能熟讀這本《活用技術分析寶典》的內容，應用在股市選股、進場、停損、停利的練習，假以時日必能在股市中闖出屬於你的武林。

寫這本書的目的，是希望能成為讀者最實用的炒股工具，操作時心法要化繁為簡，如此才易於執行。

用技術分析養成賺錢的習慣，在股市致富是水到渠成的自然結果，在此特別提供下列賺錢的習慣，希望讀者可以一邊學習一邊體會，早午晚當經誦唸，久而久之就能發揮書中功力，成為股市贏家。

養成賺錢的習慣口訣：

1. 買強不買弱；
2. 買低不追高；
3. 順勢不逆勢；
4. 停損不套牢；
5. 停利不猶豫。

祝讀者在股市中從此順風順水，順心順意，一帆風順！

家泓

2024 年 10 月寫於工作室

自序 2

散戶的問題 技術分析都有答案

已故股市名人，資深股民「阿土伯」在一次接受《三立財經台》訪問的時候大罵王雪紅，原來他在 2014 年 5 月時用 175 元進場買了 80 多張宏達電（2498），耗資 1,400 萬元，抱到 2015 年 6 月，股價直接下殺到 83.6 元賣出，賠了 731 萬元。

打開宏達電的走勢圖，如果用技術分析來操作這檔股票，阿土伯的問題就迎刃而解。2014 年 5 月 6 日阿土伯以 175 元進場買宏達電，就技術分析紀律來看，犯了下面的錯誤，才導致股價腰斬大賠 731 萬元：

1. 進場買點位置錯誤，當天趨勢是跌破前低後反彈到高檔，出現爆大量的變盤線，不該追高。

2. 接著 5 月 9 日長黑 K 跌破 5 均，跌破進場紅 K 最低點，當日應該停損。

3. 5 月 30 日長黑 K 跌破盤整低點，趨勢反轉空頭確認，當日為絕對停損點，趨勢轉空，股價後續一路下跌，股票套牢。

4. 到了 2015 年 8 月 7 日，宏達電股價續跌，阿土伯在 83.6 元認賠賣出。

5. 如果阿土伯在 83.6 元不認賠，後續空頭跌到 40.35 元，股價再腰斬。

宏達電（2498）股價走勢圖①

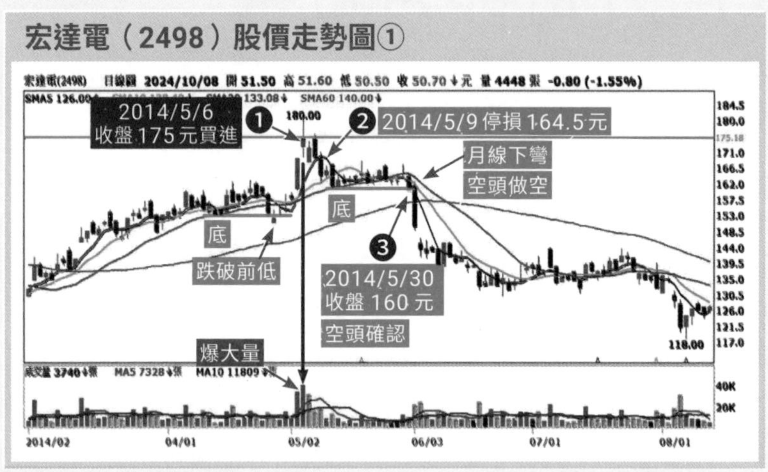

資料來源：富邦 e01 及嘉實資訊

宏達電（2498）股價走勢圖②

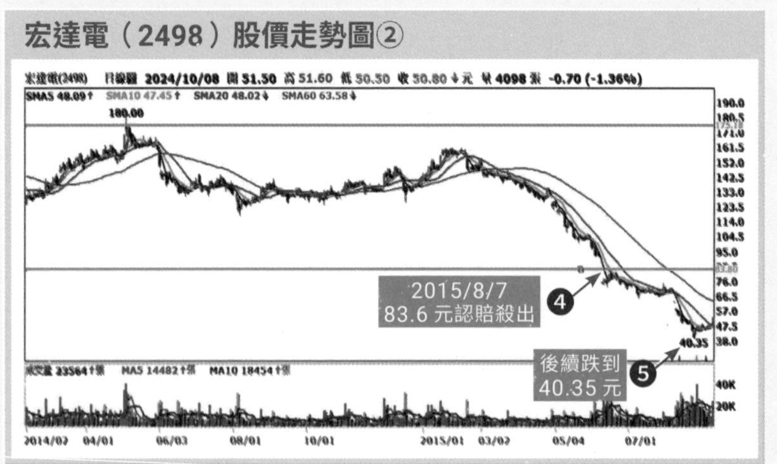

資料來源：富邦 e01 及嘉實資訊

其實股價漲跌是市場交易的結果，投資人一直弄不懂的是為什麼有些公司基本面很好，股價卻一直下跌；有些公司沒有業績表現，股價突然大漲。不是只有王雪紅的宏達電會跌，郭台銘的鴻海（2317）從最高375元也跌到最低52.6元，大立光（3008）的股價最高6,075元也一路跌到1,525元，如果只是「憑感覺」去買股票，即使是好公司，也會讓你賠得很慘。

那麼，要怎麼解決股票一買就跌，一賣就漲的問題？

大部分散戶買股票憑感覺、聽消息，看節目分析師介紹就進場，往往總是買到高點，短線獲利的賣壓隨時都會出現，因此常常一買就跌，當連續下跌幾天，賠錢賣出，股價也修正差不多了，這時股價再次上漲，感覺股票賣了就漲。

如果用技術面來操作股票，就會有一定的進場位置，買進之後有操作的步驟方法，只要恪守紀律操作，最終會有下面3個結果：

1. 股票果然如預測的一樣連續大漲，依照紀律停利，結果大賺（獲利超過15%以上）。

2. 股票走勢不強漲，沿5日均線慢慢上漲，依照紀律停利，結果只有小賺（獲利5%～8%左右）。

3. 買進後走勢不理想，跌破停損價，依照紀律停損，結果小賠（平均大概賠5%）。

無論任何股票，依照紀律操作最壞情形就是小賠停損出場，絕對不會有套牢的情形。

技術分析到底能夠告訴投資人什麼？技術分析是綜合市場理性和非理性交易的結果，這個結果能夠反映出許多市場的訊息，當我們了解市場交易人的看法，遵從市場的方向，採取一定勝率的方法操作，自然就可以得到大賺小賠的贏家結果（參閱本書下冊第12篇〈高勝率方程式〉及〈技術分析操作的目標管理〉單元），技術分析的訊號，在告訴投資人下列的訊息：

1. 股票現在的趨勢方向：是多頭趨勢、空頭趨勢還是區間盤整（參閱本書第2篇〈趨勢篇〉）。

2. 股價在趨勢中波段的位置：

(1) 多頭趨勢是底部反轉剛確認多頭，還是在上漲初升段、上漲主升段或末升段。

(2) 空頭趨勢是頭部反轉剛確認空頭，還是在下跌初跌段、下跌主跌段或末跌段。

(3) 股價今天多頭是起漲、高檔、遇壓力位置、回檔，還是遇支撐位置；股價今天空頭是起跌、低檔、遇支撐位置、反彈，還是遇壓力位置。

3. 技術分析圖上有明確的支撐與壓力位置（參閱本書第6篇〈支阻篇〉），可以讓投資人做好事前的準備，到支撐、壓力位置時，股價出現變化可以及時應對。

4. 當天K線變化，能夠顯示當天交易多空力道的強弱及改變（參閱本書第3篇〈K線篇〉），告訴投資人股價明日可能的漲跌，投資人可以做好準備。

在股中打滾40多年，說實在，除了存股長期投資之外，一般散戶如果沒有一套有效的方法，要在股市中穩定賺大錢的確不容易。但技術分析易學易懂，只要假以時日的小資金實戰練習，守紀律地選股、進場、操作、停損、停利出場，在股市賺錢自然不是難事。

個人總結這十多年教學經驗，整理這本《活用技術分析寶典》，希望提供投資人一項股市賺錢的工具，在股市中創造財富，歡度美好人生。

最後，這本書的誕生歷時3年，過程中承蒙許多前輩、專家給予指導與鼓勵，完稿後，林穎老師細心幫忙校稿，終能與讀者見面，在此表達誠摯的謝意。

2024年10月寫於工作室

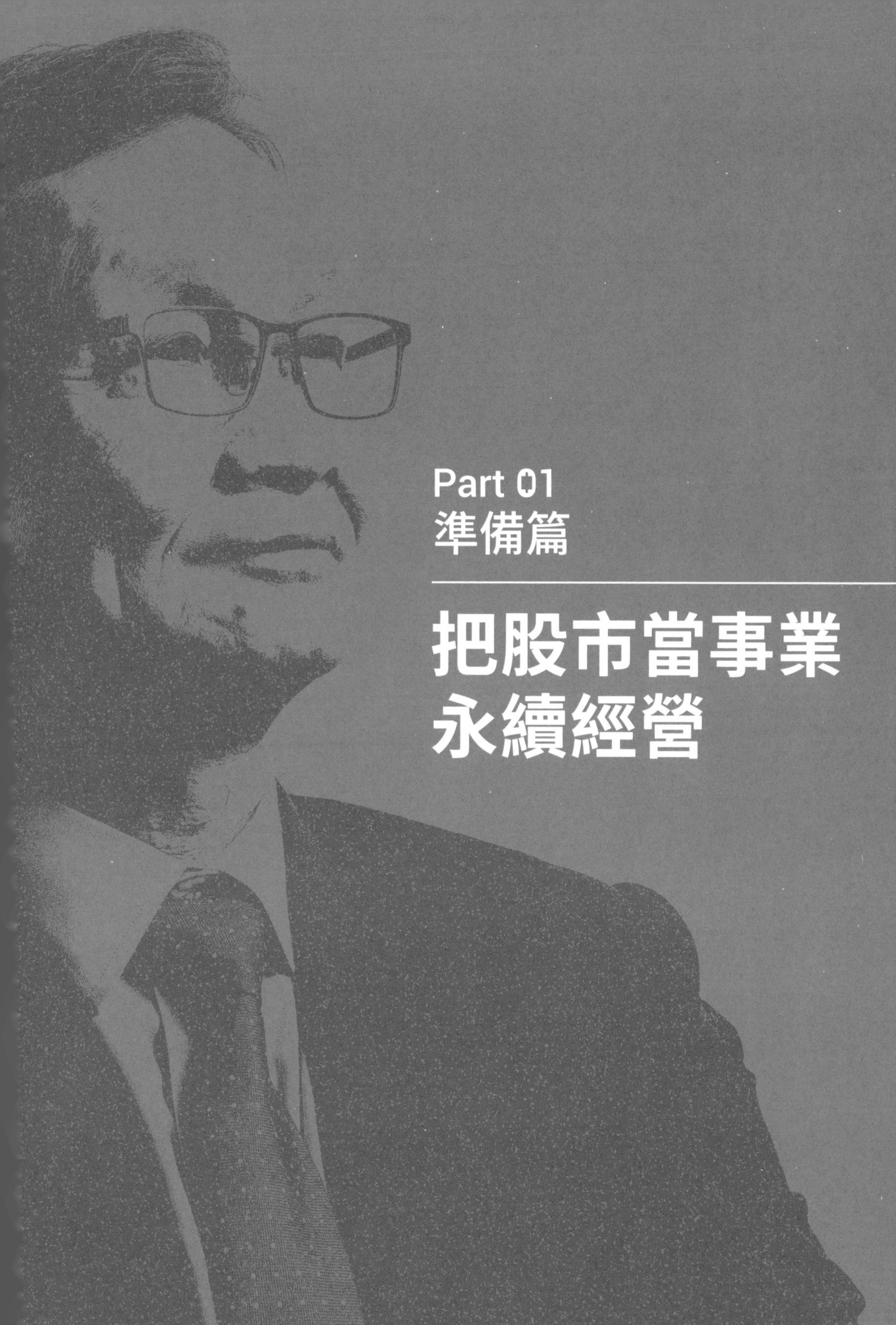

Part 01
準備篇

把股市當事業永續經營

1-1

學會技術分析 散戶擁 4 大利器

俗話說得好，「靠山山會倒，靠人人會跑。」只有靠自己累積財富，才能安度無憂無慮的一生。

投資理財是現代人必修的學問，隨著時代的進步，理財投資的商品也越來越多，除了房地產之外，還有股票、期貨、基金、ETF、選擇權、數位貨幣……應有盡有，每個人至少必須學會1項投資理財工具，跟隨時代的腳步，超前部署未來的樂活人生，才能實踐自己財務自由的理想。

來看看我們正面臨的世界樣貌：①網路經濟的時代（不出門的經濟時代）；②少子化的時代（養兒不能防老的時代）；③不穩定的時代（沒有鐵飯碗的工作）：④ 超前部署的時代（要學習第2專長，創造主動、被動收入）。

資訊不對等 散戶勝出要有方法

經營股票市場，確實是個很棒的事業，不過「天下沒有白吃的午餐」，經營股票市場要賺錢，如同在熱滾滾的油鍋中撈黃金，看得到，卻不容易拿到，想要看得到又撈得到，是需要一些本事的。

進入股市的方法固然很多，但是要找一種簡單易學、能夠執行的方法，就是技術分析。

①反映理性vs非理性交易結果

一家公司的基本面只有1個版本（除非是財報造假的地雷股），公司基本面的資本額、本益比、淨值、營收等等經濟數據都是一些客觀的具體數字統計，這些無法包括市場的心理面。然而，絕大多數時間，市場都在心理情緒的主導下進行交易，否則市場怎麼會出現有人看好去買的同時，又有人看壞在賣呢？

英國著名的經濟學家凱恩斯曾經說過：「在非理性的世界中進行理性的投資，將造成天大的災難。」而技術分析是理性與非理性交易的結果，真實反映市場的現況。

範例：聯詠（3034）是一家股本60億元的中型IC設計公司，從財報數字來看，第1季每股盈餘是2021年第1季的2倍，但是股價由2022年1月3日最高點546元，下跌到4月27日的最低點350.5元，呈現非理性下殺。

| 圖表 1-1-1 | **聯詠（3034）歷史營收 vs 稅前獲利表現**

時間	營收（百萬）	月增率（%）	去年值	年增率（%）	累計營收（百萬）	年增率（%）
2021/10	12,591.21	-2.63	7,567.73	66.38	111,414.62	71.22
2021/11	12,066.87	-4.16	7,578.96	59.22	123,481.48	69.97
2021/12	11,884.03	-1.52	7,306.15	62.66	135,365.51	69.3
2022/01	12,317.27	3.65	8,122.31	51.65	12,317.27	51.65
2022/02	11,724.69	-4.81	8,714.83	34.54	24,041.97	42.79
2022/03	12,469.72	6.35	9,529.37	30.86	36,511.69	38.48
2022/04	12,319.56	-1.2	11,083.87	11.15	48,831.25	30.39

時間	盈利（百萬）	年增率（%）	累計盈利（百萬）	累計年增率（%）	累計稅前每股收益（元）
2021/Q1	7,286.22	166.74	7,286	166.74	11.97
2021/Q2	11,956.11	282.97	19,242	228.73	31.62
2021/Q3	15,281.89	268.6	34,524	245.26	56.74
2021/Q4	13,590.74	198.73	48,115	230.71	79.07
2022/Q1	13,765.50	88.93	13,766	88.93	22.62

｜圖表 1-1-2｜ 聯詠（3034）2022 年初出現非理性下跌

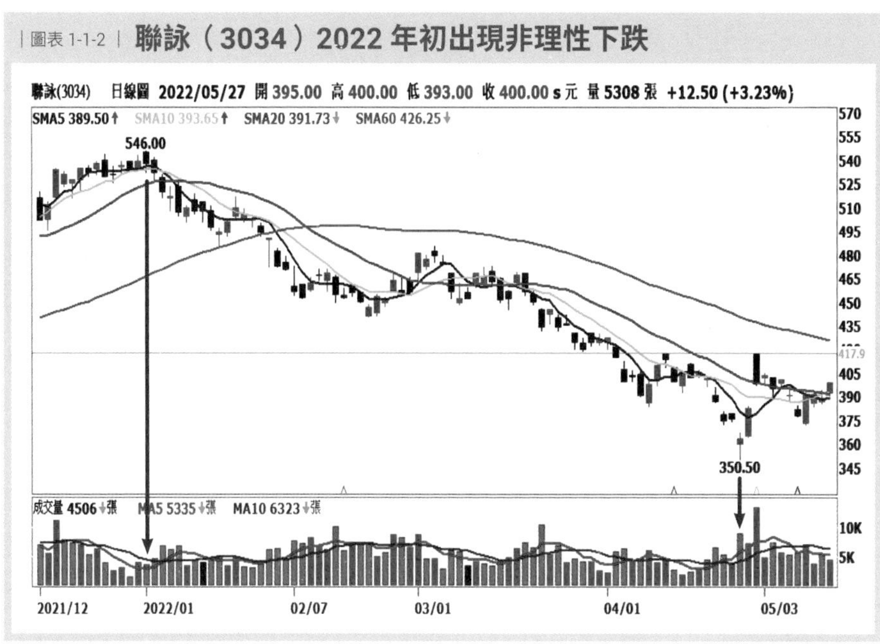

資料來源：富邦 e01 及嘉實資訊

②建立明確交易紀律

只要你把錢投入股市，情緒就開始如影隨形，所有的緊張、期待、憂慮、恐懼都隨之而來，會嚴重影響行情判斷及交易的決策，而影響程度與投入資金的大小成正比。透過技術分析可以研擬一套交易法則、判斷依據，例如設定進場位置條件、停損點的位置、停利的位置、風險報酬的比率等等，因而建立一套可依循操作的紀律。

範例：大略-KY（4804）多頭確認後，依據短線波段做多操作紀律，沿 5 日均線進出，2022 年 5 月 4 日空頭確認結束做多。

｜圖表 1-1-3｜ **利用技術分析建立操作紀律**

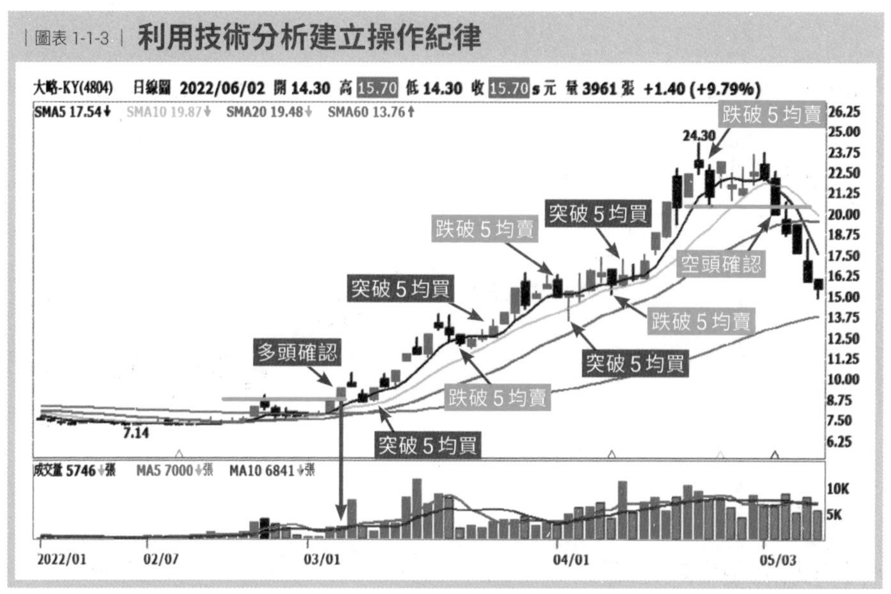

資料來源：富邦 e01 及嘉實資訊

③避免踩到地雷股

許多地雷股在事情沒有暴發前，公司董事都會放假利多消息然後出貨，一般投資人無法察覺，甚至會買進套牢到下市，投資血本無歸，投訴無門。如果看技術分析圖即可研判走勢反轉，依據操作紀律，自然已經賣出，不會陷入慘遭套牢的命運。

範例：2016 年 8 月轟動一時的樂陞（3662）詐騙案，依據短線波段做多操作紀律，8 月 16 日長黑 K 跌破 5 日均線，空頭確認賣出，避開地雷（圖表 1-1-4）。

④散戶唯一可依賴的市場訊息

散戶在市場中是資訊最弱的族群，幾乎不可能拿到第一手的內

｜圖表 1-1-4｜ **長黑 K 跌破 5 日均線是賣出訊號**

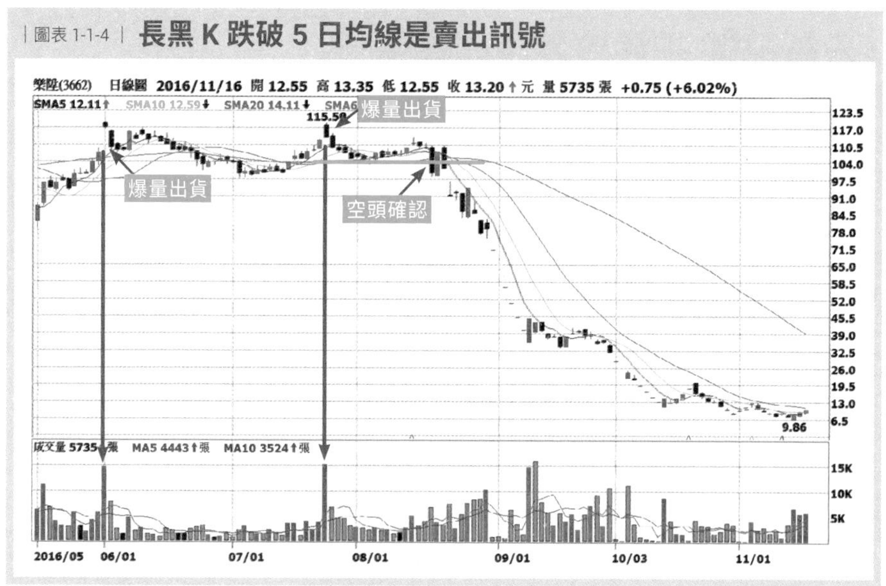

資料來源：富邦 e01 及嘉實資訊

部或是外部資訊，因此，學會技術分析更為重要，看得懂行情走勢以及了解圖形發出的信息，才能在詭譎多變的市場中確實掌握方向，而不會被周遭一堆消息所迷惑，因為所有的消息面、基本面、心理面……都會反映在當天交易的價格以及成交量之中。

總體來說，一般投資人（散戶）一定學習技術分析的 4 大理由：

1. 絕對不會套牢大賠，不會踩到地雷股血本無歸。
2. 不會受到心理面、消息面、基本面的影響。
3. 能夠自己選股、鎖股、進場、操作停利。
4. 有明確進出規則可以依循，化繁為簡輕鬆獲利。

技術分析可以做到：①大波段獲利、②階段獲利、③短線獲利、④隔日獲利、⑤當日獲利。

永續經營 把股市當賺錢事業

有一種事業沒有年齡的限制、沒有性別的區分；不必很高的學歷、不需要姣好的外貌；不必投入很多資金、不需昂貴的設備、不需很大的空間；不須要面對老闆、不要僱用員工；不要開發客戶、不要拋頭露面；不要交際應酬、不需背景後台；不會風吹日曬、不必上班打卡；不須要遠離家門，而且市場天天開門，客戶數以百萬，交易金額日上千億……

真的有這種事業嗎？有，那就是經營股票市場！而且一技在身，可永續經營。

投資是世界上最棒的行業

1. 市場最大：每日有千億成交市場。
2. 資本最少：10 萬元可以開始經營事業。
3. 無需店面及設備：1 台電腦走天下，一指神功打天下。
4. 個人經營：自己就是老闆，無需員工，也不要面對客戶。
5. 放眼世界：各種金融商品都能操作，機會無限，一切自己決定。

下決心學會股票賺錢方法

1. 設定成功的目標：富有、悠閒、自由的人生。
2. 目標執行計畫：全職全力以赴，6 個月專業基礎課程、6 個月加強練功，再加上 1 年實戰經驗，2 年就可以完成一生的夢想。

3. 目標完成過程：學習→到股市驗證對不對→歷練敢不敢的勇氣→等到大機會要能夠掌握。

同時，要留意股票市場中的引誘手法，經常出現的包括：①低檔放利空恐嚇，洗出散戶籌碼，主力殺低進貨；②高檔放利多誘惑，散戶追高買進，主力拉高出貨。

股市賺錢重要守則：大賺小賠

股市當然會有風險，例如宏達電（2498）股價從1,300元下跌到40.35元，損失96.9%；樂陞股價從194.5元下跌到9.86元，損失95%；大立光（3008）股價從6,075元下跌到1,525元，損失75%。這樣的例子過去屢見不鮮，未來也會一再出現。

因此，進入股市要先學會停損，該賠就賠，少賠就是賺。停損是散戶唯一可以避免大賠風險的方法，留得青山在，不怕沒柴燒，保留資金才有反敗為勝的機會。

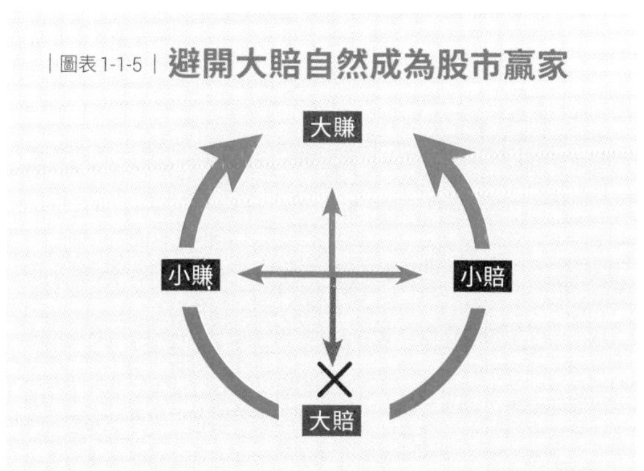

|圖表1-1-5| 避開大賠自然成為股市贏家

進入股票市場操作，只會產生大賺、大賠、小賺、小賠4種結果，要在股市成為巨富，必須做到避免大賠。一般投資人在股票市場操作，大多數人遇到行情下跌不會即時處理，造成大賠，即使平常時間是小賺小賠，總結下來變成賠多賺少，造成累積性的龐大損失。

如何扭轉這種情勢，成為股市贏家？一定要在操作觀念上改變，否則學再多的技術分析，也不容易賺錢，更遑論賺大錢。

股票市場走勢分為漲勢、跌勢、盤整3個狀況，首先要清楚知道目前操作的商品，是處於哪種走勢，相對位置的高低，在不同的走勢中採取不同的操作認知，配合應有的操作紀律，實務上多加練習，自然就能體悟賺大錢的道理了。

認清你是誰 在股市中做對的事

進入股票市場投資，要認清自己是誰，然後才知道要做什麼事，做一些不該你做的事，後果就會很嚴重！我們散戶不要去做的事，包括：

① 散戶不是主力 別學主力「布局」

主力布局1檔股票，短則1、2個月，長到半年都有，散戶資金有限，布局3個月資金會卡住，有其他好機會時無法投入，到最後上漲還好，萬一遇到大環境改變，可能還要賠錢出場。散戶的優勢就是能夠快速進出，所以，正確的做法，應該讓主力去布局，當主力布局完成，開始發動時再介入。

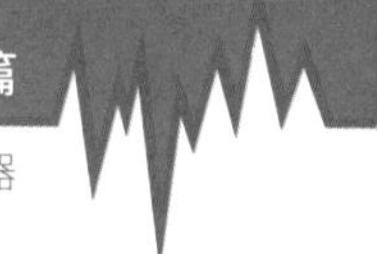

② 散戶不是國安基金 下跌時別「護盤」

許多散戶在股市大跌時，「怕大家賠太多錢」就去護盤，結果螞蟻還是無法抬起大象，股價越護越低，自己壯烈犧牲。股價下跌不是你的錯，不要想去買到它止跌，而是等止跌回升再去錦上添花，共襄盛舉。

③ 散戶不是外資 沒財力攤平

股價下跌，一路往下攤平是外資的專利，不要越俎代庖，我們是散戶，攤到傾家蕩產，若股價續跌就要家破人亡了。切記，切記！

除了上面不是散戶的工作不要做之外，要了解自己下面幾件事。首先，知道自己有多少資金，量力而為。會操作，小錢就可以滾成大錢；不會操作，大錢會賠成負債，不要超出自己的能力，否則吃不下飯，睡不著覺，得不償失。

其次，知道自己的功夫有多少，沒有三兩三，不要上梁山，沒有真功夫，不要下油鍋（股市是在油鍋裡撈黃金）。此外，要知道自己的個性，股市中不是誰大聲就算，不是誰敢衝就贏，如果你對大盤不服氣，最好別惹它，以免惹火燒身，個性不合者，最好修心養性，順從了大盤趨勢再來吧！

| 圖 1-1-6 | 尚未打底 不要接刀

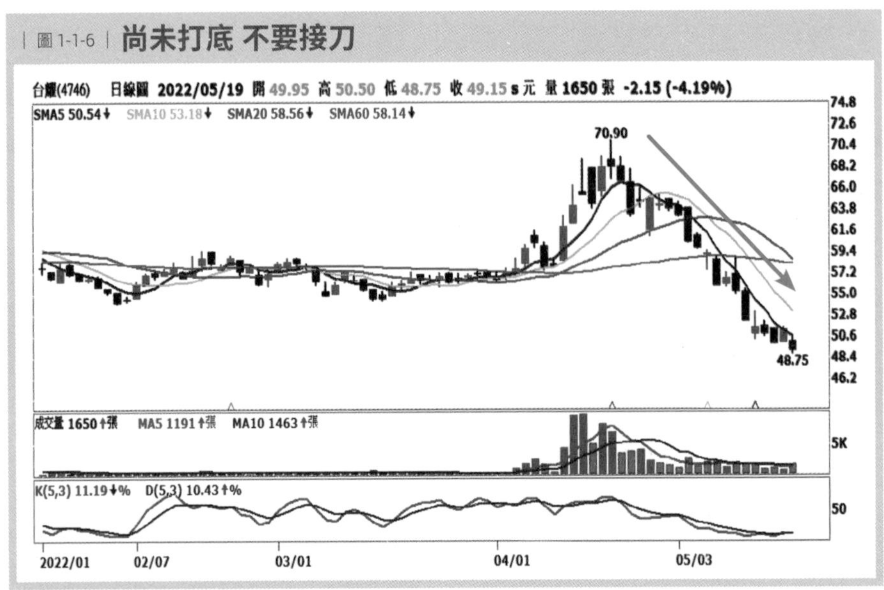

資料來源：富邦 e01 及嘉實資訊

| 圖 1-1-7 | 打底尚未轉多 不要布局

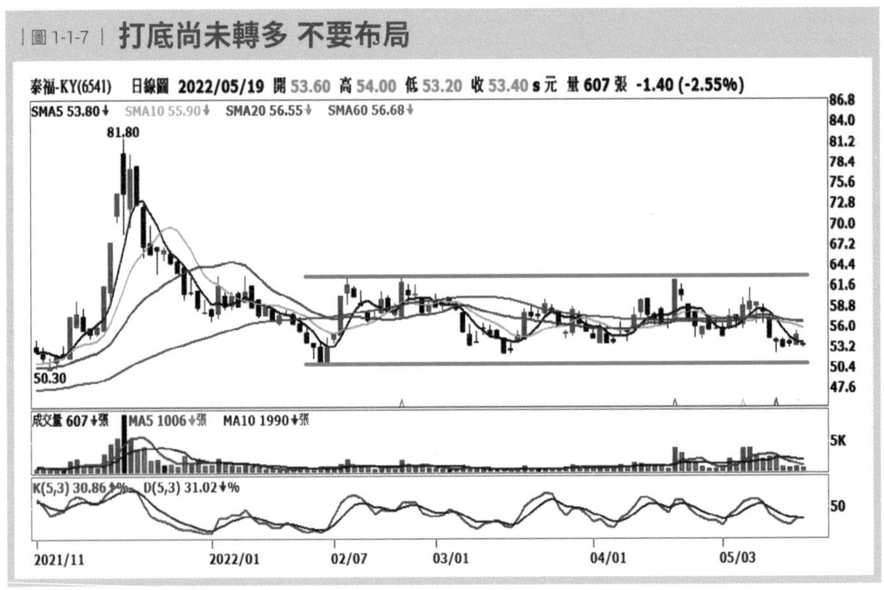

資料來源：富邦 e01 及嘉實資訊

| 圖 1-1-8 | 日線多頭、週線站上 MA20 可做長多

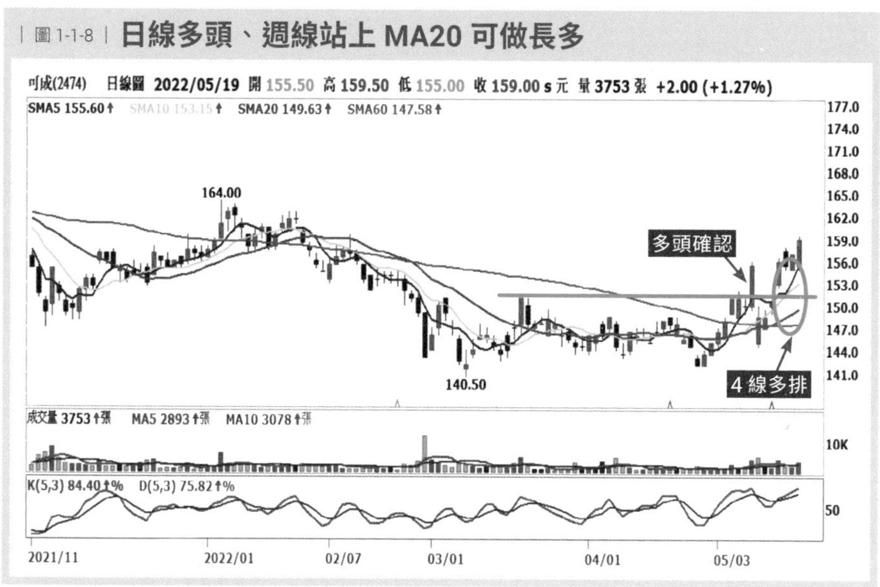

資料來源：富邦 e01 及嘉實資訊

Part 02
趨勢篇

天大地大
趨勢最大

2-1 認識轉折波

一般投資人常常聽到「趨勢」這兩個字，我們也經常說要順勢操作，可是到底什麼是趨勢？趨勢是如何形成的？為什麼要順勢操作？還有，趨勢有什麼特性？我們看出趨勢後，又要如何操作？這些都是學習操作股票首先要具備的必要知識。

趨勢的形成與變化

「趨勢」的形成就像颱風的形成，剛開始只是低氣壓，然後慢慢聚積一定的條件，形成具體的暴風圈，逐漸開始往某一個方向移動，經過一段歷程，才慢慢減弱成一般的天氣型態。

股票趨勢的形成，同樣要一段時間的醞釀，當一個方向的趨勢完成，就會往這個方向行進一個波段，而保持這個方向的慣性力量就是趨勢。例如多頭趨勢的形成，要每天一根一根K線走出上下轉折的高點（頭）跟低點（底），當頭與底符合「頭頭高、底底高」的多頭趨勢架構，這時才能確定行情在走多頭的趨勢。

由此可知，趨勢的形成無法1日完成，同樣的，當多頭結束，趨勢要轉成空頭，也要一段時間做頭部，把空頭趨勢「頭頭低、底底低」的架構完成，這時才能確定行情在走空頭的趨勢。

所以，我們操作的趨勢範圍，如果做多，是由多頭的確認到空頭的確認這一段；如果做空，是由空頭的確認到多頭的確認這一段。在上漲的多頭趨勢，我們順勢只做多，在下跌的空頭趨勢，我們順勢只做空，如此順勢操作，就會賺大賠小，容易獲利。

前面提到，趨勢形成到結束會經過一段歷程，而從「轉折波」可以看出趨勢的變化。什麼是轉折波？股價上升一段或下跌一段，皆會產生上下價差及運行方向。由每段的上升及下跌的轉折，產生高點與低點的連線，可以畫出股價上下波動圖，稱為「轉折波」，應用轉折波可研判股價要走的方向，可以掌握多空或反轉的脈動。

｜圖表 2-1-1｜趨勢形成需要時間醞釀

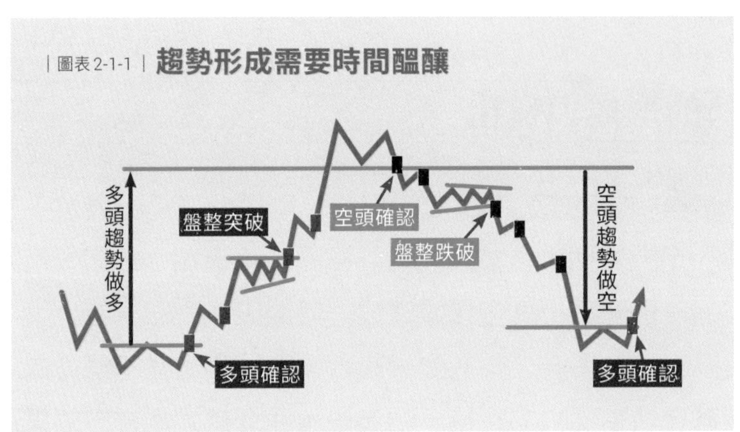

5日均線的短期轉折波

以5日均線為依據畫出的轉折波，稱為短線轉折波。以收盤價來看，股價收盤在5日均線上方的K線，我們一律看做「正價」，即該均線期間內買的人都賺錢；股價收盤在5日均線下方的K線，我們一律看做「負價」，即該均線期間內買的人都賠錢。

5日均線上方正價行進，當股價收盤跌破5日均線時，把正價群組的K線及跌破均線當天的K線一起，取出最高點（含上影線）；5日均線下方負價行進，當股價收盤突破5日均線時，取負價群組的K線及突破均線當天的K線一起，取出最低點（含下影線），把所取的轉折高低點用直線連接起來稱為「短線轉折波」（圖表2-1-3）。

| 圖表 2-1-2 | **5 日均線的正價區與負價區**

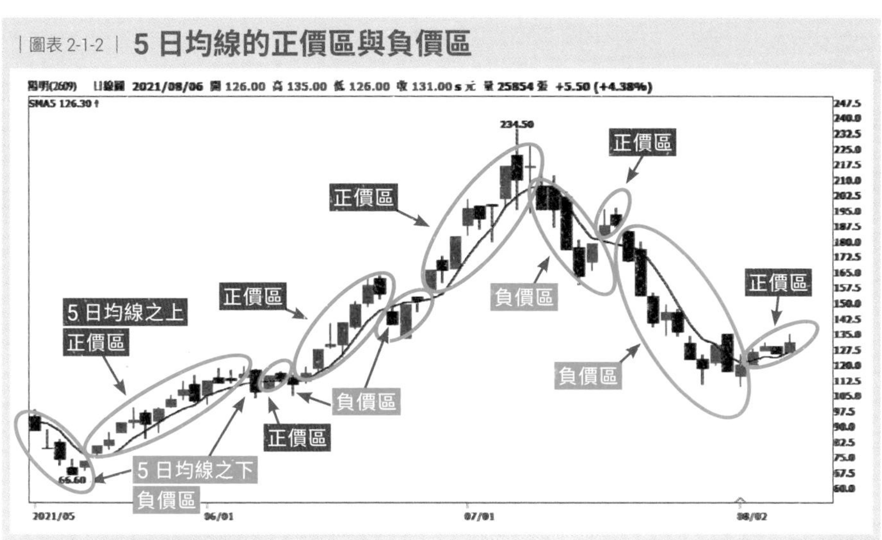

資料來源：富邦 e01 及嘉實資訊

| 圖表 2-1-3 | **短線轉折波畫法**

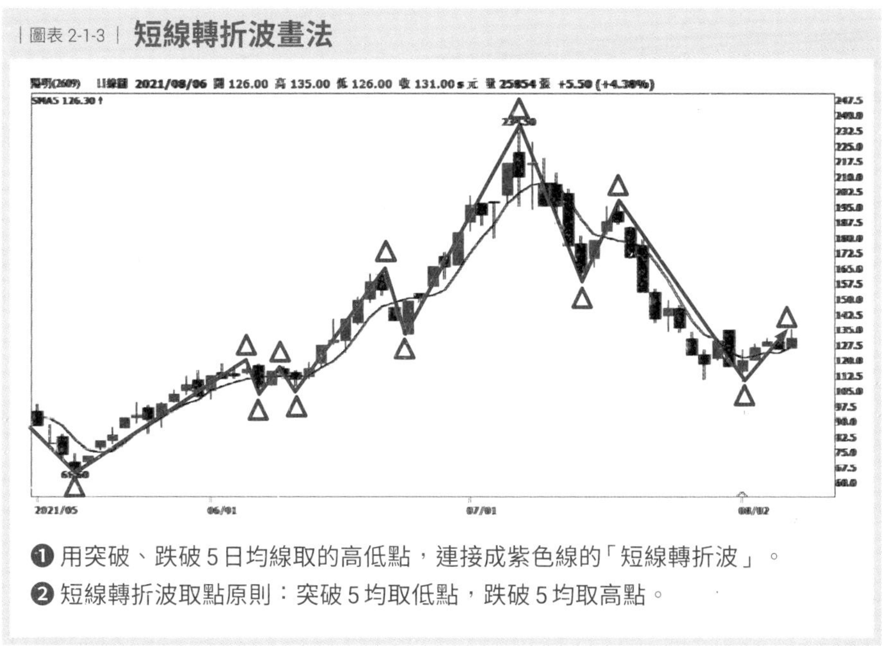

❶ 用突破、跌破 5 日均線取的高低點，連接成紫色線的「短線轉折波」。
❷ 短線轉折波取點原則：突破 5 均取低點，跌破 5 均取高點。

資料來源：富邦 e01 及嘉實資訊

| 圖表 2-1-4 | **步驟①：找出短線轉折波高低點**

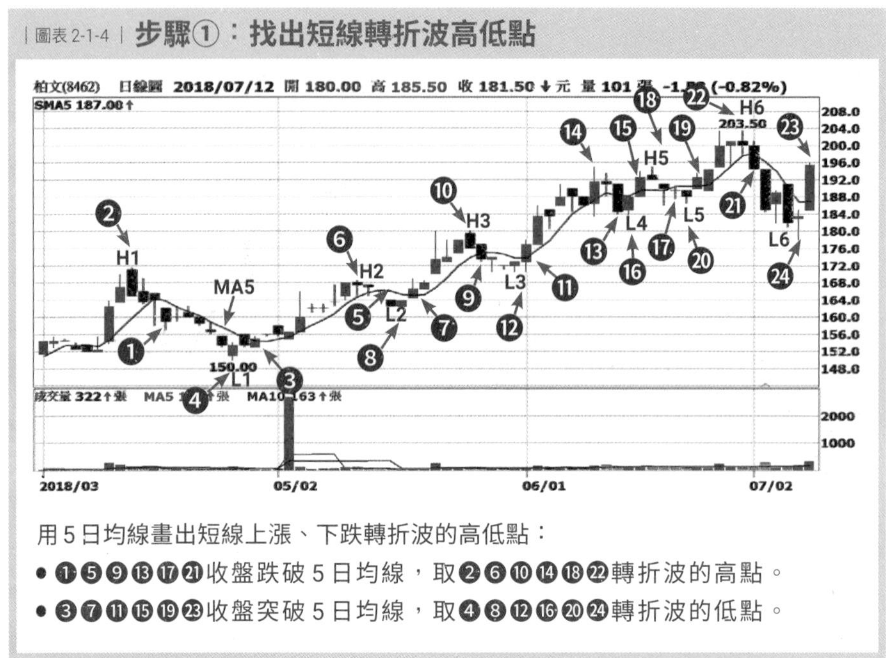

用 5 日均線畫出短線上漲、下跌轉折波的高低點：

- ❶❺❾⓭⓱㉑收盤跌破 5 日均線，取❷❻❿⓮⓲㉒轉折波的高點。
- ❸❼⓫⓯⓳㉓收盤突破 5 日均線，取❹❽⓬⓰⓴㉔轉折波的低點。

資料來源：富邦 e01 及嘉實資訊

| 圖表 2-1-5 | **步驟②：連接高低點形成「短線轉折波」**

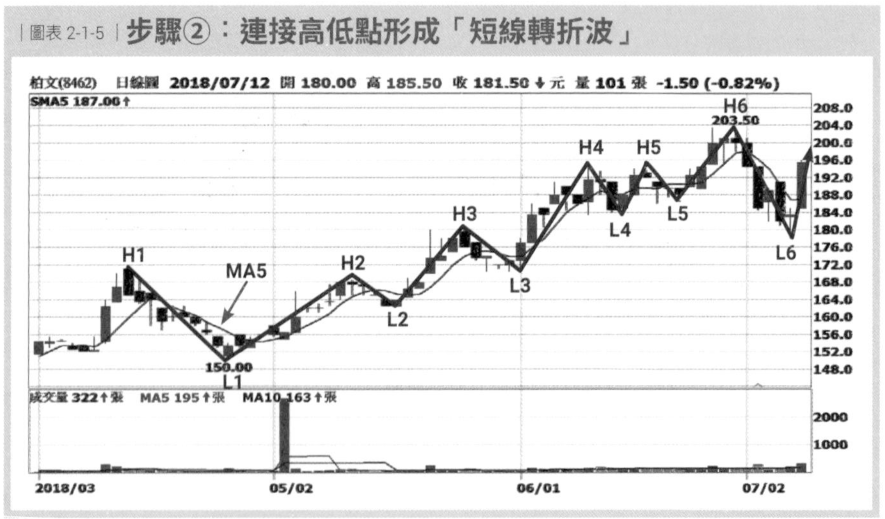

資料來源：富邦 e01 及嘉實資訊

10日均線的中期轉折波

當股價收盤跌破10日均線時，當天K線加上前面上漲日的K線取最高點（含上影線）；當股價收盤突破10日均線時，當天K線加上前面下跌日的K線取最低點（含下影線），把所取的轉折高低點用直線連接起來稱為「中線轉折波」，以此轉折波可以判斷中期的趨勢及支撐與壓力 。

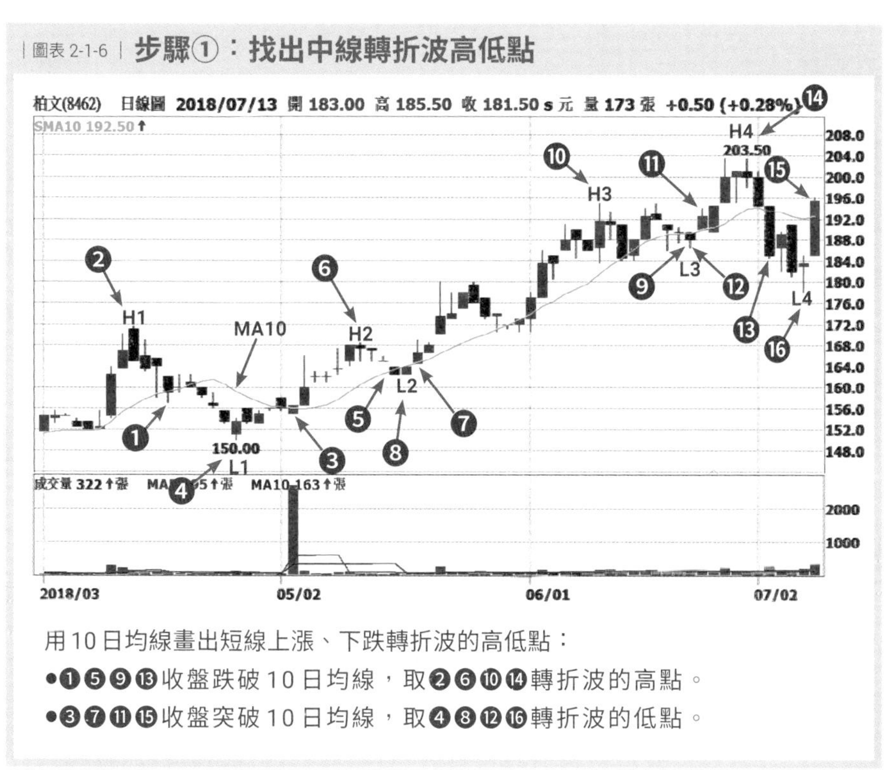

｜圖表 2-1-6｜ 步驟①：找出中線轉折波高低點

用10日均線畫出短線上漲、下跌轉折波的高低點：

- ❶❺❾⓭收盤跌破10日均線，取❷❻❿⓮轉折波的高點。
- ❸❼⓫⓯收盤突破10日均線，取❹❽⓬⓰轉折波的低點。

資料來源：富邦 e01 及嘉實資訊

| 圖表 2-1-7 | **步驟②：連接高低點形成「中線轉折波」**

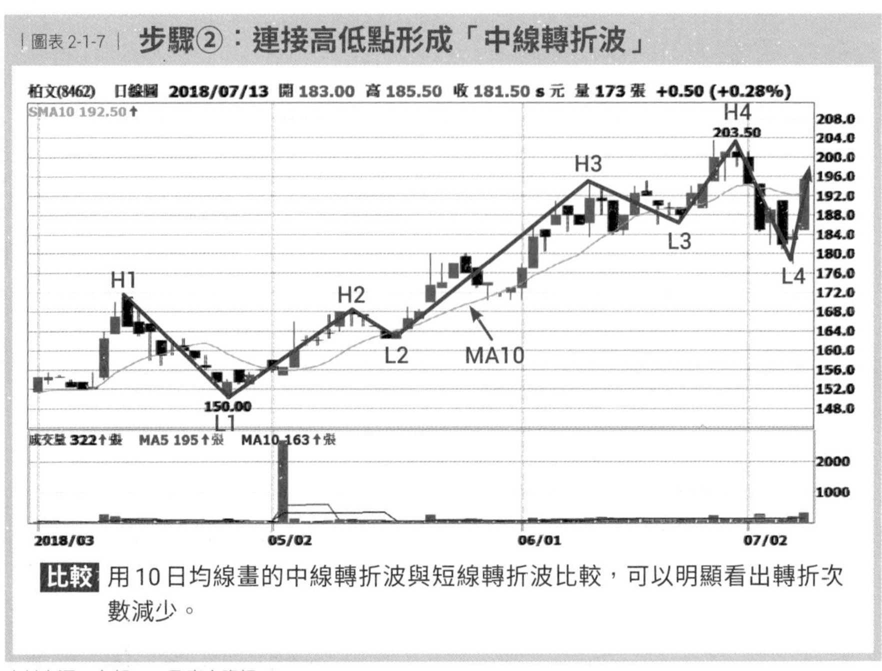

比較 用 10 日均線畫的中線轉折波與短線轉折波比較，可以明顯看出轉折次數減少。

資料來源：富邦 e01 及嘉實資訊

20 日均線的長期轉折波

當股價收盤跌破 20 日均線時，當天 K 線加上前面上漲日的 K 線取最高點（含上影線）；當股價收盤突破 20 日均線時，當天 K 線加上前面下跌日的 K 線取最低點（含下影線），把所取的轉折高低點用直線連接起來稱為「長線轉折波」，以此轉折波可以判斷長期的趨勢及支撐與壓力 。

| 圖表 2-1-8 | **步驟①：找出長線轉折波高低點**

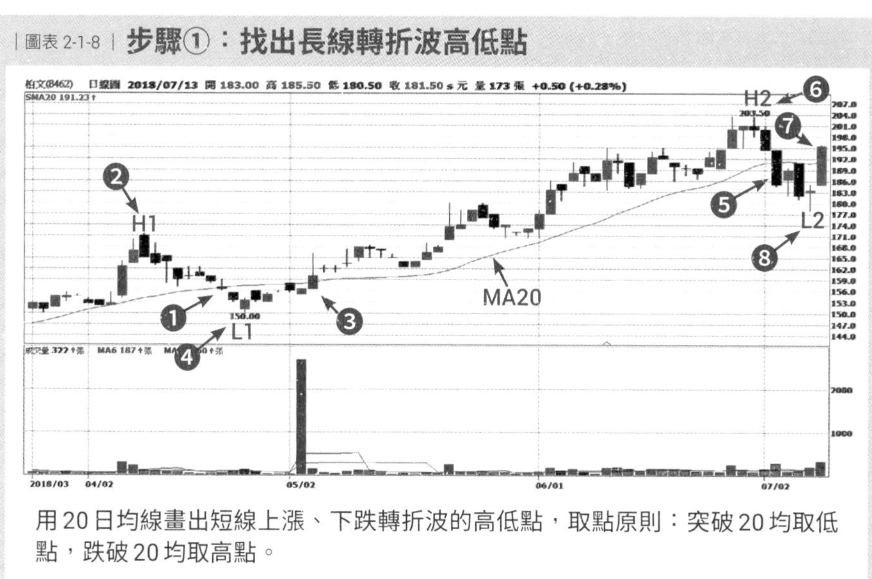

用 20 日均線畫出短線上漲、下跌轉折波的高低點，取點原則：突破 20 均取低點，跌破 20 均取高點。

資料來源：富邦 e01 及嘉實資訊

| 圖表 2-1-9 | **步驟②：連接高低點形成「長線轉折波」**

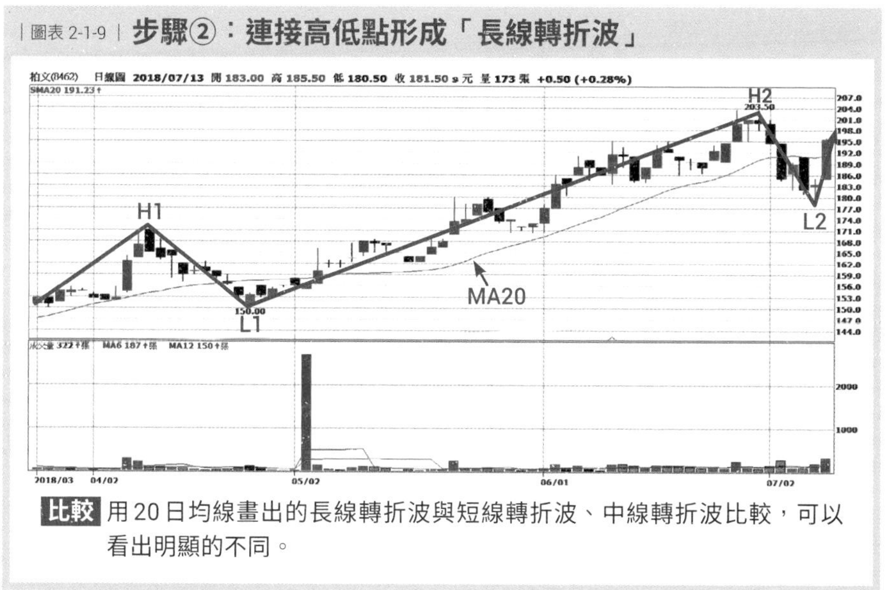

比較 用 20 日均線畫出的長線轉折波與短線轉折波、中線轉折波比較，可以看出明顯的不同。

資料來源：富邦 e01 及嘉實資訊

轉折波的進階研究

一、轉折波的中波

無論趨勢是多是空，趨勢進入盤整時，短線轉折波會出現上上下下轉折，當盤整突破後才會再次出現波段的上漲或下跌，為簡化盤整區來看長期波浪型態的走勢，稱為「中波」。中波取點原則：

1. 頭部盤整反轉向下取最高 1 點，或底部盤整反轉向上取最低 1 點。
2. 續勢盤整取高、低 2 點。

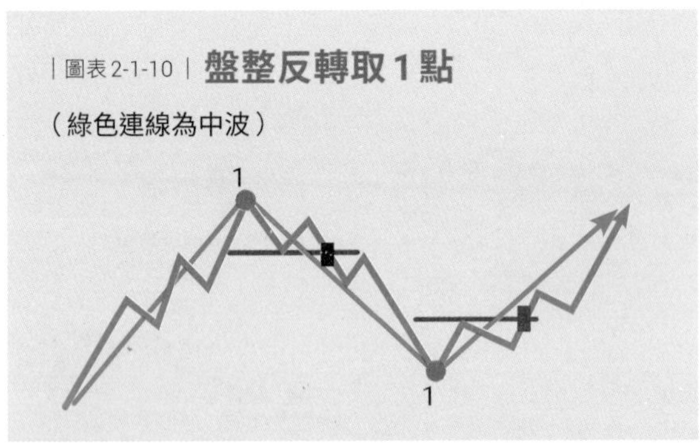

｜圖表 2-1-10｜盤整反轉取 1 點
（綠色連線為中波）

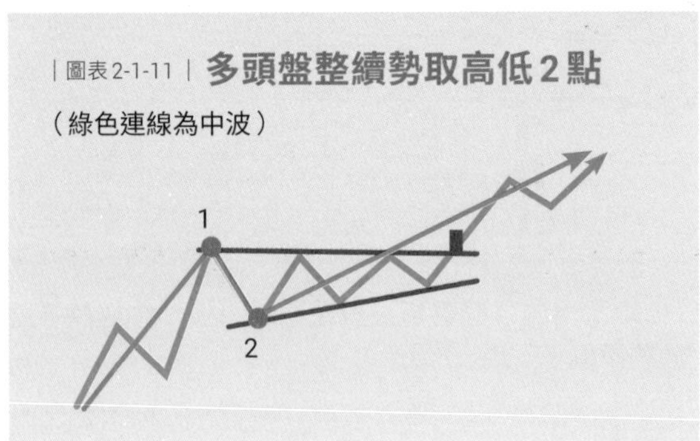

｜圖表 2-1-11｜多頭盤整續勢取高低 2 點
（綠色連線為中波）

｜圖表 2-1-12｜ **空頭盤整續勢取高低 2 點**
（綠色連線為中波）

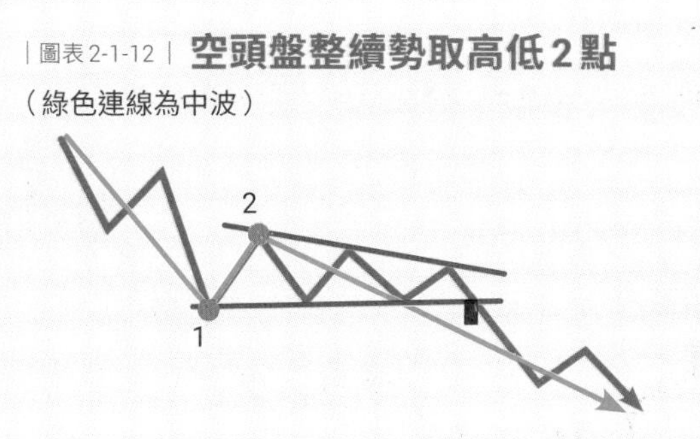

｜圖表 2-1-13｜ **中波取點範例①**

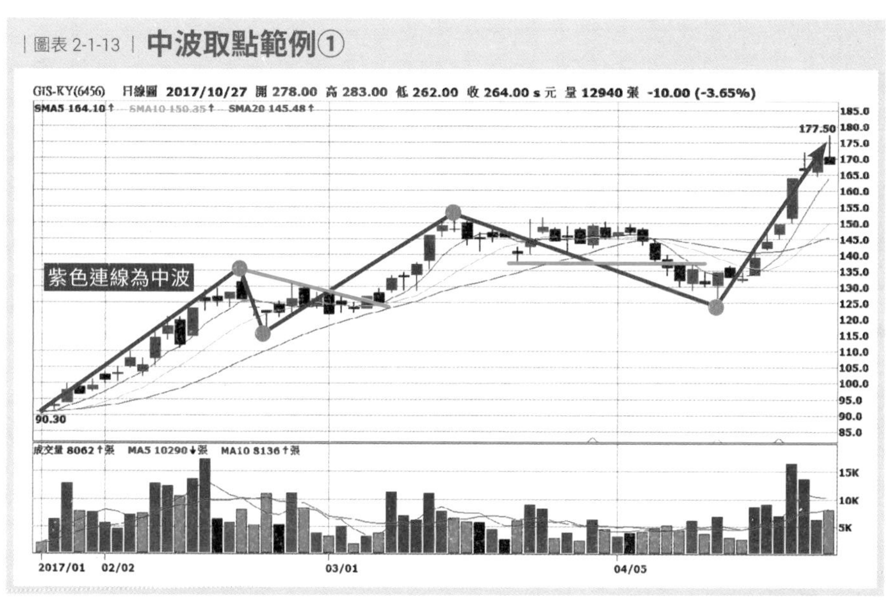

資料來源：富邦 e01 及嘉實資訊

| 圖表 2-1-14 | 中波取點範例②

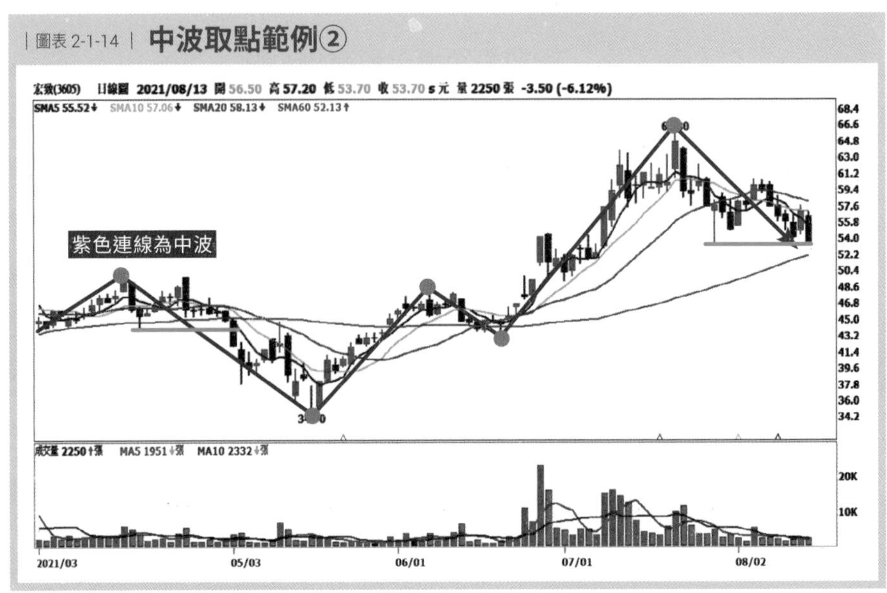

資料來源：富邦 e01 及嘉實資訊

二、K線橫盤的轉折波

當走勢在 5 日均線上上下下橫盤時，轉折波取點的原則：

1. 反轉向下取 1 點（高點）。
2. 反轉向上取 1 點（低點）。

三、趨勢波的畫法

當趨勢改變時才取轉折高低點，趨勢轉折波取點的原則：

1. 多頭回檔跌破前低時，取高點。
2. 空頭反彈突破前高時，取低點。

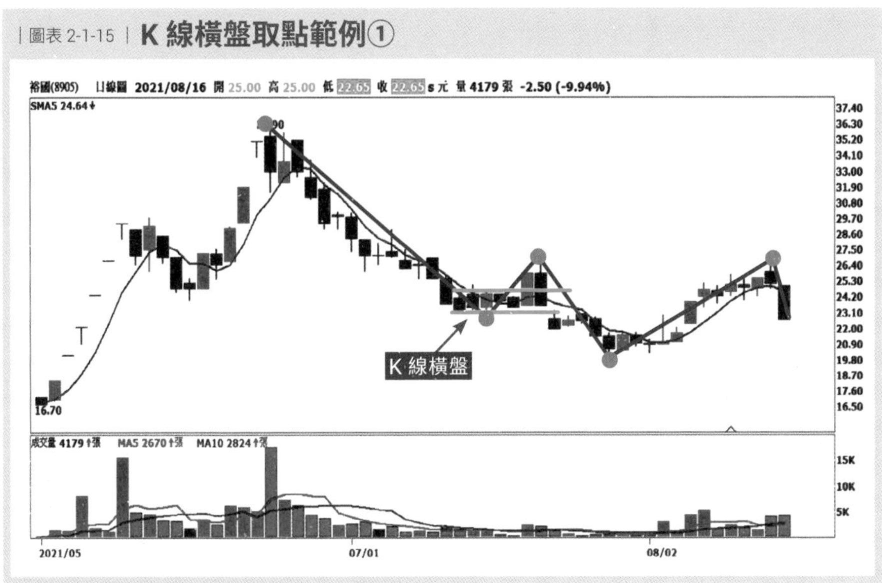

｜圖表 2-1-15｜**K 線橫盤取點範例①**

資料來源：富邦 e01 及嘉實資訊

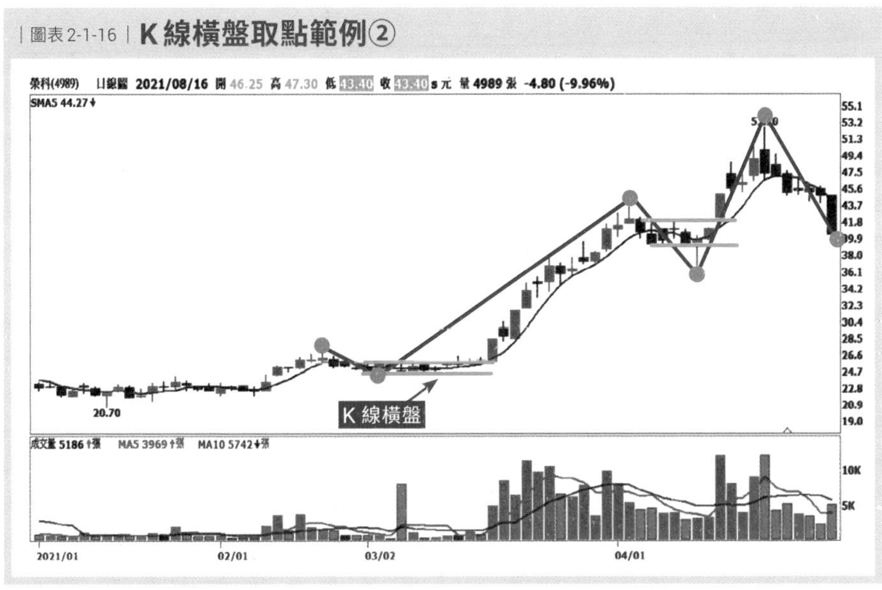

｜圖表 2-1-16｜**K 線橫盤取點範例②**

資料來源：富邦 e01 及嘉實資訊

| 圖表 2-1-17 | **K 線橫盤取點範例③**

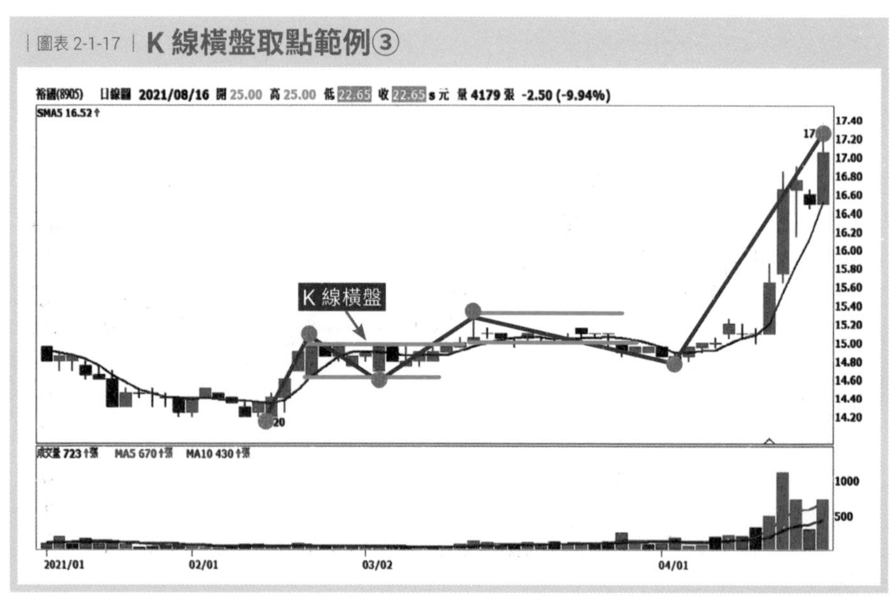

資料來源：富邦 e01 及嘉實資訊

| 圖表 2-1-18 | **趨勢波畫法範例①**

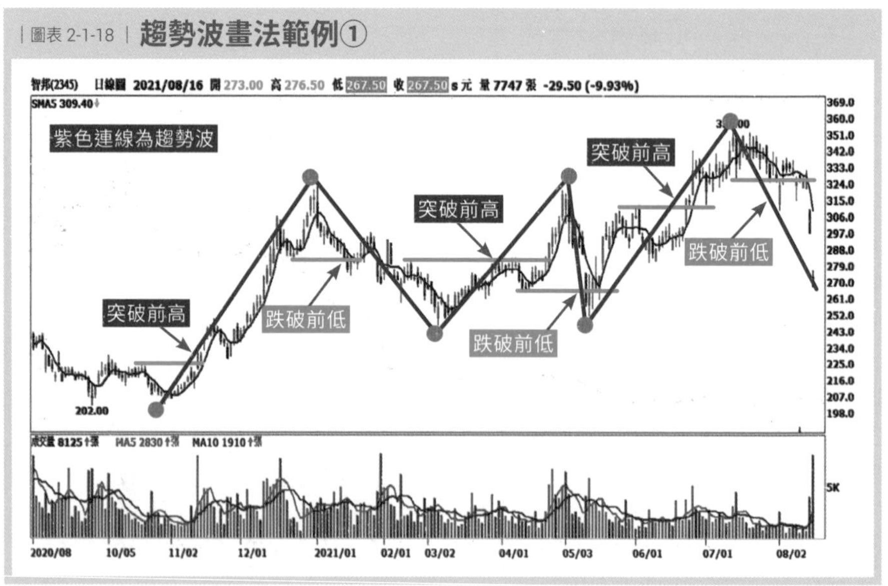

資料來源：富邦 e01 及嘉實資訊

｜圖表 2-1-19｜ **趨勢波畫法範例②**

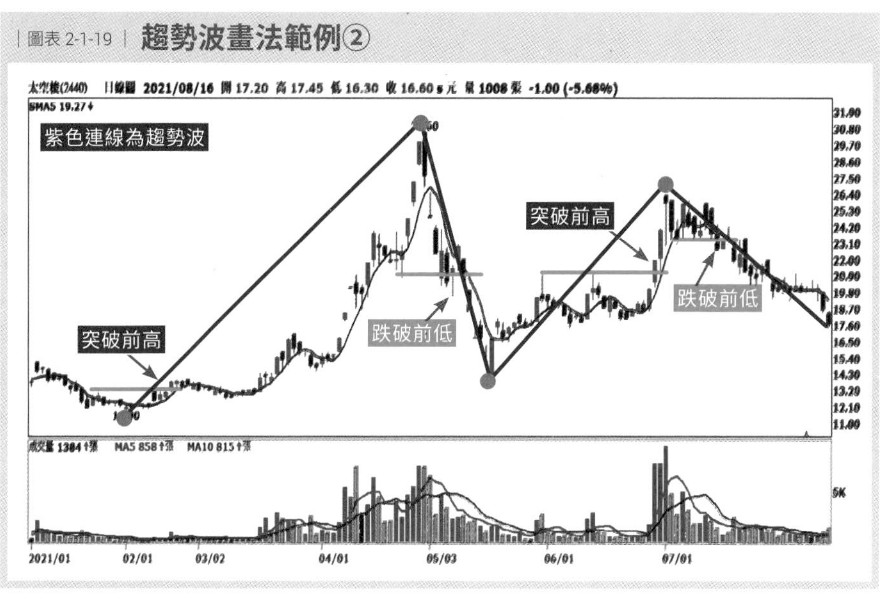

資料來源：富邦 e01 及嘉實資訊

2-2 多頭趨勢總論

當趨勢確認之後，在操作時可以發揮許多功能，讓我們在操作時有所依歸，一般來說有下列功能：

1. 趨勢確認後，可清楚判斷股價趨勢方向是上升、下跌還是盤整，作為順勢操作的依歸。

2. 上漲時，前面高點是壓力；下跌時，前面低點是支撐；操作時作為進出的支撐、壓力參考。

3. 在多頭走勢中，如果上漲沒有創新高，或者回檔時跌破前低，能夠預知行情是否反轉，做好停利出場或退出操作的依據。

4. 可以提供我們進出場的位置依據，定出股票操作策略。

股票的漲跌如同波浪一樣，在「上漲→盤整→下跌」中循環，我們只要能夠區分這3個方向的變化規則，自然能夠全盤掌握股票走勢的方向和變化。

｜圖表2-2-1｜**股票漲跌的3種方向變化（要牢記）**

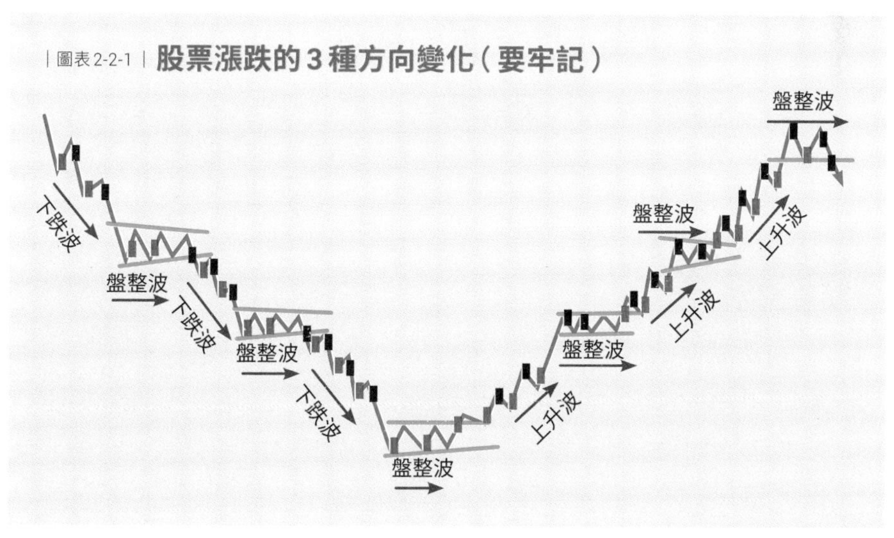

多頭趨勢成立條件（6字口訣判別多頭趨勢）

當波浪上漲的時候，依據美國道氏的觀察理論，股價會不斷創新的高價，即波浪的頭部高點會一次比一次高，而回落修正時波浪的底部低點，也同樣一次比一次墊高，呈現出「頭頭高、底底高」的現象。當趨勢符合「頭頭高、底底高」6個字的架構，就是多頭趨勢。

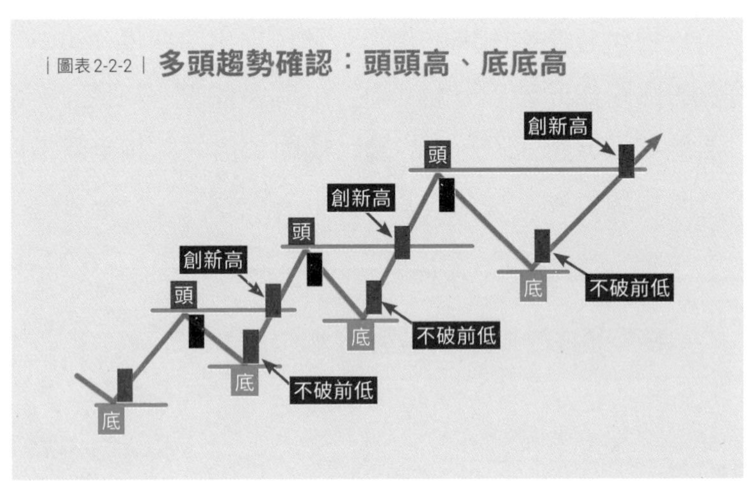

重點說明：

1. 「頭頭高、底底高」6個字是多頭永遠的架構，2個條件要同時成立，缺一不可，否則就不是多頭。

2. 當下趨勢方向，由最後一天收盤K線往左和最近的「頭」及最近的「底」比較，判定是否符合多頭架構。

3. 確認為多頭架構的股票，準備順勢做多。

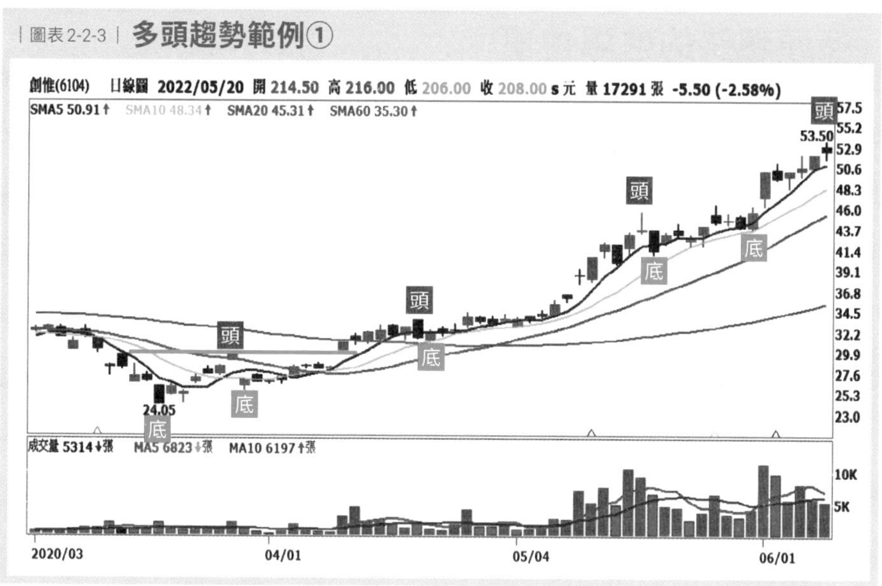

| 圖表 2-2-3 | **多頭趨勢範例①**

資料來源：富邦 e01 及嘉實資訊

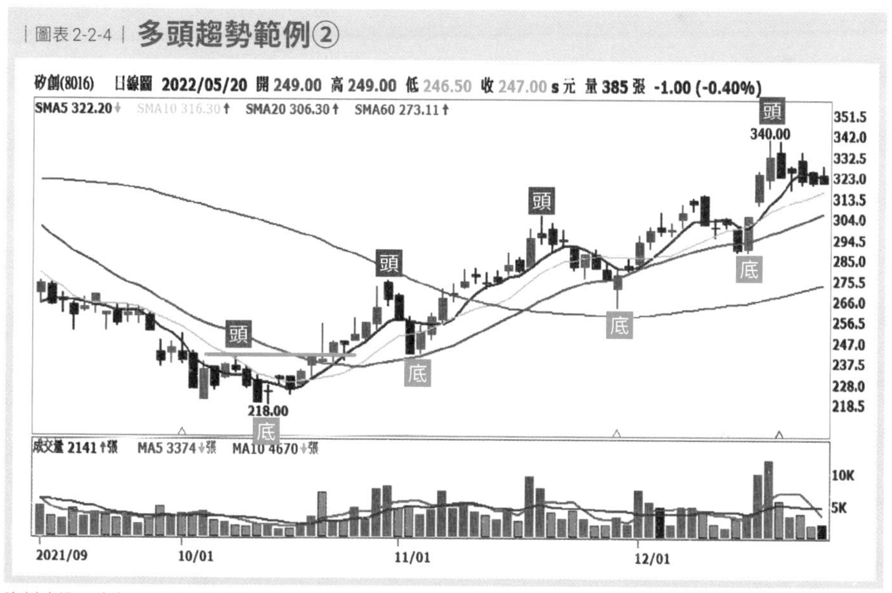

| 圖表 2-2-4 | **多頭趨勢範例②**

資料來源：富邦 e01 及嘉實資訊

多頭趨勢的進場位置

1. 上漲一波後的回檔修正不破前低，出現帶量中長紅 K 線上漲，收盤突破 5 日均線，同時突破前一日（昨日）最高點的位置（回後買上漲）。

2. 上漲一波後，走勢橫向盤整，出現帶量中長紅 K 線，收盤突破盤整的上頸線位置（盤整的突破）。

3. 多頭上漲當天買點符合：股價上漲、有大量、實體紅 K 線、收盤突破昨高，確認上漲的力道強，成功率較高。

4. 多頭進場口訣：①回後買上漲、②盤整的突破。

｜圖表 2-2-5｜ **多頭波浪完整走勢圖及進場位置**

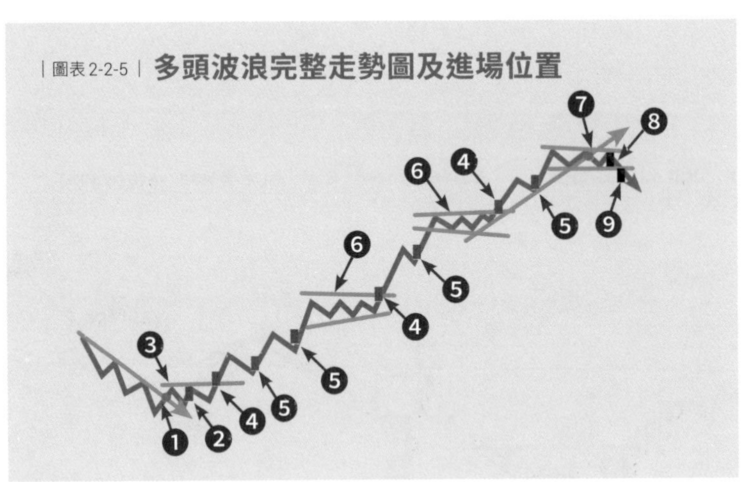

重點說明：

❶ 突破下降切線，為空頭反彈出現轉強訊號，不是做多位置。

❷ 底部出現底底高帶量長紅 K 線，尚未形成多頭架構，初步止

跌，但是盤整或下跌的風險仍然很大，不建議進場。

❸ 底部盤整的上頸線壓力。

❹ 突破盤整上頸線壓力的帶量長紅K線，多頭確認，可以開始做多。

❺ 回檔修正結束，再出現帶量長紅K線上漲，收盤時過前一日高點，「多頭回後買上漲」的進場買點。

❻ 上漲中續勢的盤整。

❼ 跌破上升切線，多頭出現回檔弱勢的訊號，注意發展，但非放空位置。

❽ 高檔頭頭低的帶量長黑K線，多頭方向改變，先視為進入盤整。

❾ 跌破盤整下頸線長黑K線，反轉成空頭確認。

多頭趨勢短線操作步驟與實戰範例

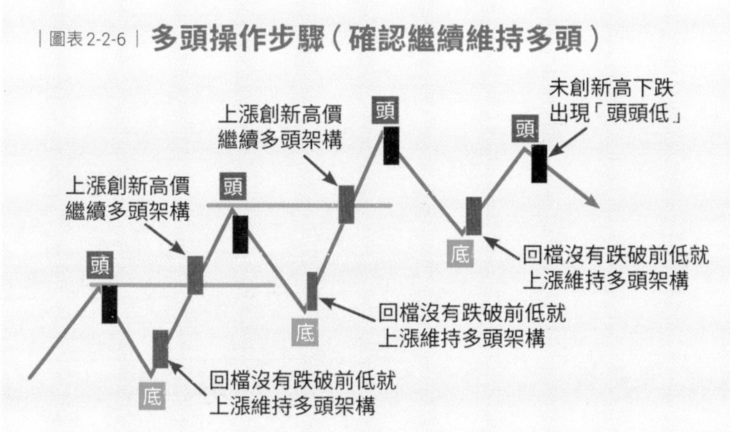

1. 確認多頭趨勢沒有改變，就必須一直維持多頭的「頭頭高、底底高」架構。

2. 基於上面的規則，當股價上漲一段，回檔的時候要密切觀察，是否跌破前一個開始上漲的低點，如果沒有跌破就止跌回升，那麼仍然維持多頭上漲的架構。

3. 當回檔沒有跌破前一個開始上漲的低點就止跌回升，這時股價開始往前一個高點的方向上漲。當突破前一個高點的頭，股價繼續創新高價，這時可以確認多頭繼續上漲，走勢繼續維持多頭「頭頭高、底底高」的架構。

4. 當回檔沒有跌破前一個開始上漲的低點就止跌回升，這時股價開始往前一個高點的方向上漲。若沒有突破前一個高點的頭，股價下跌沒有創新高價，這時出現「頭頭低」的架構，多頭出現改變，趨勢進入盤整，做短線的多單要出場。

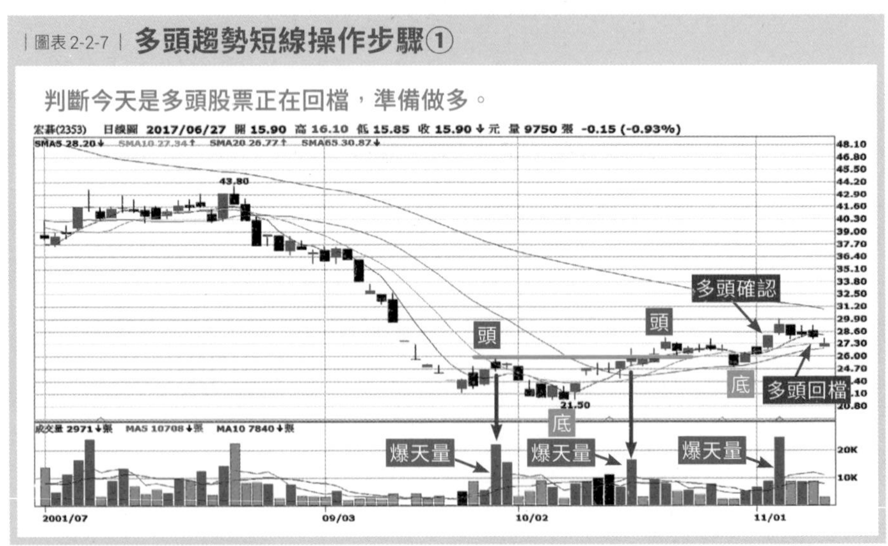

｜圖表 2-2-7｜ 多頭趨勢短線操作步驟①

資料來源：富邦 e01 及嘉實資訊

| 圖表 2-2-8 | **多頭趨勢短線操作步驟②**

今日回後買上漲，今日最低點停損，後續上漲要過前高。

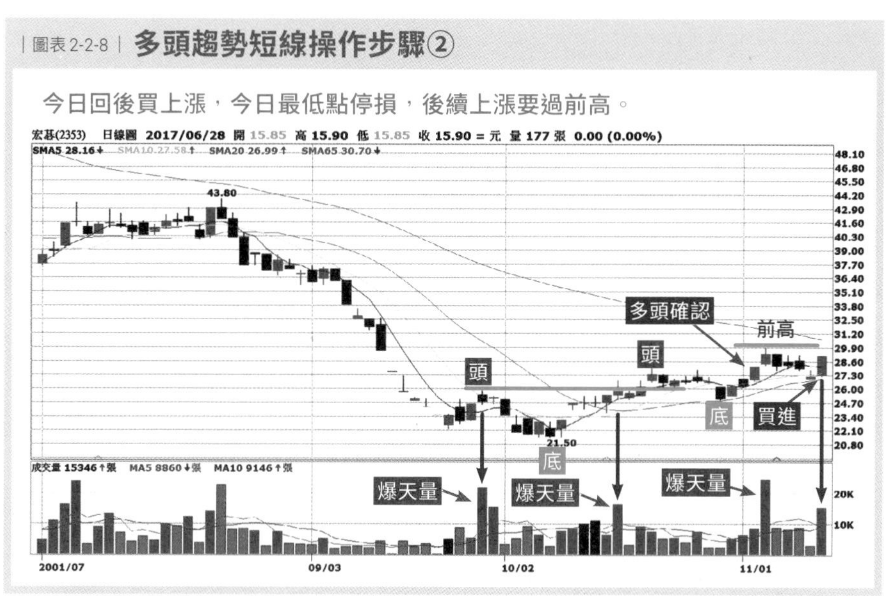

資料來源：富邦 e01 及嘉實資訊

| 圖表 2-2-9 | **多頭趨勢短線操作步驟③**

現在上漲過前高，位置到高檔，準備停利。

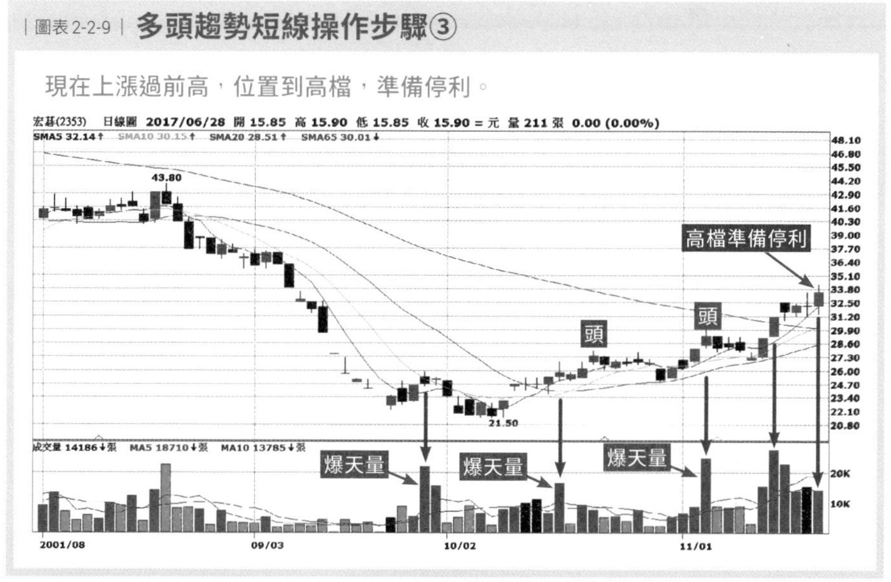

資料來源：富邦 e01 及嘉實資訊

| 圖表 2-2-10 | **多頭趨勢短線操作步驟④**

後續的買賣位置。

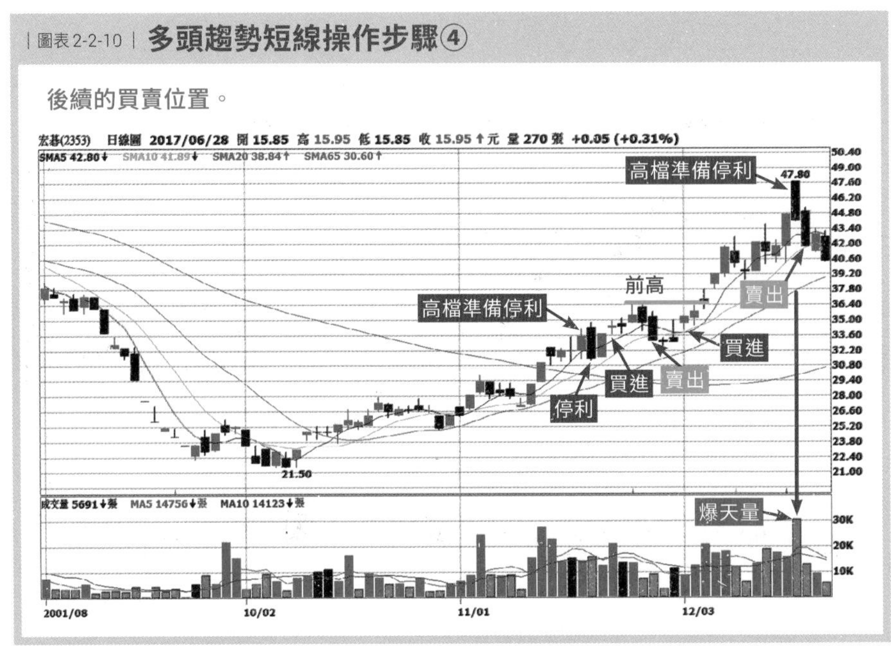

資料來源：富邦 e01 及嘉實資訊

多頭打底量價變化的觀察與鎖股

空頭下跌 3 波之後開始出現「底底高」盤整打底，在打底時經常看到一些異常的大量出現，這些異常的大量是重要訊號，對日後趨勢是否反轉有重要關係。

一、第 1 支腳大量反彈

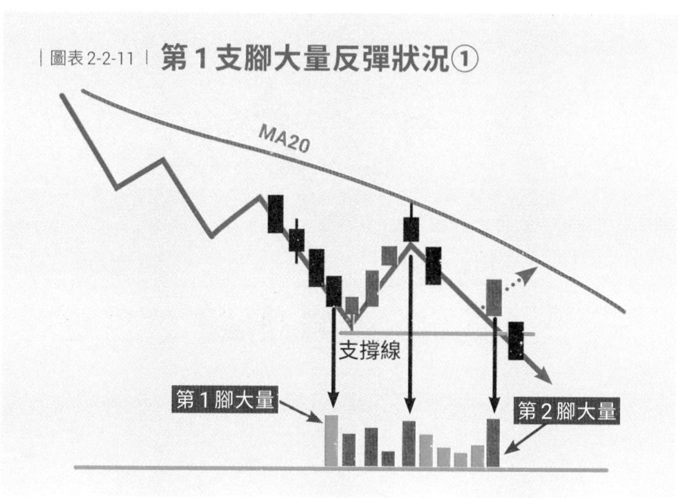

| 圖表 2-2-11 | 第 1 支腳大量反彈狀況①

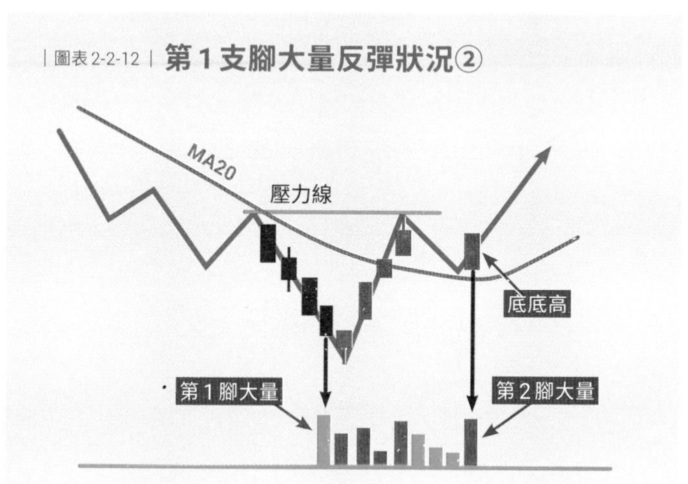

| 圖表 2-2-12 | 第 1 支腳大量反彈狀況②

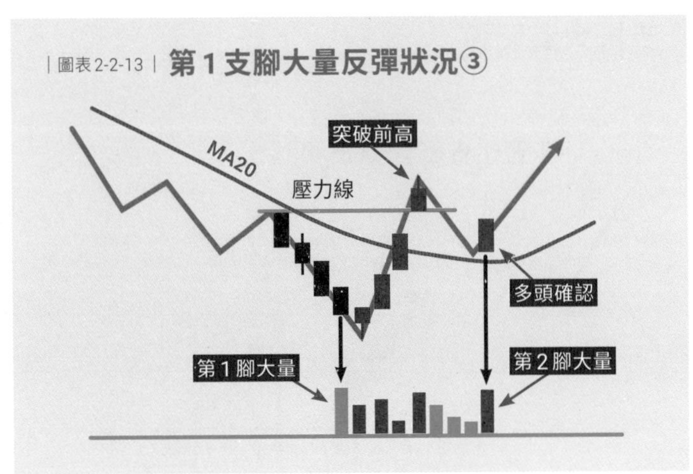

重點說明：

1. 空頭下跌到低檔，出現爆大量下跌的黑 K 或止跌的紅 K，後續股價出現反彈，該爆量視為搶反彈的進貨量。

2. 空頭爆量反彈到 20 均遇壓出現黑 K 下跌，空頭趨勢不變，繼續做空。此時要注意第 1 支腳大量可能有支撐，股價下跌無法跌破時，出現「底底高」要立刻回補。

3. 空頭爆量反彈，如果突破月線，反彈到前高，表示多方力道強勁，反彈結束後再下跌，容易出現「底底高」的第 2 支腳（俗稱黃金右腳）。

4. 空頭爆量反彈，如果突破月線，突破前高，出現「頭頭高」，趨勢改變，再下跌不宜做空。

二、第 2 支腳大量反彈

1. 「底底高」的第 2 支腳（俗稱黃金右腳）通常也會出現大量，

趨勢開始打底盤整。此時反彈高點是壓力，第2支腳的低點是支撐。後續股價突破兩腳中間最高點的壓力，趨勢反轉成多頭。

2. 打底盤整中出現的大量，暫時視為主力的進貨量（也稱為草叢量）。

3. 打底盤整期間，注意均線方向的改變，當10均與20均形成向上的多頭排列，打底接近完成，鎖股準備做短多；突破60均後均線4線多排，可以鎖股準備做短中長多。

｜圖表2-2-14｜ **空轉多打底範例①**

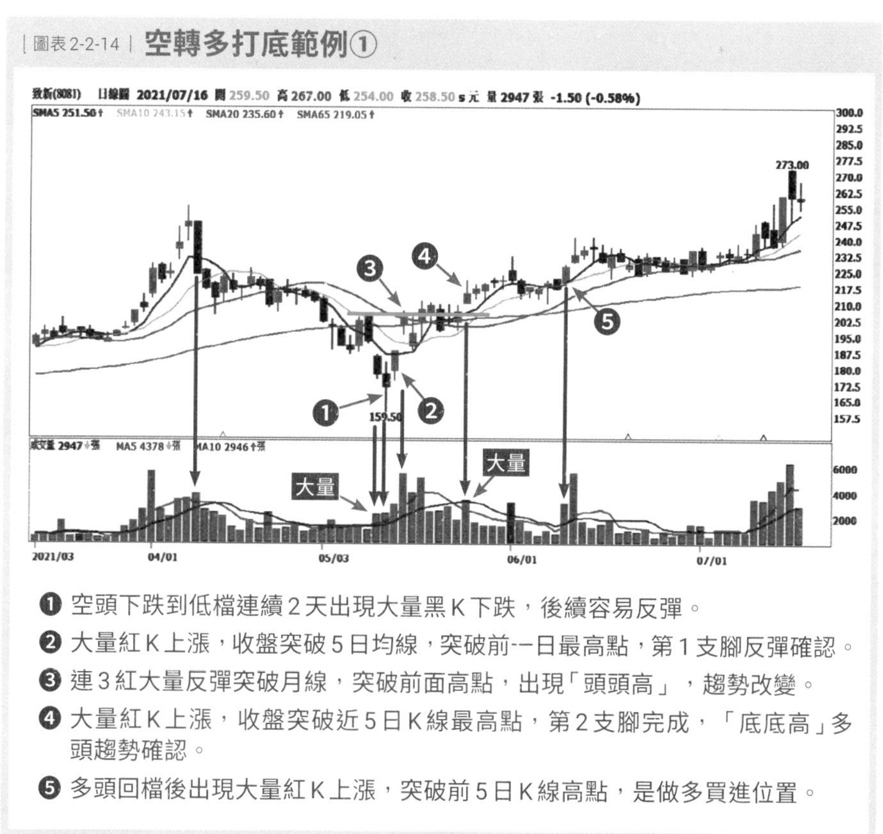

❶ 空頭下跌到低檔連續2天出現大量黑K下跌，後續容易反彈。

❷ 大量紅K上漲，收盤突破5日均線，突破前一日最高點，第1支腳反彈確認。

❸ 連3紅大量反彈突破月線，突破前面高點，出現「頭頭高」，趨勢改變。

❹ 大量紅K上漲，收盤突破近5日K線最高點，第2支腳完成，「底底高」多頭趨勢確認。

❺ 多頭回檔後出現大量紅K上漲，突破前5日K線高點，是做多買進位置。

資料來源：富邦 e01 及嘉實資訊

| 圖表 2-2-15 | **空轉多打底範例②**

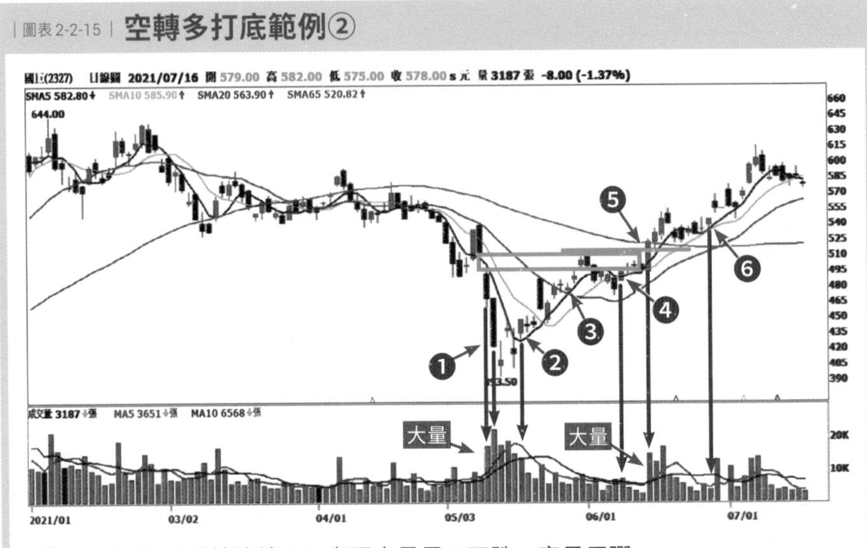

❶ 空頭下跌到低檔連續 2 天出現大量黑 K 下跌，容易反彈。

❷ 紅 K 上漲，收盤突破 5 日均線，突破前一日最高點，第 1 支腳反彈確認。

❸ 反彈突破月線，多方上漲力道轉強，向下缺口為壓力區。

❹ 大量紅 K 上漲，收盤突破 5 日均線，突破前一日 K 線最高點，第 2 支腳完成「底底高」。

❺ 大量紅 K 上漲，突破前高，出現「頭頭高」多頭趨勢確認。

❻ 多頭回檔後出現大量紅 K 上漲，突破前 5 日收盤高點，是做多買進位置。

資料來源：富邦 e01 及嘉實資訊

多頭上漲的特性

多頭上漲中的幾個特性如下：

1. 一直維持多頭「頭頭高、底底高」6 字架構，股價一直創新高。

2. 回檔不會破前低，上漲一定要過前高。

3. 漲得多、跌得少，出現長黑 K 不易續跌。

4. 紅K多，黑K少。
5. 連漲3天以上容易出現賣壓，容易回檔。
6. 出現急漲回檔時容易急跌，高檔爆量容易做頭。
7. 過高容易拉回，拉回不能破前低。
8. 價漲量增，價跌量縮。
9. 見壓不是壓，見撐大多有撐。

多頭趨勢改變的先知先覺

股價趨勢方向不會永遠維持多頭上漲，當趨勢方向要改變前，如何知道多頭即將改變，是投資人在操作股票時，必備的功夫。

當股價多頭趨勢行進時，出現下面2種現象：①多頭回檔跌破前面低點（出現底底低），趨勢成為盤整；②多頭上漲未創新高就下跌（出現頭頭低），趨勢成為盤整，破壞了多頭的架構，此時多頭方向出現了要改變的訊號，在還沒有空頭確認之前，先以盤整視之。

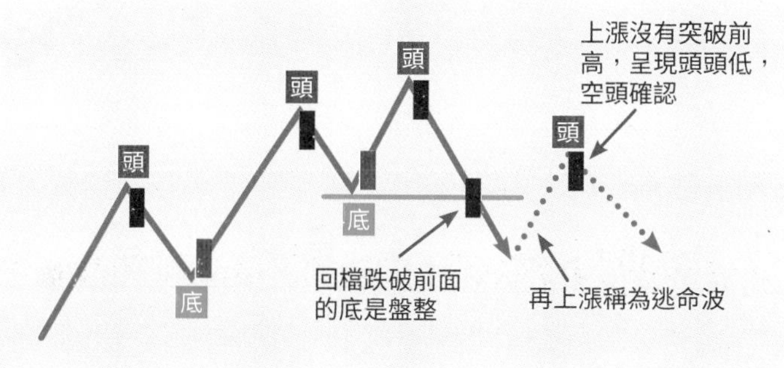

｜圖表 2-2-16｜ 多頭回檔跌破前面低點

| 圖表 2-2-17 | **多頭回檔跌破前面低點範例①**

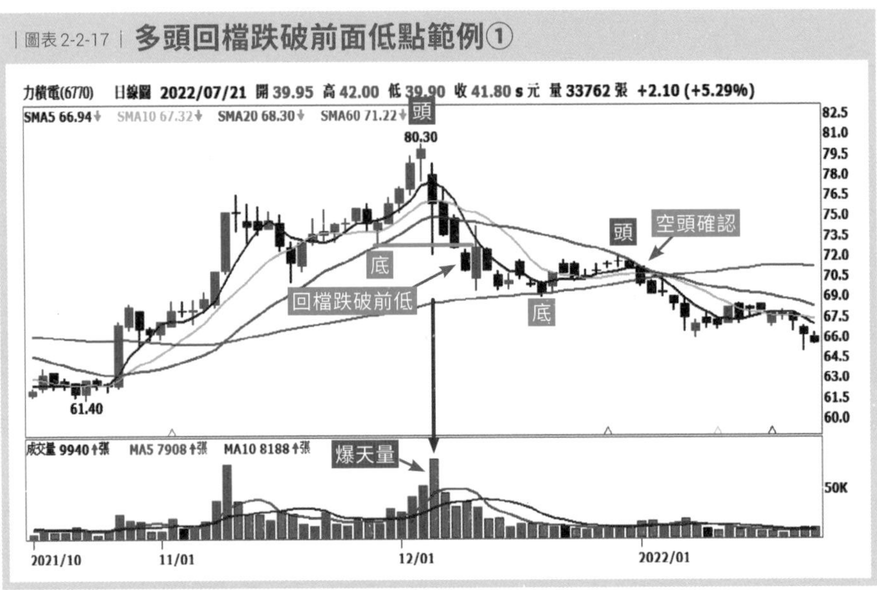

資料來源：富邦 e01 及嘉實資訊

| 圖表 2-2-18 | **多頭回檔跌破前面低點範例②**

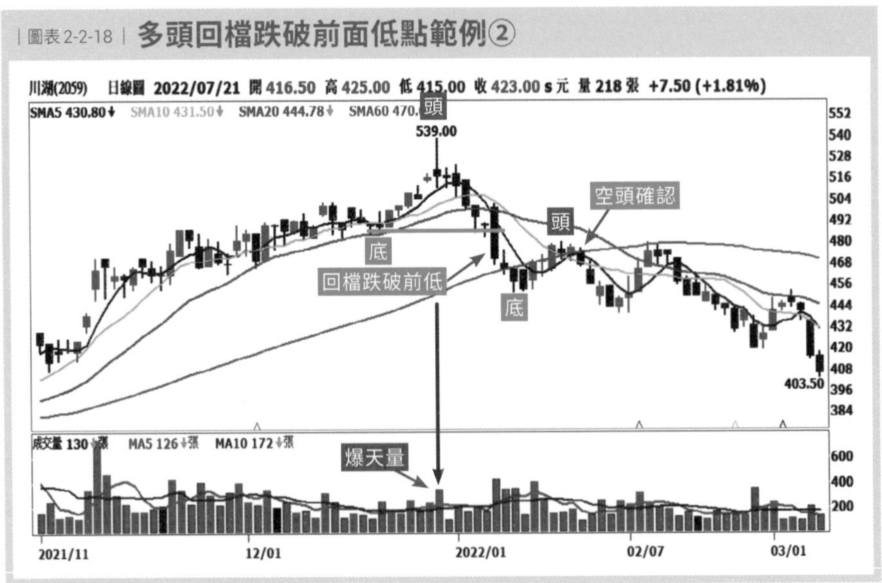

資料來源：富邦 e01 及嘉實資訊

｜圖表 2-2-19｜ **多頭上漲未創新高就下跌**

上漲沒有再創新高就
下跌開始盤整
頭
頭
頭
空頭確認
底
底

｜圖表 2-2-20｜ **多頭上漲未創新高就下跌範例①**

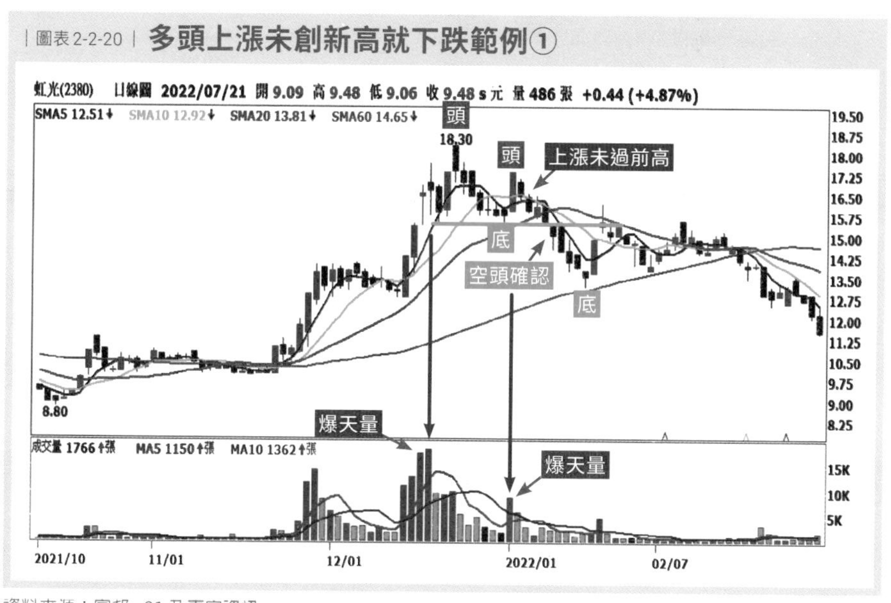

資料來源：富邦 e01 及嘉實資訊

| 圖表 2-2-21 | **多頭上漲未創新高就下跌範例②**

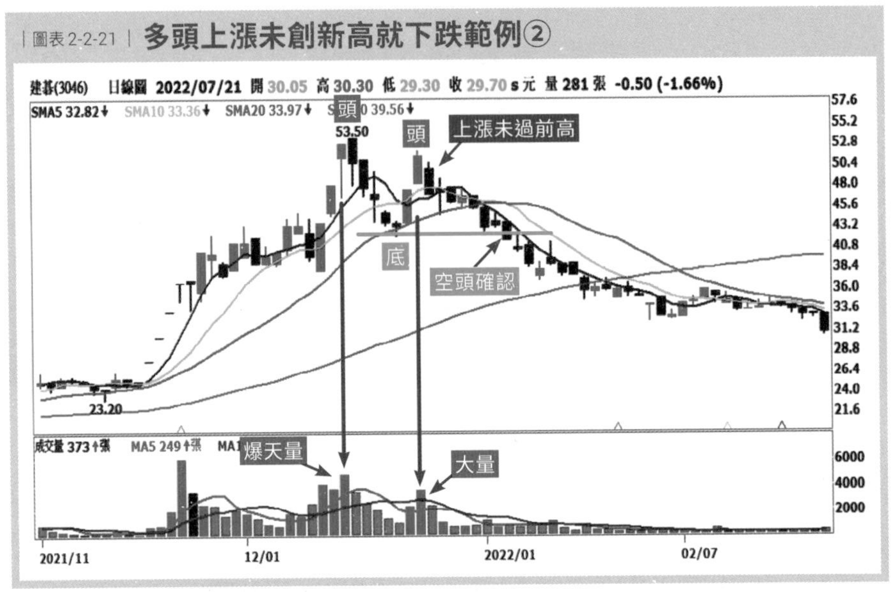

資料來源：富邦 e01 及嘉實資訊

多頭盤頭的量價變化觀察

多頭上漲到高檔開始出現爆大量，無論是長線或短線，高檔爆大量後面股價出現變化的機率很大，已經持股獲利的投資人或者追高進場的投資人，一定要準備賣出，或者轉折明確當天收盤前要賣出，至於後續是否趨勢反轉空頭，也是我們重要的鎖股觀察。

高檔爆天量情境①

高檔出現異常天量（前一日量的 3 ～ 5 倍以上），股價長黑 K 下跌，容易 1 日反轉，經常出現在飆股急漲的高檔，要立刻停利出場（圖表 2-2-22 ～圖表 2-2-24）。

| 圖表 2-2-22 | 急漲爆量下跌範例①

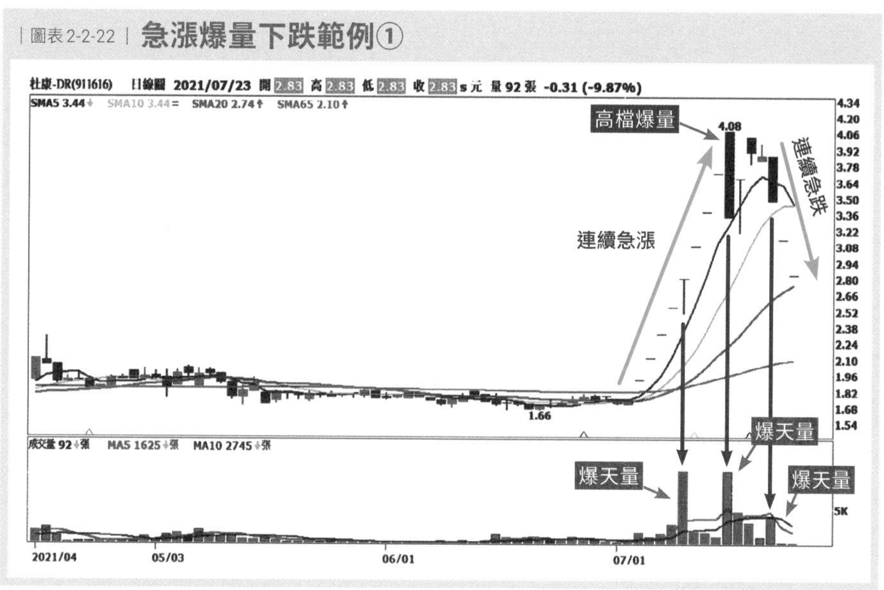

資料來源：富邦 e01 及嘉實資訊

| 圖表 2-2-23 | 急漲爆量下跌範例②

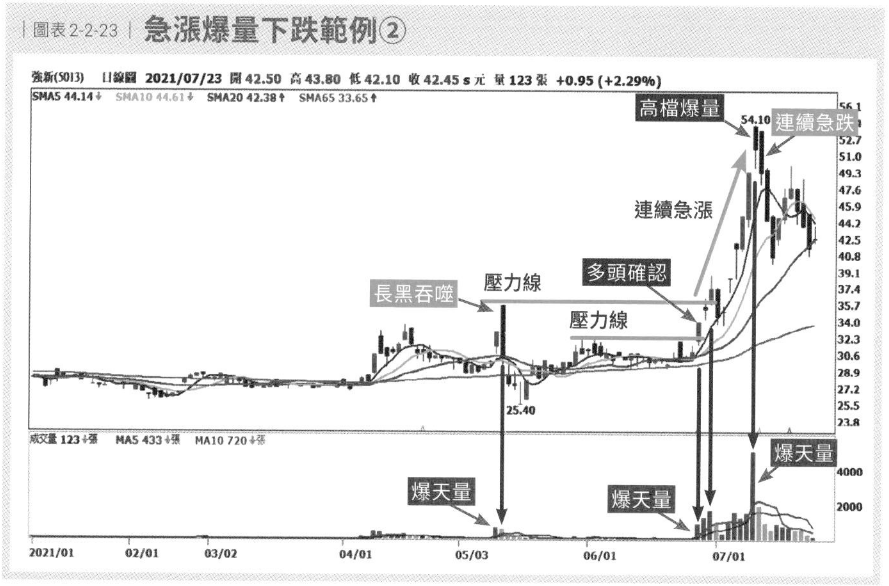

資料來源：富邦 e01 及嘉實資訊

｜圖表 2-2-24｜ **急漲爆量下跌範例③**

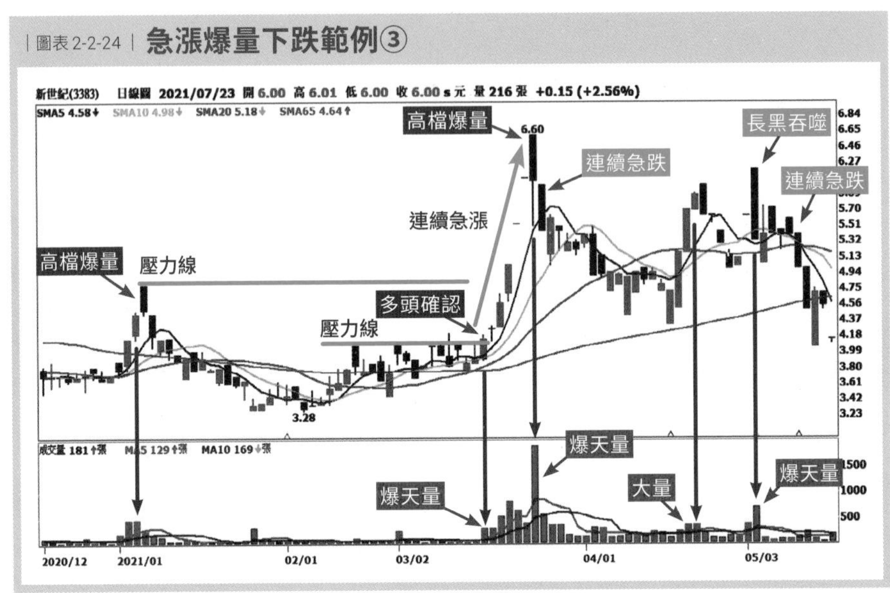

資料來源：富邦 e01 及嘉實資訊

高檔爆天量情境②

上漲時連續出現 2 ～ 3 天爆大量（5 日均量的 2 倍以上）後，股價不漲或下跌，要立刻停利出場，此時股價容易快速回檔。如果出現在多頭的末升段，注意後續做頭的機率很高（圖表 2-2-25 ～圖表 2-2-26）。

活用多頭短線獲利方程式

一、短線做多重點提示

1. 多頭向上會遇到上面很多的壓力，在短線操作先以靠近股價最近的壓力作為短期初步的獲利目標。

| 圖表 2-2-25 | **爆量不漲易反轉範例①**

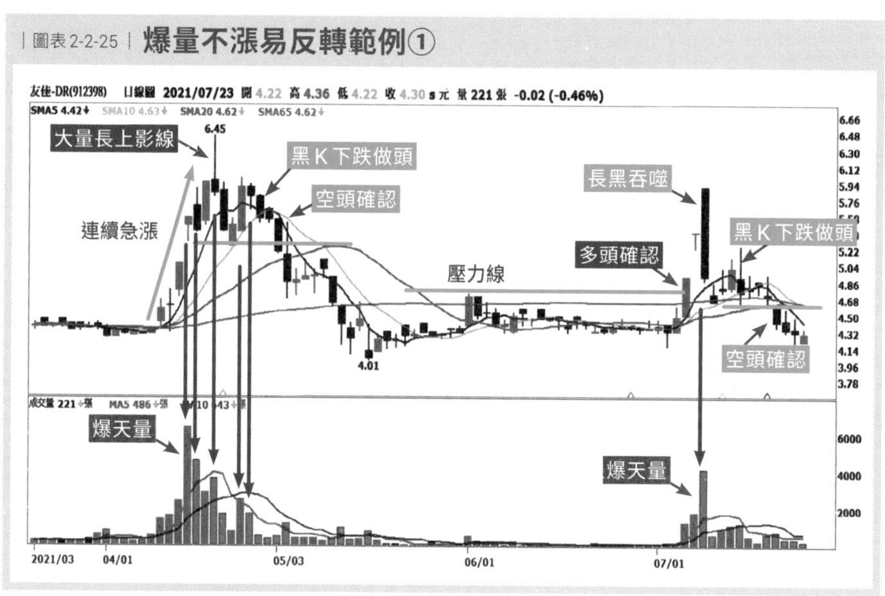

資料來源：富邦 e01 及嘉實資訊

| 圖表 2-2-26 | **爆量不漲易反轉範例②**

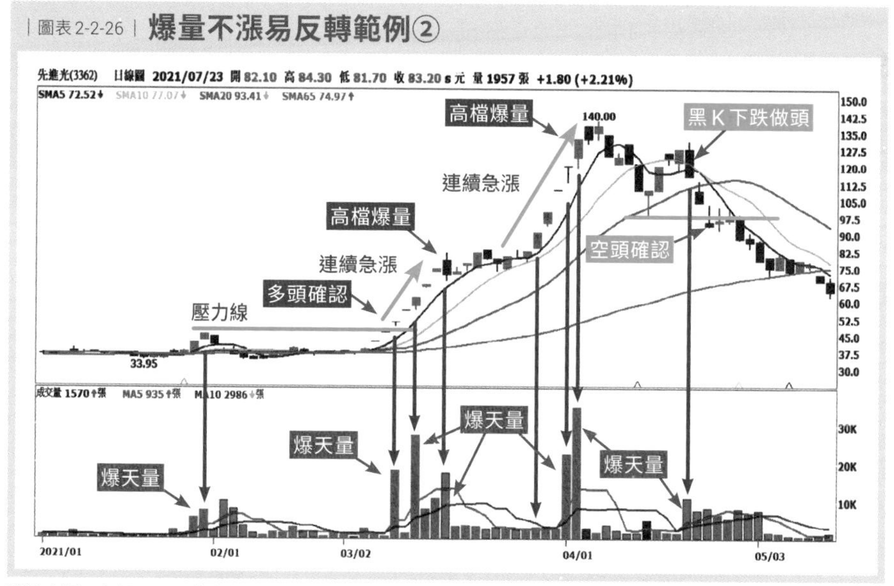

資料來源：富邦 e01 及嘉實資訊

2. 多頭趨勢的特性為「見壓不是壓」，所以上漲到預定壓力時，要觀察K線多空力量的變化，K線是否有轉折的訊號，並且配合個人操作的紀律(例如做短線守5日均線)再決定是否出場，也可以考慮到達壓力時的獲利，是否達到預期目標或超過目標決定出場。當快速上漲與月線的乖離太大時，決定是否要出場。

3. 日線短線合乎條件進場，獲利出場後，只要多頭走勢沒有改變，可以繼續做多；上漲之後，走勢合乎中長期條件時，可以改為中長期操作。

4. 任何完美的條件進場都有一定的失敗機率，每次操作都要控制好風險，依據個人資金分配，考慮買進的數量，並依個人所能承擔的虧損風險，設定萬一失敗的停損位置。

5. 股價收盤跌破停損價，執行停損賣出；沒有停損開始獲利，守紀律操作持股及停利。

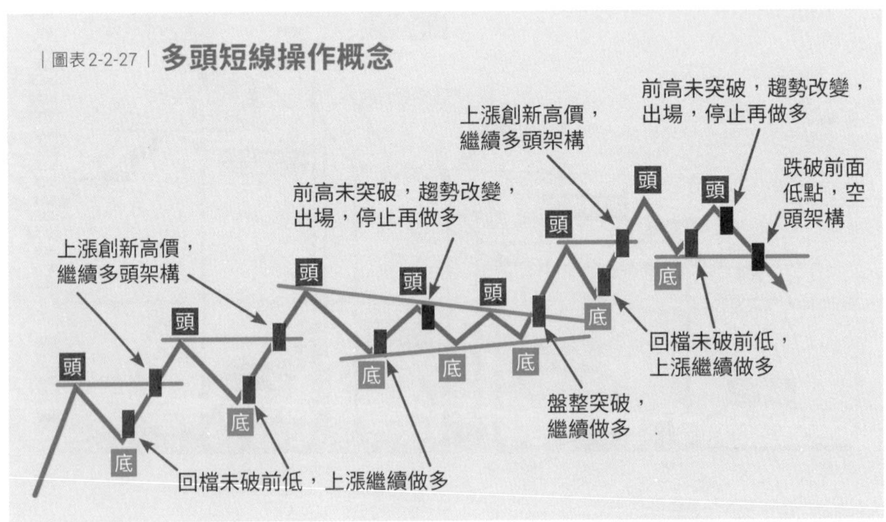

二、短線做多選股SOP

1. 趨勢條件：日線波浪型態（趨勢）要符合「頭頭高、底底高」的多頭架構。

2. 均線條件：日線的均線MA10、MA20多頭排列，均線方向向上（季線如果還在股價上方，而且是下彎走勢，當股價上漲靠近時，會有壓力產生）。

3. 股價位置：股價收盤要在MA10、MA20之上，同時要看股價在整個上漲趨勢是位居初升階段、主升階段還是末升階段，決定操作時程。

4. 成交量：底部打底時要有大成交量（代表有人在買），發動攻擊向上時，上漲的K線要有攻擊量（當天成交量要比前一日成交量增加1.3倍以上，如果有2倍以上的量，攻擊力道更強。沒有放量仍然會上漲，但是往後要補量，否則走不遠）。

5. 進場K線：進場K線要價漲、量增、紅K實體棒＞2%。

6. 指標參考：日線MACD 指標綠柱縮短或紅柱延長；日線KD指標黃金交叉向上多排。

三、短線做多獲利方程式

1. 停損點設在進場中長紅K線的最低點（5%～7%）。
2. 收盤跌破停損，出場。
3. 收盤出現「頭頭低」，出場。
4. 沒有跌破停損，續抱。
5. 獲利未達5%，續抱。
6. 獲利超過10%、收盤跌破MA5，出場。

7. 上漲獲利超過20%，或連續3天以上急漲，出現大量長黑K強覆蓋或長黑吞噬，當天出場。

｜圖表 2-2-28｜ **多頭短線操作範例**

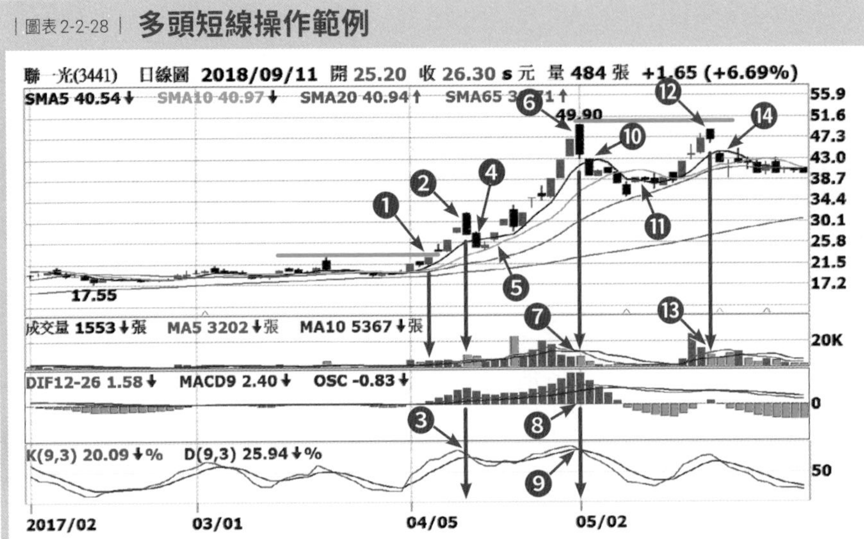

❶ 2017/4/7紅K上漲，收盤突破3/21高點22.9元，符合「頭頭高、底底高」，多頭趨勢確認，均線4線多排向上，以收盤23.35元進場做多，進場紅K最低點21.2元設為停損點。

❷ 短線連續上漲6天高檔，4/13出現大量長黑K（變盤訊號1，要準備停利出場）。

❸ 當天(4/13)同時出現KD指標的K值下彎（變盤訊號4，準備停利出場）。

❹ 次日(4/14)黑K下跌回檔，收盤24.8元賣出，獲利1.45元。

❺ 4/18紅K上漲，收盤突破MA5，以收盤27.85元進場做多，進場紅K最低點26.2元設為停損點。

❻ 短線沿MA5連續上漲9天高檔，5/2出現長黑K（變盤訊號1，要準備停利出場）。

❼ 當天(5/2)同時出現價漲量縮，價量背離現象（變盤訊號2，要準備停利出場）。

❽ 當天(5/2)同時出現MACD紅柱縮短及背離現象（變盤訊號6，要準備停利出場）。

❾ KD指標死亡交叉（變盤訊號4，準備停利出場）。

▼接下頁

⑩ 次日（5/3）跳空長黑K下跌回檔，收盤39.45元賣出，獲利11.6元。

⑪ 5/10紅K上漲，收盤突破MA5，以收盤39.15元進場做多，進場紅K最低點38元設為停損點。

⑫ 短線連續上漲4天高檔，5/22出現黑K，接近49.9元黑K高點壓力（變盤訊號1，準備停利出場）。

⑬ 當天（5/22）同時出現價漲量縮，價量背離現象（變盤訊號2，要準備停利出場）。

⑭ 次日（5/23）跳空長黑K下跌回檔，收盤42.1元賣出，獲利2.95元。

總結

1. 當趨勢符合「頭頭高、底底高」，多頭趨勢確認，均線4線多排向上，可以開始做短多；當高檔K線出現上列轉折訊號時準備停利。
2. 2017/4/7開始進場操作，到5/23出場，一共操作3趟，獲利16元，獲利率68.5%。

資料來源：富邦e01及嘉實資訊

做多進場10大戒律

1. 盤底還沒有突破月線，勿進場做多。
2. 上漲第3根以上位置，勿追高做多。
3. 量價背離搭配KD高檔、乖離過大、均線開口大，勿進場。
4. 週線遇壓力前，勿進場做多。
5. 回檔跌破月線，再上漲未突破月線，勿進場做多。
6. 回檔跌破前低，再上漲勿進場做多。
7. 盤整區內勿進場做多。
8. 一般空頭的反彈，勿進場做多。
9. 連續急漲的大量長紅K高檔，勿進場做多。
10. 多頭進場位置是價漲的黑K，勿進場做多。

2-3
空頭趨勢總論

空頭趨勢成立的條件（6字口訣判別空頭趨勢）

當波浪下跌的時候，依據美國道氏的觀察理論，股價會不斷創新的低價，即波浪反彈的頭部高點會一次比一次低，而下跌時波浪的底部低點，也同樣一次比一次低，呈現出「頭頭低、底底低」的現象。當趨勢符合「頭頭低、底底低」6個字的架構就是空頭趨勢。

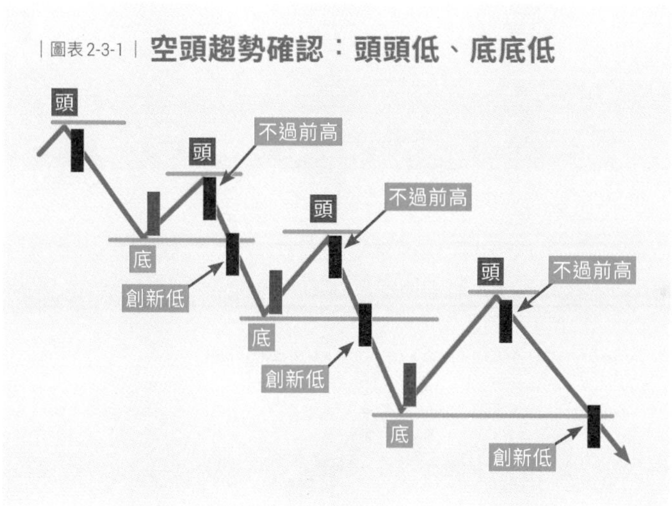

｜圖表 2-3-1｜ 空頭趨勢確認：頭頭低、底底低

重點說明：

1.「頭頭低、底底低」6個字是空頭永遠的架構，2個條件要同時成立，缺一不可，否則就不是空頭。

2. 當下趨勢方向，由最後一天收盤K線往左和最近的「頭」及最近的「底」比較，判定是否符合空頭架構。

3. 確認為空頭架構的股票，準備順勢做空。

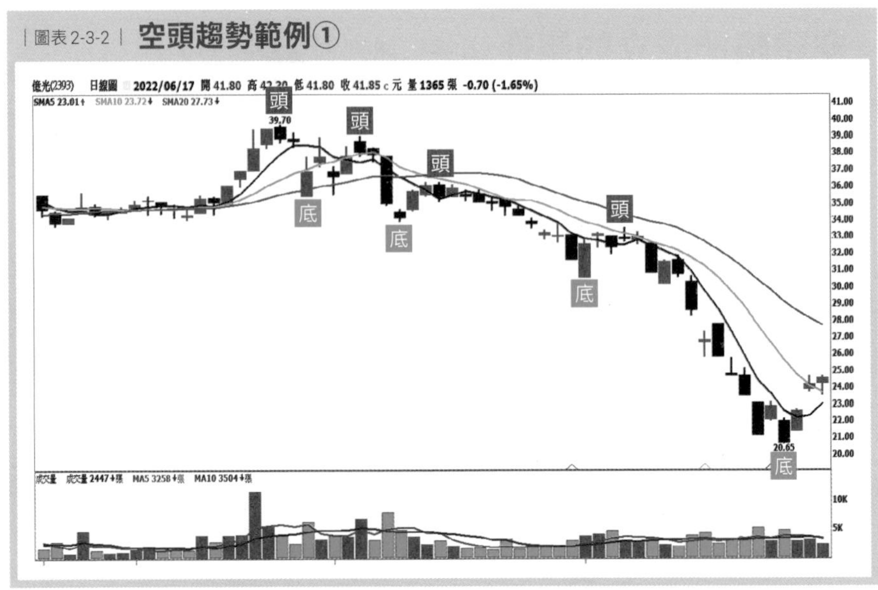

資料來源：富邦 e01 及嘉實資訊

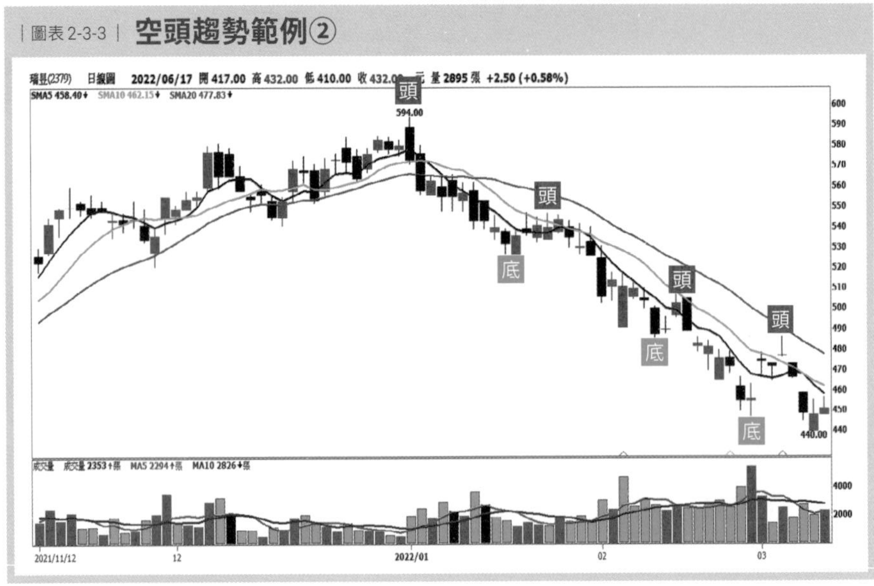

資料來源：富邦 e01 及嘉實資訊

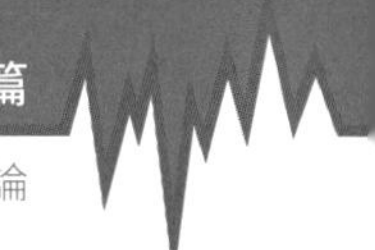

空頭趨勢的進場位置

1. 向下行進中的反彈修正不過前高，出現帶量長黑K線下跌，收盤跌破前一日最低點時做空（彈後空下跌）。

2. 向下行進中，橫向盤整結束的帶量長黑K線，收盤跌破時做空（盤整的跌破）。

3. 空頭下跌當天做空點符合：股價下跌、有大量、實體黑K線、收盤跌破昨低，成功率較高。

4. 空頭進場口訣：①彈後空下跌、②盤整的跌破。

｜圖表 2-3-4｜ 空頭波浪完整走勢圖及進場位置

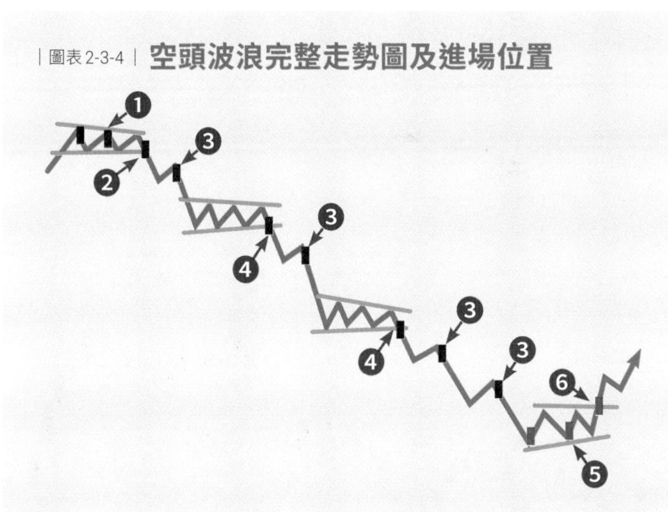

重點說明：

❶ 頭部出現頭頭低帶量長黑K線，尚未形成空頭架構，初步止漲，但是盤整或續漲的風險仍然很大，不建議進場做空。

❷ 頭部盤整的下頸線支撐，出現跌破盤整下線頸線支撐的帶量長黑K線，空頭確認，開始做空。

❸ 反彈修正結束，再出現帶量長黑K線下跌，收盤時跌破前一日低點，空頭「彈後空下跌」的進場空點。

❹ 長黑K跌破下跌中續勢盤整的下頸線，空頭「盤整跌破」的進場空點。

❺ 低檔底底高出現帶量長紅K線，空頭方向改變，先視為進入盤整。

❻ 突破盤整上頸線長紅K線，反轉成多頭確認。

空頭趨勢短線操作步驟與實例範例

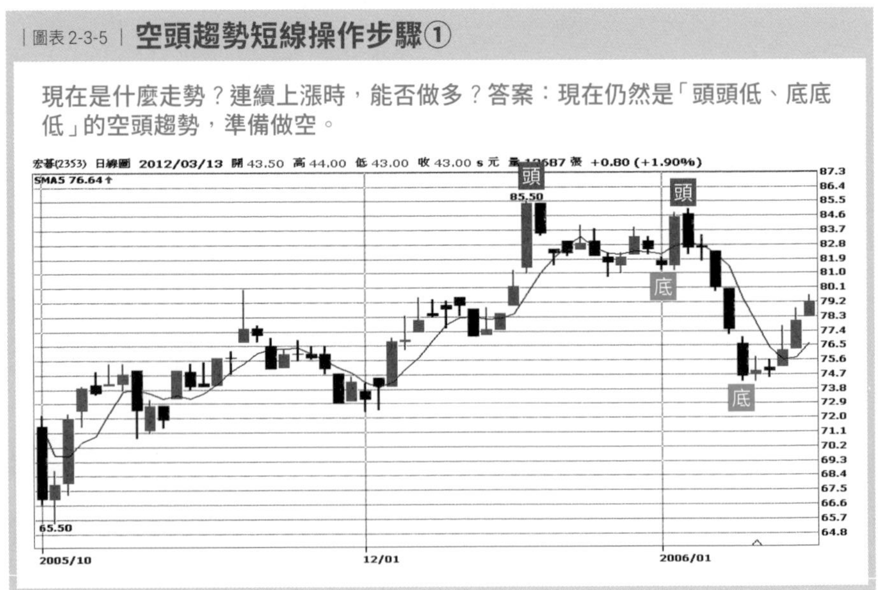

｜圖表 2-3-5｜ 空頭趨勢短線操作步驟①

現在是什麼走勢？連續上漲時，能否做多？答案：現在仍然是「頭頭低、底底低」的空頭趨勢，準備做空。

資料來源：富邦 e01 及嘉實資訊

| 圖表 2-3-6 | **空頭趨勢短線操作步驟②**

今天是否做空？停損要如何設定？後續觀察重點是什麼？

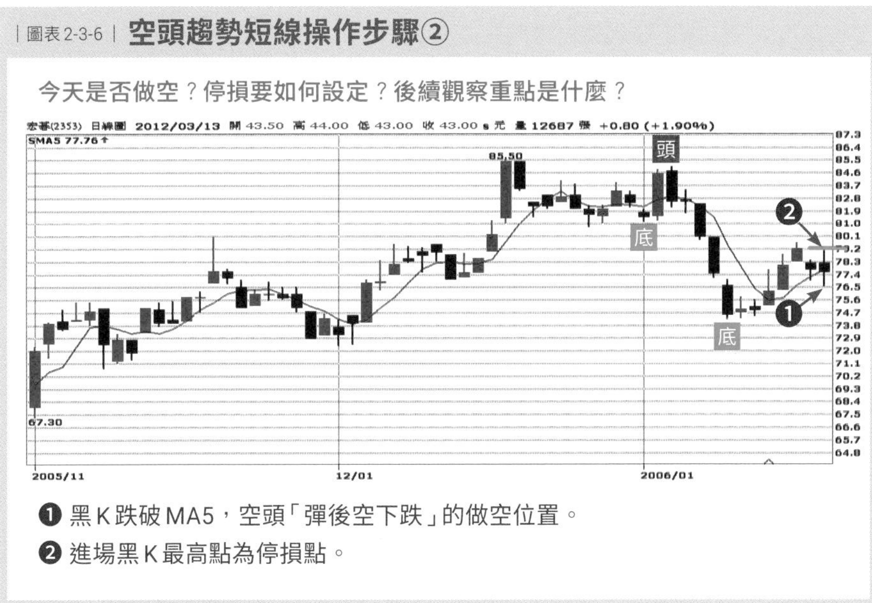

❶ 黑 K 跌破 MA5，空頭「彈後空下跌」的做空位置。

❷ 進場黑 K 最高點為停損點。

資料來源：富邦 e01 及嘉實資訊

| 圖表 2-3-7 | **空頭趨勢短線操作步驟③**

現在是什麼走勢，如何操作？答案：下跌跌破前低，現在仍然是「頭頭低、底底低」的空頭趨勢，做空準備反彈突破 MA5 停利。

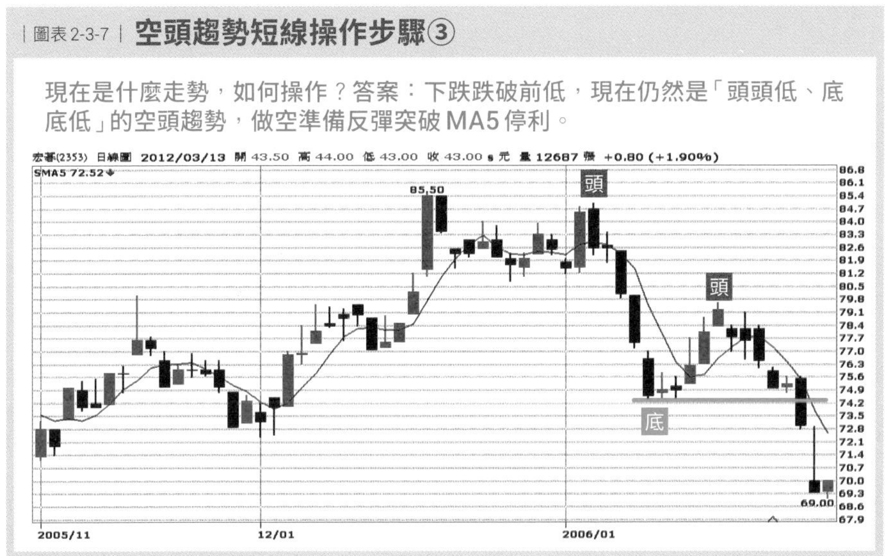

資料來源：富邦 e01 及嘉實資訊

| 圖表 2-3-8 | **空頭趨勢短線操作步驟④**

現在什麼走勢，做多還是做空？要如何操作？

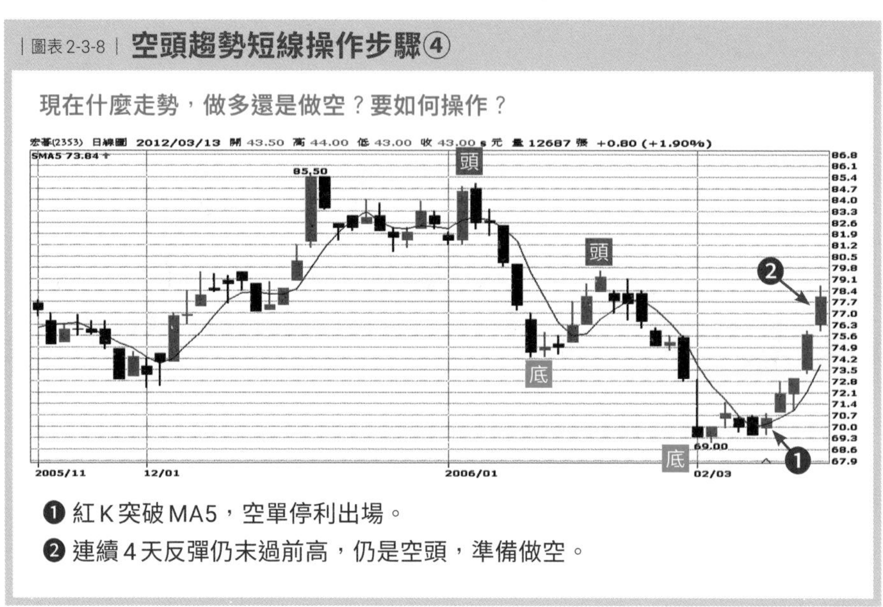

❶ 紅 K 突破 MA5，空單停利出場。

❷ 連續 4 天反彈仍未過前高，仍是空頭，準備做空。

資料來源：富邦 e01 及嘉實資訊

| 圖表 2-3-9 | **空頭趨勢短線操作步驟⑤**

今天是否做空？停損要如何設定？後續觀察重點是什麼？

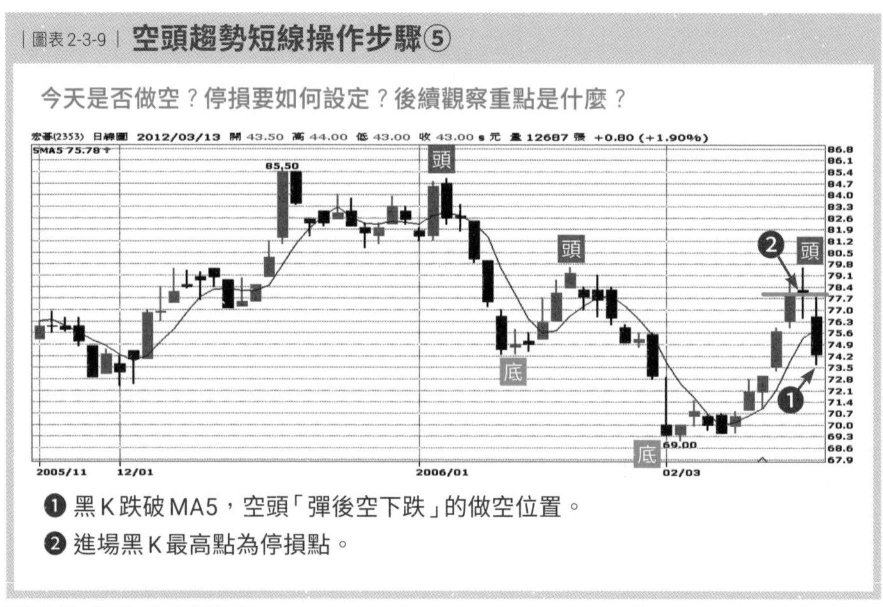

❶ 黑 K 跌破 MA5，空頭「彈後空下跌」的做空位置。

❷ 進場黑 K 最高點為停損點。

資料來源：富邦 e01 及嘉實資訊

| 圖表 2-3-10 | **空頭趨勢短線操作步驟⑥**

請標示在哪裡回補？現在什麼趨勢，做多還是做空？要如何操作？

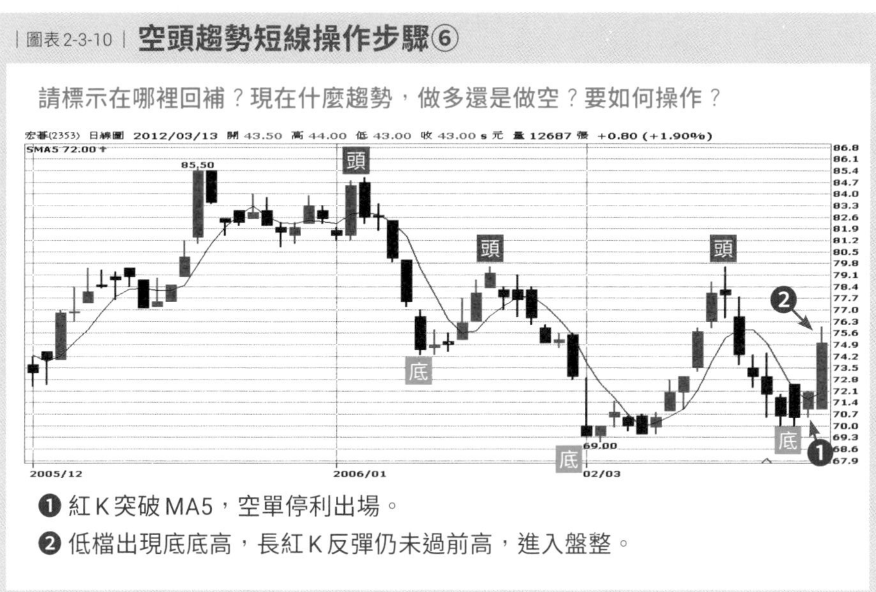

❶ 紅 K 突破 MA5，空單停利出場。

❷ 低檔出現底底高，長紅 K 反彈仍未過前高，進入盤整。

資料來源：富邦 e01 及嘉實資訊

| 圖表 2-3-11 | **空頭趨勢短線操作步驟⑦**

現在是什麼趨勢？要如何畫盤整區域？後續觀察重點是什麼？

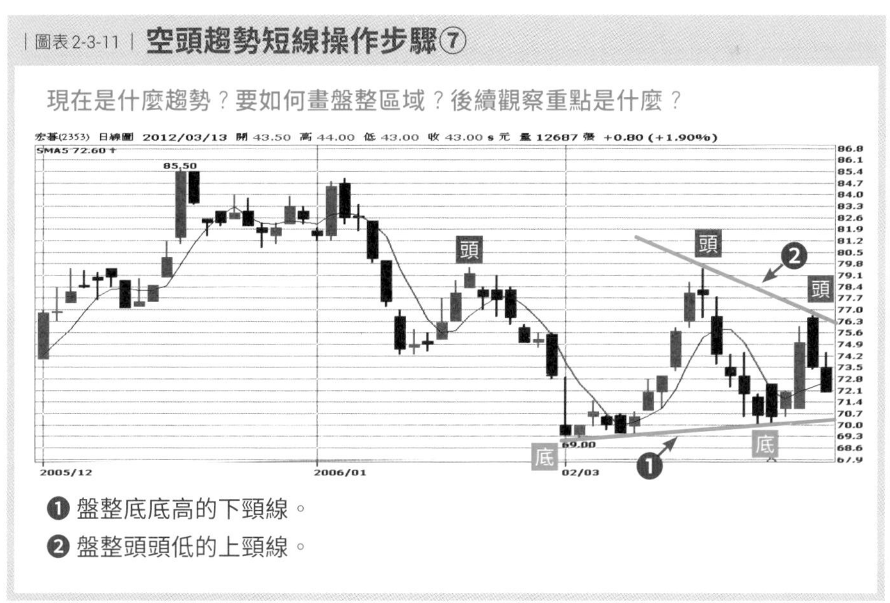

❶ 盤整底底高的下頸線。

❷ 盤整頭頭低的上頸線。

資料來源：富邦 e01 及嘉實資訊

| 圖表 2-3-12 | **空頭趨勢短線操作步驟⑧**

現在是什麼趨勢？要如何畫盤整區域？後續觀察重點是什麼？

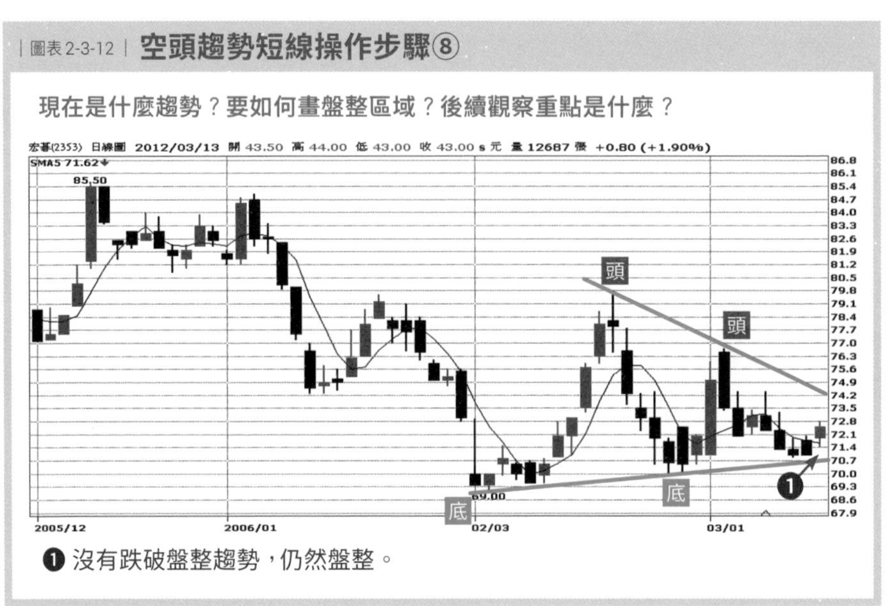

❶ 沒有跌破盤整趨勢，仍然盤整。

資料來源：富邦 e01 及嘉實資訊

| 圖表 2-3-13 | **空頭趨勢短線操作步驟⑨**

請標示跌破盤整的位置？是否做空？設停損位置，今天是什麼趨勢？後續如何操作？

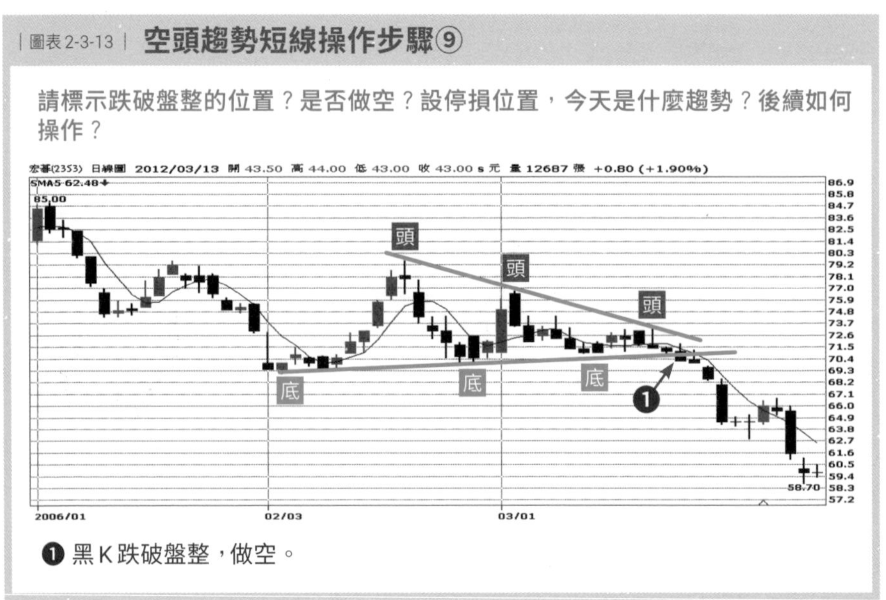

❶ 黑 K 跌破盤整，做空。

資料來源：富邦 e01 及嘉實資訊

｜圖表 2-3-14｜ **空頭趨勢短線操作步驟⑩**

請標示說明後續的進出點？今天的趨勢如何？

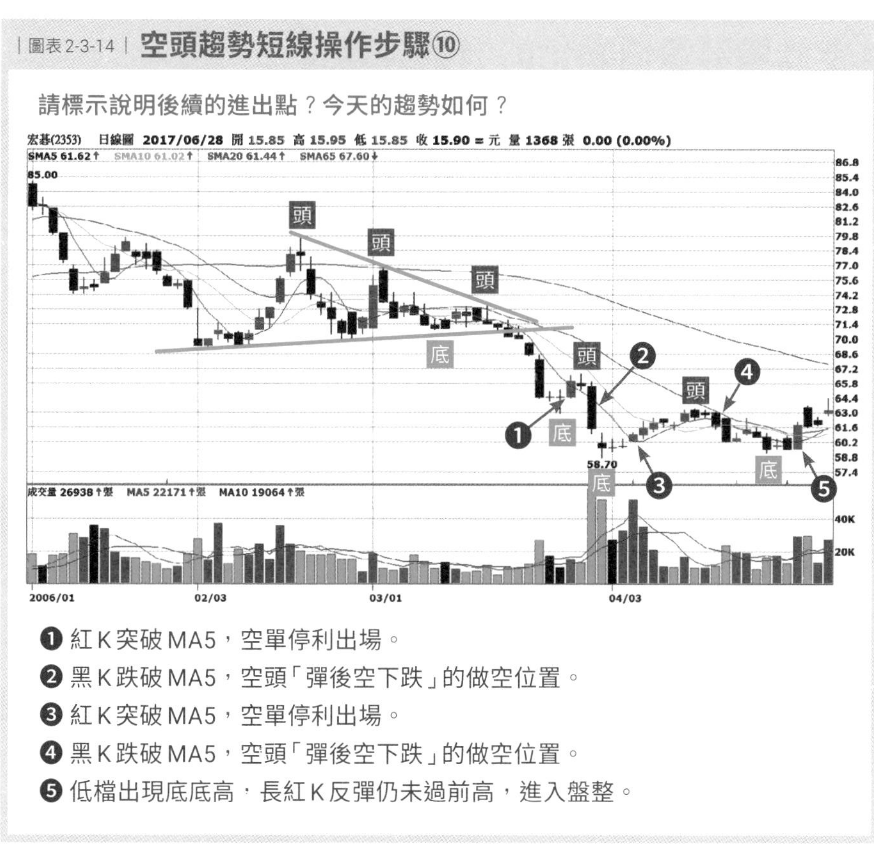

❶ 紅 K 突破 MA5，空單停利出場。

❷ 黑 K 跌破 MA5，空頭「彈後空下跌」的做空位置。

❸ 紅 K 突破 MA5，空單停利出場。

❹ 黑 K 跌破 MA5，空頭「彈後空下跌」的做空位置。

❺ 低檔出現底底高，長紅 K 反彈仍未過前高，進入盤整。

資料來源：富邦 e01 及嘉實資訊

空頭頭部量價變化的觀察與鎖股

當多頭趨勢即將結束，股價由底部上漲接近主力大戶的目標，主力會開始趁機出貨。當主力出貨完畢，趨勢反轉空頭，此時高檔盤頭的大量為「主力出貨量」。

一、空頭確認的爆大量

趨勢高檔「頭頭低、底底低」時，出現大量長黑K確認，後續應觀察下列變化：

1. 下跌力道比較強，仍持有多單要立刻賣出。

2. 該位置如果已經跌破月線，且月線下彎，但是尚未跌破季線，可以做短空。

3. 該位置如果尚未跌破月線，等下波彈後空下跌。

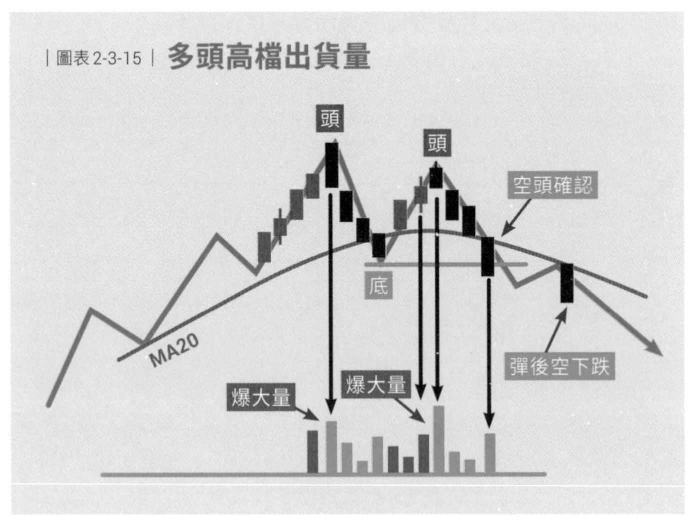

| 圖表 2-3-16 | **空頭確認範例①**

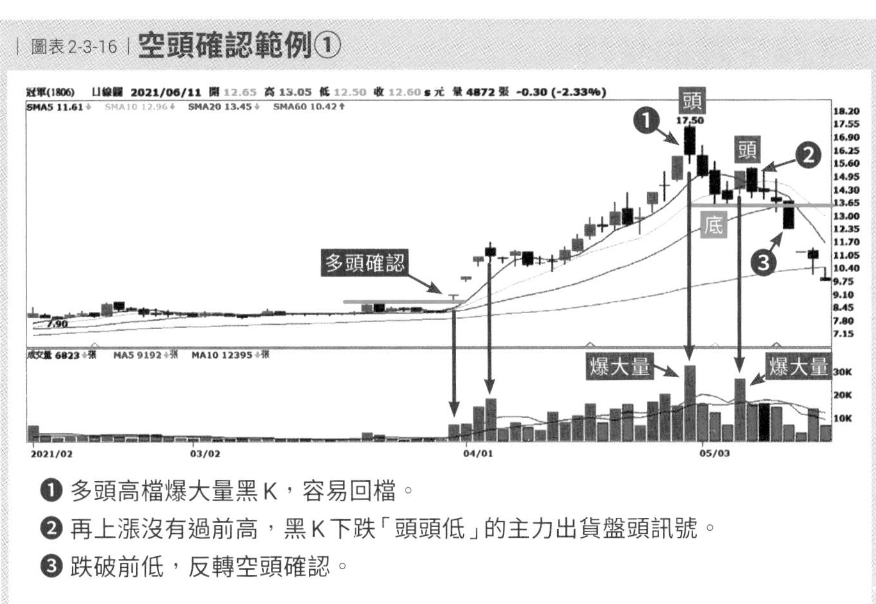

❶ 多頭高檔爆大量黑 K，容易回檔。

❷ 再上漲沒有過前高，黑 K 下跌「頭頭低」的主力出貨盤頭訊號。

❸ 跌破前低，反轉空頭確認。

資料來源：富邦 e01 及嘉實資訊

| 圖表 2-3-17 | **空頭確認範例②**

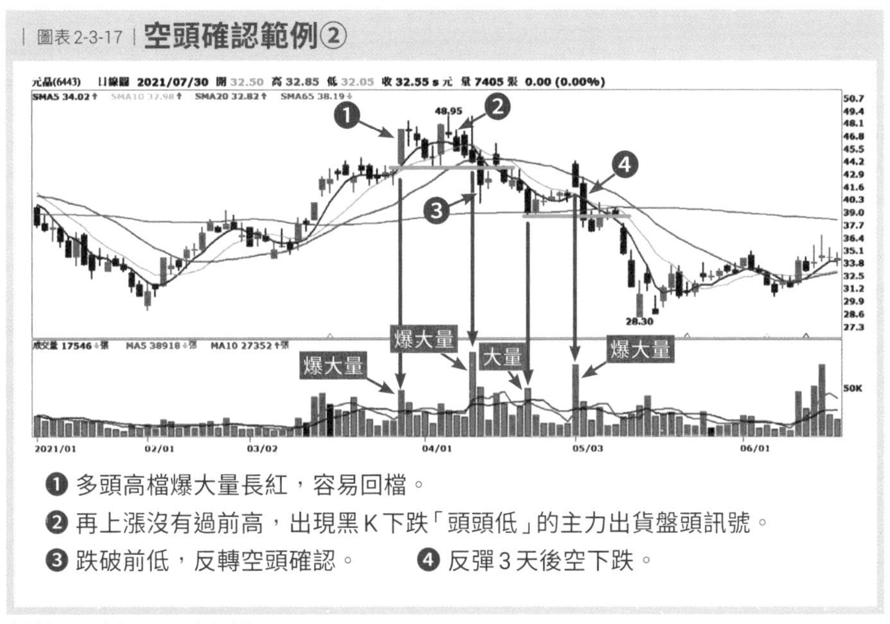

❶ 多頭高檔爆大量長紅，容易回檔。

❷ 再上漲沒有過前高，出現黑 K 下跌「頭頭低」的主力出貨盤頭訊號。

❸ 跌破前低，反轉空頭確認。　　❹ 反彈 3 天後空下跌。

資料來源：富邦 e01 及嘉實資訊

空頭下跌的特性

空頭下跌中的幾個特性如下：

1. 一直維持空頭「頭頭低、底底低」6字架構，股價會一直創新低。

2. 反彈不能過前高，下跌繼續破前低。

3. 跌得多、漲得少，出現長紅K不易續漲。

4. 黑K多，紅K少。

5. 連跌3天以上出現低點，容易反彈。

6. 急跌易急漲，低檔爆量容易V形反轉。

7. 破低必反彈，反彈不過高。

8. 價跌量增，價漲量縮（參考）。

9. 見撐不是撐，見壓大多有壓。

空頭趨勢改變的先知先覺

空頭的架構「頭頭低、底底低」沒有改變之前，我們不能自己猜測方向要改變。

當股價空頭往下行進時，出現下面2種現象：①反彈突破前面高點（出現頭頭高）；②下跌時沒有再創新低就上漲（出現底底高），破壞了空頭的架構，此時空頭方向出現了要改變的訊號，在沒有合乎多頭架構之前，先以盤整視之。

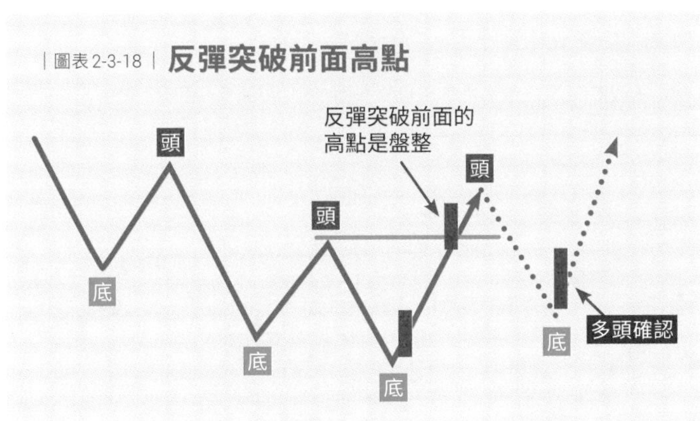

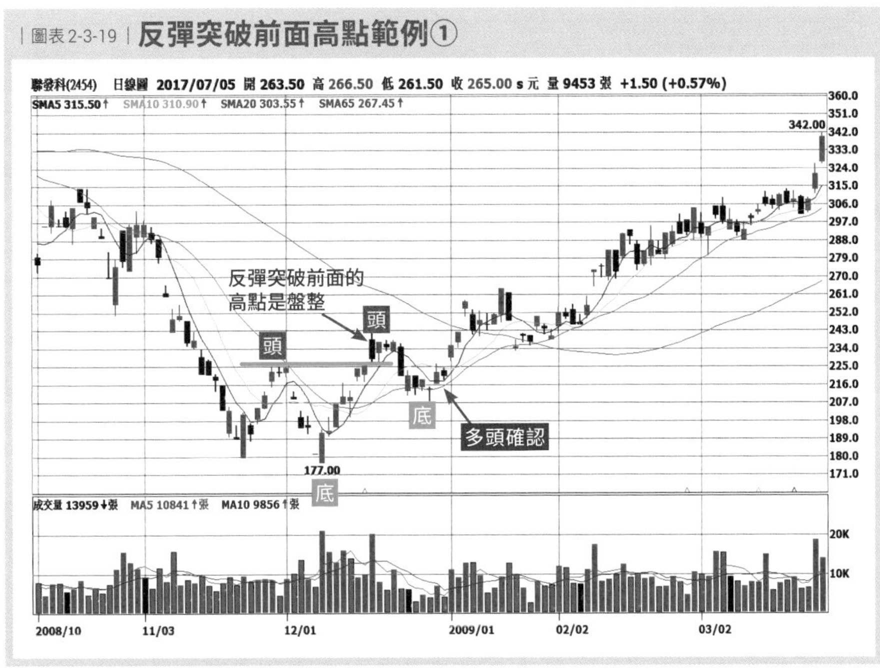

資料來源：富邦 e01 及嘉實資訊

| 圖表 2-3-20 | **反彈突破前面高點範例②**

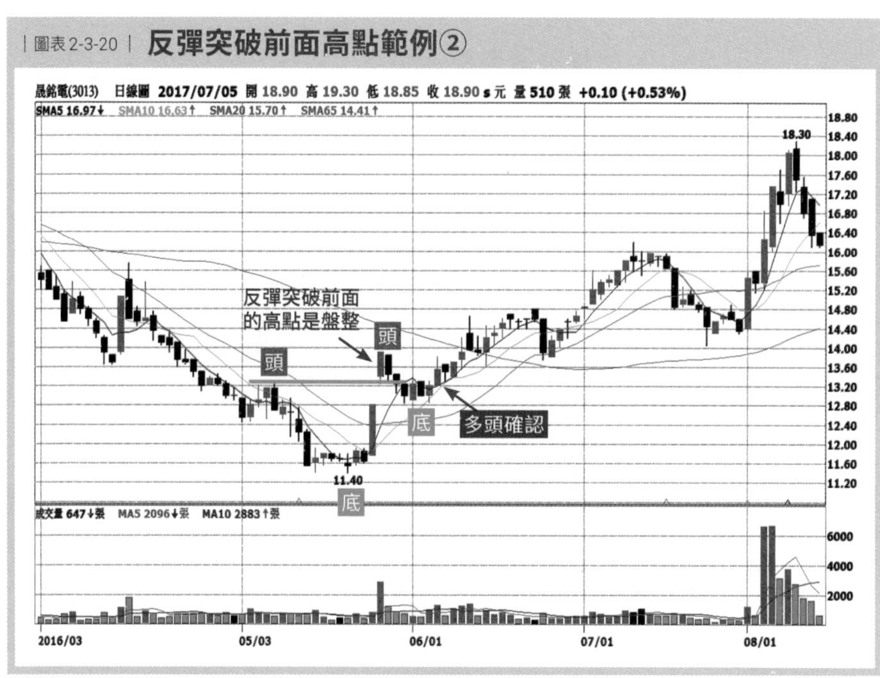

資料來源：富邦 e01 及嘉實資訊

| 圖表 2-3-21 | **下跌時沒有再創新低就上漲**

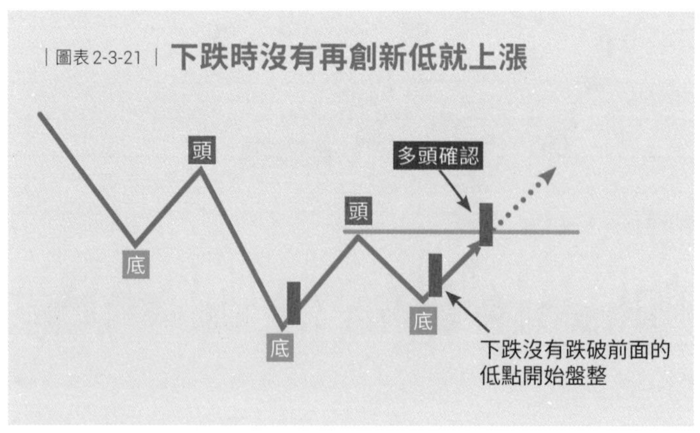

| 圖表 2-3-22 | **空頭下跌未創新低就上漲範例①**

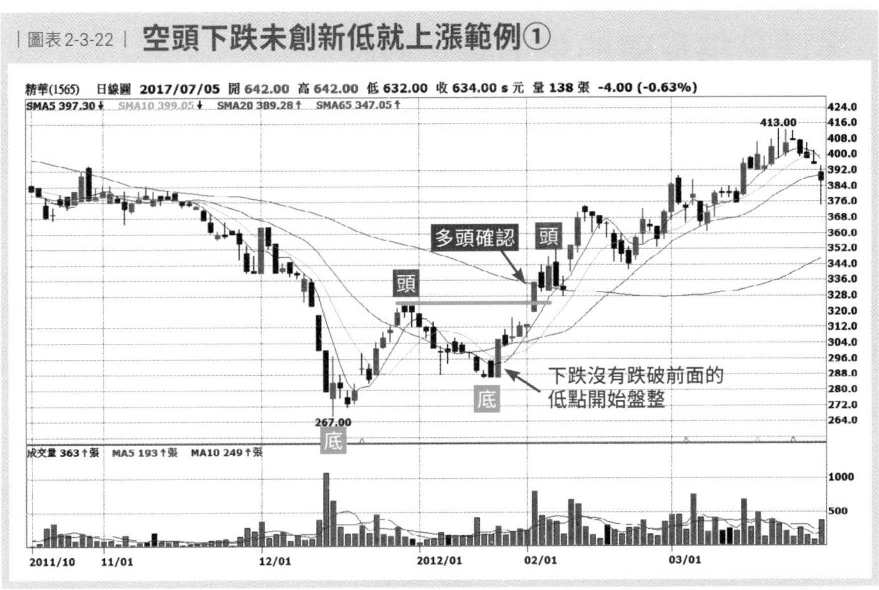

資料來源：富邦 e01 及嘉實資訊

| 圖表 2-3-23 | **空頭下跌未創新低就上漲範例②**

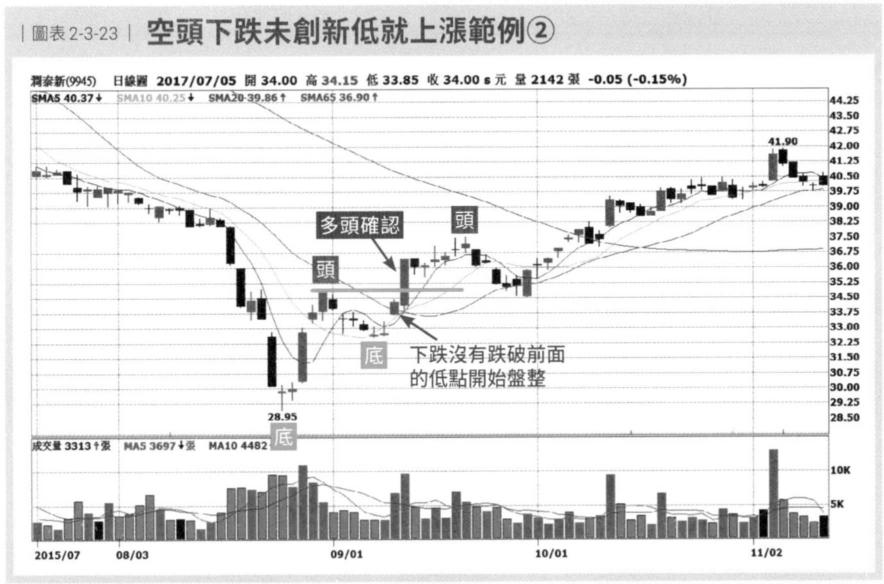

資料來源：富邦 e01 及嘉實資訊

多頭高檔反轉的量價變化觀察

多頭上漲3波之後開始出現「頭頭低」盤整做頭，在做頭時經常看到一些異常的大量出現，這些異常的大量是重要訊號，對日後趨勢是否反轉有重要關係。

一、第1個頭大量回檔

｜圖表 2-3-24｜ **一日反轉的訊號①**

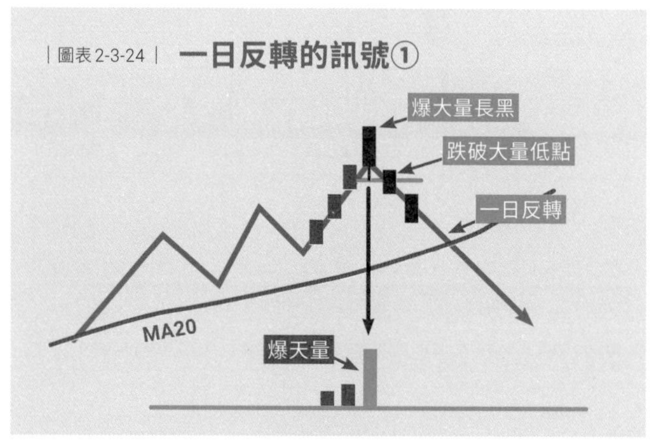

｜圖表 2-3-25｜ **一日反轉的訊號②**

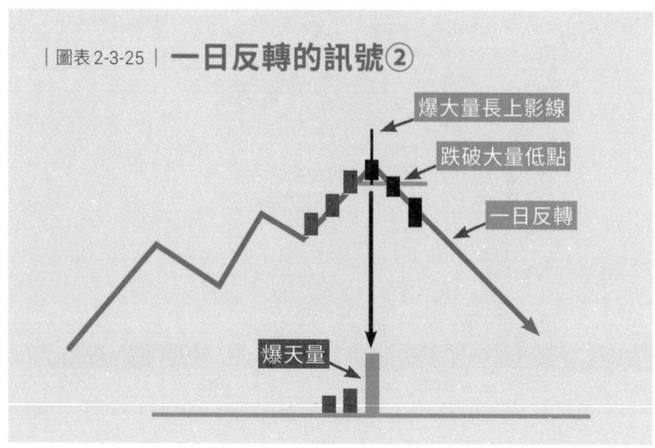

| 圖表 2-3-26 | **第 1 個頭大量回檔狀況①**

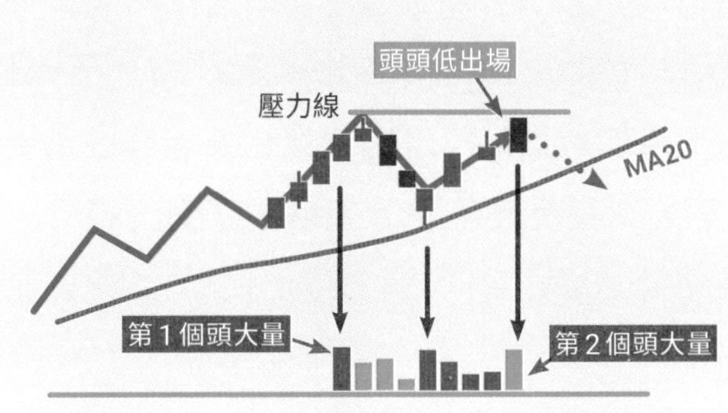

| 圖表 2-3-27 | **第 1 個頭大量回檔狀況②**

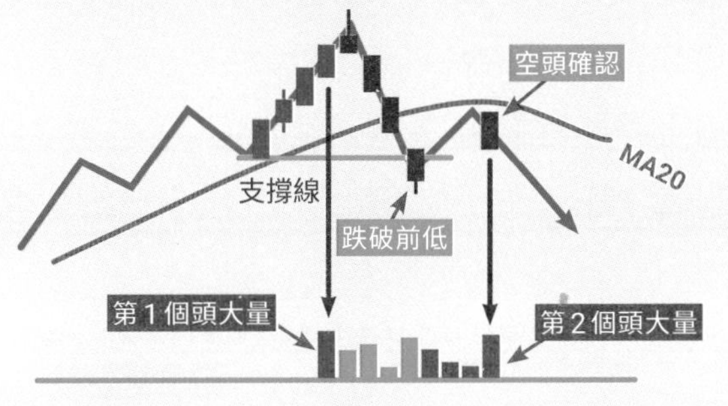

| 圖表 2-3-28 | **第 1 個頭大量回檔狀況③**

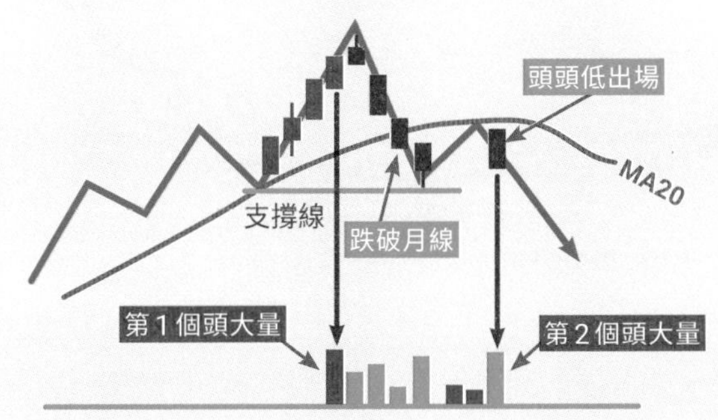

重點說明：

1. 多頭上漲到高檔，出現爆大量紅 K 或下跌的黑 K 止漲，後續股價出現回檔，該爆量視為第 1 次出貨量。

2. 多頭上漲到高檔，出現爆大量長黑吞噬或爆大量長上影線，次日下跌，容易 1 日反轉急跌，多單要立刻出場。

3. 多頭爆量回檔到 20 均遇支撐出現紅 K 上漲，多頭趨勢不變，繼續做多，此時要注意高檔大量可能有壓力，股價上漲無法突破時，出現「頭頭低」要立刻出場。

4. 多頭爆量回檔，如果跌破月線，下跌到前低，表示空方力道強勁，回檔結束後再上漲，容易出現「頭頭低」的第 2 個頭。

5. 多頭爆量回檔，如果跌破月線，跌破前低，出現「底底低」，趨勢改變，再上漲不宜做多。

圖表 2-3-29 **一日反轉訊號範例①**

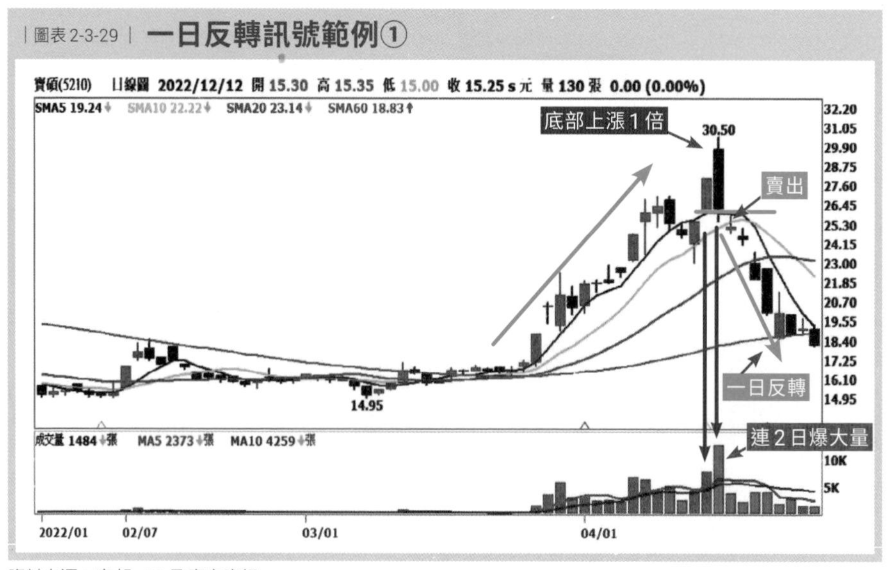

資料來源：富邦 e01 及嘉實資訊

｜圖表 2-3-30｜ **一日反轉訊號範例②**

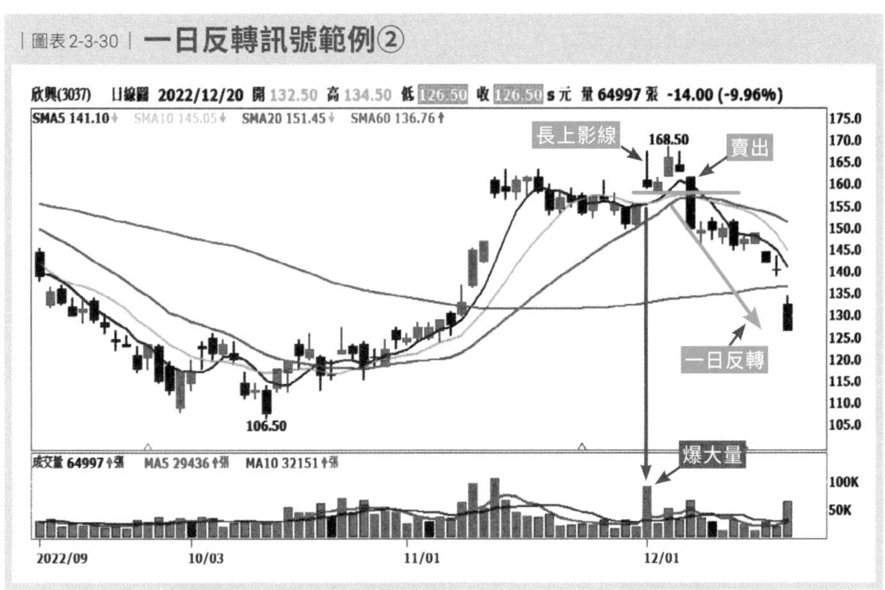

資料來源：富邦 e01 及嘉實資訊

｜圖表 2-3-31｜ **一日反轉訊號範例③**

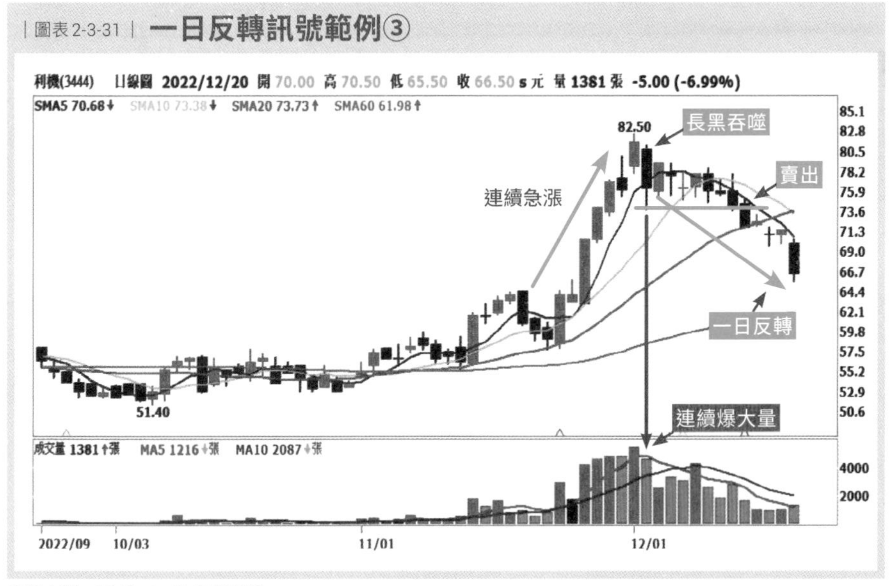

資料來源：富邦 e01 及嘉實資訊

二、第 2 個頭大量回檔

1.「頭頭低」的第 2 個頭通常也會出現大量，趨勢開始做頭盤整。此時回檔低點是支撐，第 2 個頭的高點是壓力。後續股價跌破低點的支撐，趨勢反轉成空頭。

2. 做頭盤整中出現的大量，暫時看做主力出貨量。

3. 做頭盤整期間，注意均線方向的改變，當 10 均與 20 均形成向下的空頭排列，做頭接近完成，鎖股準備做短空；跌破 60 均後均線 4 線空排，可以鎖股準備做短中長空。

｜圖表 2-3-32｜ **頭頭低轉空訊號**

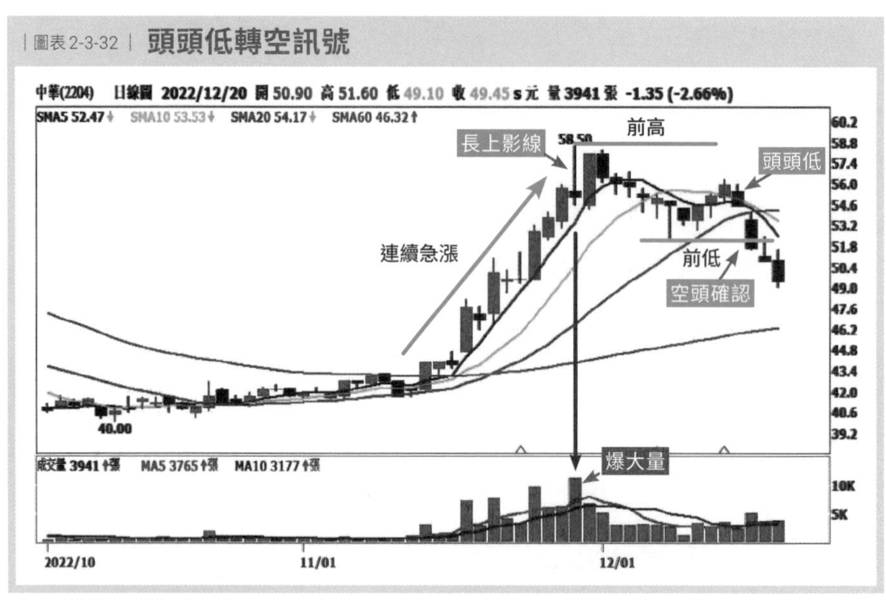

資料來源：富邦 e01 及嘉實資訊

| 圖表 2-3-33 | **跌破月線頭頭低轉空訊號**

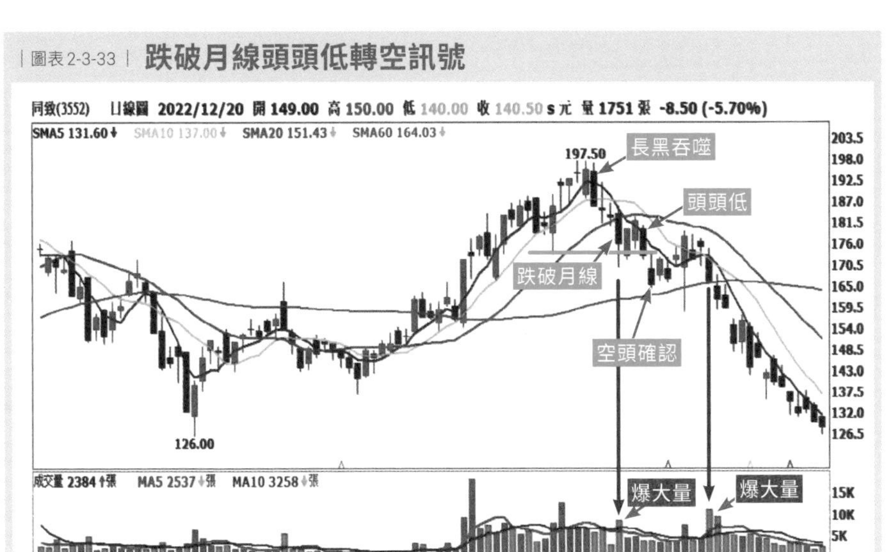

資料來源：富邦 e01 及嘉實資訊

| 圖表 2-3-34 | **回檔跌破前低的轉空訊號範例①**

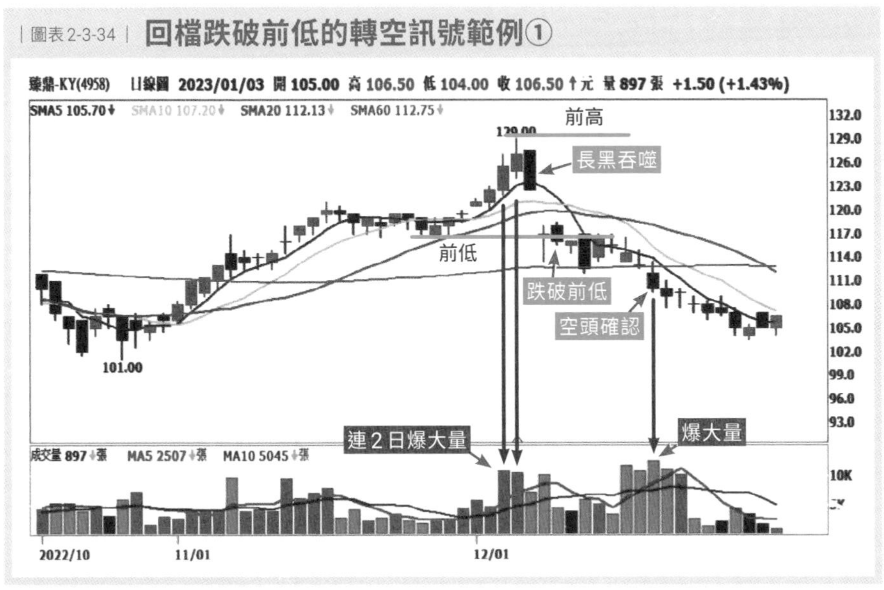

資料來源：富邦 e01 及嘉實資訊

| 圖表 2-3-35 | **回檔跌破前低轉空的訊號範例②**

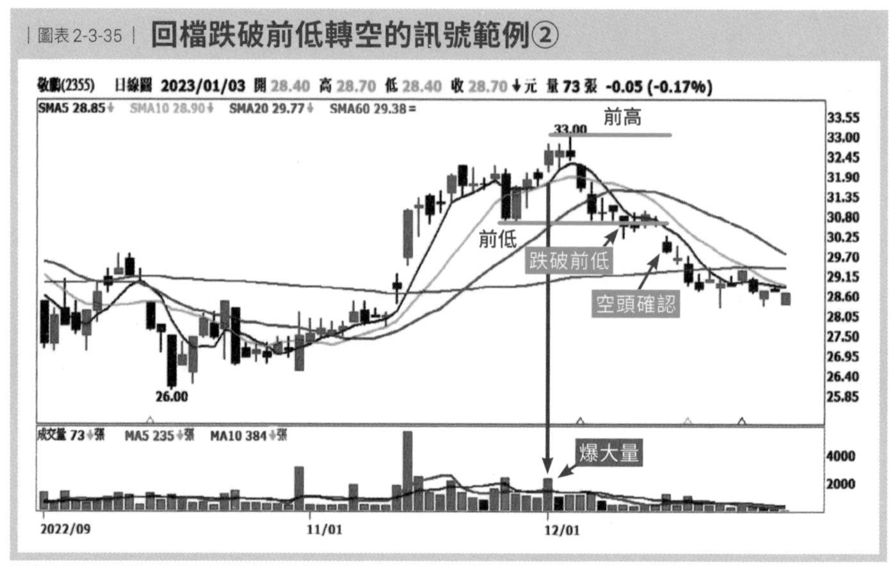

資料來源：富邦 e01 及嘉實資訊

活用空頭短線獲利方程式

一、觀察並確認繼續維持空頭

| 圖表 2-3-36 | **空頭短線操作概念**

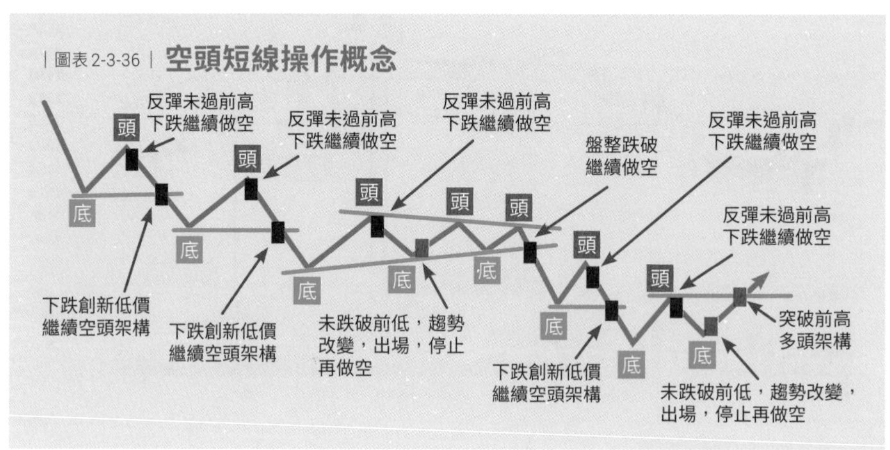

重點說明：

1. 確認空頭趨勢沒有改變，就必須一直維持空頭「頭頭低、底底低」的架構。

2. 基於上面的規則，當股價下跌一段，反彈的時候要密切觀察，是否突破前一個開始下跌的高點，如果沒有突破就開始回跌，走勢仍然維持空頭下跌的架構。

3. 當反彈沒有突破前一個開始下跌的高點就開始回跌，這時股價往下，朝向前一個底的方向下跌。當跌破前一個底的低點，股價繼續創新低價，這時可以確認空頭繼續下跌，走勢繼續維持空頭「頭頭低、底底低」的架構。

4. 當反彈沒有突破前一個開始下跌的高點就開始回跌，這時股價往下，朝向前一個底的方向下跌。當沒有跌破前一個低點的底，股價下跌沒有創新低價，這時出現「底底高」的架構，空頭出現改變，趨勢進入盤整，做短線的空單要出場。

二、短線做空選股選股 SOP

1. 趨勢條件：日線波浪型態（趨勢）要符合「頭頭低、底底低」的空頭架構。

2. 均線條件：日線的均線MA10、MA20空頭排列，均線向下（季線如果還在股價下方，而且是上揚走勢，當股價下跌靠近時，會有支撐力量）。

3. 股價位置：股價收盤要在MA10、MA20之下，同時要看股價在整個下跌趨勢是位居初跌階段、主跌階段還是末跌階段，決定操作時程。

4. 成交量：頭部做頭時要有大成交量（代表主力出貨），發動下跌向下時，黑K線要出現中長黑K的實體棒，或向下跳空黑K的實體棒，有大量配合（當天成交量要比前一日成交量增加1.3倍以上）下跌力道更強。沒有放量，仍然會下跌（空頭下跌通常在起跌時，散戶還沒有警覺或抱著等上漲少賠再賣，因此量沒有放太大，但是後續再下跌，就容易出現恐慌性的大量賣出）。

5. 進場K線：進場K線要價跌、黑K實體棒＞2%。

6. 指標參考：日線MACD指標紅柱縮短或綠柱延長；日線KD指標死亡交叉向下空排。

三、短線做空獲利方程式

1. 空頭做空進場位置：收盤跌破5均，並跌破前一日最低點。
2. 停損設進場中長黑K線的最高點（5%～7%）。
3. 收盤突破停損，出場。
4. 收盤出現「底底高」，回補。
5. 沒有突破停損，續抱。
6. 獲利未達5%，續抱。
7. 獲利超過10%、收盤突破MA5，回補。
8. 下跌獲利超過20%，或連續3天以上急跌，出現大量長紅K強覆蓋或長紅吞噬，當天回補。

做空進場10大戒律

1. 盤頭還沒有跌破月線，勿進場做空。

| 圖表 2-3-37 | **空頭短線操作範例**

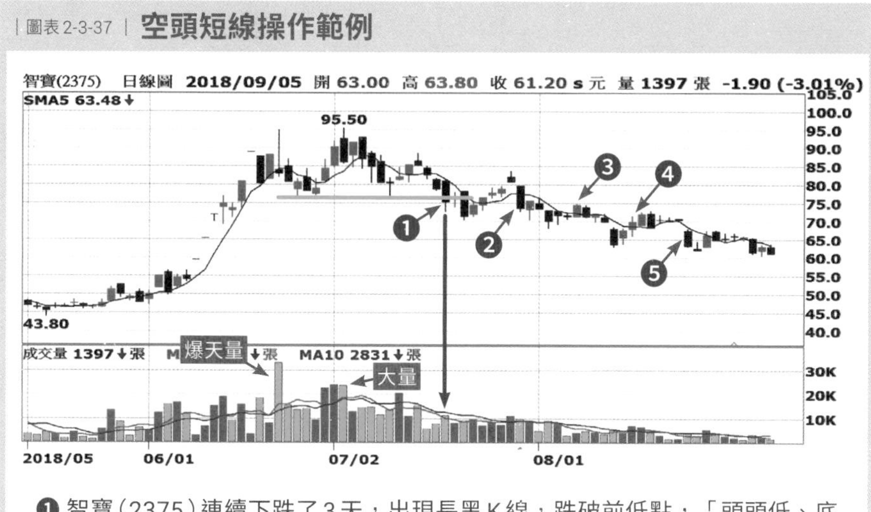

❶ 智寶(2375)連續下跌了3天，出現長黑K線，跌破前低點，「頭頭低、底底低」空頭趨勢確認。

❷ 反彈跌破5均，開始做短空。

❸ 紅K突破5均，獲利未達5%，持股續抱。

❹ 紅K突破5均，獲利已達5%，空單停利回補。

❺ 反彈後再跌破5均，短空單進場，停損守進場黑K最高點。

資料來源：富邦 e01 及嘉實資訊

2. 連續下跌第3根以上位置，勿殺低做空。
3. 量價背離搭配KD低檔、乖離過大、均線開口大，勿進場。
4. 週線遇支撐前，勿進場做空。
5. 反彈突破月線，再下跌未跌破月線，勿進場做空。
6. 反彈突破前高再下跌，勿進場做空。
7. 盤整區內勿進場做空。
8. 一般多頭的回檔，勿進場做空。
9. 連續急跌的大量長黑K低檔，勿進場做空。
10. 空頭進場位置是價跌的紅K，勿進場做空。

2-4

盤整趨勢總論

當趨勢不是多頭，也不是處在空頭狀態，就代表是正處於盤整的趨勢中。

盤整趨勢成立的條件

波浪走勢橫向盤整的時候，依據道氏的觀察理論，可以發現股價上下不規則波動，即波浪的底部與頭部會相互交叉，因此，除了多頭上漲，空頭下跌之外的橫向走勢，均歸為盤整波。

｜圖表 2-4-1｜ 盤整趨勢的 4 種型態

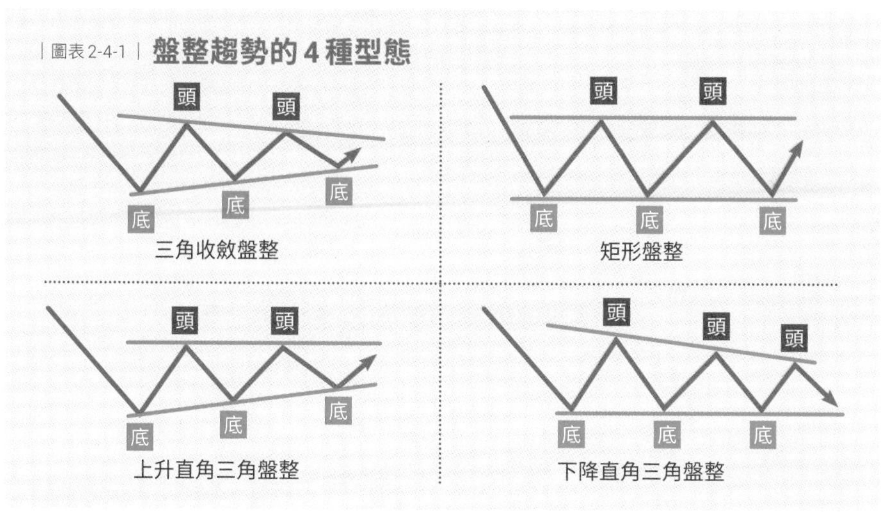

重點說明：

1. 不是多頭的架構，不是空頭的架構，即為盤整。

2. 確認盤整的股票：①不要操作、②畫上頸線及下頸線、③等待盤整結束後的突破做多或跌破做空。

盤整趨勢的操作策略

1. 靠近下頸線未跌破，向上漲時買；靠近上頸線未突破，向下跌時賣。

2. 前面多頭時，盤整區間先買後賣；前面空頭時，盤整區間先賣後買（順勢操作）。

3. 盤整區間幅度太小或橫向盤整時交錯雜亂，無法確認波浪型態時，不要進場交易（盤整上下幅度小於15%，則不宜在盤整區中進出）。

4. 當盤整架構沒有改變之前，我們不能自己猜測未來方向要如何發展。

5. 當盤整末端向上突破或向下跌破頸線時，才能確定盤整結束後的方向，此時再決定做多或是做空。

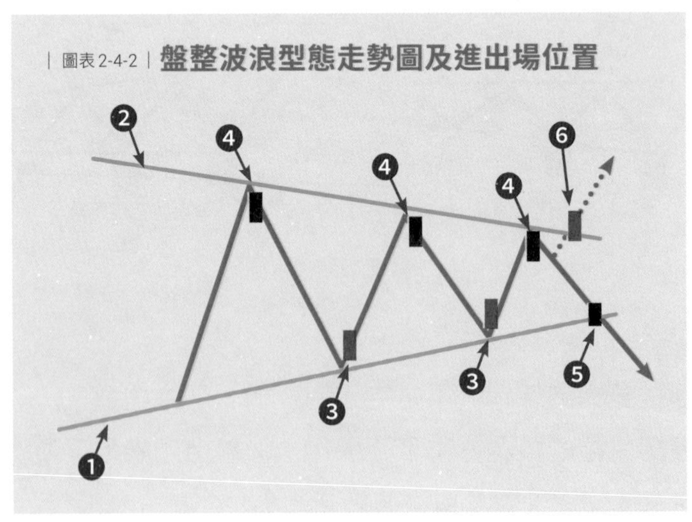

重點說明：

❶ 盤整下頸線。
❷ 盤整上頸線。
❸ 下頸線買點。
❹ 上頸線賣點。
❺ 跌破下頸線的賣點。
❻ 突破上頸線的買點。

｜圖表 2-4-3｜ 盤整趨勢進出場操作範例①

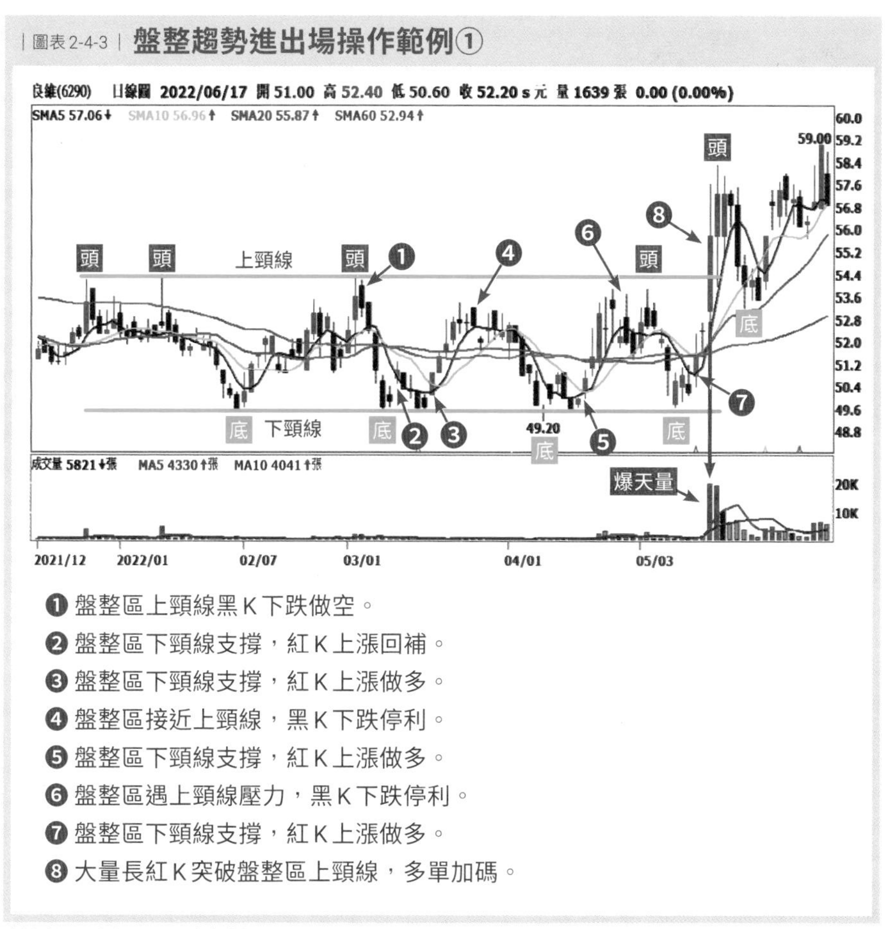

❶ 盤整區上頸線黑 K 下跌做空。
❷ 盤整區下頸線支撐，紅 K 上漲回補。
❸ 盤整區下頸線支撐，紅 K 上漲做多。
❹ 盤整區接近上頸線，黑 K 下跌停利。
❺ 盤整區下頸線支撐，紅 K 上漲做多。
❻ 盤整區遇上頸線壓力，黑 K 下跌停利。
❼ 盤整區下頸線支撐，紅 K 上漲做多。
❽ 大量長紅 K 突破盤整區上頸線，多單加碼。

資料來源：富邦 e01 及嘉實資訊

｜圖表 2-4-4｜ **盤整趨勢進出場操作範例②**

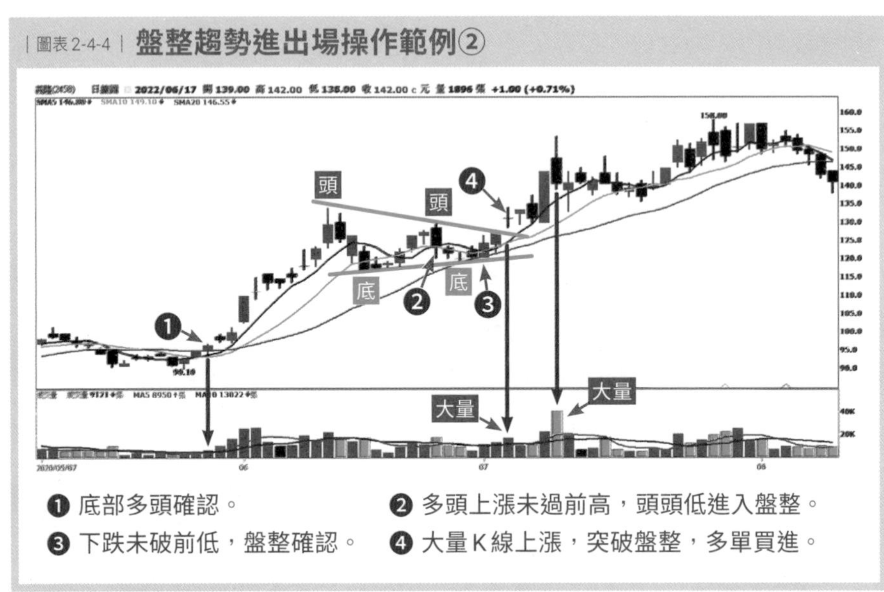

❶ 底部多頭確認。
❷ 多頭上漲未過前高，頭頭低進入盤整。
❸ 下跌未破前低，盤整確認。
❹ 大量 K 線上漲，突破盤整，多單買進。

資料來源：富邦 e01 及嘉實資訊

｜圖表 2-4-5｜ **盤整趨勢進出場操作範例③**

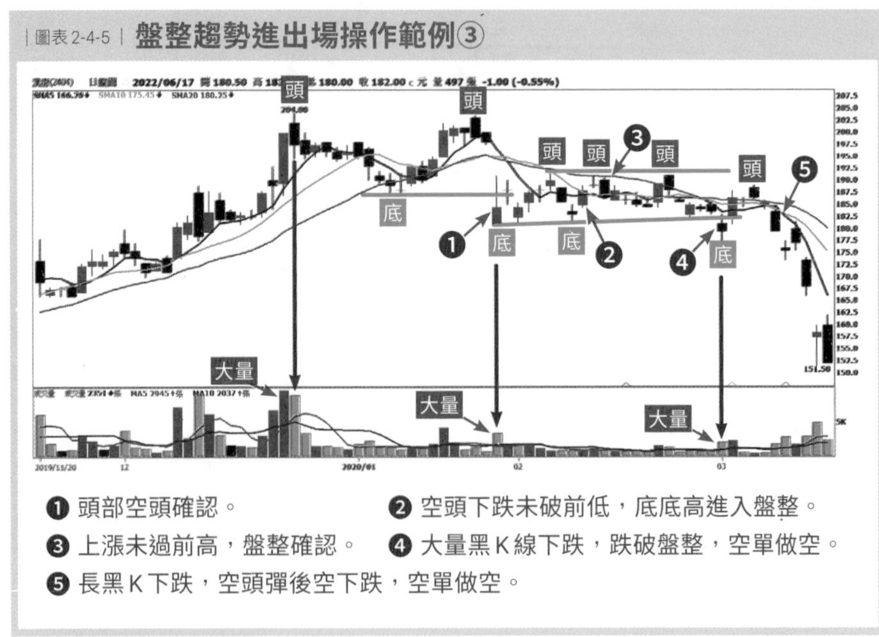

❶ 頭部空頭確認。
❷ 空頭下跌未破前低，底底高進入盤整。
❸ 上漲未過前高，盤整確認。
❹ 大量黑 K 線下跌，跌破盤整，空單做空。
❺ 長黑 K 下跌，空頭彈後空下跌，空單做空。

資料來源：富邦 e01 及嘉實資訊

盤整趨勢結束的操作步驟與實戰

盤整可以是反轉型態，也會是中繼型態。當多頭「頭頭高、底底高」2個條件中任何一個條件改變，多頭趨勢進入盤整（畫頸線），當確認另一條頸線時，盤整確認。

｜圖表2-4-6｜ 空頭突破盤整反轉確認

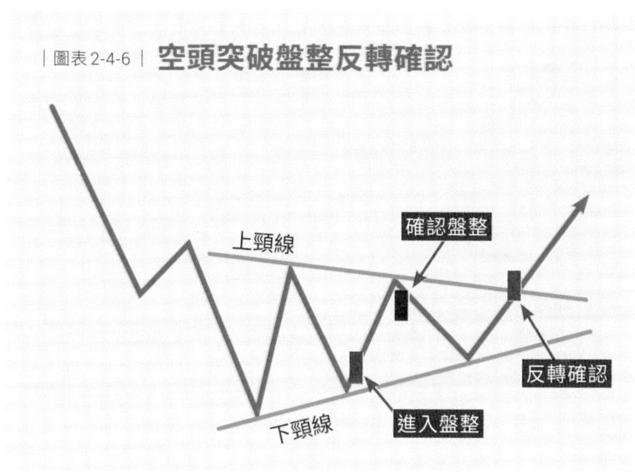

｜圖表2-4-7｜ 多頭突破盤整續勢上漲

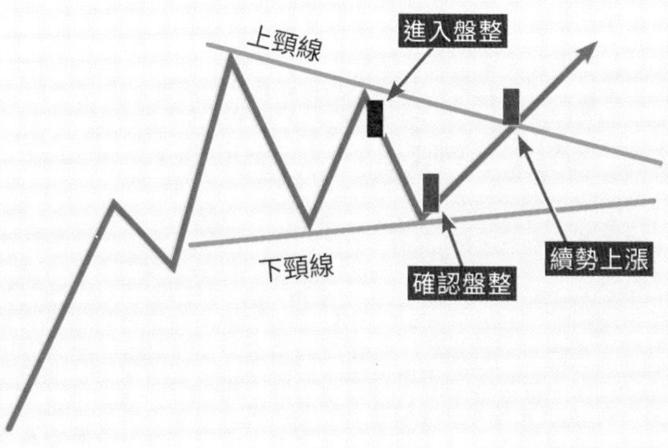

上頸線
進入盤整
下頸線
確認盤整
續勢上漲

| 圖表 2-4-8 | **盤整趨勢操作範例**

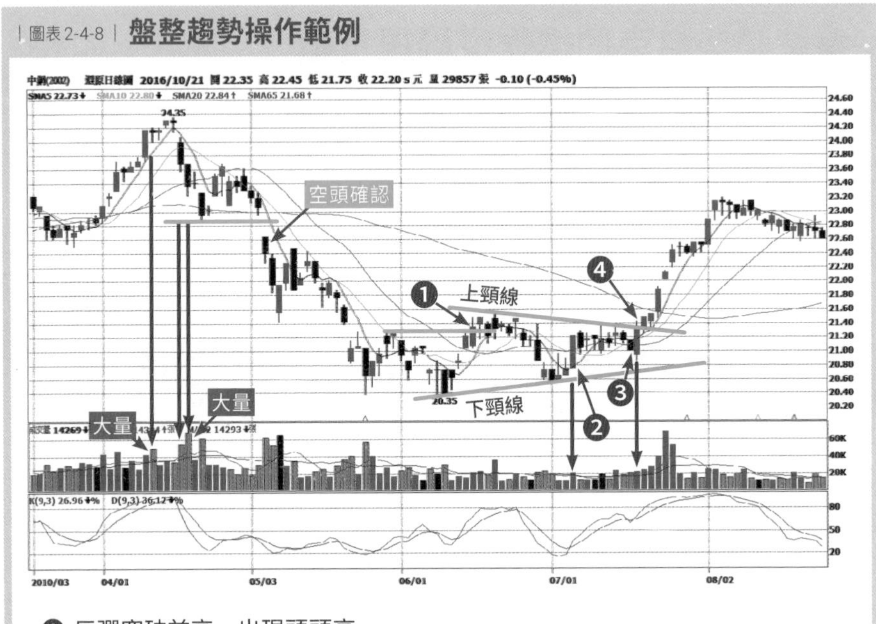

❶ 反彈突破前高，出現頭頭高。

❷ 下跌未破前低，大量長紅 K 上漲，出現底底高，多頭確認。

❸ 上漲未過前高黑 K 線下跌，進入盤整。

❹ 大量長紅 K 上漲突破上頸線，盤整突破，做多買進。

資料來源：富邦 e01 及嘉實資訊

學習筆記

2-5
趨勢綜合應用

趨勢多空變化的循環

一、多頭趨勢的變化過程（一次弄懂多頭）

當空頭股票反轉多頭確認，在底部有不同的打底反轉變化，後續均線完成多頭排列向上，開始走多頭趨勢，上漲過程的變化一次完整說明如下。

1. 趨勢反轉多頭前，往往先在低檔出現爆大量後上漲，再次下跌時收盤無法跌破前低的支撐線，形成底部盤整。

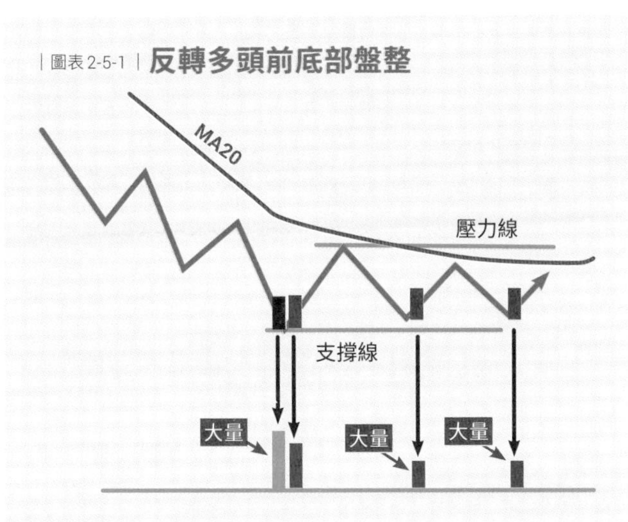

｜圖表 2-5-1｜反轉多頭前底部盤整

2. 大量紅 K 線突破底部盤整，多頭趨勢確認。

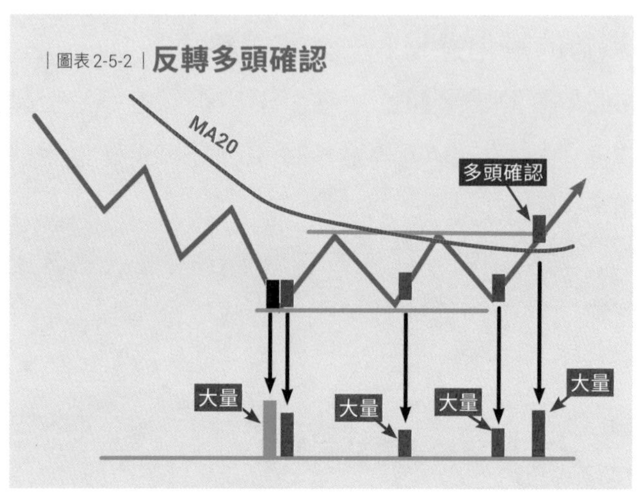

3. 空頭反彈也會突破月線壓力，短時間如果股價維持在月線之上橫盤，當月線上揚後，大量紅 K 上漲突破橫盤，多頭確認上漲。

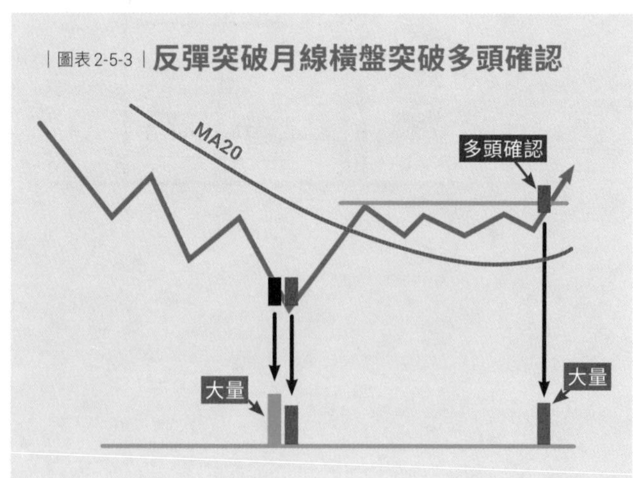

4. 漲到季線或突破季線，當時如果季線向下，股價容易回跌或橫向整理。

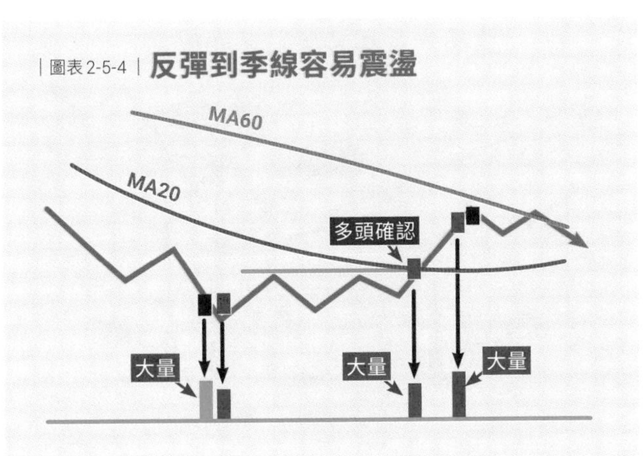

5. 當月線向上穿過季線，呈現4線多頭排列向上，週線突破20均，呈現中長多的趨勢。

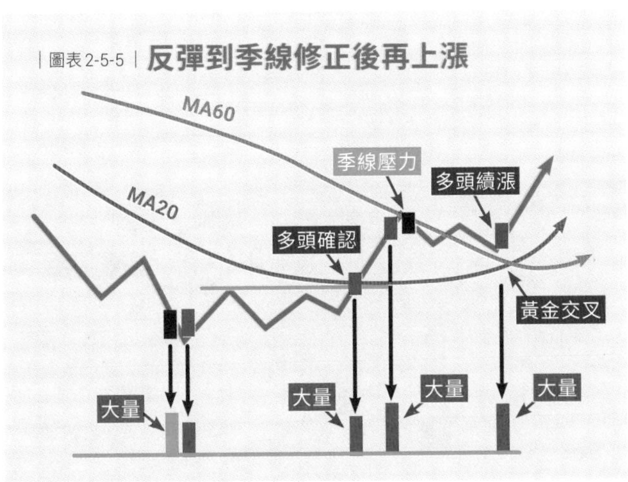

6. 上漲中出現大量或爆大量的黑K線，最高點被突破，股價將繼續上漲。

| 圖表 2-5-6 | 突破大量黑 K 高點多頭續漲

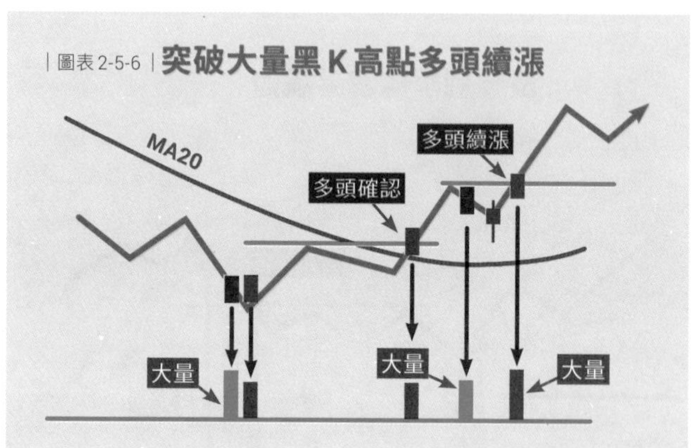

7. 多頭確認經過回測後再上漲，上漲一波之後（約10% ～ 15% 以上），股價會出現漲多的回檔修正，修正方式為：

情況1：弱勢回檔，回檔幅度不到二分之一，不破月線也未破前低，多頭繼續上漲（回後買上漲做多）。

| 圖表 2-5-7 | 多頭回後買上漲

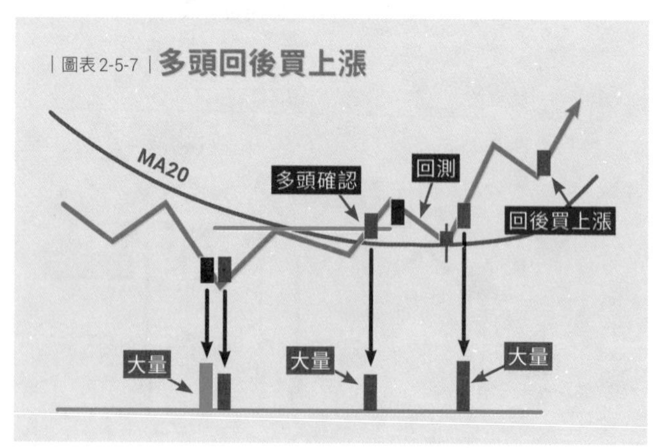

情況2：強勢回檔，回檔幅度超過二分之一，回檔跌破月線或前低，容易進入頭頭低盤整（後續觀察股價站上月線，符合多頭架構之後再做多）。

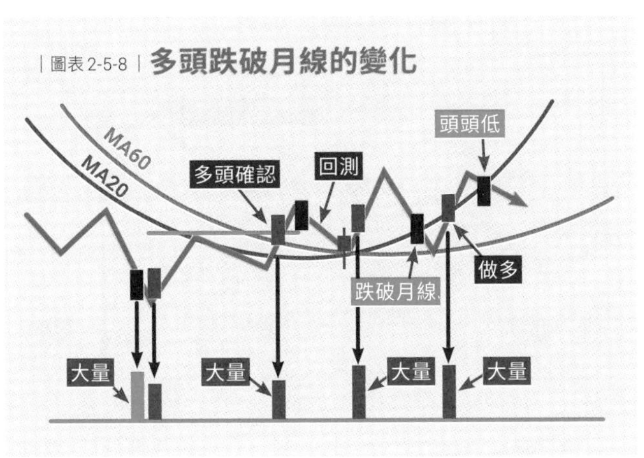

情況3：盤整被突破，多頭繼續上漲（盤整突破做多）。

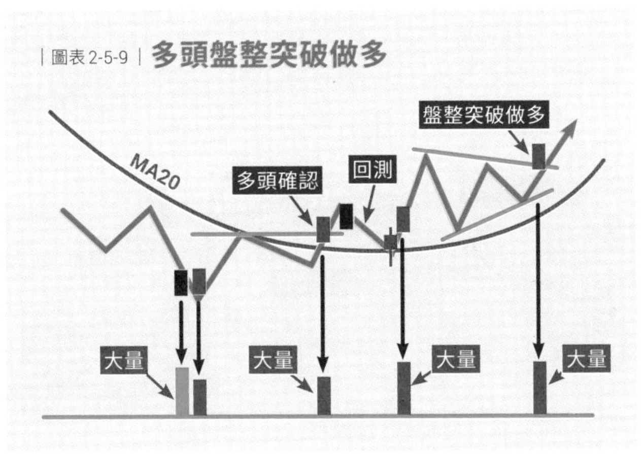

情況 4：短空回測突破原始下降切線，短空失敗，為 ABC 回檔修正結束，多頭繼續上漲，繼續做多。

| 圖表 2-5-10 | **突破 ABC 修正買進**

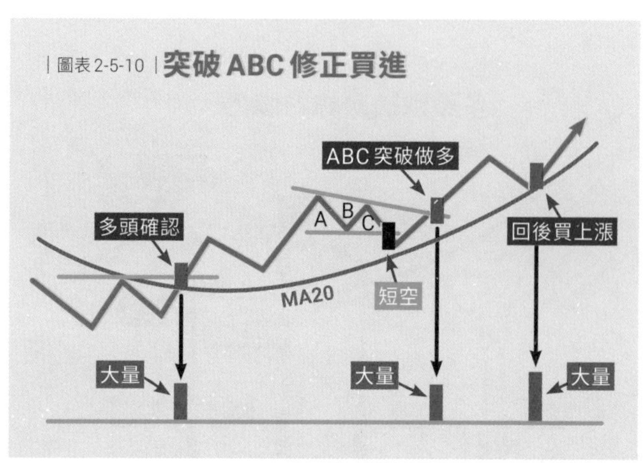

| 圖表 2-5-11 | **轉多頭的趨勢軌跡範例①**

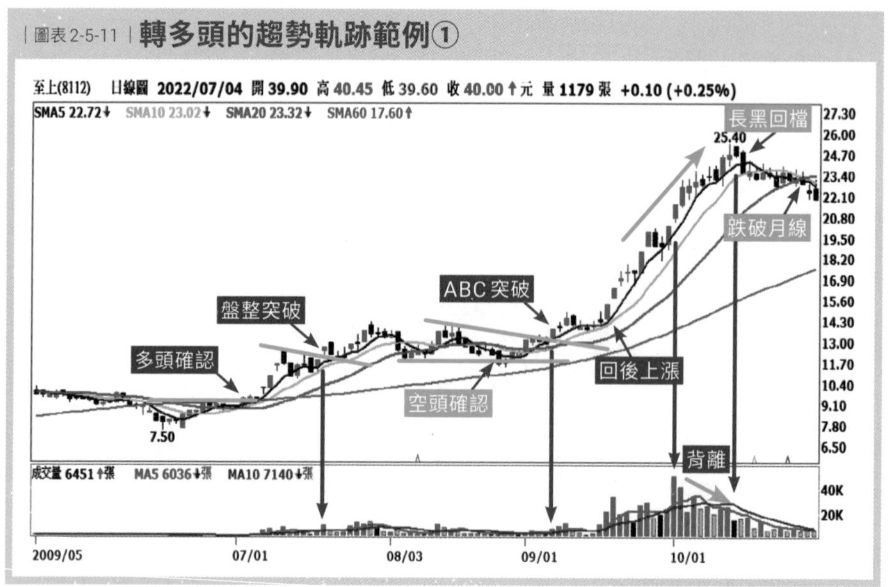

資料來源：富邦 e01 及嘉實資訊

| 圖表 2-5-12 | **轉多頭的趨勢軌跡範例②**

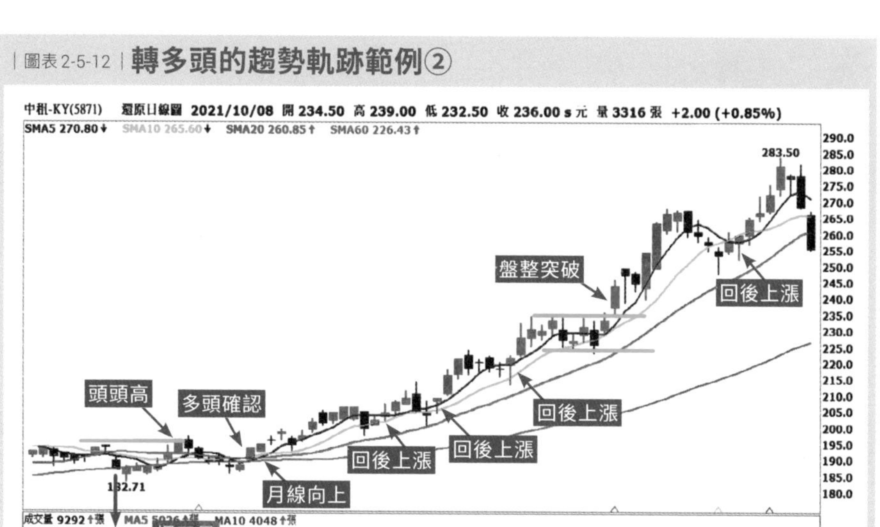

資料來源：富邦 e01 及嘉實資訊

| 圖表 2-5-13 | **轉多頭的趨勢軌跡範例③**

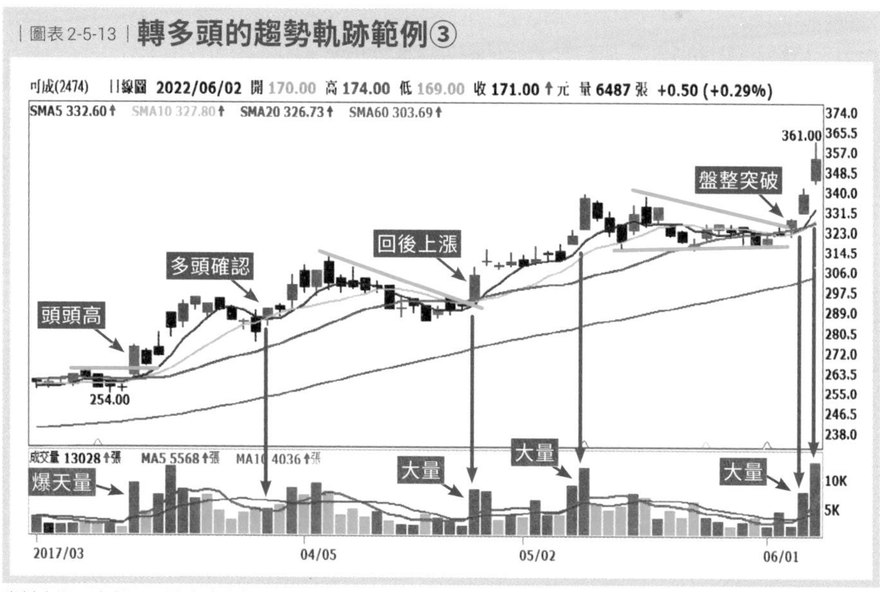

資料來源：富邦 e01 及嘉實資訊

｜圖表 2-5-14｜**轉多頭的趨勢軌跡④**

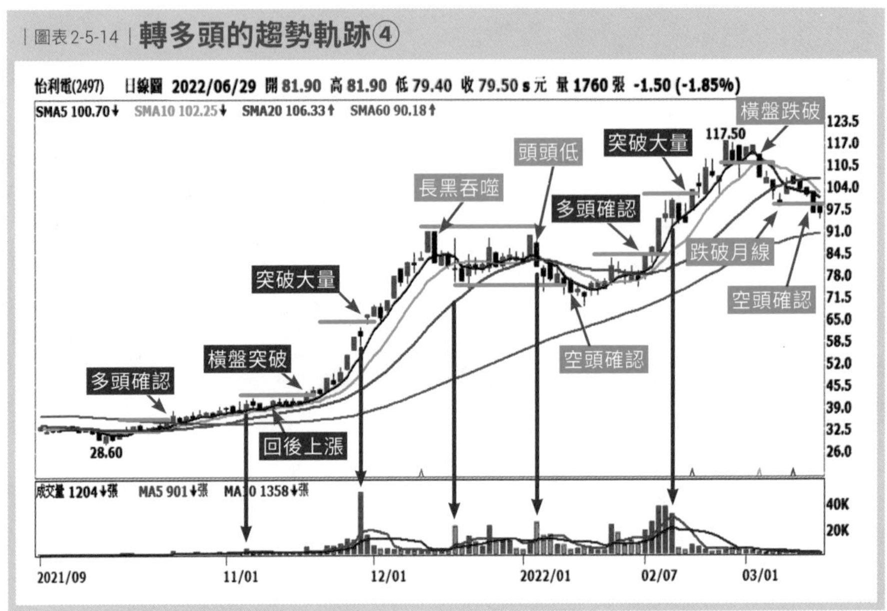

資料來源：富邦 e01 及嘉實資訊

二、空頭趨勢變化過程（一次弄懂空頭）

當多頭股票反轉空頭確認，在頭部有不同的盤頭反轉變化，後續均線完成空頭排列向下，開始走空頭趨勢，下跌過程的變化一次完整說明如下。

1. 趨勢反轉空頭前，往往先在高檔出現爆大量後下跌，再次上漲時收盤無法突破前高的壓力線，形成頭部盤整。

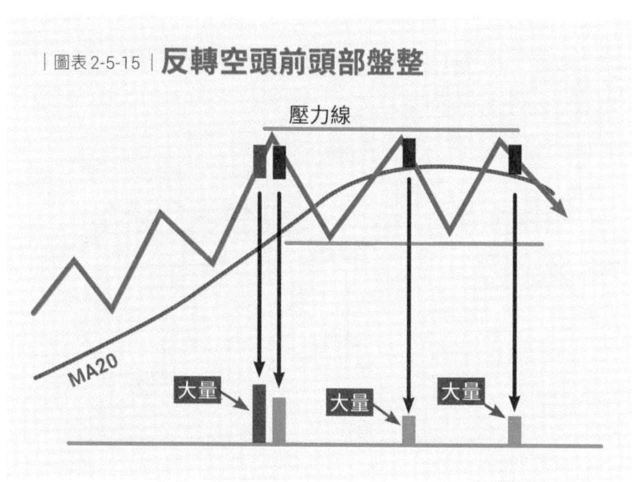

2. 大量黑K線跌破頭部盤整，空頭趨勢確認。

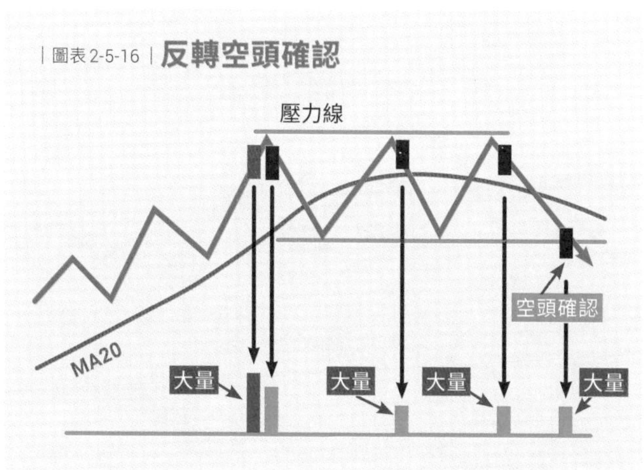

3. 多頭回檔也會跌破月線支撐，短時間如果股價維持在月線之下橫盤，當月線下彎後，大量黑K下跌跌破橫盤，空頭確認下跌。

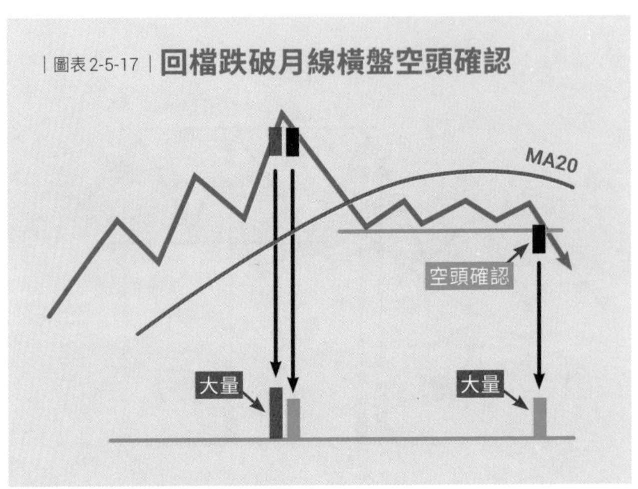

4. 跌到季線或跌破季線，如果季線向上，股價容易反彈或橫向整理。

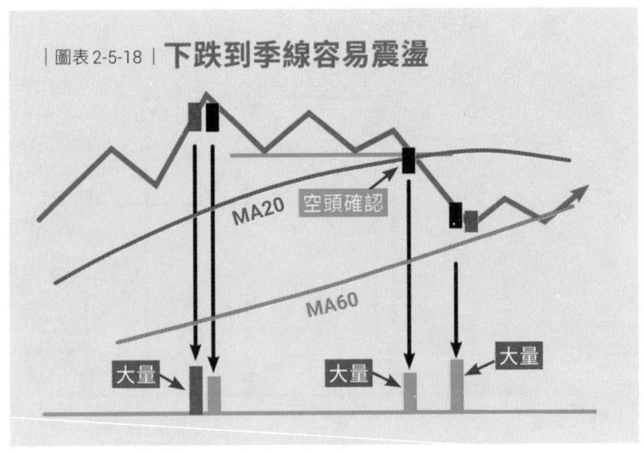

5. 當月線向下穿過季線，呈現4線空頭排列，週線跌破20均，呈現中長空的趨勢。

| 圖表2-5-19 | 跌到季線修正後再下跌

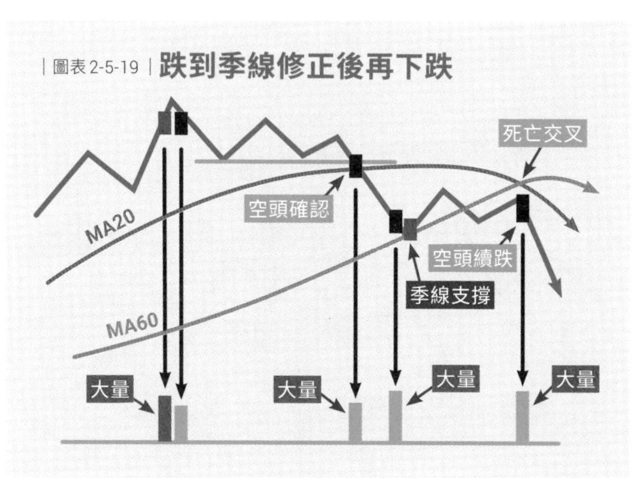

6. 下跌中出現大量或爆大量的紅K線，最低點被跌破，股價將繼續下跌。

| 圖表2-5-20 | 跌破大量紅K線低點空頭續跌

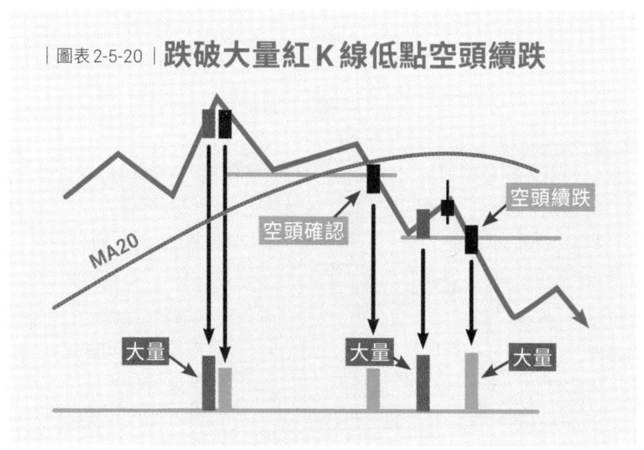

7. 空頭確認經過回測後再下跌，下跌一波之後（約10%～15%以上），股價會出現跌多的反彈修正，修正方式為：

情況1：弱勢反彈，反彈幅度不到下跌的二分之一，不破月線也未破前高，空頭繼續下跌（彈後空下跌做空）。

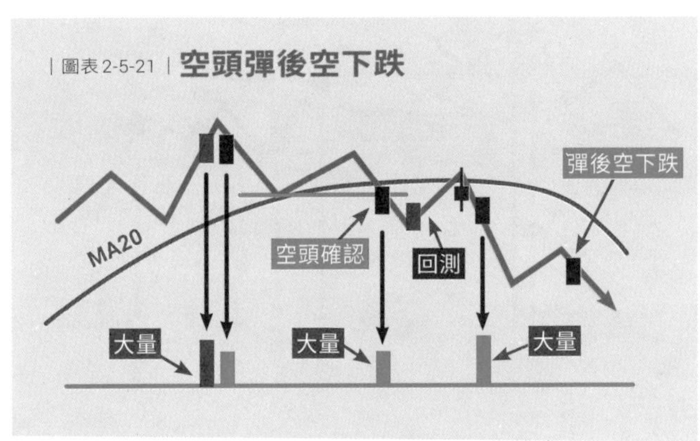

情況2：強勢反彈，反彈幅度超過下跌的二分之一，反彈突破月線或前高，容易進入底底高盤整（後續觀察股價再跌破月線，符合空頭架構之後再做空）。

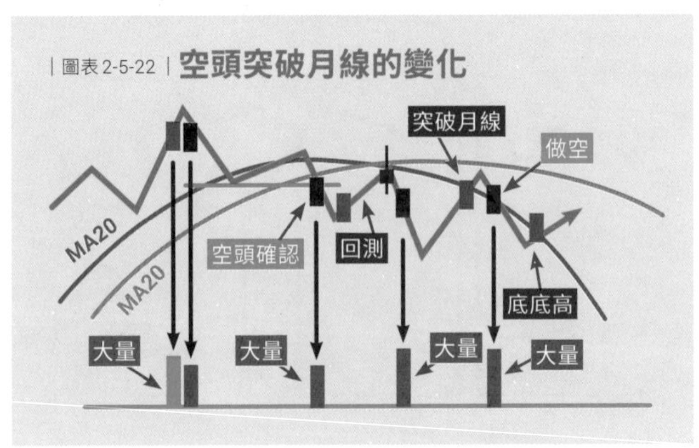

情況3：盤整被跌破，空頭繼續下跌（盤整跌破做空）。

｜圖表 2-5-23｜**空頭盤整跌破做空**

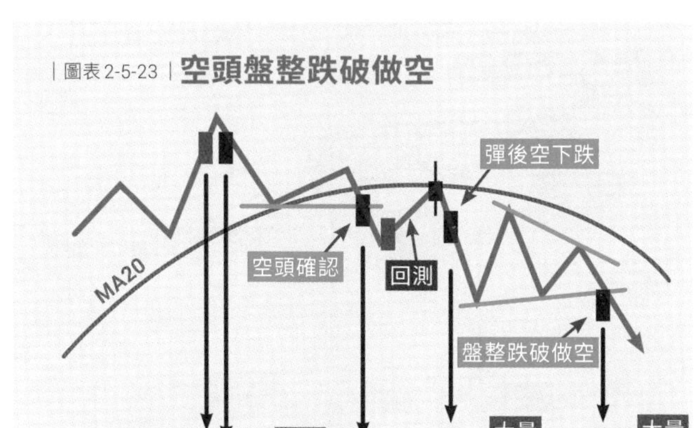

情況4：短多回測跌破原始上升切線，短多失敗，為ABC反彈修正結束，空頭繼續下跌，繼續做空。

｜圖表 2-5-24｜**跌破 ABC 修正做空**

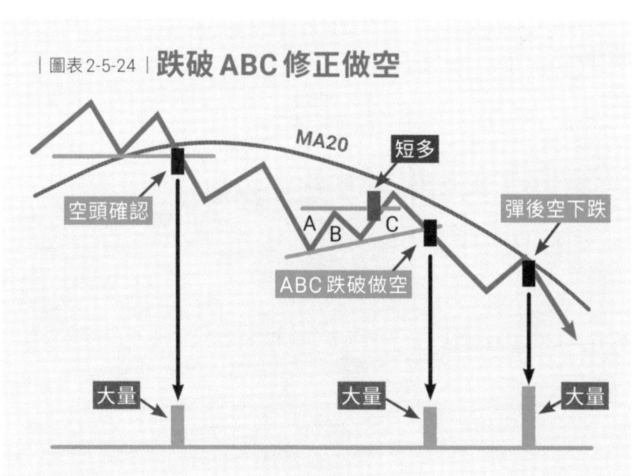

| 圖表 2-5-25 | **轉空頭的趨勢軌跡範例①**

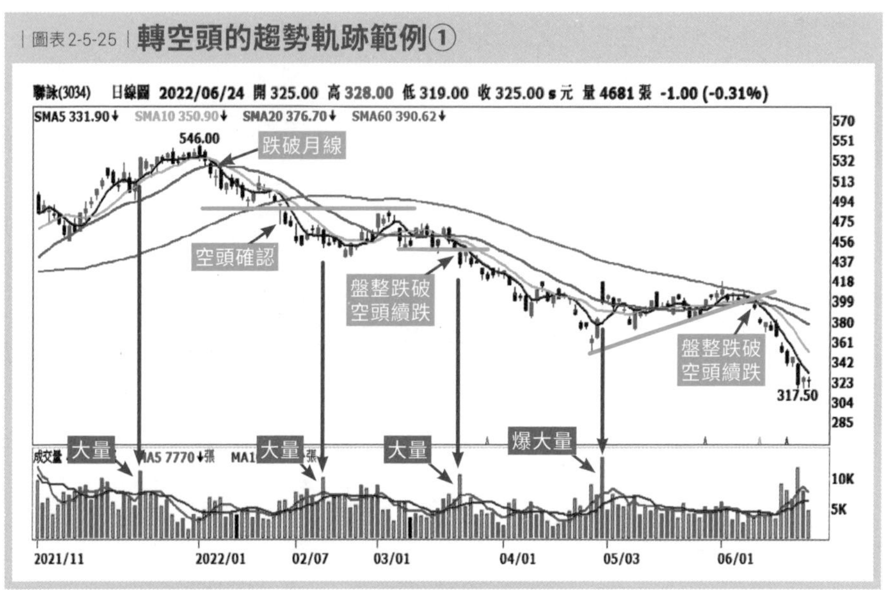

資料來源：富邦 e01 及嘉實資訊

| 圖表 2-5-26 | **轉空頭的趨勢軌跡範例②**

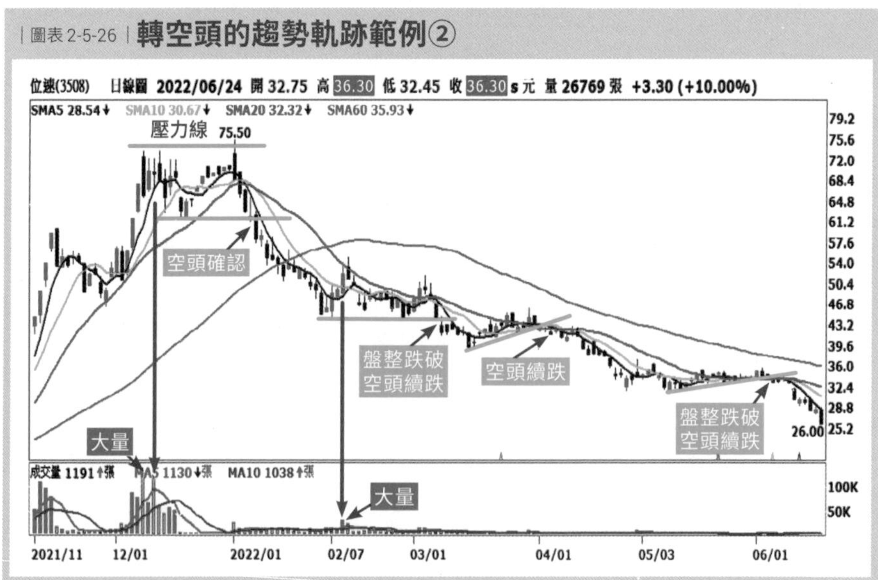

資料來源：富邦 e01 及嘉實資訊

｜圖表 2-5-27｜**轉空頭的趨勢軌跡範例③**

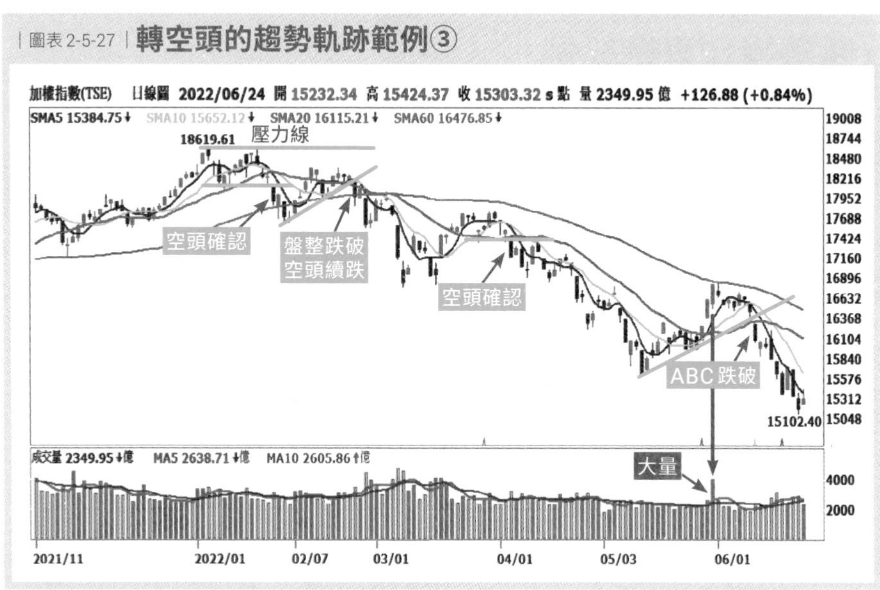

資料來源：富邦 e01 及嘉實資訊

｜圖表 2-5-28｜**轉空頭的趨勢軌跡範例④**

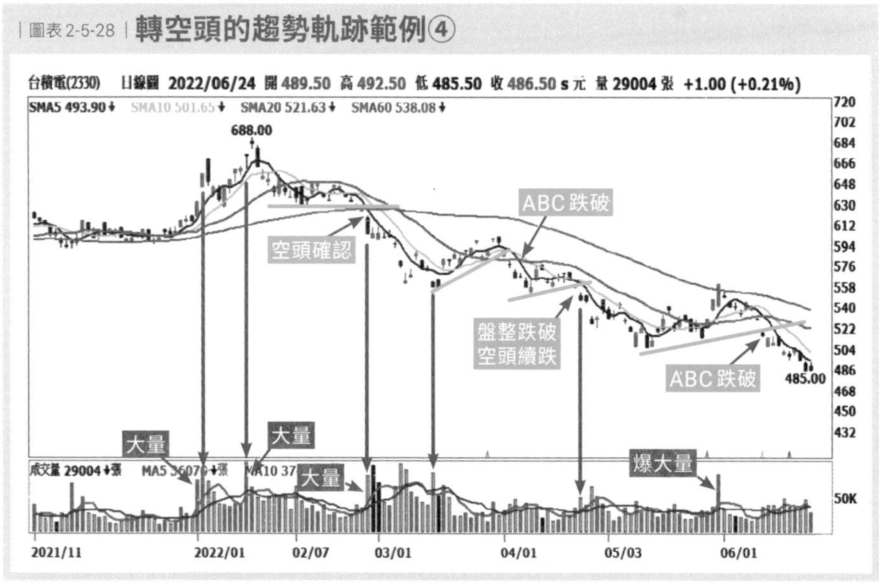

資料來源：富邦 e01 及嘉實資訊

趨勢操作實戰範例

| 圖表2-5-29 | 做短多實戰範例（5日均線操作）①

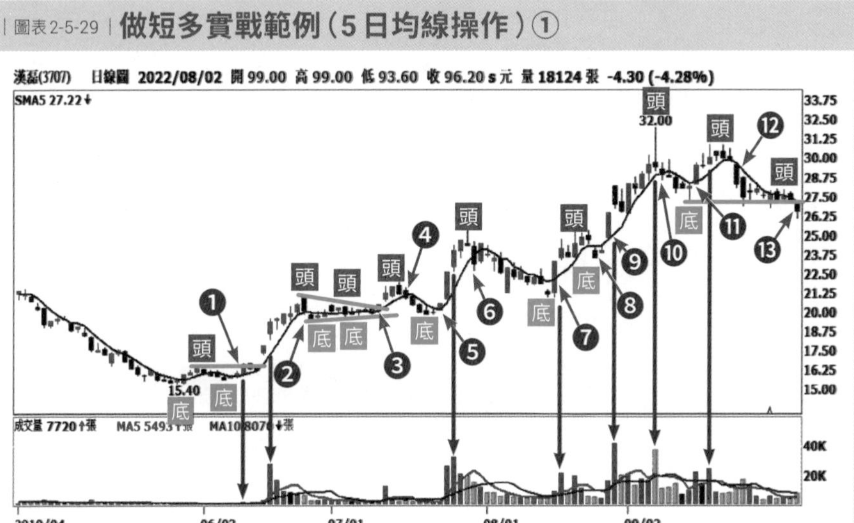

❶ 2019/6/12大量長紅K突破前高，多頭確認，收盤16.65元買進。

❷ 2019/6/26黑K跌破5均，收盤19.6元賣出，獲利2.95元，獲利17.7%。

❸ 2019/7/10紅K上漲，突破盤整，收盤20.5元買進。

❹ 2019/7/16黑K跌破5均，收盤20.95元賣出，獲利0.4元，獲利1.9%。

❺ 2019/7/23紅K上漲，突破5均，回後買上漲，收盤20.55元買進。

❻ 2019/7/30黑K跌破5均，收盤23.15元賣出，獲利2.6元，獲利12.6%。

❼ 2019/8/16大量長紅K上漲，突破5均，回後買上漲，收盤23.3元買進。

❽ 2019/8/26黑K跳空跌破5均，收盤23.6元賣出，獲利0.3元，獲利1.2%。

❾ 2019/8/28大量長紅K上漲，突破5均，回後買上漲，收盤26.45元買進。

❿ 2019/9/9黑K跌破5均，收盤28.95元賣出，獲利2.5元，獲利9.5%。

⓫ 2019/9/17大量長紅K上漲，突破5均，回後買上漲，收盤29.5元買進。

⓬ 2019/9/25黑K跌破5均，出現「頭頭低」盤整，收盤28.35元賣出，虧損1.15元，虧損3.8%。

⓭ 2019/10/9黑K跌破前低，出現「底底低」，反轉空頭確認。

▼接下頁

總結

1. 多頭趨勢確認開始，以5均短線操作。
2. 進出操作6次，總獲利2.95＋0.4＋2.6＋0.3＋2.5－1.15＝7.6元，獲利率45.6%。

| 圖表2-5-30 | **做短空實戰範例（5日均線操作）②**

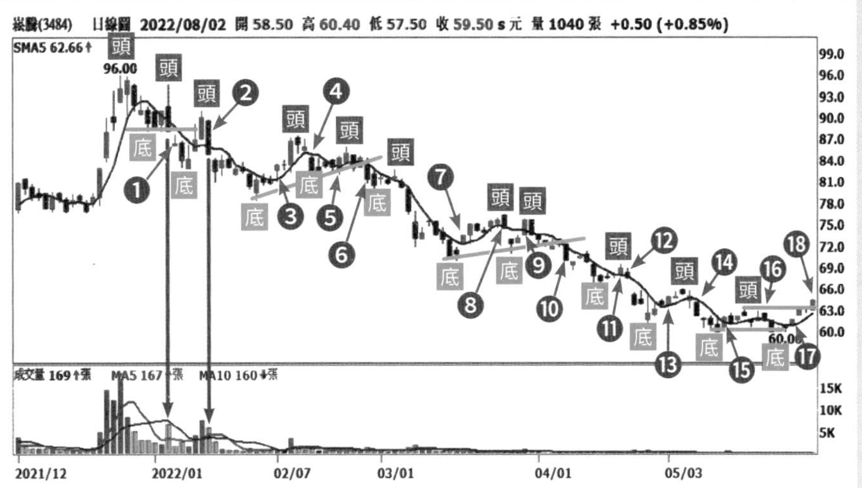

❶ 2022/1/6跳空下跌，收盤跌破前低，空頭確認，準備反彈不過前高再下跌時做空。

❷ 2022/1/13大量長黑K跌破5均，收盤85元做空。

❸ 2022/2/7跳空紅K上漲，突破5均，收盤83.5元回補，獲利1.5元，獲利1.7%。

❹ 2022/2/14黑K跳空跌破5均，收盤82.5元做空。

❺ 2022/2/18紅K上漲，突破5均，出現「底底高」進入盤整，收盤84.5元回補，虧損2元，虧損2.4%。

❻ 2022/2/24黑K跌破5均，盤整跌破，收盤81.4元做空。

❼ 2022/3/17跳空紅K上漲，突破5均，收盤73.5元回補，獲利7.9元，獲利9.7%。

▼接下頁

❽ 2022/3/25 黑 K 跌破 5 均，收盤 74.5 元做空。

❾ 2022/3/30 跳空紅 K 上漲，突破 5 均，出現「底底高」進入盤整，收盤 75.5 元回補，虧損 1 元，虧損 1.3%。

❿ 2022/4/11 黑 K 跌破 5 均，盤整跌破，收盤 70.1 元做空。

⓫ 2022/4/21 紅 K 上漲，突破 5 均，收盤 69 元回補，獲利 1.1 元，獲利 1.6%。

⓬ 2022/4/22 黑 K 跌破 5 均，收盤 67.6 元做空。

⓭ 2022/4/29 紅 K 上漲，收盤突破 5 均，收盤 63.8 元回補，獲利 3.8 元，獲利 5.6%。

⓮ 2022/5/9 黑 K 跌破 5 均，收盤 62.3 元做空。

⓯ 2022/5/13 紅 K 上漲，收盤突破 5 均，收盤 62 元回補，獲利 0.3 元，獲利 0.5%。

⓰ 2022/5/19 黑 K 跌破 5 均，收盤 61.4 元做空。

⓱ 2022/5/27 紅 K 上漲，收盤突破 5 均，出現「底底高」進入盤整，收盤 61.7 元回補，虧損 0.3 元，虧損 0.5%。

⓲ 2022/6/1 長紅 K 突破前高，多頭確認，停止做空。

總結

1. 空頭趨勢確認，開始以 5 均短線操作。
2. 進出操作 8 次，總獲利 1.5 － 2 ＋ 7.9 － 1 ＋ 1.1 ＋ 3.8 ＋ 0.3 － 0.3 ＝ 11.3 元，獲利率 13.3%。
3. 做空獲利率的效益要低於做多，因此做多比較有利。

Part 03
K線篇

買低賣高 神奇K線

3-1
K線起源與基本概念

K線理論起源在17世紀，日本在大阪成立堂島稻米交易所，到1750年江戶時代，當時富有的「本間家族」最小兒子本間宗久先生，接掌家族生意，在阪田的交易所從事交易，他每天記錄氣候狀況、交易價格漲跌，並繪製成圖表，分析後發現稻米價格變化的相關性，他賺到龐大的財富。

後來歐美把這套方法用到股票的交易市場，成為運用這套方法的重要理論（日本「技術分析」譯音為K，所以稱為K線圖）。

K線的畫法與4大元素

應用在股市上，K線就是記錄股票市場每天買賣交易過程的一種方式，K線的組成有4元素：開盤價、收盤價、盤中最高價、盤中最低價。

一、當天紅K線（陽線）畫法

紅K線的定義：開盤價低，收盤價高，K線為紅色。

圖表 3-1-1 華上（6289）交易走勢圖

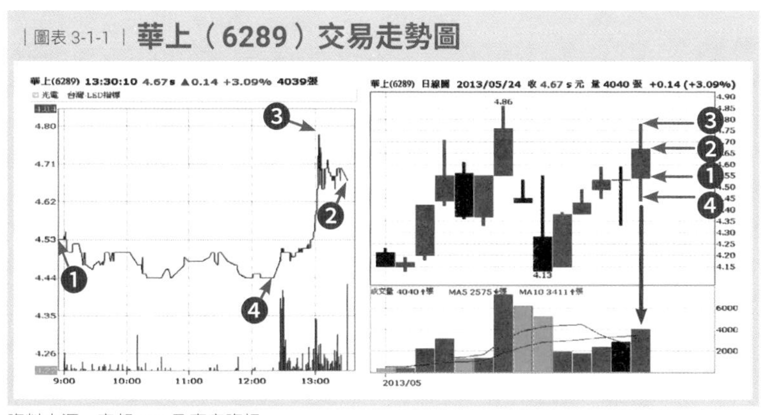

資料來源：富邦 e01 及嘉實資訊

圖表3-1-1是2013年5月24日華上(6289)的圖，左邊是當天交易的走勢圖，右邊是交易結束後出現的紅色K線。

重點說明：

❶ 左圖是當天9:00開盤的價位4.53元，接著開始交易；右圖是開盤4.53元的位置。

❷ 左圖是當天13:30收盤的價位4.67元，結束交易；右圖是收盤4.67元的位置。

❸ 左圖是當天盤中交易出現的最高價4.78元；右圖是最高價4.78元的位置。

❹ 左圖是當天盤中交易出現的最低價4.44元；右圖是最低價4.44元的位置。

| 圖表3-1-2 | **紅K線的形成**

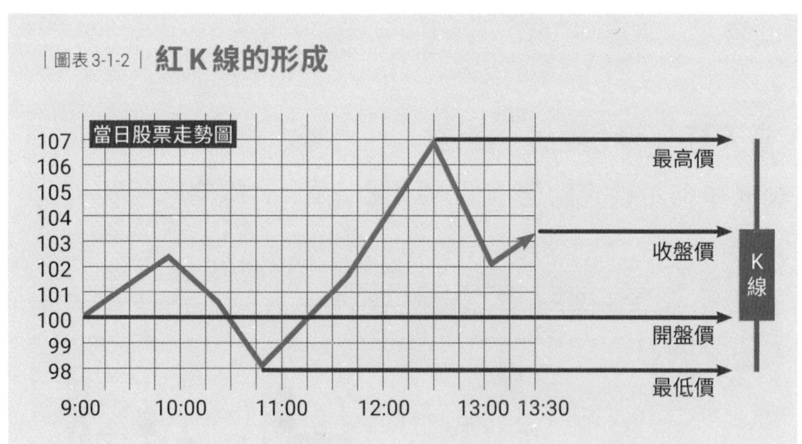

二、當天黑K線(陰線)畫法

黑K線的定義：開盤價高，收盤價低，K線為黑色。

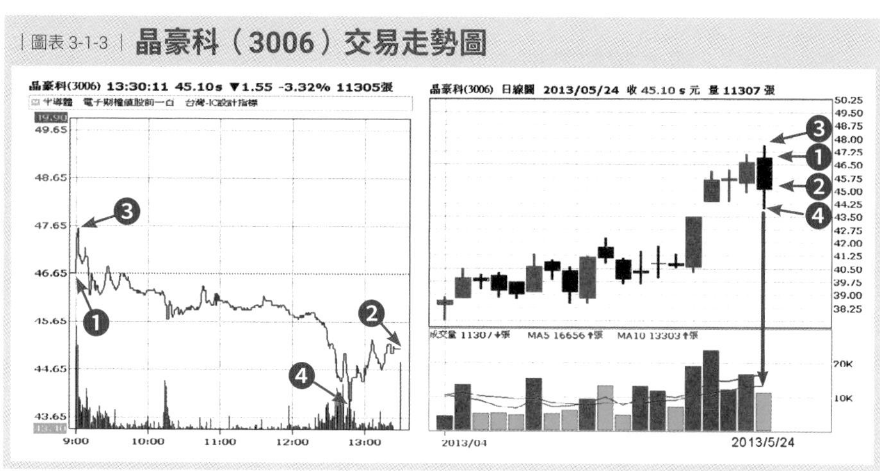

｜圖表 3-1-3｜晶豪科（3006）交易走勢圖

資料來源：富邦 e01 及嘉實資訊

圖表3-1-3是2013年5月24日晶豪科（3006）的圖，左邊是當天交易的走勢圖，右邊是交易結束後出現的黑色K線。

重點說明：

❶ 左圖是當天9:00開盤的價位46.9元，接著開始交易；右圖是開盤46.9元的位置。

❷ 左圖是當天13:30收盤的價位45.1元，結束交易；右圖是收盤45.1元的位置。

❸ 左圖是當天盤中交易出現的最高價47.6元；右圖是最高價47.6元的位置。

❹ 左圖是當天盤中交易出現的最低價44元；右圖是最低價44元的位置。

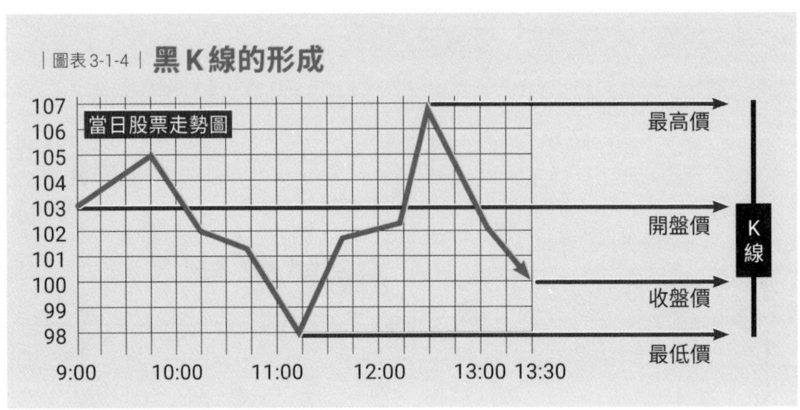

K 線基本概念

由上面畫 K 線的教學說明，可以看出，開盤價、收盤價、盤中最高價、盤中最低價是組成 K 線的 4 個元素。收盤價高於開盤價是紅 K 線，收盤價低於開盤價是黑 K 線。

一、K 線各部位名稱

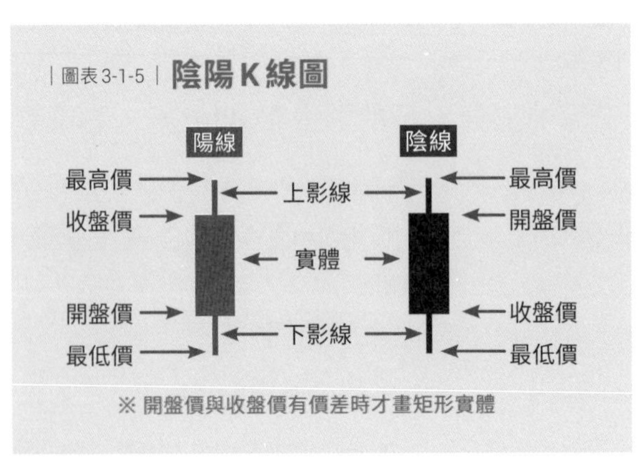

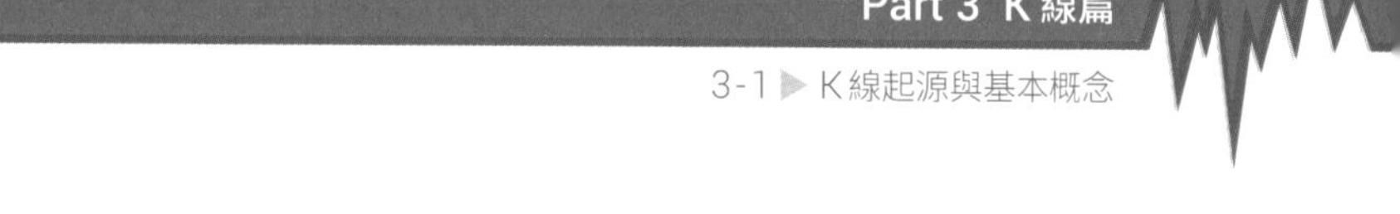

二、紅K線或黑K線不代表當天上漲或下跌

1. 收盤高於開盤為紅K線

紅K線不一定代表當天股價是上漲，例如，某支股票前日收盤價50元，當日開盤47元，收盤49元，當日為紅K線，實際股價比前一日下跌1元。

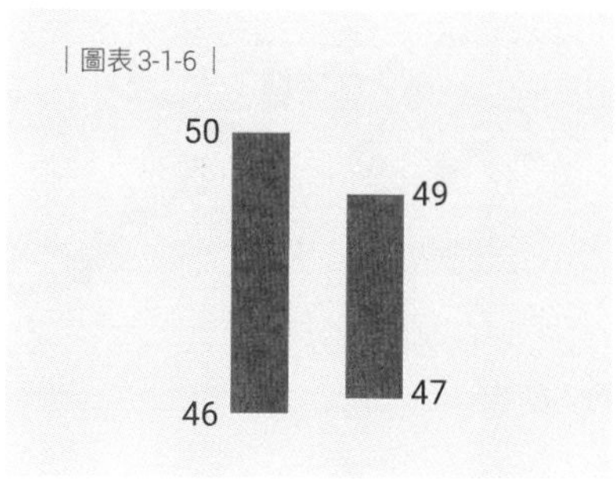

2. 收盤低於開盤為黑K線

黑K線不一定代表當天股價是下跌，例如，某支股票前日收盤價50元，當日開盤53元，收盤51元，當日為黑K線，實際股價比前一日上漲1元。

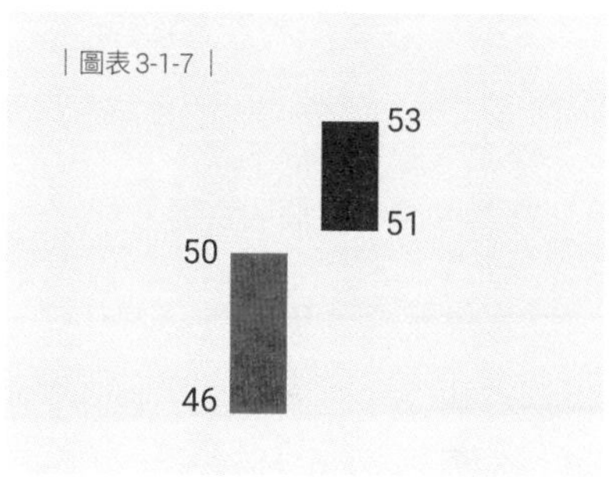

3. 收盤高於開盤為陽線（紅K線）

陽線不一定代表當天股價是上漲，例如，某支股票前日收盤價51元，當日開盤46元，收盤50元，當日為紅K線，實際股價比前一日下跌1元。

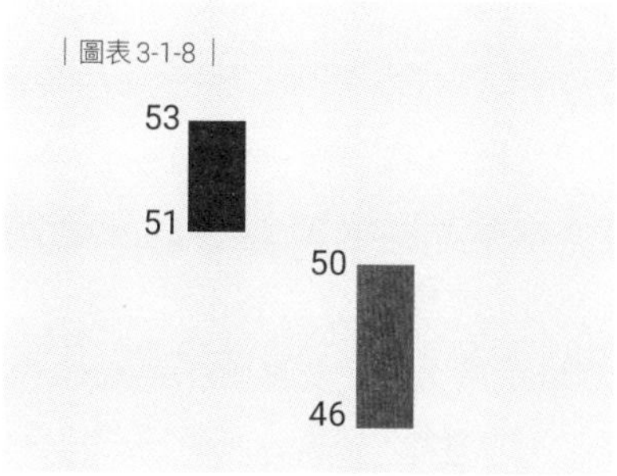

｜圖表 3-1-9｜**走勢圖中紅 K、黑 K 的檢視**

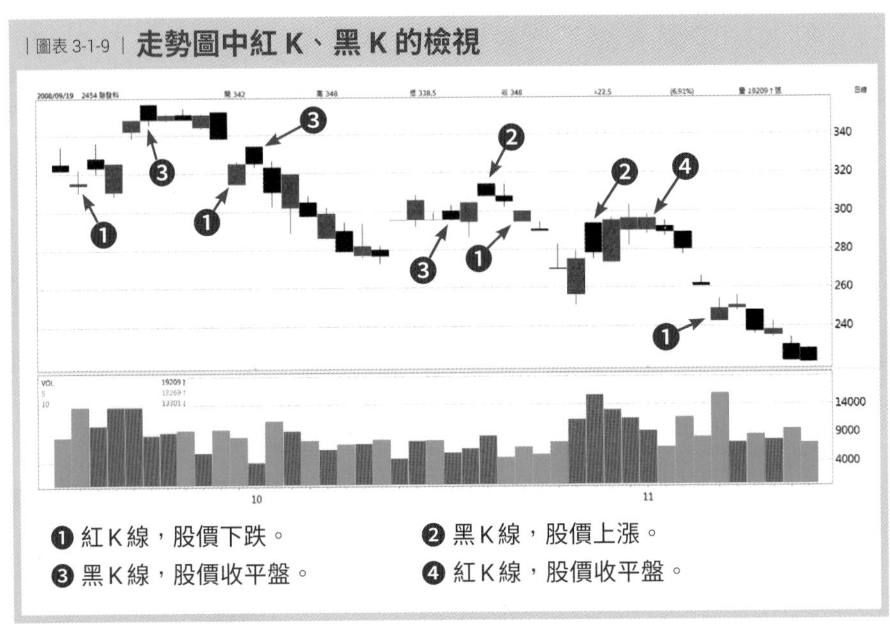

資料來源：富邦 e01 及嘉實資訊

4. 不同情境的 K 線代表意義

同樣的，當天收盤股價上漲 1 元，但是不同 K 線的表現，代表的意義不同。

｜圖表 3-1-10｜**K 線組合的不同解讀**

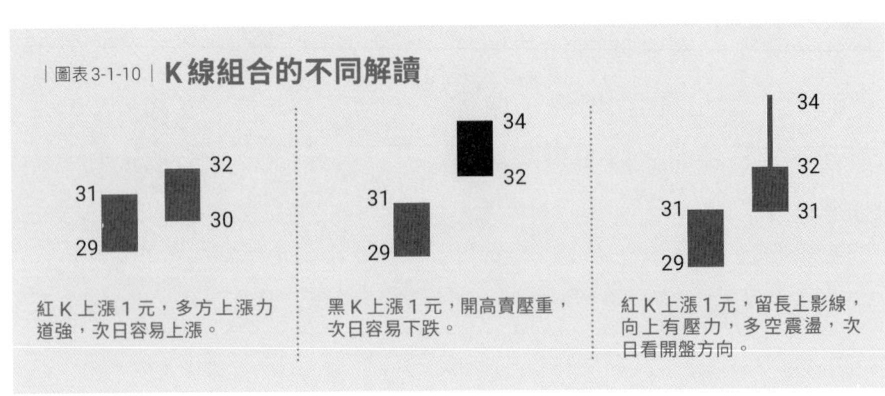

5. 趨勢由K線組成

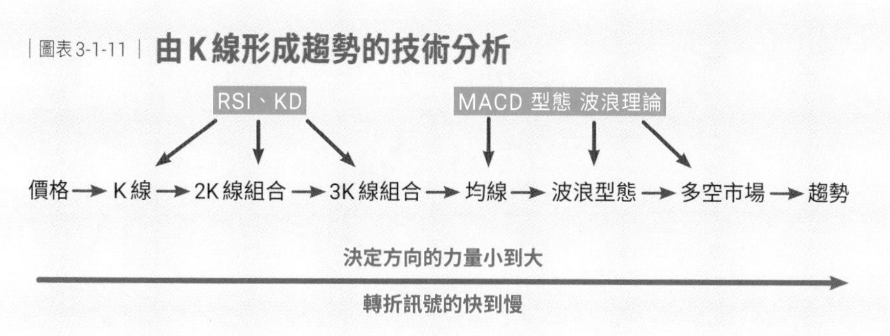

｜圖表3-1-11｜ 由K線形成趨勢的技術分析

三、不同週期K線的基本認知

日線圖的1根K線，是當日交易的紀錄；週線圖的1根K線，是1週交易的紀錄（一週第1個交易日開盤，到一週最後一個交易日收盤）；月線圖的1根K線，是1個月交易的紀錄（月初第1個交易日開盤，到月底最後一個交易日收盤）。

四、不同週期K線的趨勢不同

一支股票當天看日線、週線與月線，解讀出來的的趨勢不同。

｜圖表 3-1-12｜同欣電（6271）日線趨勢多頭回後買上漲

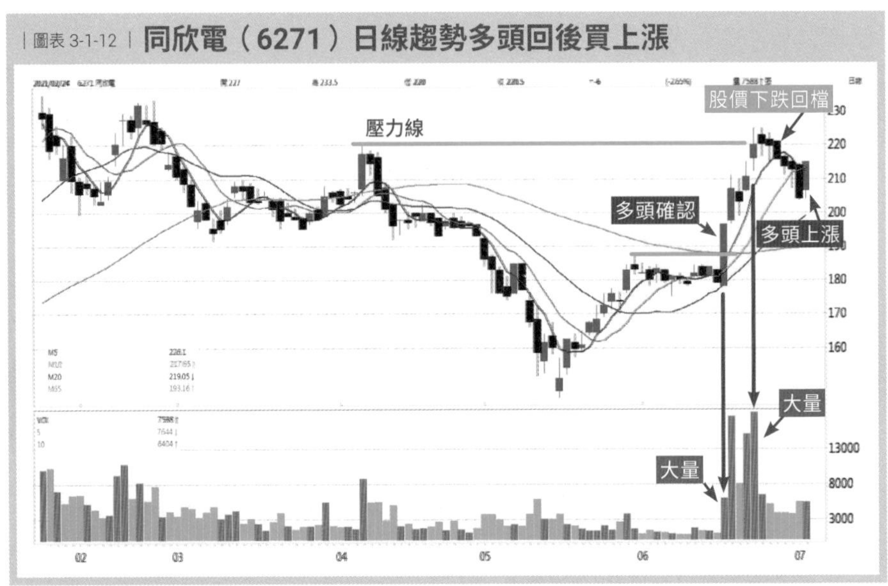

資料來源：富邦 e01 及嘉實資訊

｜圖表 3-1-13｜同欣電（6271）週線空頭反彈高檔接近壓力

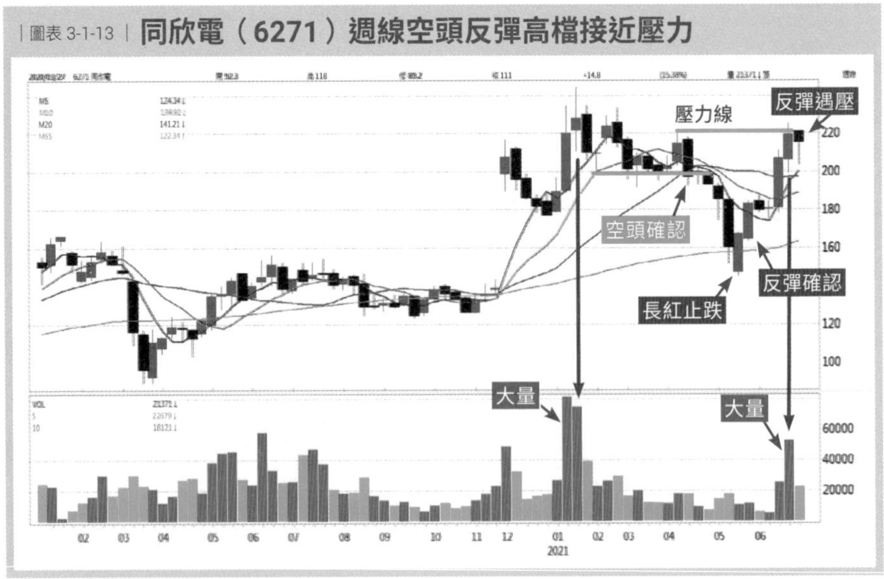

資料來源：富邦 e01 及嘉實資訊

資料來源：富邦 e01 及嘉實資訊

五、K線「4＋1」元素的意義與應用

組成K線的4個基本元素分別是開盤價、收盤價、最高價、最低價，這4個元素電腦K線圖上都會標明，這裡再加上另外一個重要的數據，我稱為第5元素，就是二分之一成本價，以上「4＋1」元素代表不同的意義，在短線操作上的判斷很重要，分別說明如下。

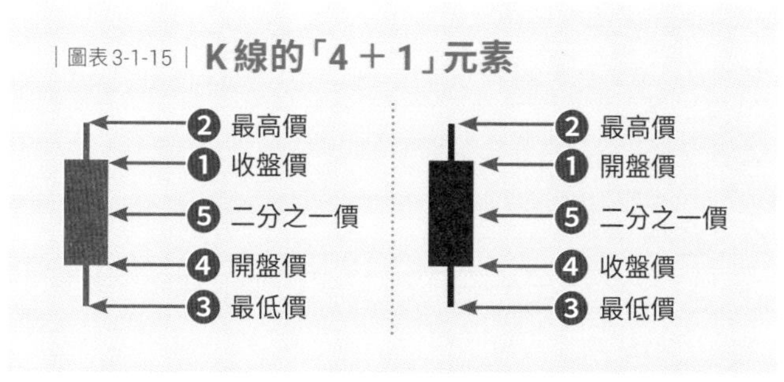

1. 開盤價

(1) 反映利多或利空的消息面。

(2) 主力大戶的企圖。

(3) 今日是否變盤，開盤價很重要。如果開高，化解疑慮；開低，多頭要小心真的要變盤了。

(4) 關鍵轉折位置，次日開盤定強弱。

| 圖表 3-1-16 | **由開盤價看主力企圖範例①**

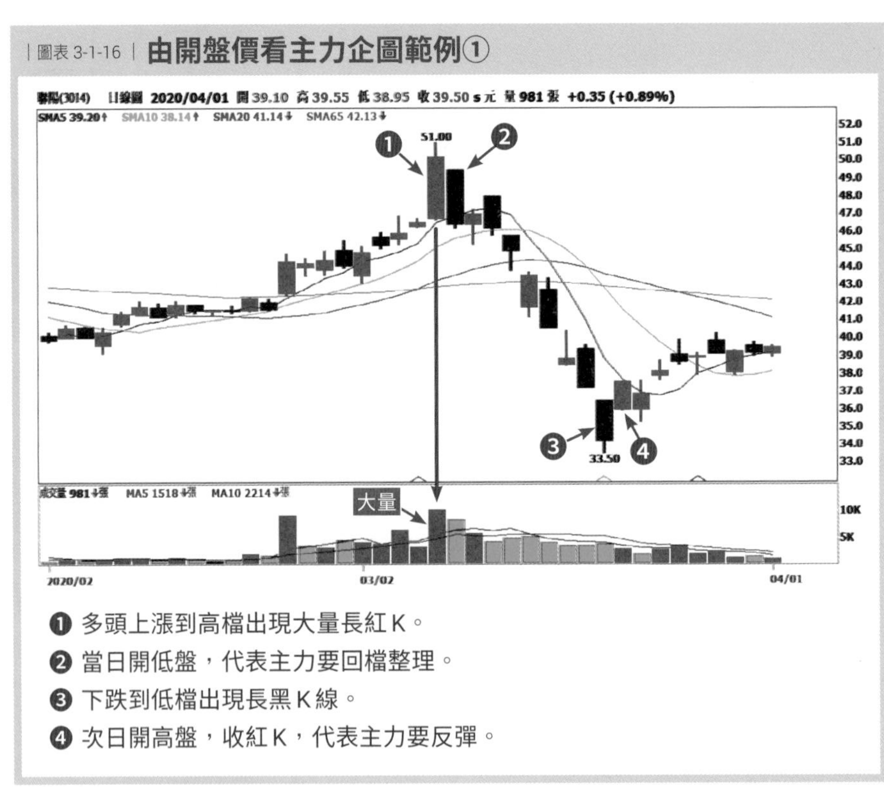

❶ 多頭上漲到高檔出現大量長紅K。

❷ 當日開低盤，代表主力要回檔整理。

❸ 下跌到低檔出現長黑K線。

❹ 次日開高盤，收紅K，代表主力要反彈。

資料來源：富邦 e01 及嘉實資訊

｜圖表 3-1-17｜ **由開盤價看主力企圖範例②**

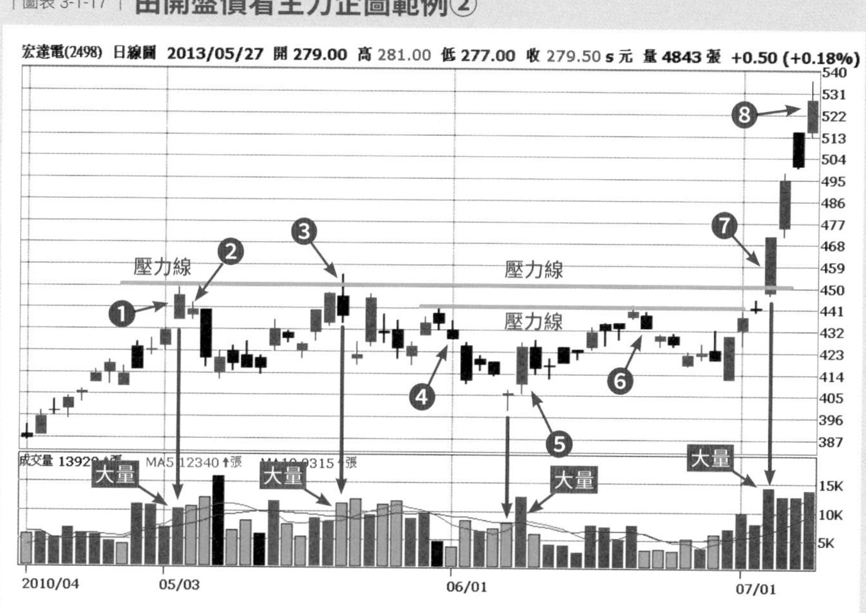

❶ 多頭上漲到高檔出現大量長紅K。

❷ 當日開低盤，代表主力要回檔整理。

❸ 上漲遇前高壓力，當日開低盤，收黑K，代表主力沒有要過高，行情進入盤整。

❹ 接近前高壓力，前一日出現黑K止漲訊號，當日開低盤，收黑K，代表主力要繼續盤整。

❺ 下跌到低檔出現十字變盤線，次日開高盤，收紅K，代表主力要反彈。

❻ 接近前高壓力，當日開低盤，收黑K，代表主力要繼續盤整。

❼ 接近前高壓力，當日開高盤跳空放大量，代表主力要突破盤整。

❽ 突破盤整後主力連續3天開高盤急漲。

資料來源：富邦 e01 及嘉實資訊

|圖表 3-1-18| **由開盤價看主力企圖範例③**

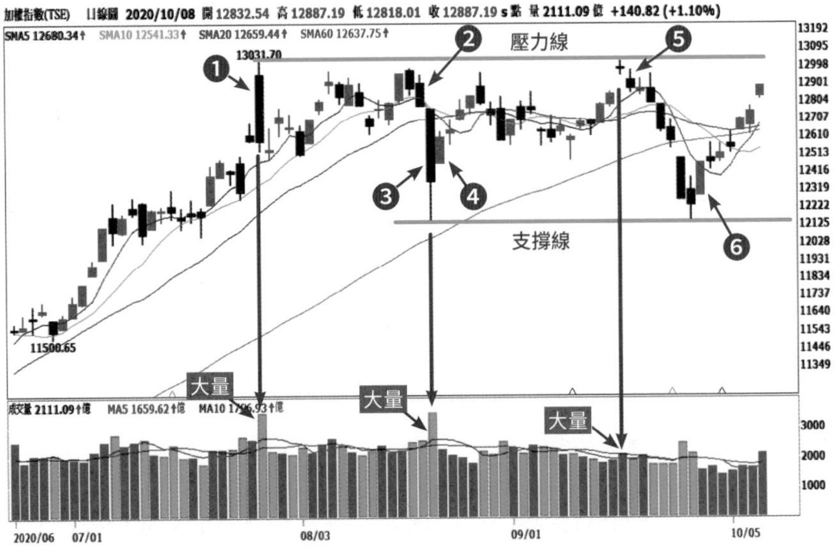

❶ 多頭上漲到高檔出現大量長黑 K，賣壓出，高點為日後壓力。
❷ 上漲遇壓力線黑 K，次日開低盤，代表主力要回檔整理。
❸ 下跌到低檔出現大量長黑 K 線留下影線，代表出現支撐買盤。
❹ 次日開高盤，收紅 K，代表有支撐要反彈。
❺ 上漲遇壓力線黑 K，次日開低盤，代表主力要回檔整理。
❻ 下跌到低檔遇前低支撐線，次日開高盤，收紅 K，代表有支撐要反彈。

資料來源：富邦 e01 及嘉實資訊

2. 收盤價

(1) 當日多空雙方經過一天的決戰後，最後的結果價格。

(2) 可看出當日多空的強弱，並可預期明日開高或開低的意圖。

(3) 收盤價是否突破昨日高點轉強，或跌破昨日低點轉弱的重要觀察指標。

｜圖表 3-1-19｜**從K線看多空力道**

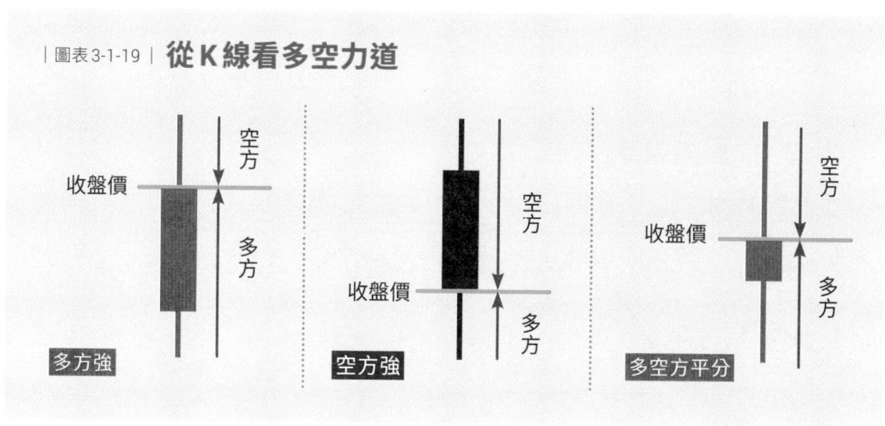

｜圖表 3-1-20｜**收盤價的多空力道範例①**

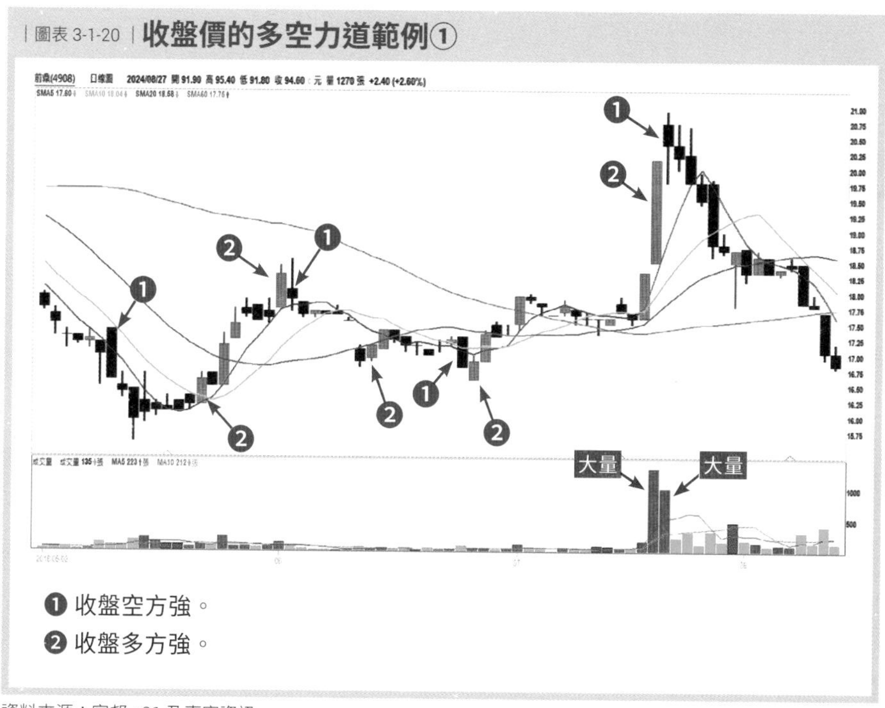

❶ 收盤空方強。

❷ 收盤多方強。

資料來源：富邦 e01 及嘉實資訊

(4) 前一日最高點是壓力，最低點是支撐。

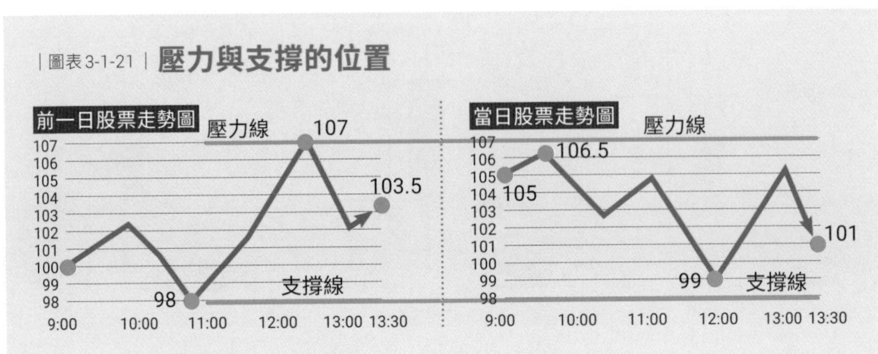

| 圖表 3-1-21 | 壓力與支撐的位置

(5) 收盤突破前一日最高點，買方力量轉強；收盤跌破前一日最低點，賣方力量轉強。

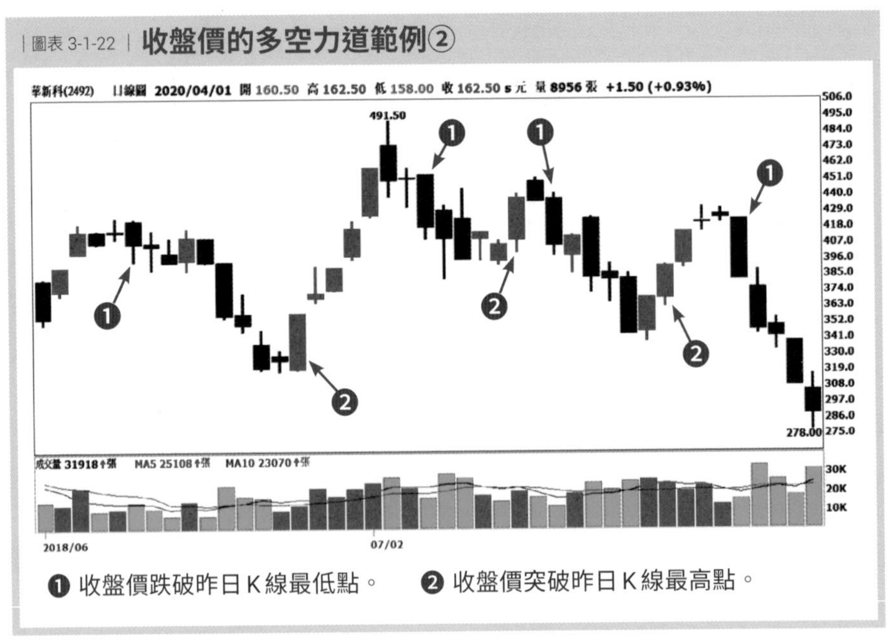

| 圖表 3-1-22 | 收盤價的多空力道範例②

❶ 收盤價跌破昨日 K 線最低點。 ❷ 收盤價突破昨日 K 線最高點。

資料來源：富邦 e01 及嘉實資訊

3. 最高價

（1）當日多方力量所能攻到的最高價位。

（2）空頭抵擋防守的價位，為空方防守線（次日的壓力線）。

（3）當天盤中多方測到壓力的位置。

（4）最高價來到前面壓力位置，如果沒有過壓或者過壓又拉回，留下長上影線，都表示該位置出現壓力訊號，次日要特別注意是否將要遇壓回檔或拉回下跌。

（5）最高價次日被突破，多方力量轉強。

｜圖表 3-1-23｜**最高價的壓力位置**

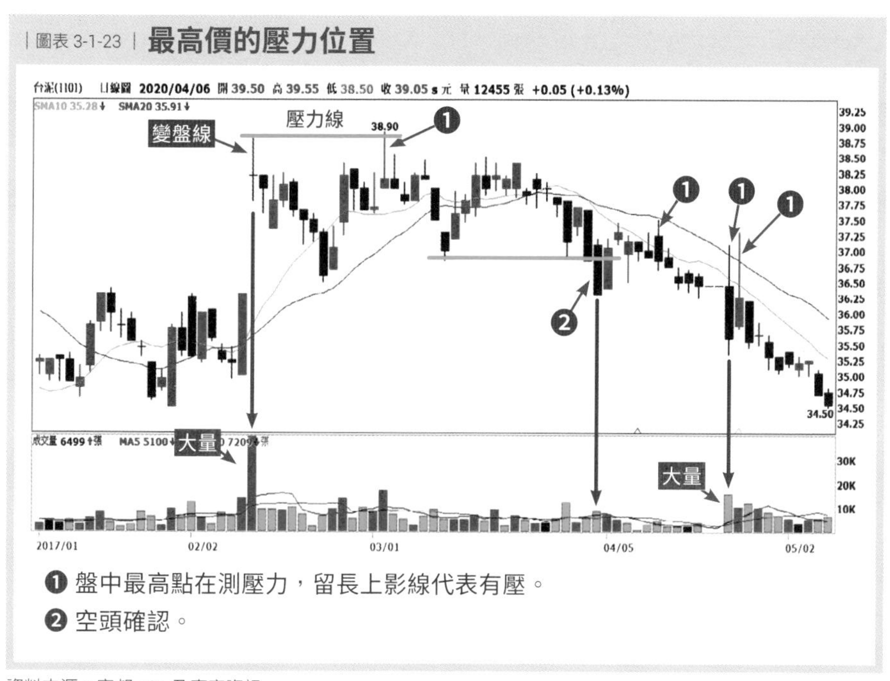

❶ 盤中最高點在測壓力，留長上影線代表有壓。

❷ 空頭確認。

資料來源：富邦 e01 及嘉實資訊

4. 最低價

(1) 當日空方力量所能到達的最低價位。

(2) 多頭抵擋防守的價位，為多方防守線（次日支撐線）。

(3) 當天盤中空方測支撐的位置。

(4) 最低價來到前面支撐位置，如果沒有跌破或者跌破又拉上來，留下長下影線，表示該位置出現支撐訊號，次日要特別注意是否將要遇撐反彈或上漲。

(5) 最低價次日被跌破空方力量轉強。

圖表 3-1-24 壓力與支撐位置範例①

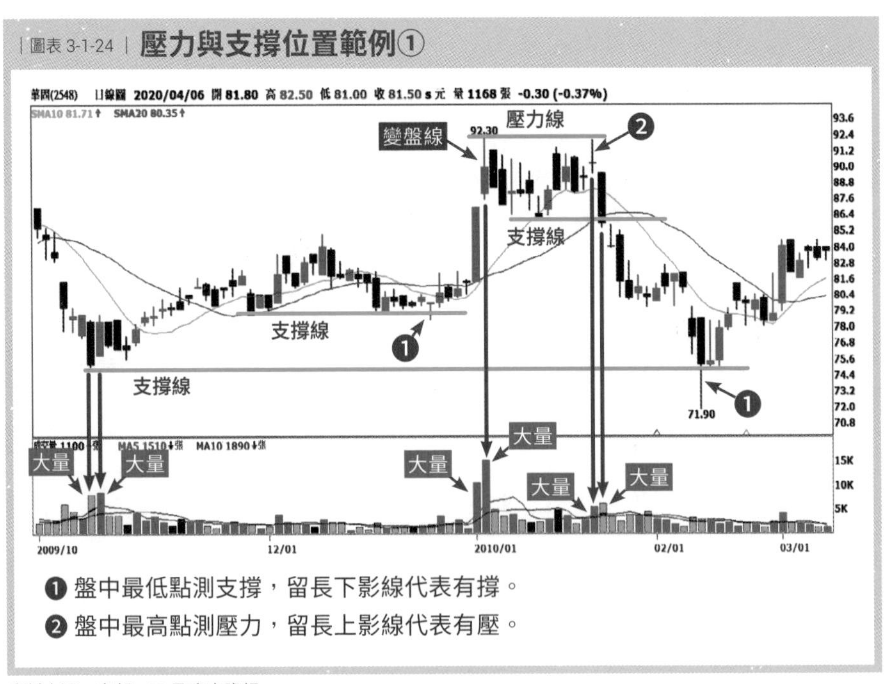

❶ 盤中最低點測支撐，留長下影線代表有撐。

❷ 盤中最高點測壓力，留長上影線代表有壓。

資料來源：富邦 e01 及嘉實資訊

| 圖表 3-1-25 | **壓力與支撐位置範例②**

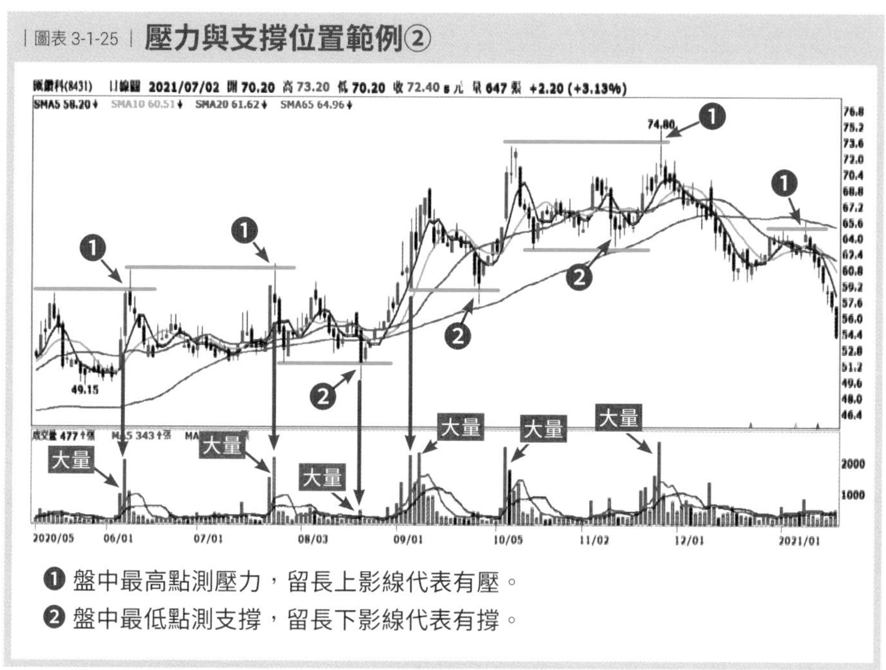

❶ 盤中最高點測壓力，留長上影線代表有壓。

❷ 盤中最低點測支撐，留長下影線代表有撐。

資料來源：富邦 e01 及嘉實資訊

5. 二分之一價

二分之一價是指當日：（最高價＋最低價）÷2 的價格，重點說明如下：

(1) 二分之一價，代表當日多空交易的平均成本。

(2) 大量長紅 K 線，日後回檔跌破二分之一價，表示多方氣勢轉弱；大量長黑 K 線，日後反彈突破二分之一價，表示空方力道轉弱。

(3) 股價漲到高檔，出現大量長紅 K 線，該長紅 K 線的二分之一價如果跌破，高檔做頭的機率大增，要小心反轉。

(4) 股價跌到低檔，出現大量長黑 K 線，該長黑 K 線的二分之一價如果被突破，低檔止跌回升的機率大增，可注意反彈。

(5) 走勢中只要出現大量的長紅 K 線或長黑 K 線，都要特別注意二分之一價的位置，尤其在相對的高檔或低檔。

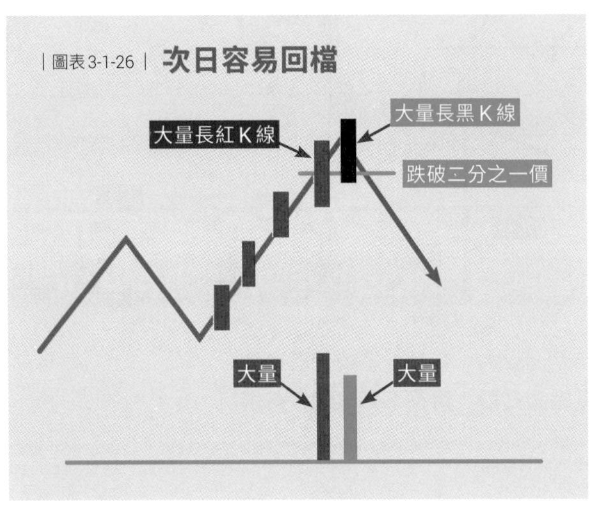

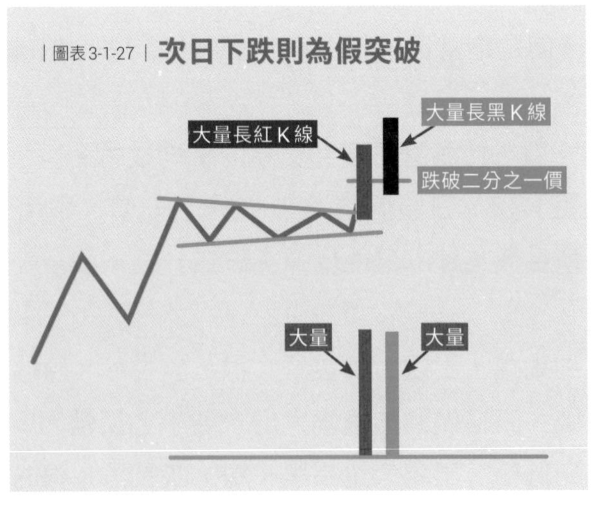

｜圖表 3-1-28｜ **跌破二分之一價反轉徵兆**

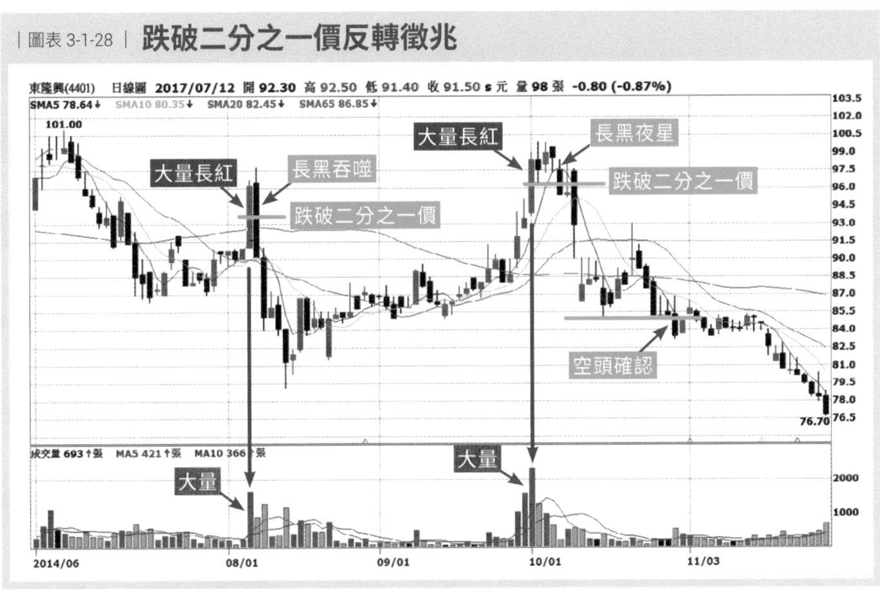

資料來源：富邦 e01 及嘉實資訊

｜圖表 3-1-29｜ **次日下跌為假突破**

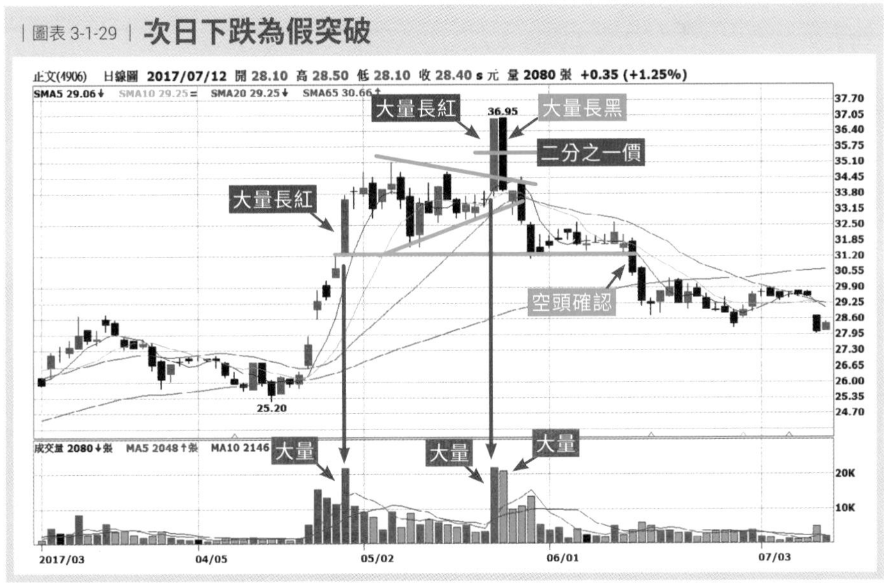

資料來源：富邦 e01 及嘉實資訊

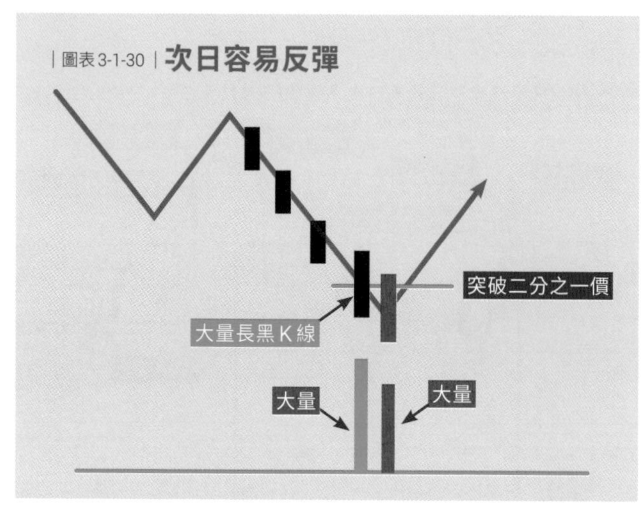

｜圖表 3-1-30｜次日容易反彈
突破二分之一價
大量長黑 K 線
大量
大量

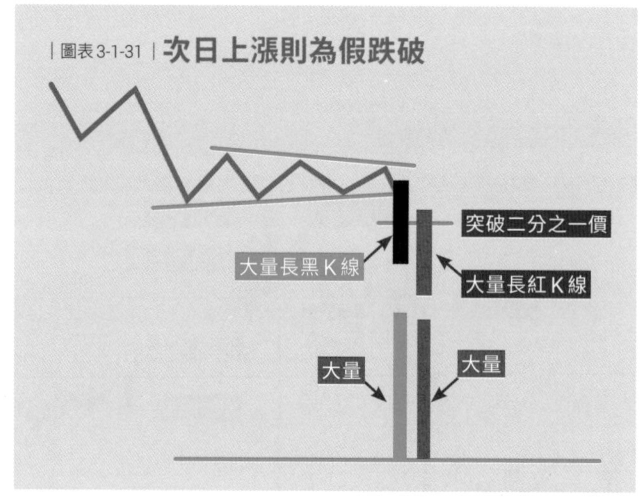

｜圖表 3-1-31｜次日上漲則為假跌破
突破二分之一價
大量長黑 K 線
大量長紅 K 線
大量
大量

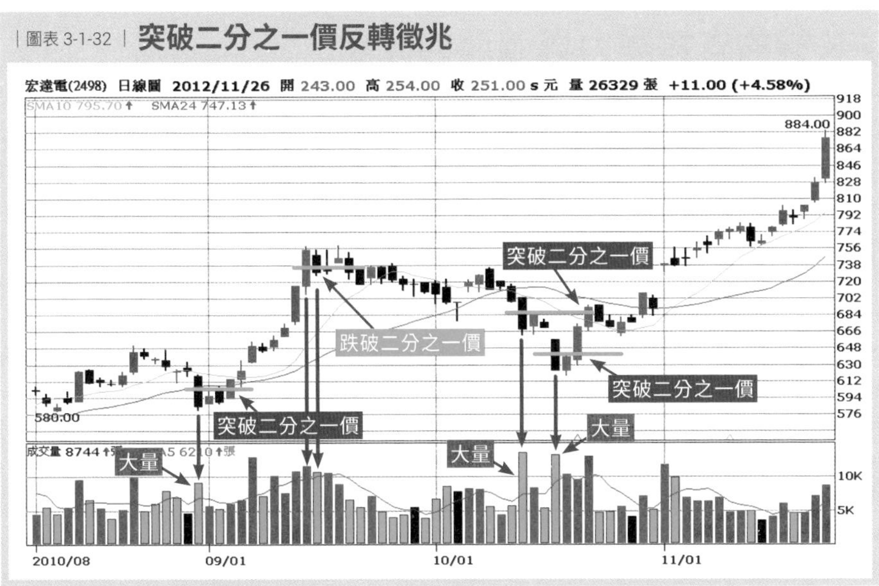

資料來源：富邦 e01 及嘉實資訊

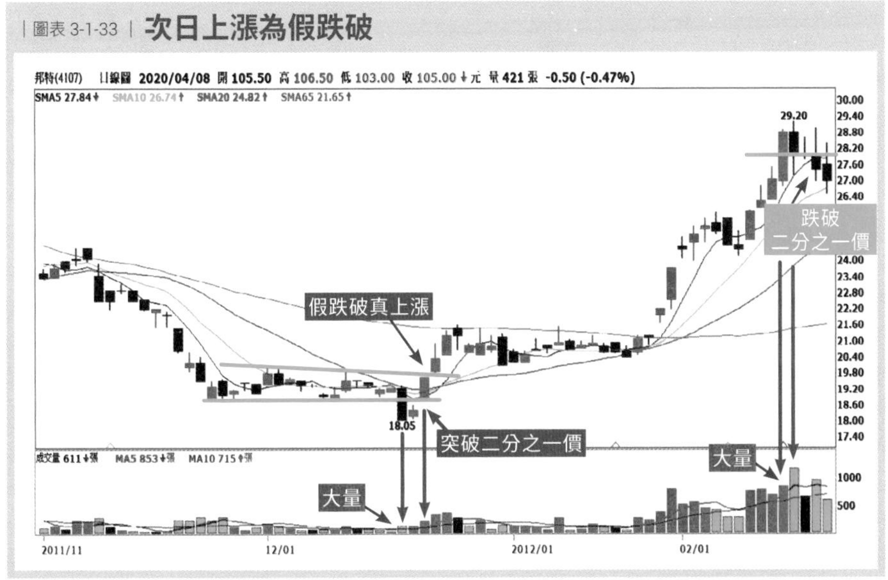

資料來源：富邦 e01 及嘉實資訊

K線的支撐壓力與強弱的改變

一、1日K線盤中的支撐與壓力

股票當天開盤到收盤4.5個小時的交易時間，股價漲漲跌跌，盤中最高點為當天的壓力，最低點為當天的支撐，該支撐與壓力對次日的走勢同樣具有支撐、壓力的參考。

次日收盤股價突破今日的最高點壓力，表示多方強；次日收盤股價跌破今日的最低點支撐，表示空方強。

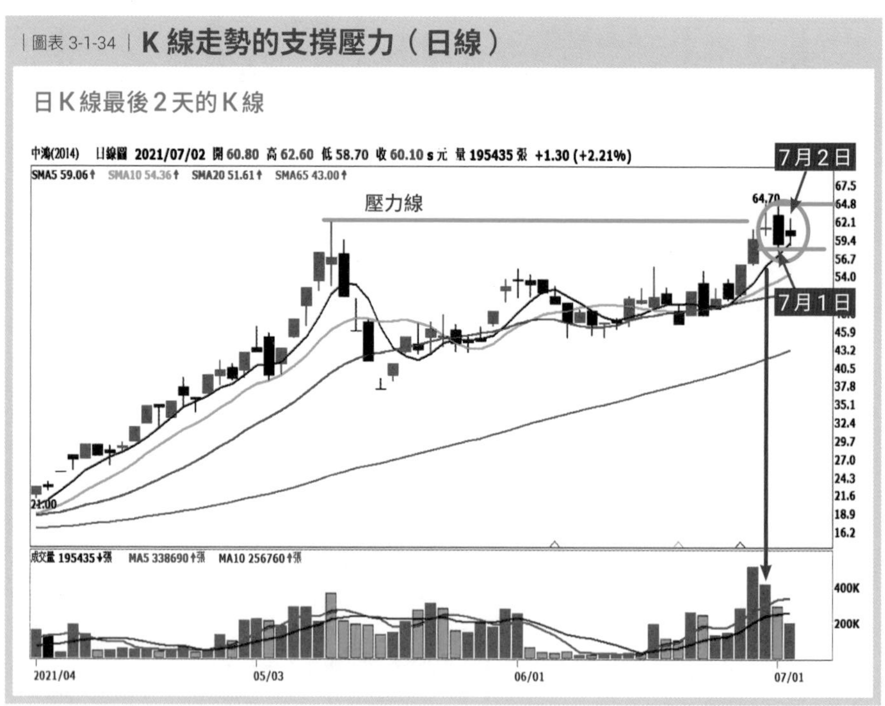

圖表 3-1-34 K線走勢的支撐壓力（日線）

資料來源：富邦 e01 及嘉實資訊

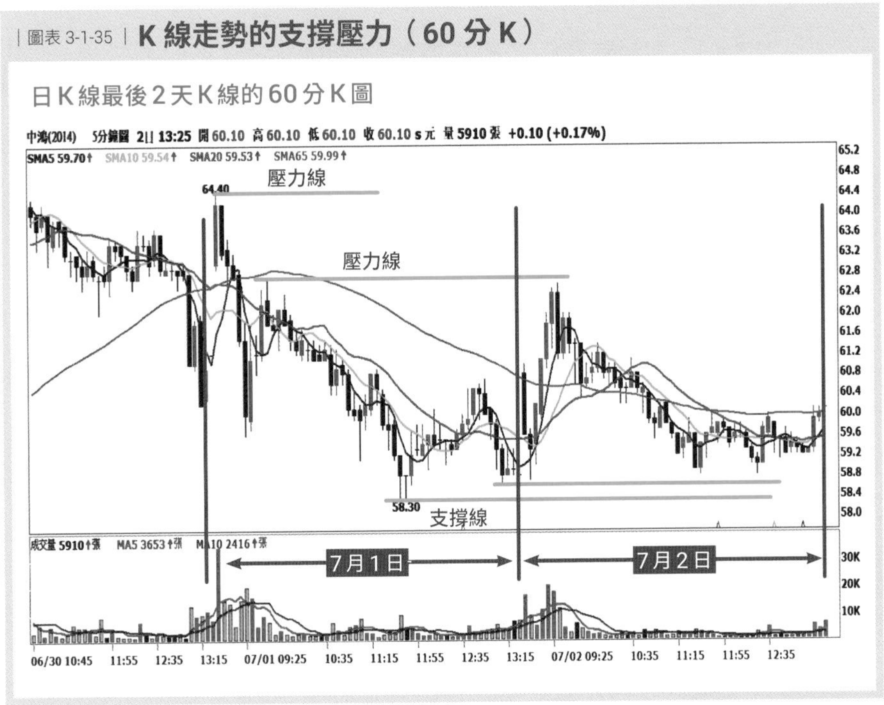

｜圖表 3-1-35｜K線走勢的支撐壓力（60分K）

資料來源：富邦 e01 及嘉實資訊

二、大量長紅K線日後的支撐與壓力

1. 多頭上漲的長紅K線，在攻擊的關鍵位置，通常伴隨大量，股價往上發展，這些量視為進貨量、攻擊量或換手量。換句話說，在多頭走勢是重要的價量配合攻勢，如果出現股價該攻不上，甚至下跌，都是重大警訊，一定要設好停損，做好風險控制。

2. 出現大量長紅K線，股價上漲之後的回測，該長紅K線是重要支撐，支撐分為3個重要觀察價位：①長紅K線的最高點、②長紅K線的二分之一價位、③長紅K線的最低點。

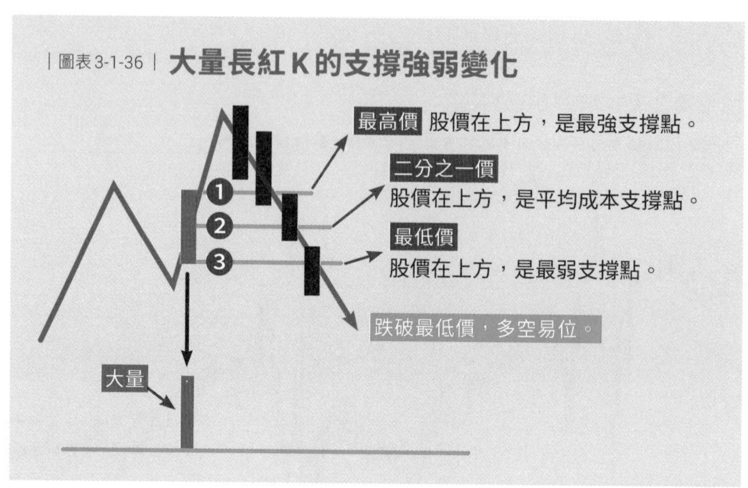

重點說明：

❶ 黑 K 線跌破長紅 K 線的最高點，代表向上攻擊減弱，必須在 3 ～ 5 日之內站回長紅 K 線的高點之上，否則要注意是否轉折向下。

❷ 黑 K 線跌破長紅 K 線的二分之一價位，代表跌破長紅 K 線當天交易的平均成本，容易產生大量賣壓，長紅 K 線的多方氣勢已經被空方破壞。

❸ 黑 K 線跌破長紅 K 線的最低點，代表多空易位，轉為空方主導，同時該長紅 K 線反而變成日後股價上漲的壓力。

｜圖表 3-1-37｜ **大量長紅 K 的支撐強弱變化①**

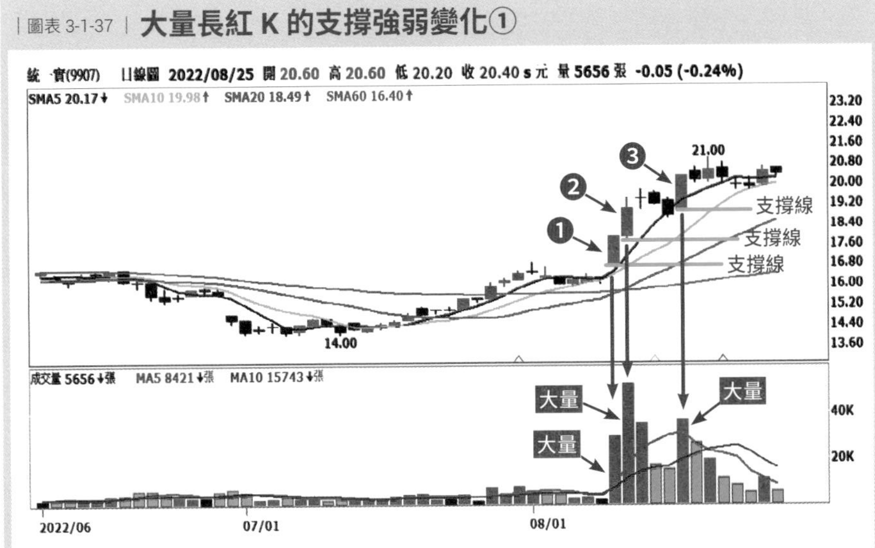

❶ 多頭跳空爆大量長紅 K 上漲，這根長紅 K 線的最低點可作為日後支撐參考，只要沒有被跌破，仍維持多方力道。

❷ 再爆大量長紅 K 上漲，這根長紅 K 線的最低點可作為日後支撐參考，只要沒有被跌破，仍維持多方力道。

❸ 多頭黑 K 下跌回檔後，出現大量長紅 K 上漲，這根長紅 K 線的最低點可作為日後支撐參考，只要沒有被跌破，仍維持多方力道。

資料來源：富邦 e01 及嘉實資訊

|圖表 3-1-38| **大量長紅 K 的支撐強弱變化②**

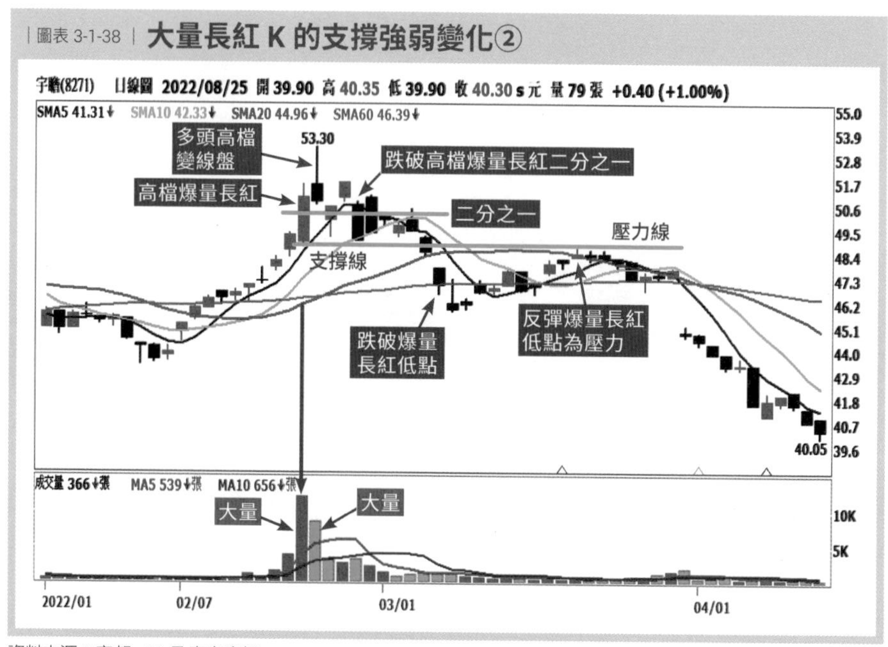

資料來源：富邦 e01 及嘉實資訊

三、大量長黑 K 線日後的支撐與壓力

1. 空頭下跌行進中出現長黑 K，股價繼續下跌，沒有止跌訊號出現，無論是否有量，都不能低接。

2. 連續出現下跌的長黑 K，出現爆量或窒息量，容易反彈，當有上漲的紅 K 收盤過前一日的高點，可以短線搶反彈。

3. 出現大量長黑 K 線，股價下跌之後，該長黑 K 線是重要的壓力，壓力分為 3 個重要觀察價位：①長黑 K 線的最低點、②長黑 K 線的二分之一價位、③長黑 K 線的最高點。

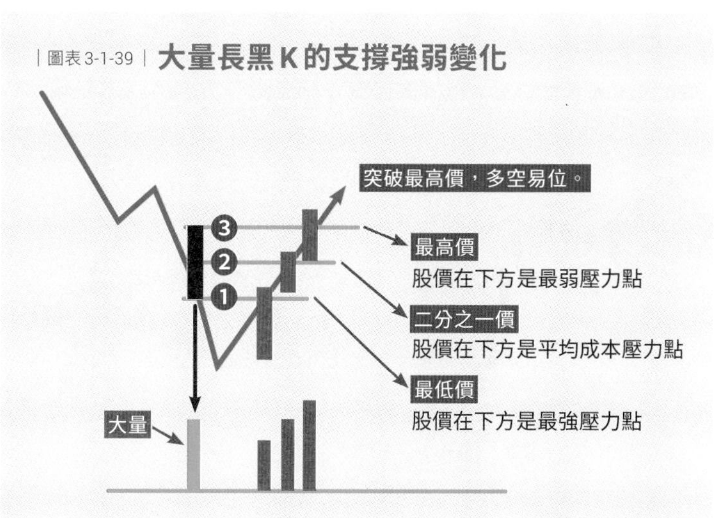

重點說明：

❶ 紅K收盤突破長黑K線的最低點，代表向下力道減弱，向上多方力道轉強，要注意是否會轉折向上反彈。

❷ 紅K收盤突破長黑K線的二分之一價位，代表長黑K線當天放空交易的平均成本，已經被多方突破，容易產生大量的回補買單，長黑K線的空方氣勢可能被多方扭轉。

❸ 紅K收盤突破長黑K線的最高點，代表多空易位，轉為多方主導的態勢，同時該長黑K線反而變成日後股價上漲的重要支撐觀察點。

| 圖表 3-1-40 | **大量長黑 K 的支撐強弱變化①**

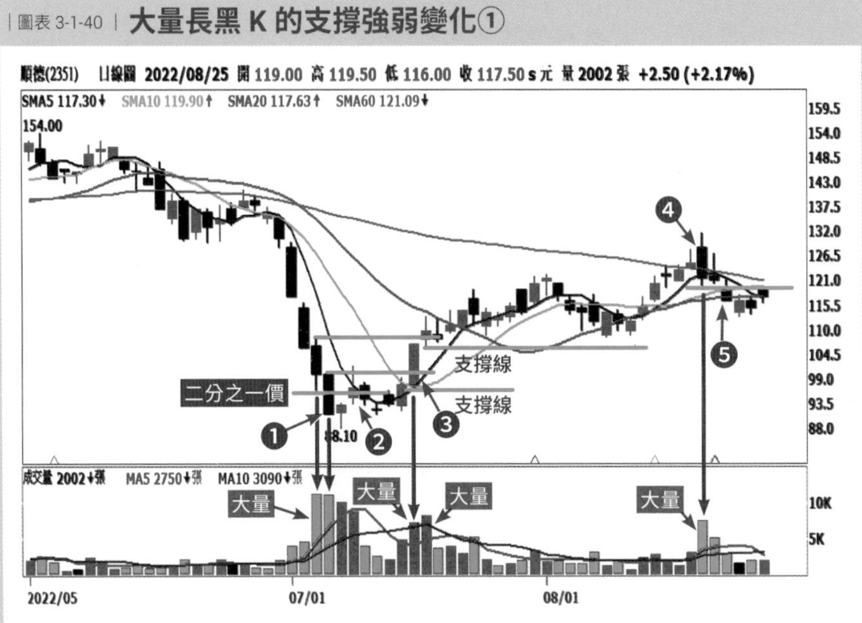

❶ 多連續下跌低檔出現爆大量長黑 K，這根長黑 K 線是關鍵 K 棒，日後黑 K 棒高點被突破，多方力道轉強。

❷ 紅 K 上漲，突破前大量長黑 K 線的二分之一，多方力道轉強。

❸ 大量長紅 K 上漲，突破前面大量長黑 K 線的最高點壓力，後續趨勢易反轉。

❹ 多頭連續上漲高檔，出現大量黑 K 跌破 5 均，長黑 K 的最低點被跌破，趨勢容易反轉。

❺ 黑 K 下跌，跌破大量長黑 K 最低點，跌破月線。

資料來源：富邦 e01 及嘉實資訊

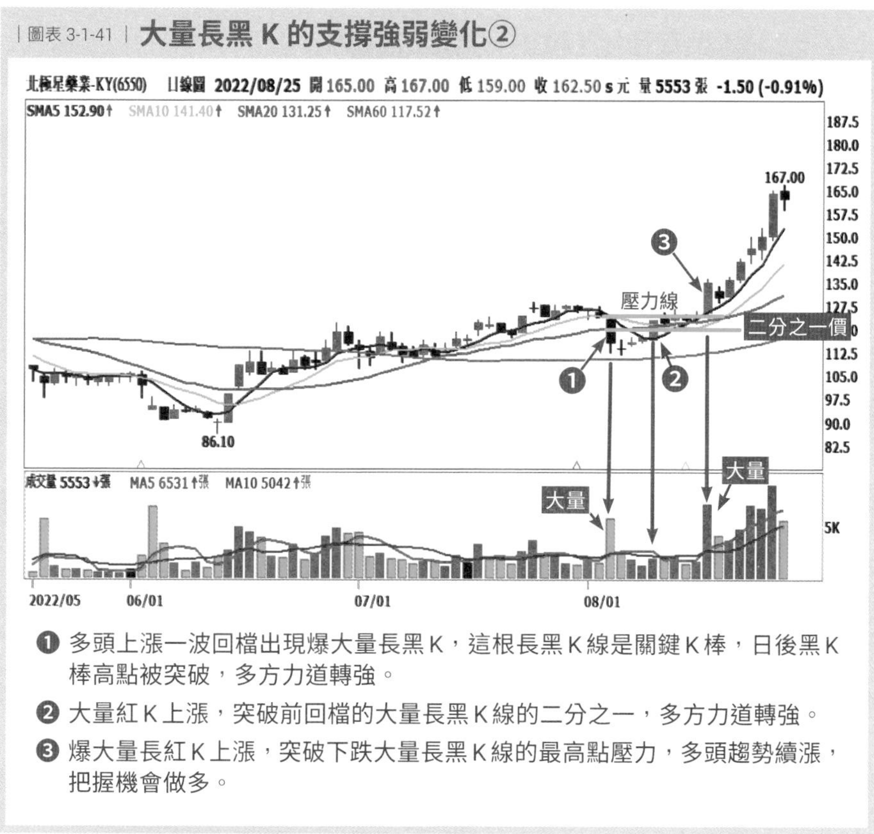

| 圖表 3-1-41 | **大量長黑 K 的支撐強弱變化②**

❶ 多頭上漲一波回檔出現爆大量長黑K，這根長黑K線是關鍵K棒，日後黑K棒高點被突破，多方力道轉強。

❷ 大量紅K上漲，突破前回檔的大量長黑K線的二分之一，多方力道轉強。

❸ 爆大量長紅K上漲，突破下跌大量長黑K線的最高點壓力，多頭趨勢續漲，把握機會做多。

資料來源：富邦 e01 及嘉實資訊

K線橫盤原則與進出場的確認

在走勢圖當中，我們常常看到K線橫向走勢，股價一直沒有突破前一根K線的最高點，也沒有跌破最低點，這樣的橫向K線超過3根以上，可以視為K線的橫盤或K線盤整。

出現K線橫盤或K線盤整，要如何才能確認盤整結束呢？必須出現1根中長紅K線，收盤突破橫盤的K線上頸線，這樣才確認往上突破，同時出現往上上漲的方向，如果在多頭趨勢時是進場做多的買進位置。

或者出現1根中長黑K線，收盤跌破橫盤的K線下頸線，這樣才確認往下跌破，同時出現往下下跌的方向，如果在空頭趨勢時是進場的放空位置。

｜圖表 3-1-42｜ **K線橫盤的趨勢變化關鍵**

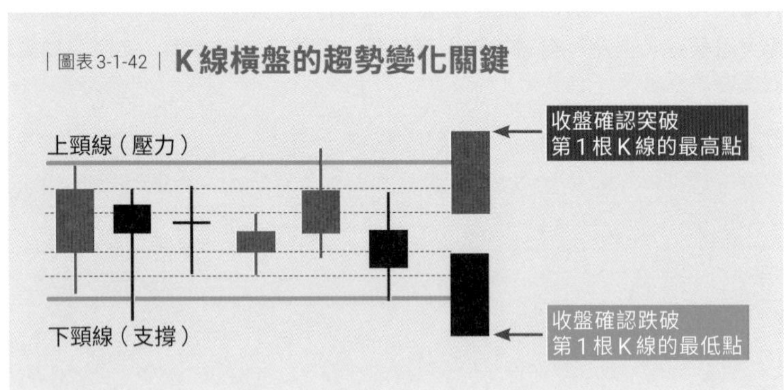

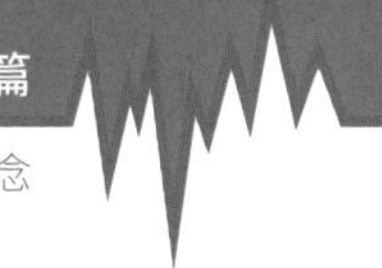

｜圖表 3-1-43｜**K 線橫盤的趨勢變化範例①**

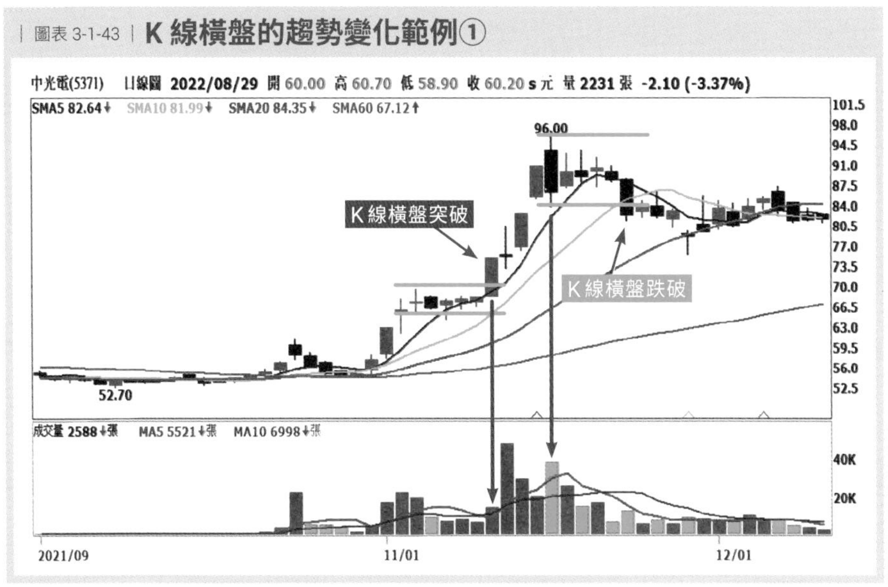

資料來源：富邦 e01 及嘉實資訊

｜圖表 3-1-44｜**K 線橫盤的趨勢變化範例②**

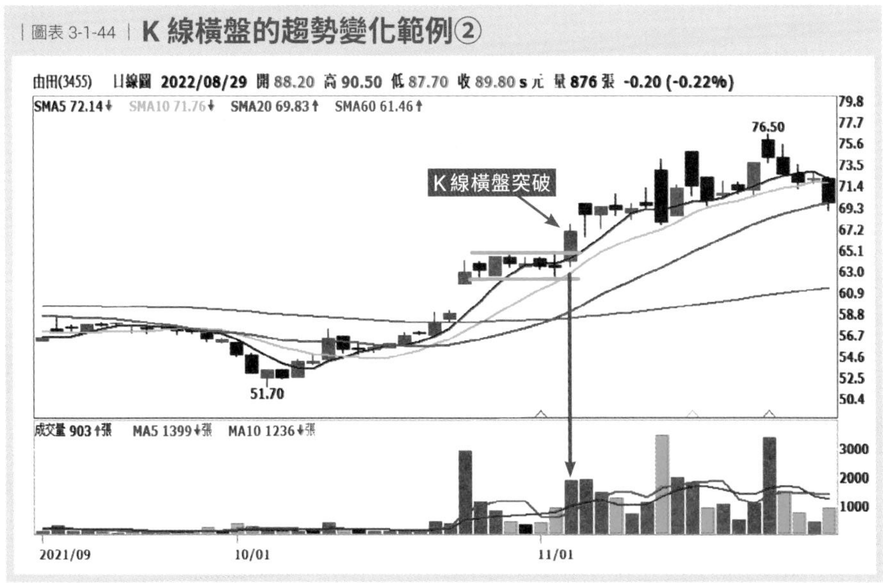

資料來源：富邦 e01 及嘉實資訊

｜圖表 3-1-45｜**K 線橫盤的趨勢變化範例③**

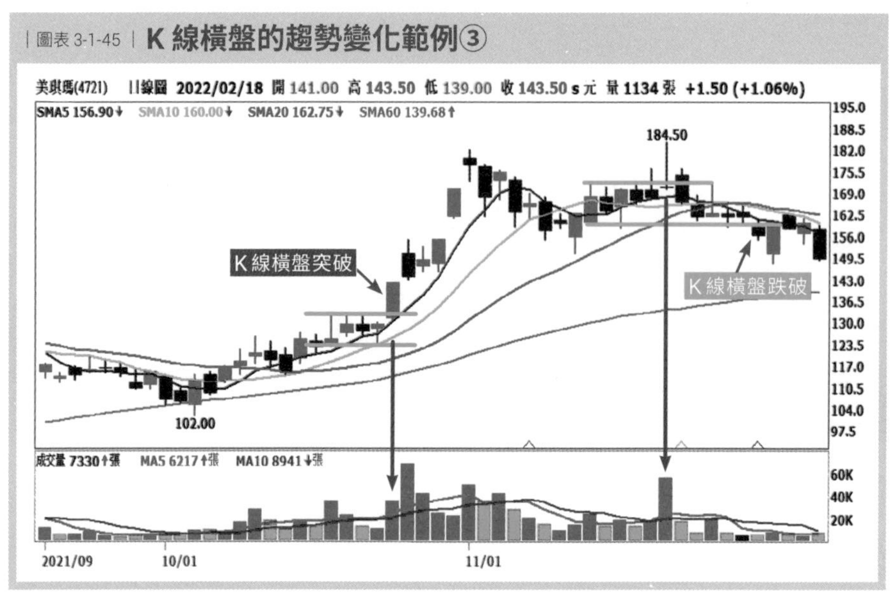

資料來源：富邦 e01 及嘉實資訊

K線轉折與趨勢關係

趨勢是指股價一段時間行進的方向，當趨勢沒有改變，多頭趨勢會維持漲多跌少，股價逐漸墊高，一直到趨勢反轉成空頭；空頭趨勢會維持跌多漲少，股價逐漸破低，一直到趨勢反轉成多頭。

股價在上漲轉下跌或下跌轉上漲時出現轉折的變化，這些轉折變化是由K線來顯示，因此K線可以提供股價轉折的訊號，所以我們在看轉折時不要忘記看趨勢，在趨勢行進時不要忘記看轉折。

換句話說，在判斷股價漲跌時，趨勢與K線轉折要一起看，才不會判斷錯誤。

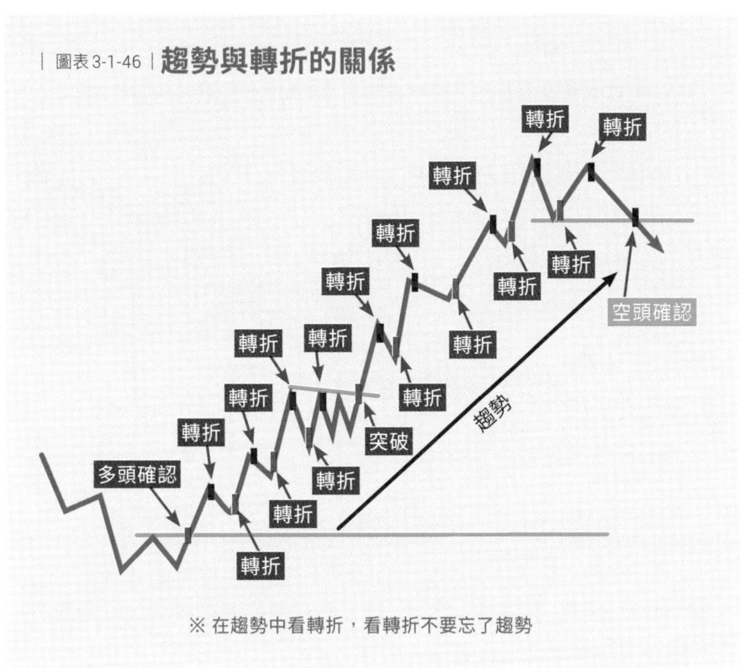

重點說明：

研判K線之前，要先確認下面幾個環境條件：

1. 要先確認行情趨勢是在多頭、空頭還是盤整。

2. 要看K線在走勢中相關的位置是在低檔、高檔、行進中、接近壓力或支撐，還是關鍵突破或跌破的位置。

3. 要看成交量的變化，可以幫助確認K線的能量大小以及籌碼變化。

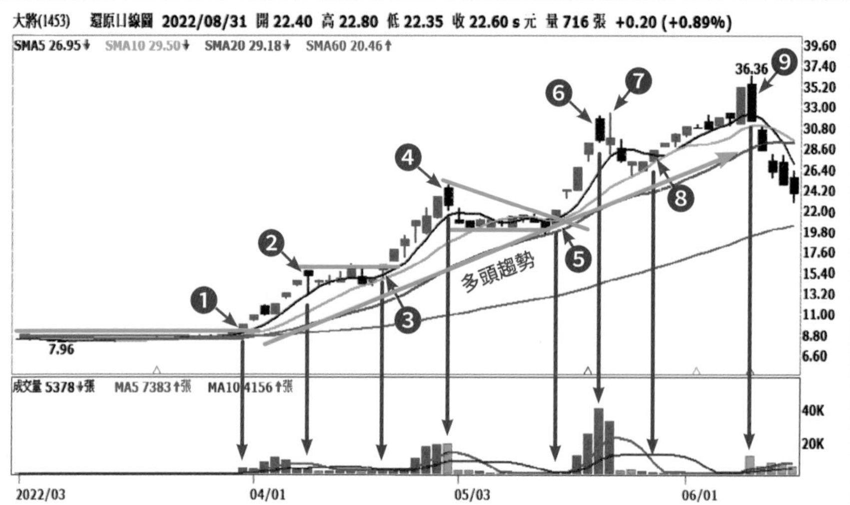

❶ 大量長紅 K 突破底部盤整，均線 4 線多排向上，多頭確認，開始做多。

❷ 多頭趨勢上漲到高檔，出現長下影線的變盤線，是轉折下跌的訊號。

❸ 紅 K 收盤突破長下影線的變盤線，多頭續漲的 K 線訊號，把握機會做多。

❹ 多頭趨勢上漲到高檔，出現大量長黑 K 下跌，是轉折下跌的訊號。

❺ 紅 K 收盤突破盤整，多頭續漲的 K 線訊號，把握機會做多。

❻ 多頭趨勢上漲到高檔，出現大量長黑 K 下跌，是轉折下跌的訊號。

❼ 多頭趨勢上漲到高檔，再出現大量紡錘變盤 K 線，是轉折下跌的訊號。

❽ 多頭回檔修正後，紅 K 收盤突破 5 日均線，多頭續漲的 K 線訊號，把握機會做多。

❾ 多頭趨勢上漲到高檔，出現大量長黑 K 下跌，是轉折下跌的訊號。

圖表 3-1-48 ｜ **空頭趨勢下跌的轉折 K 線訊號**

❶ 多頭趨勢上漲到高檔，出現大量長黑 K 下跌，是轉折下跌的訊號。

❷ 多頭趨勢上漲遇壓力，出現大量長黑 K 下跌，是轉折下跌的訊號。

❸ 多頭趨勢上漲到高檔，出現大量長黑 K 上影線線，是轉折下跌的訊號。

❹ 大量長黑 K 下跌，跌破前低，空頭確認，月線下彎，順勢做空。

❺ 空頭趨勢下跌到低檔，出現長紅 K 線，是止跌的訊號，轉折反彈的訊號。

❻ 空頭趨勢反彈到高檔，再出現大量長上影線變盤 K 線，是轉折下跌的訊號，準備做空。

❼ 空頭趨勢下跌到低檔，出現長紅 K 線，是止跌的訊號，轉折反彈的訊號。

❽ 空頭黑 K 收盤跌破盤整下頸線，空頭續跌的 K 線訊號，把握機會做空。

❾ 空頭趨勢下跌到低檔，連續 3 天出現變盤 K 線，是止跌反彈的訊號。

❿ 空頭反彈，出現下跌黑 K，空頭續跌的 K 線訊號，把握機會做空。

3-2

K線高檔反轉的 3大型態訊號

一、高檔變盤線的轉折變化

上漲高檔包括多頭上漲與空頭的反彈高點，低檔單一變盤線或連續數天變盤線的變盤訊號有6種變化觀察。

｜圖表3-2-1｜ 高檔變盤K線

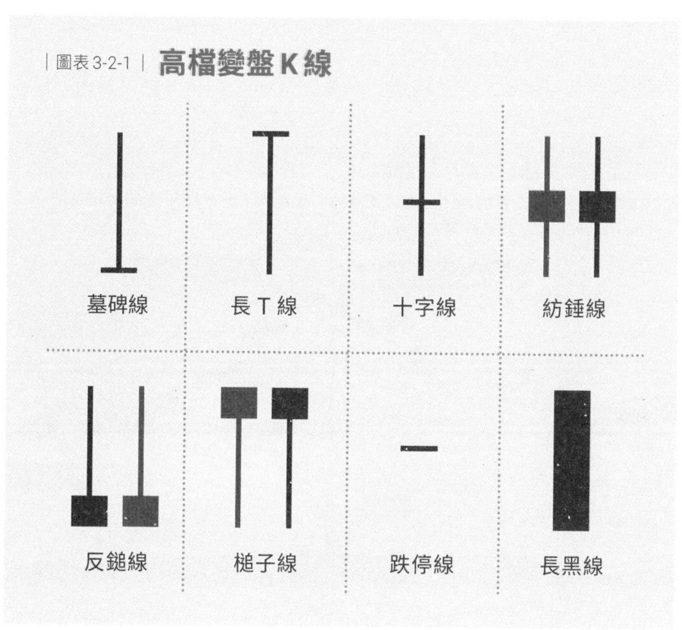

以上高檔變盤訊號配合下列情況，轉折下跌機率更高：

1. 當股價上漲到高檔，出現上述K線，都是止漲訊號，統稱為變盤線，要特別注意是否要反轉。在多頭高檔是轉折向下回檔的變盤線，在空頭反彈高檔是準備做空的訊號。

2. 如果高檔爆出大量，出現價量背離現象、KD指標死亡交叉，更容易反轉走跌。

3. 上升走勢遇到壓力位置，如果爆出大量，股價收盤沒有突破壓力，同時出現上述變盤K線，反轉走跌的機率更高，要密切注意次日的股價是否下跌。

4. 出現變盤線，次日不一定就下跌，但是轉折下跌的位置都會出現變盤線，因此在高檔出現變盤線的次日，要特別注意股價的走勢。

｜圖表 3-2-2｜**高檔變盤 K 線範例①**

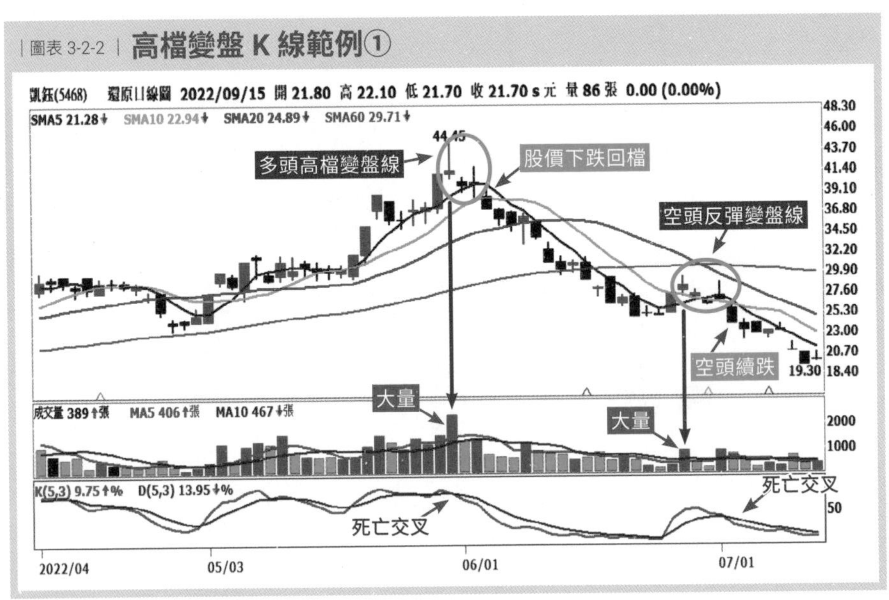

資料來源：富邦 e01 及嘉實資訊

圖表 3-2-3 高檔變盤 K 線範例②

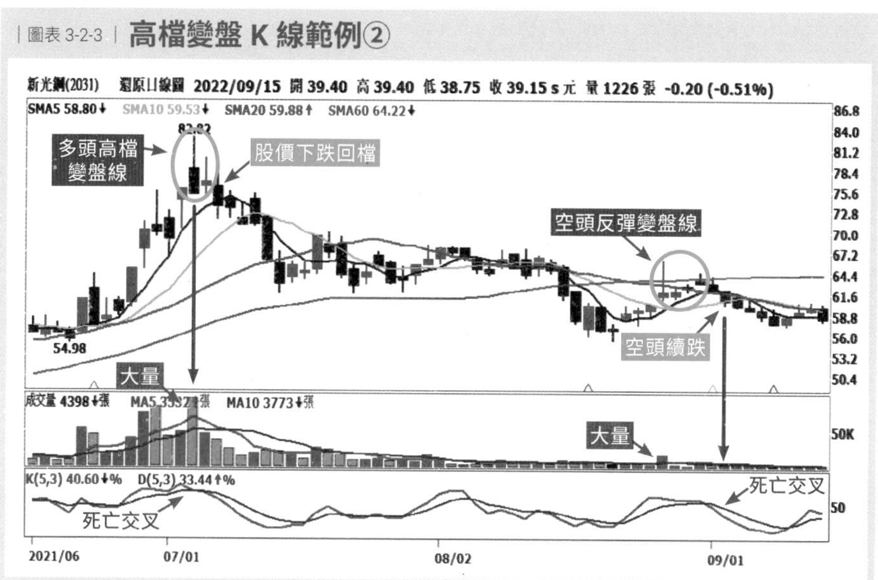

資料來源：富邦 e01 及嘉實資訊

圖表 3-2-4 高檔變盤 K 線範例③

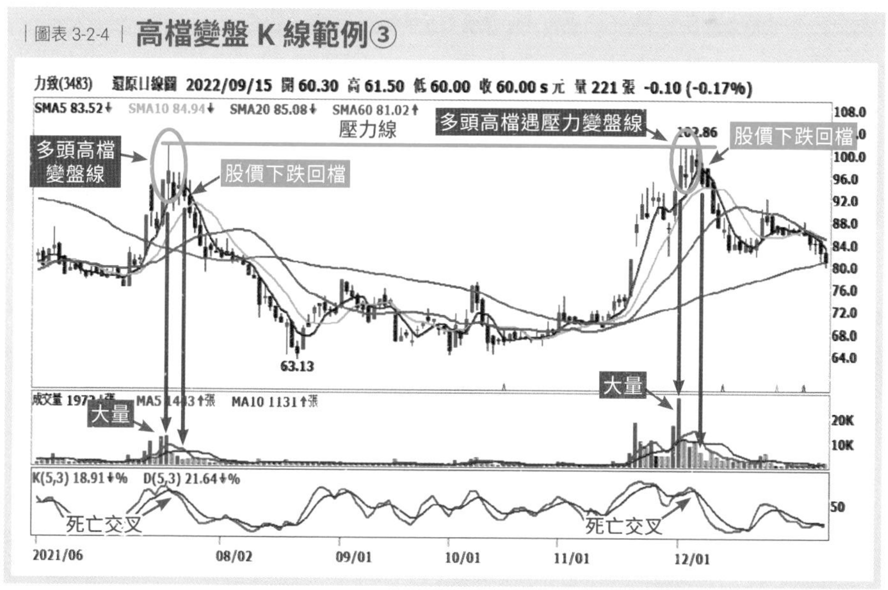

資料來源：富邦 e01 及嘉實資訊

｜圖表 3-2-5｜ 高檔變盤 K 線範例④

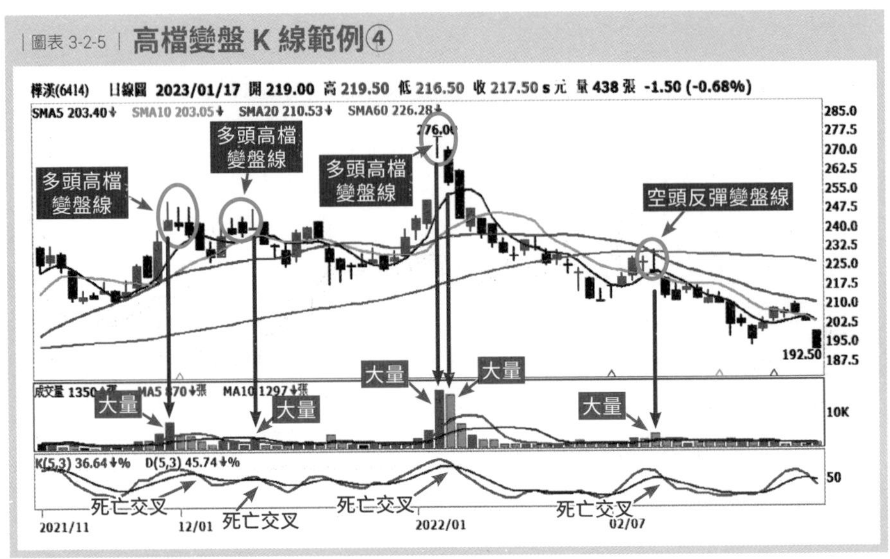

資料來源：富邦 e01 及嘉實資訊

二、高檔紅K＋黑K線的轉折變化

上漲高檔包括多頭上漲與空頭的反彈高點，上漲紅K次日出現黑K（高檔紅K＋黑K組合變盤線）的相互位置有6種情況，代表意義不同，分述如下。

｜圖表 3-2-6｜ 高檔紅 K ＋黑 K 的轉折組合

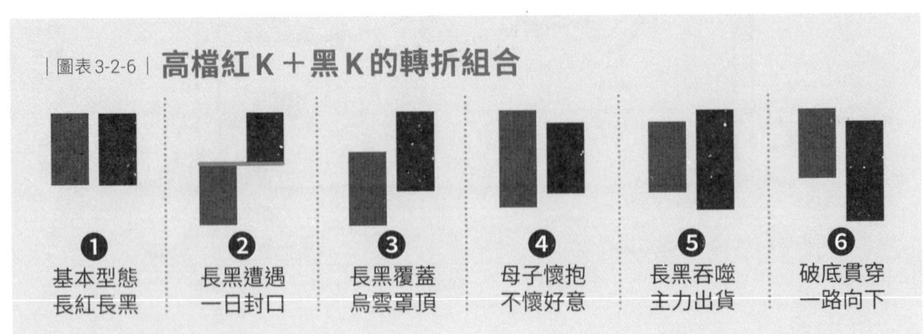

一、高檔2根K線轉折向下的基本型態

重點說明：

1. 左邊是上漲幅度達3%以上的中長紅K線，右邊是下跌幅度達3%以上的中長黑K線。

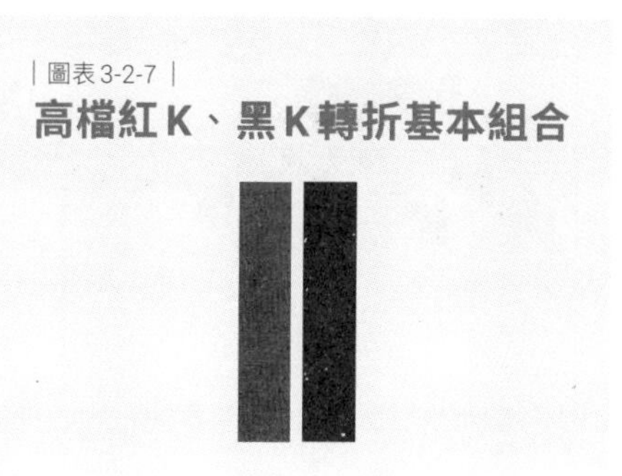

2. 屬於2根K線構成的上漲高點或頭部反轉向下的型態。

3. 2根K線必須為中長的實體，可以有小的上下影線。

4. 在上漲高檔的位置，是一組轉折向下的訊號。

5. 在多頭起攻的位置，要提高警覺，小心是騙線，主力假上攻、真下跌，投資人不可不察。

6. 在空頭走勢中，是反彈結束訊號。出現在盤整區，表示主力還沒有上攻的企圖。

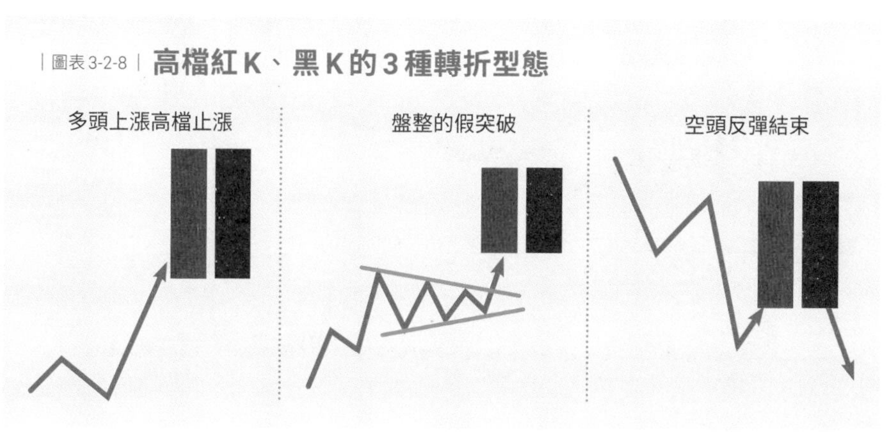

| 圖表 3-2-9 | **高檔紅、黑 K 線組合轉折範例①**

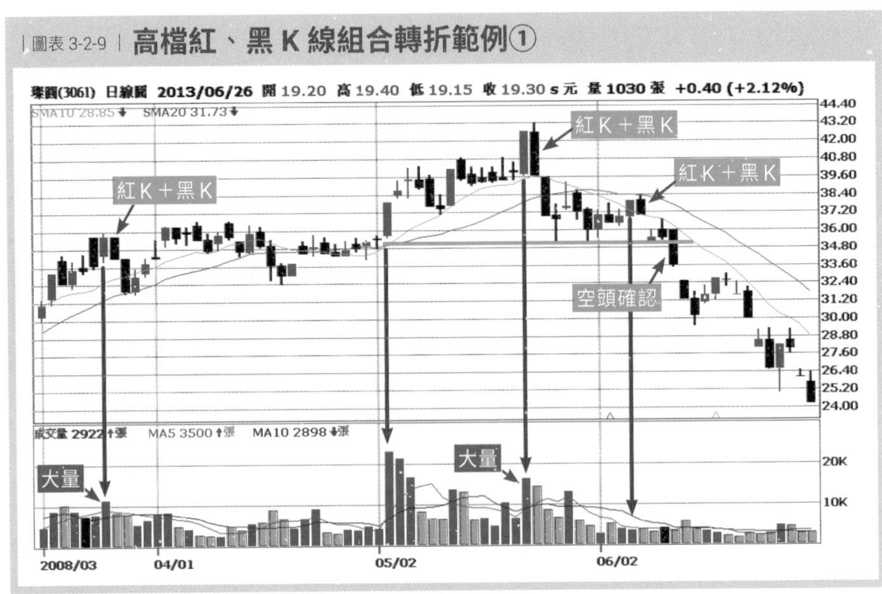

資料來源：富邦 e01 及嘉實資訊

| 圖表 3-2-10 | **高檔紅、黑 K 線組合轉折範例②**

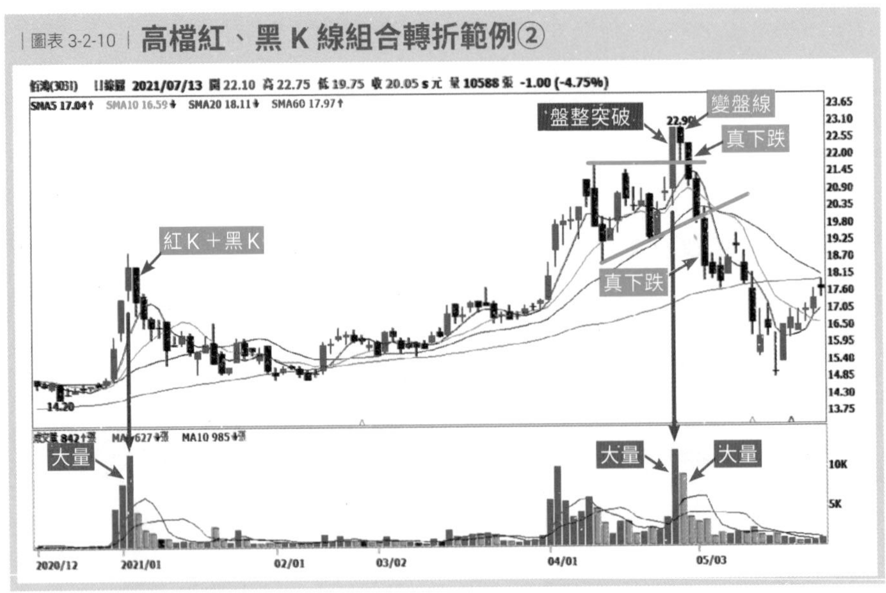

資料來源：富邦 e01 及嘉實資訊

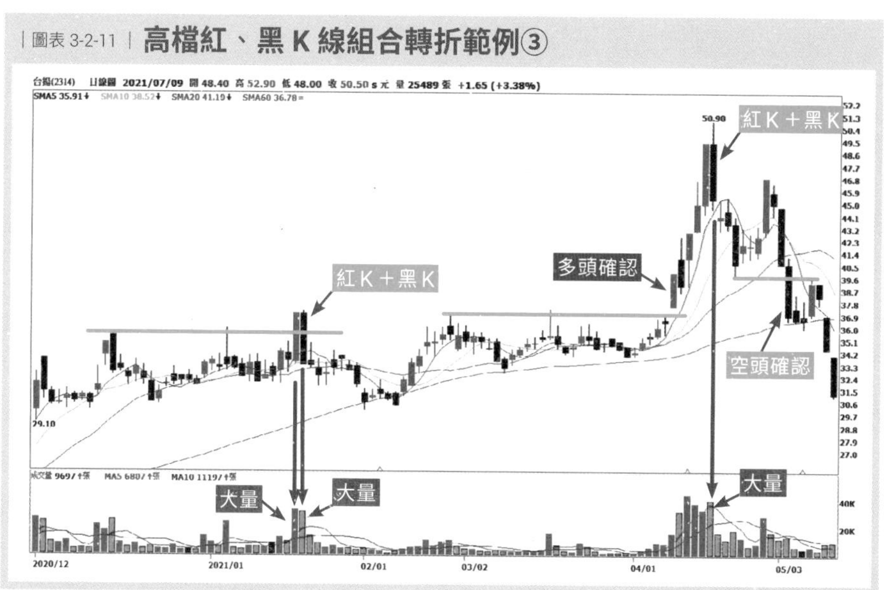

圖表 3-2-11 高檔紅、黑K線組合轉折範例③

資料來源：富邦 e01 及嘉實資訊

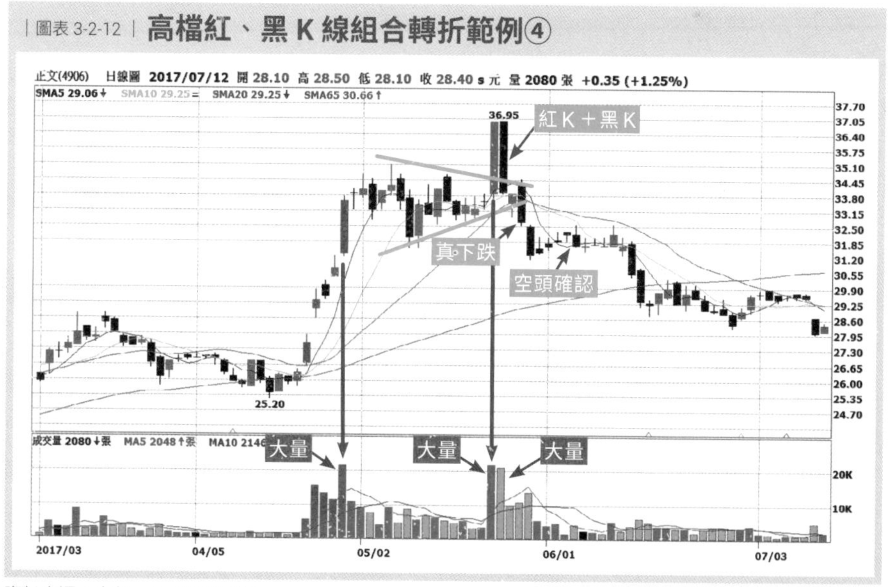

圖表 3-2-12 高檔紅、黑K線組合轉折範例④

資料來源：富邦 e01 及嘉實資訊

｜圖表 3-2-13｜**高檔紅、黑 K 線組合轉折範例⑤**

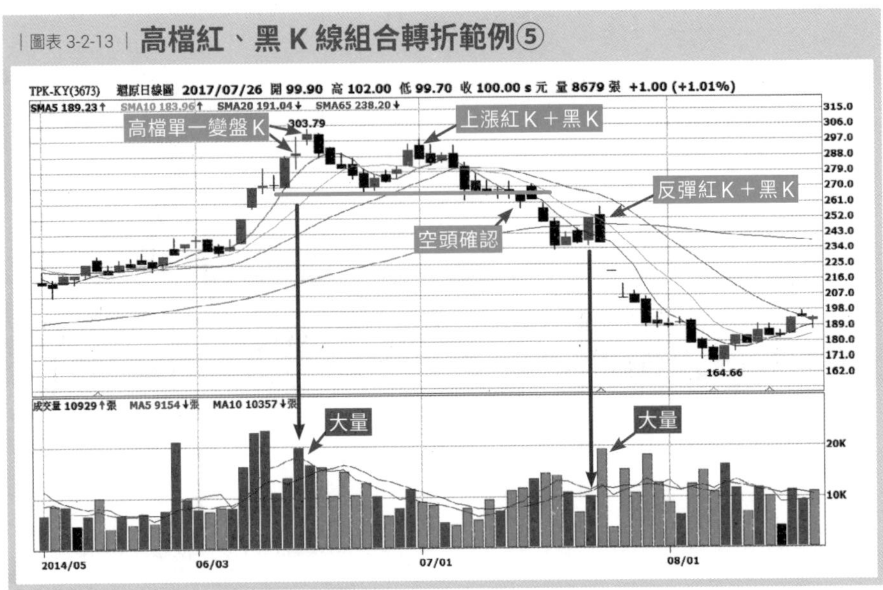

資料來源：富邦 e01 及嘉實資訊

｜圖表 3-2-14｜**高檔紅、黑 K 線組合轉折範例⑥**

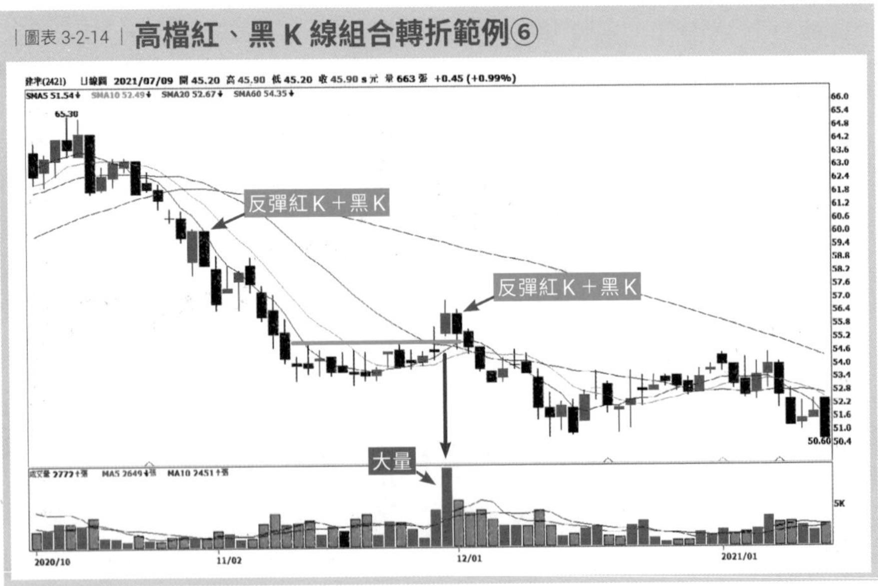

資料來源：富邦 e01 及嘉實資訊

二、高檔「長黑遭遇」（一日封口）

重點說明：

1. 屬於2根K線構成的上漲高點或頭部反轉向下的組合。

2. 2根K線為中長紅及中長黑的實體，可以有小的上下影線。

| 圖表 3-2-15 | 長黑遭遇（一日封口）

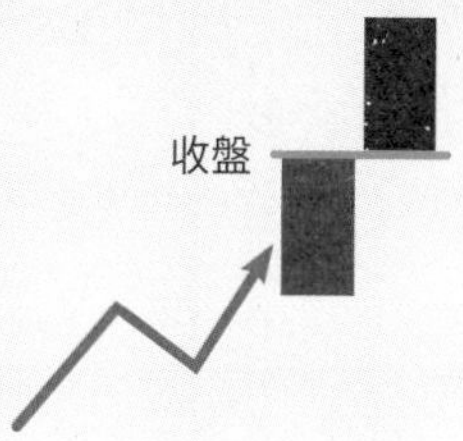

收盤

3. 上漲走勢到明顯高檔，出現中長紅K線，第2天出現中長黑K線，黑K開高出現賣壓走低，收盤接近中長紅K線的收盤價，是一組上漲遇壓力的止漲K線訊號。

4. 這組雙K線也可視為「一日缺口封閉」，當天向上跳空開高，可是當天收盤回到昨日紅K線的收盤，把開盤的缺口給封閉，當然是弱勢的表現。

5. 遭遇組合是6組反轉訊號中最弱的，只能視為止漲，多頭可能還會續漲，最好再觀察1天確認是否反轉。

6. 多頭上漲中出現遭遇組合，如果爆大量，轉折機率大增，做多要小心，不可追多。

7. 空頭反彈出現遭遇組合，是反彈結束的訊號，要把握做空的機會。

| 圖表 3-2-16 | **長黑遭遇轉折範例①**

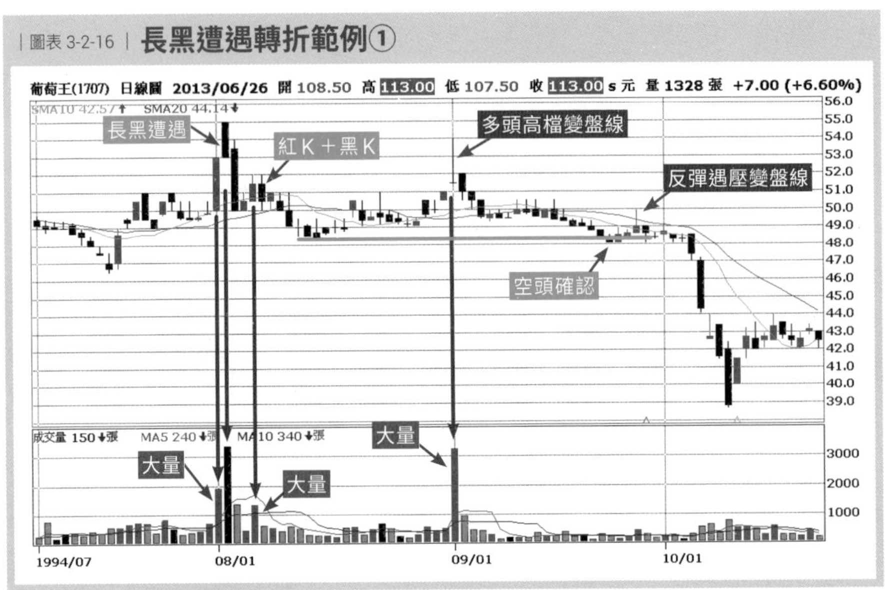

資料來源：富邦 e01 及嘉實資訊

| 圖表 3-2-17 | **長黑遭遇轉折範例②**

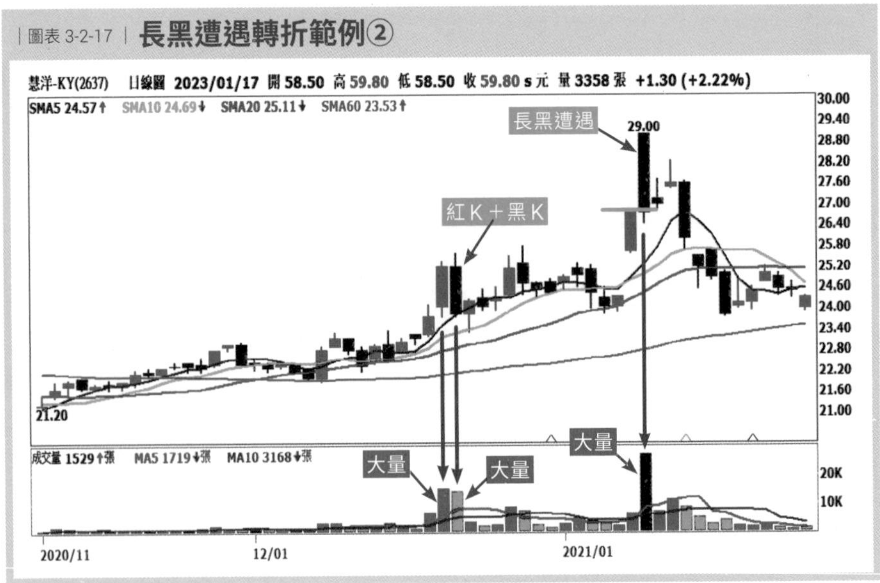

資料來源：富邦 e01 及嘉實資訊

| 圖表 3-2-18 | 長黑遭遇轉折範例③

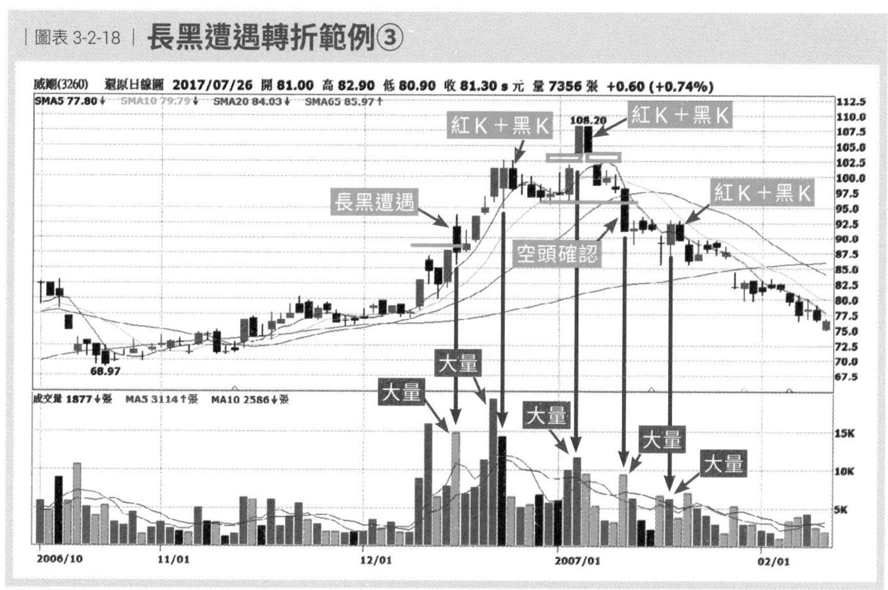

資料來源：富邦 e01 及嘉實資訊

三、高檔「長黑覆蓋」（烏雲罩頂）

| 圖表 3-2-19 | 「長黑覆蓋」3 種型態

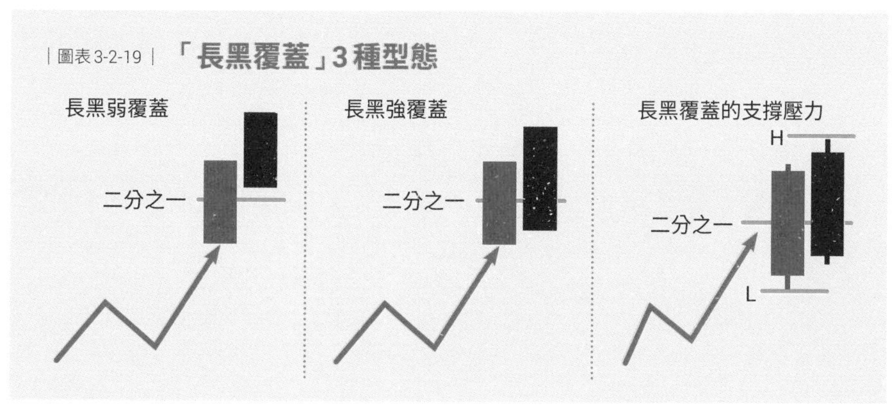

重點說明：

1. 屬於2根K線構成的上漲高點或頭部反轉向下的組合。

2. 2根K線為中長紅及中長黑的實體，可以有小的上下影線。

3. 上漲的高點，出現上漲中長紅K線，次日開高盤，盤中創新高價，可是收盤在最低價附近，而且進入紅K線的實體部分。

4. 覆蓋（烏雲罩頂）的黑K線越長，轉折的力道越強。

5. 黑K線收盤如果跌入紅K線實體，沒有達紅K線的二分之一，反轉訊號力道較弱，最好再觀察1天確認是否反轉。

6. 黑K線收盤如果跌破紅K線的二分之一，則可視為反轉的訊號。

7. 黑K線收盤越向下深入紅K線實體，反轉向下的可能性越高。如果跌破紅K線實體的低點，就形成長黑吞噬。出現覆蓋（烏雲罩頂）的2根K線時，這2根K線的最高點（H）、最低點（L），是重要的壓力及支撐觀察點，收盤突破最高點，會出現一波上漲，相反跌破最低點，容易出現一波下跌。

8. 出現覆蓋（烏雲罩頂）後，走勢出現在L與H之間的橫向盤整，通常多為做頭的訊號，盤整再次出現轉折向下訊號，頭部形成機率大增，要特別注意，甚至可以做空。

9. 覆蓋（烏雲罩頂）的2根K線如果又有爆大量情形，更加容易反轉向下。

| 圖表 3-2-20 | **長黑覆蓋範例①**

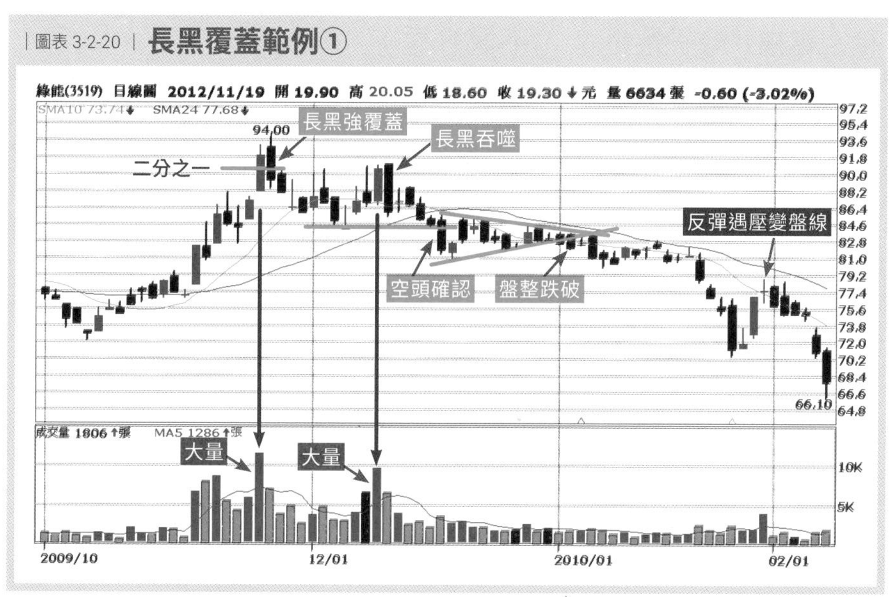

資料來源：富邦 e01 及嘉實資訊

| 圖表 3-2-21 | **長黑覆蓋範例②**

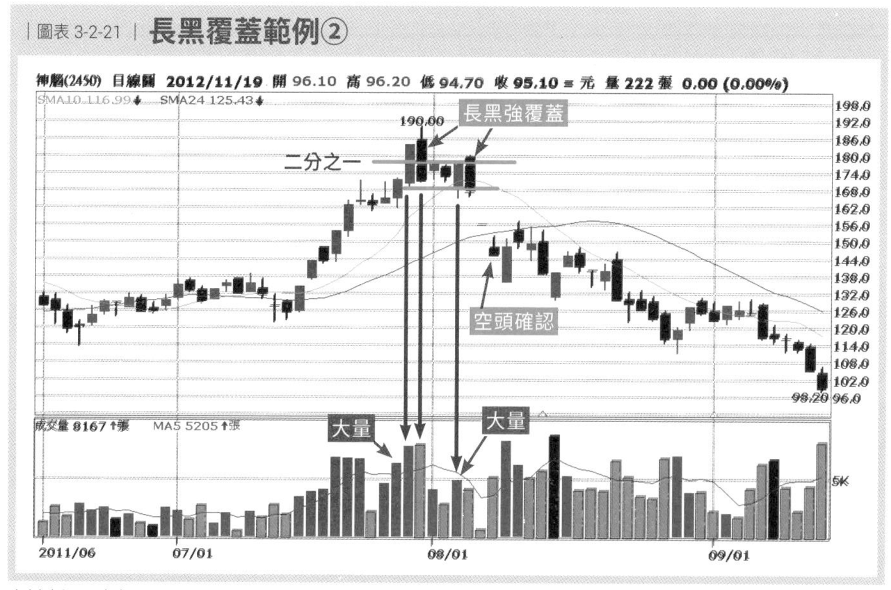

資料來源：富邦 e01 及嘉實資訊

四、高檔「母子懷抱」（不懷好意）

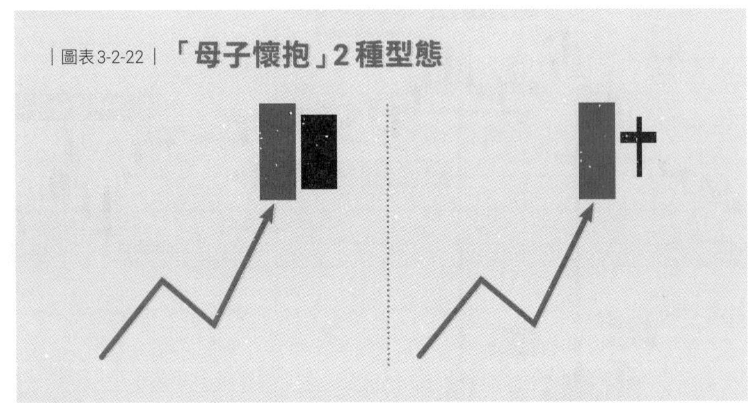
|圖表3-2-22| 「母子懷抱」2種型態

重點說明：

1. 屬於2根K線構成，上漲高檔出現中長紅，次日出現不過高也不破低的黑K線，中長紅K線稱為母線，次日黑K線稱為子線。

2. 上漲到明顯高檔出現母子懷抱的K線組合，代表上漲走勢突然變為不確定，以2天的情況來看，多空雙方的力量突然呈現拉鋸，多頭上漲力道減弱，方向可能要轉折向下，是一組上漲的止漲K線訊號，要注意次日是否轉折向下。

3. 母子懷抱如果子線是變盤線，反轉力道大於一般的母子懷抱，是強力反轉的訊號。

｜圖表 3-2-23｜**高檔母子懷抱範例①**

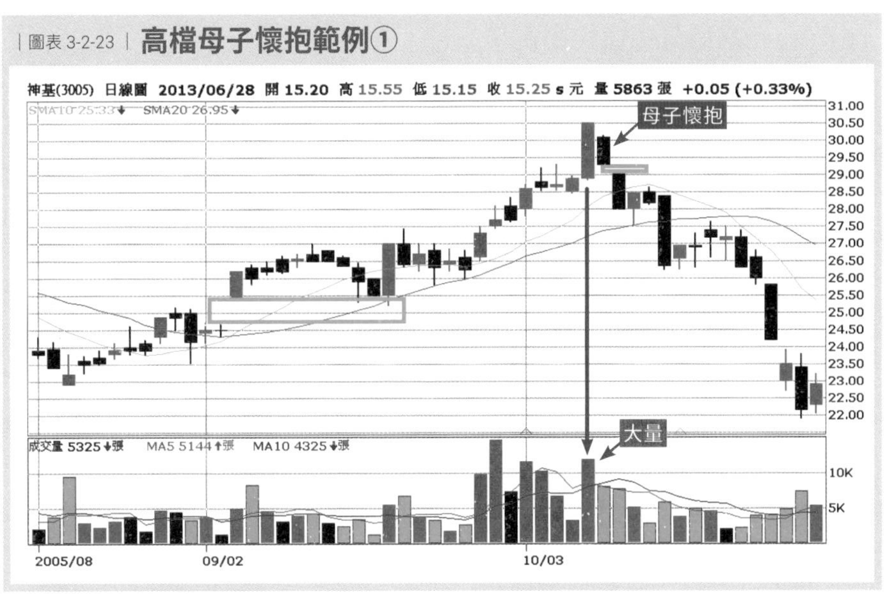

資料來源：富邦 e01 及嘉實資訊

｜圖表 3-2-24｜**高檔母子懷抱範例②**

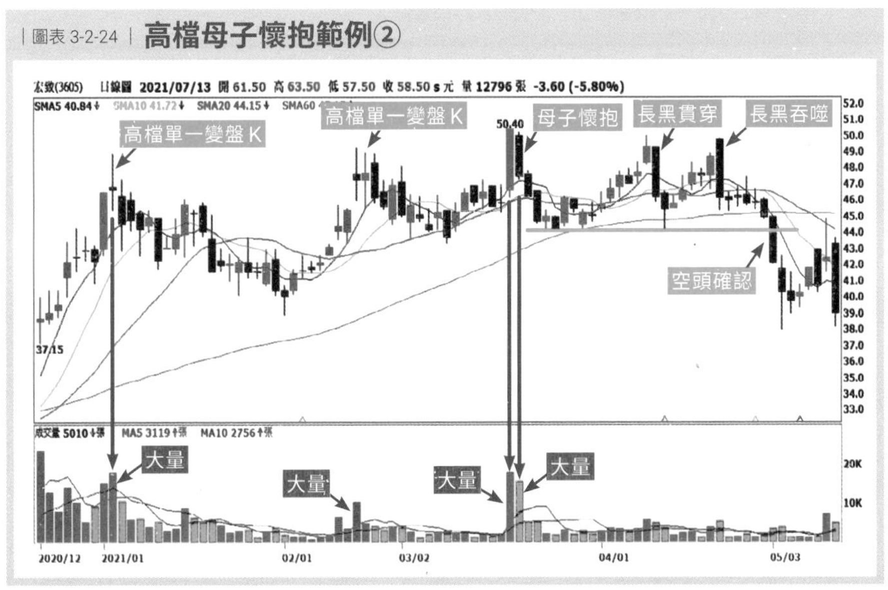

資料來源：富邦 e01 及嘉實資訊

| 圖表 3-2-25 | **高檔母子懷抱範例③**

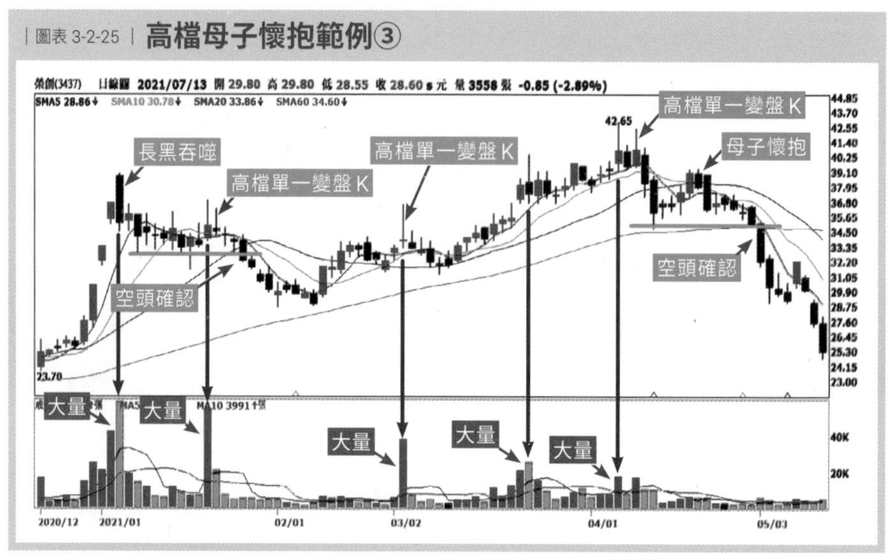

資料來源：富邦 e01 及嘉實資訊

五、高檔「長黑吞噬」（主力出貨）

| 圖表 3-2-26 | **「長黑吞噬」3 種型態**

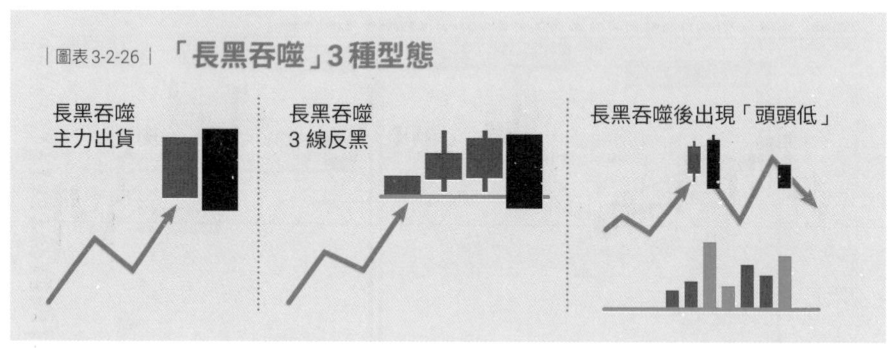

重點說明：

1. 上漲走勢到高檔，出現長黑 K 線，把前一日上漲的紅 K 完全包覆，黑 K 線的實體必須完全吞噬前一根紅 K 線的實體部分。

2. 上漲走勢到明顯高檔，出現轉折向下的吞噬黑K線，表示當日開高走低，收盤跌破前一日低點，賣壓出籠，多空主控權產生易位，是反轉最強的訊號。

3. 吞噬當日或前一日出現大量，反轉訊號越強，轉折向下機率越高。

4. 短線連續上漲或急漲，獲利達15%以上，出現長黑吞噬的K線，一日反轉的機率很高，持有多單應該出場或者減碼一半賣出。

5. 1根黑K線一次吞噬就跌破前面2～3根K線的低點，反轉力道強（也稱為3線反黑）。

6. 高檔出現爆量長黑吞噬K線後下跌，要特別注意，日後再上漲到長黑吞噬的K線，會形成重大壓力。換句話說，再上漲是多單逃命波，不可追多，這時容易形成「頭頭低」的頭部型態。

圖表 3-2-27 長黑吞噬範例①

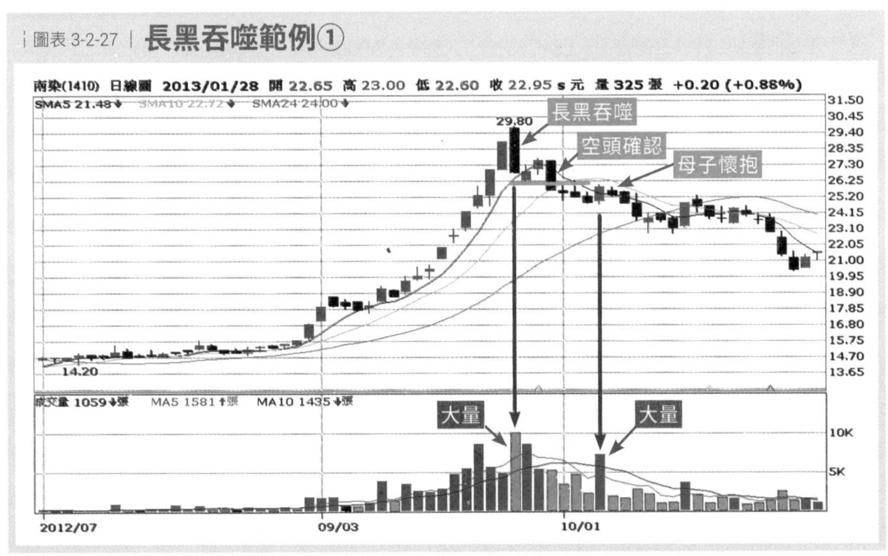

資料來源：富邦 e01 及嘉實資訊

| 圖表 3-2-28 | **長黑吞噬範例②**

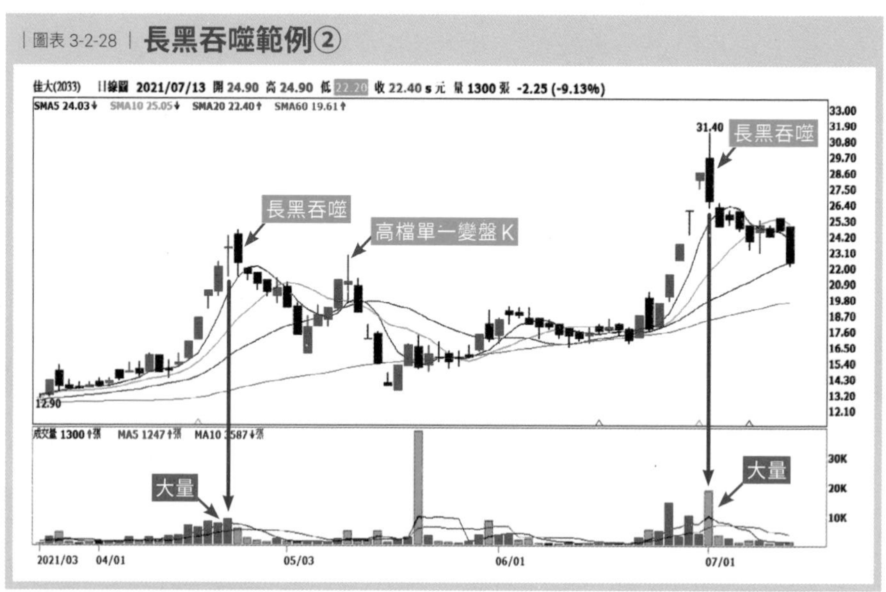

資料來源：富邦 e01 及嘉實資訊

| 圖表 3-2-29 | **長黑吞噬範例③**

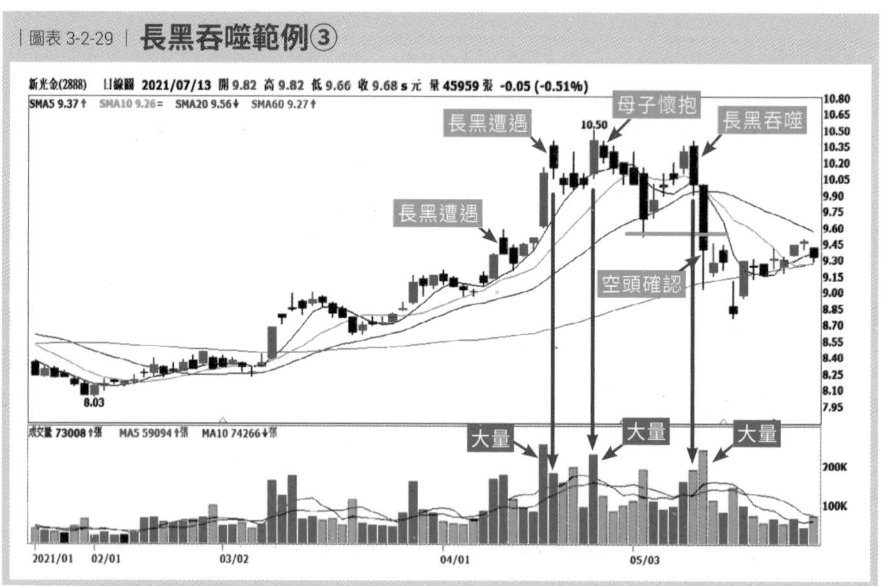

資料來源：富邦 e01 及嘉實資訊

| 圖表 3-2-30 | **長黑吞噬範例④**

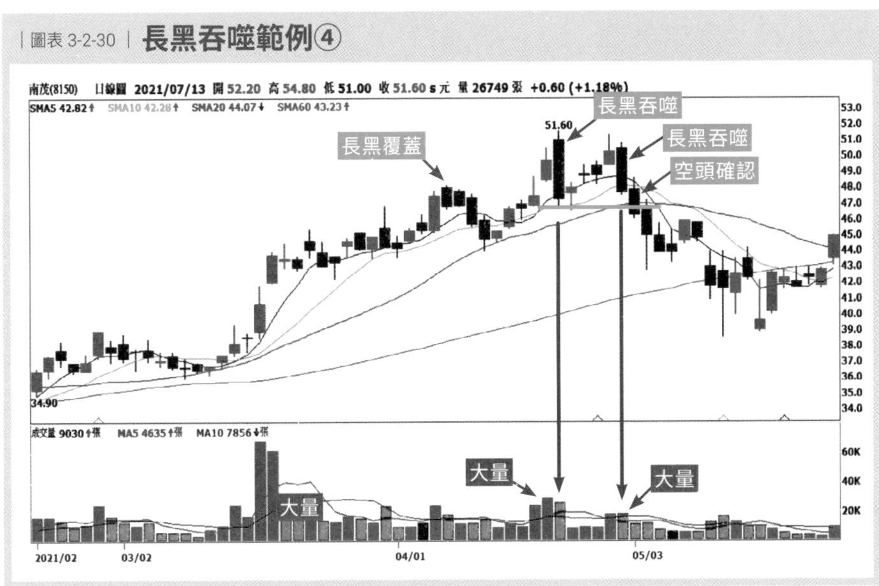

資料來源：富邦 e01 及嘉實資訊

| 圖表 3-2-31 | **長黑吞噬範例⑤**

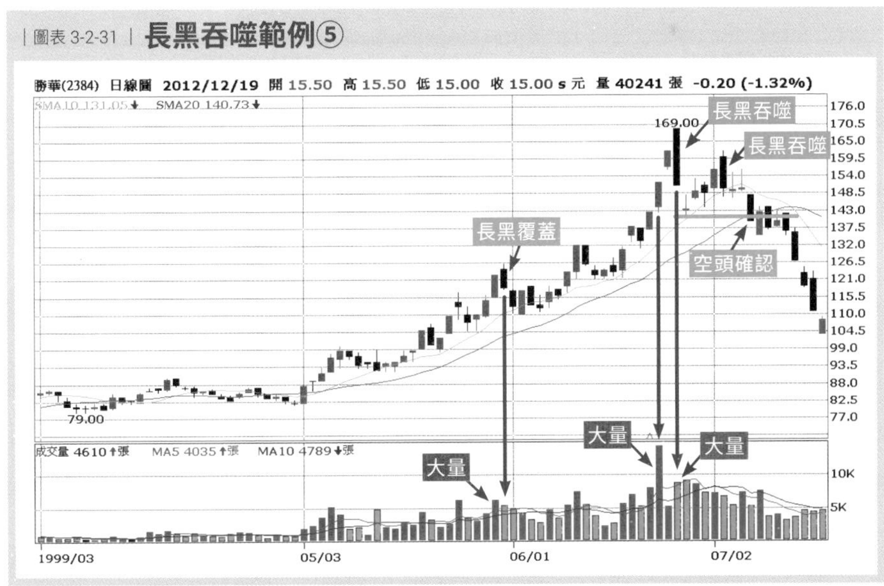

資料來源：富邦 e01 及嘉實資訊

六、高檔「長黑貫穿」（一路向下）

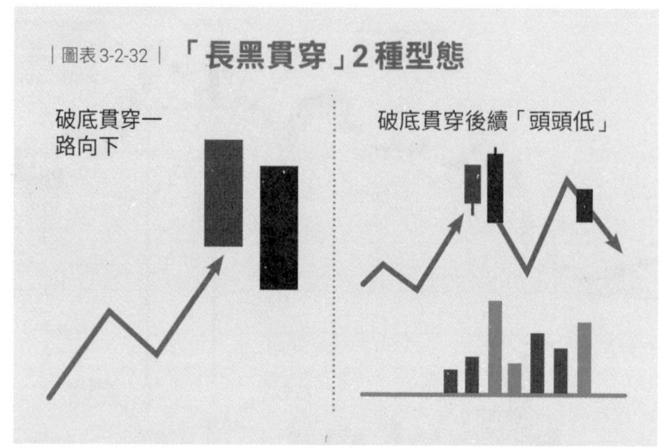

重點說明：

1. 上漲走勢到高檔，出現長黑K線，開盤即下跌，收盤跌破前一日中長紅K的實體最低點，賣壓出籠，多空主控權產生易位，是反轉最強的訊號。

2. 貫穿當日或前一日出現大量，反轉訊號越強，轉折向下機率越高。

3. 短線連續上漲或急漲，獲利達15%以上，出現長黑貫穿的K線，一日反轉的機率很高，持有多單應該立刻出場。

4. 1根黑K線一次貫穿就跌破前面2～3根K線的低點（也可稱為3線反黑），反轉越強。

5. 高檔出現爆量長黑貫穿K線後下跌，要特別注意，日後再上漲到長黑貫穿的K線，會形成重大壓力，換句話說，再上漲是多單逃命波，不可追多，這時容易形成「頭頭低」的頭部型態。

| 圖表 3-2-33 | **長黑貫穿範例①**

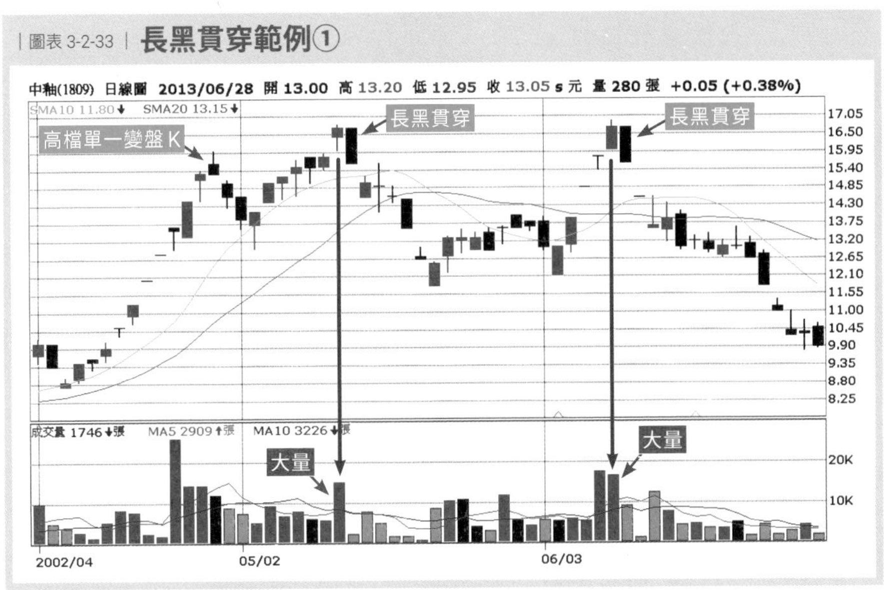

資料來源：富邦 e01 及嘉實資訊

| 圖表 3-2-34 | **長黑貫穿範例②**

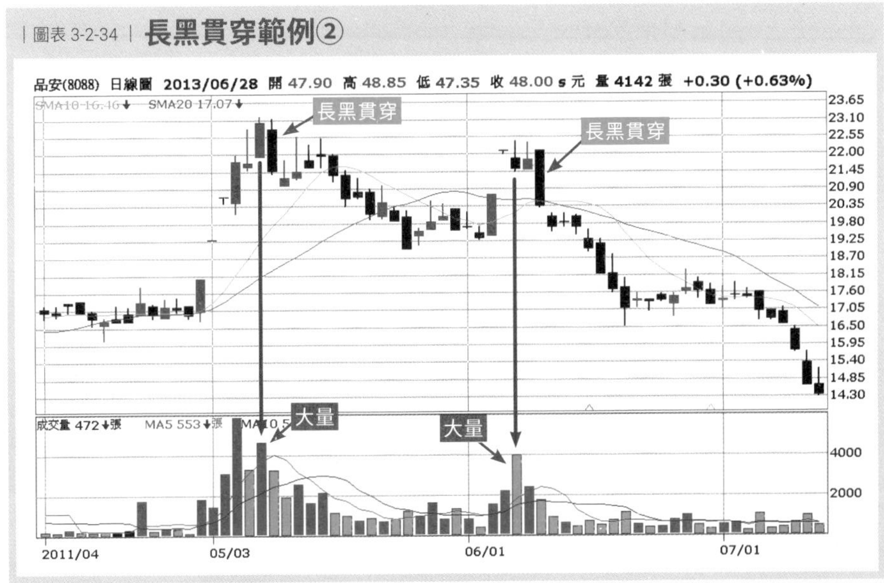

資料來源：富邦 e01 及嘉實資訊

｜圖表 3-2-35｜ **長黑貫穿範例③**

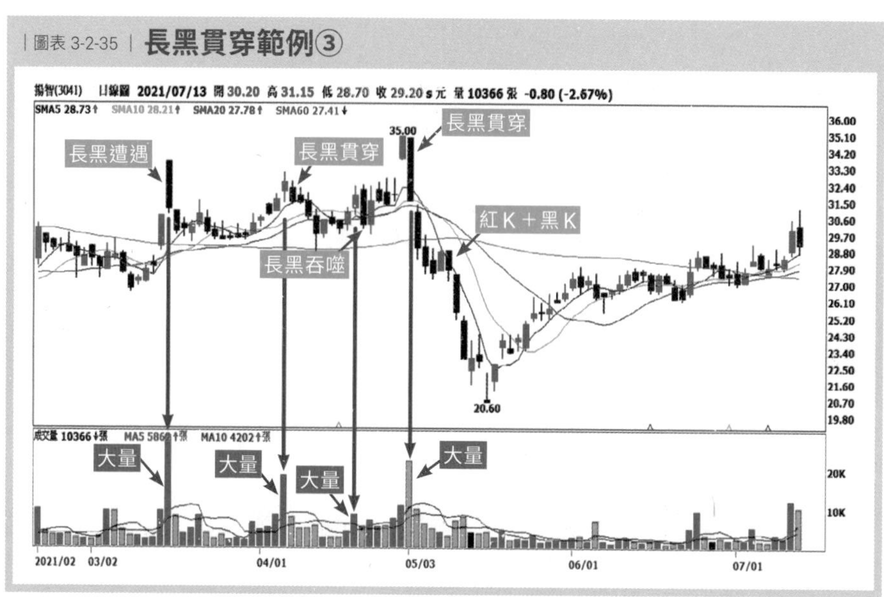

資料來源：富邦 e01 及嘉實資訊

｜圖表 3-2-36｜ **長黑貫穿範例④**

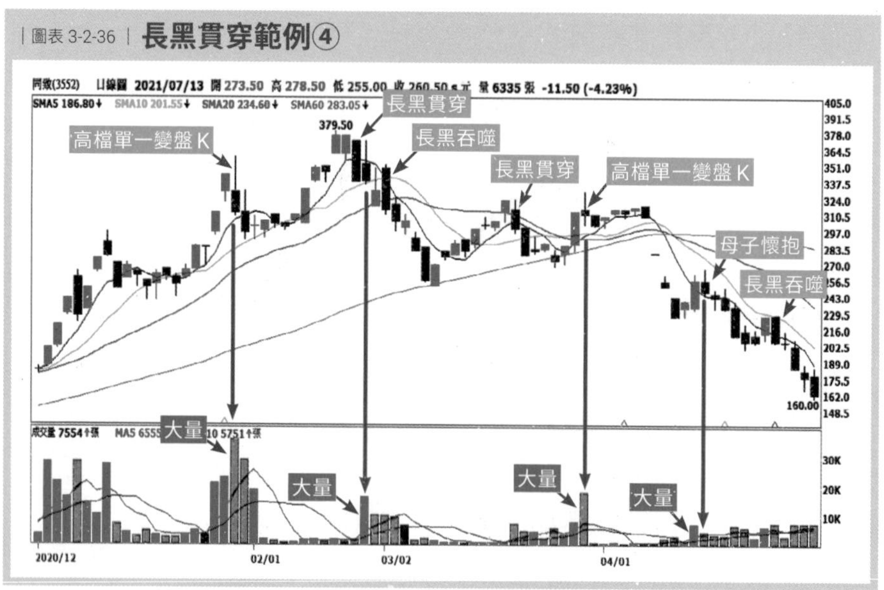

資料來源：富邦 e01 及嘉實資訊

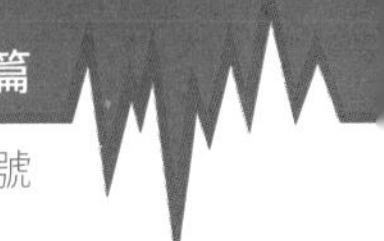

三、高檔夜星組合K線的轉折變化

上漲高檔包括多頭上漲與空頭的反彈高點，上漲高檔紅K＋變盤線＋黑K的夜星組合，不同情況代表意義不同，分述如下（右邊黑K「夜星組合」完成代表轉折確認）。

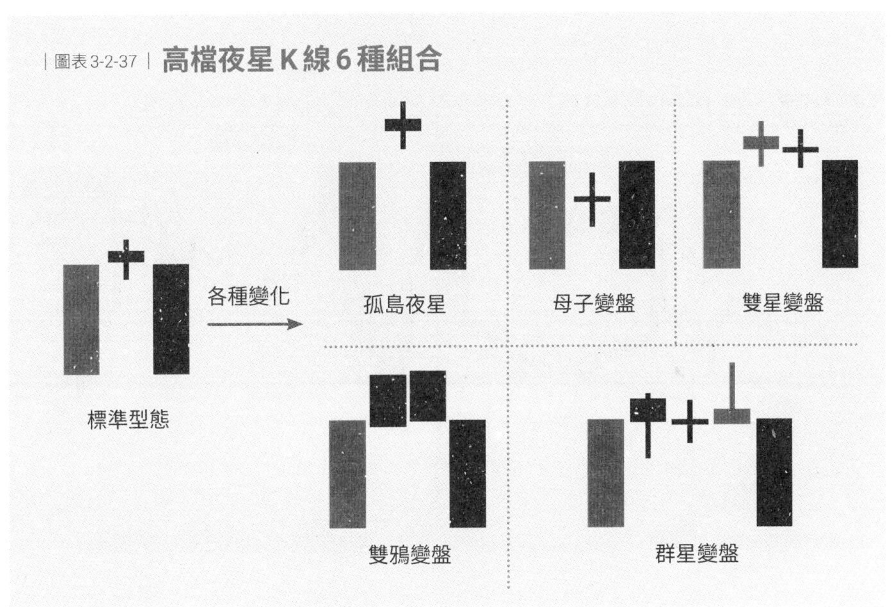

重點說明：

1. 上漲高檔出現左邊中長紅K，右邊中長黑K，中間夾雜「變盤線」，是高檔轉折向下確認的K線組合，稱為「夜星」。

2. 上漲高檔出現的「夜星」組合，同時爆大量，轉折向下的機率大大提高，而且下跌的力道強。

3. 上漲高檔出現的「夜星」組合，中間夾雜的變盤線越多，當中長黑 K 線下跌時，空方控盤的時間也越長。

4. 「夜星」轉折的組合，如果下跌中長黑 K 線的高點，被上漲的紅 K 線突破，那麼轉折向下的結構就被破壞，向下空方的力道轉為向上由多方主控，經常發生在多頭回檔的「夜星」。

圖表 3-2-38 **夜星轉折範例①**

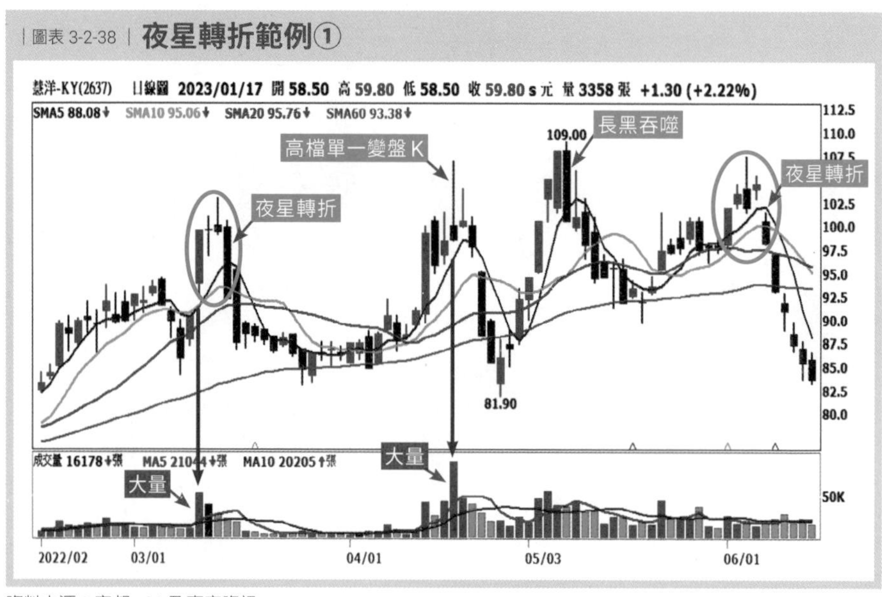

資料來源：富邦 e01 及嘉實資訊

| 圖表 3-2-39 | **夜星轉折範例②**

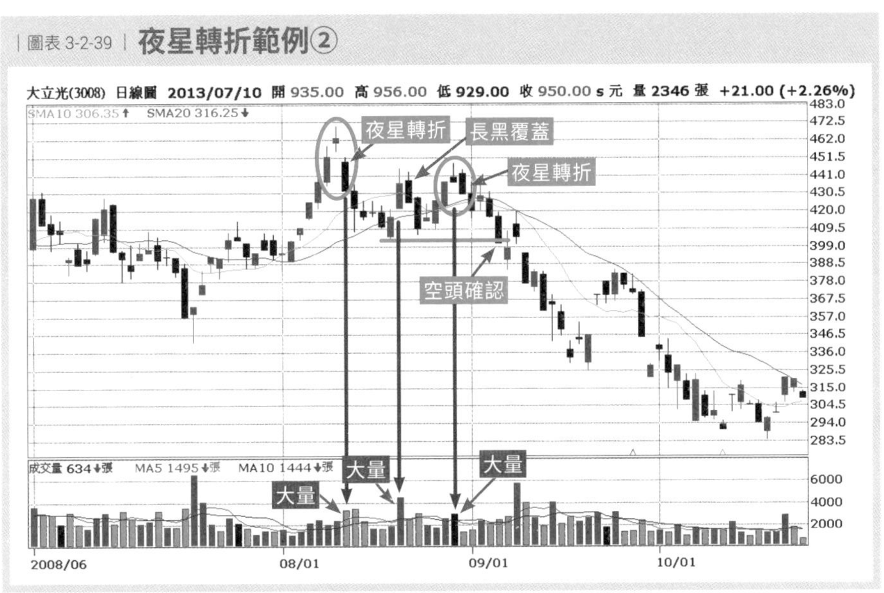

資料來源：富邦 e01 及嘉實資訊

| 圖表 3-2-40 | **夜星轉折範例③**

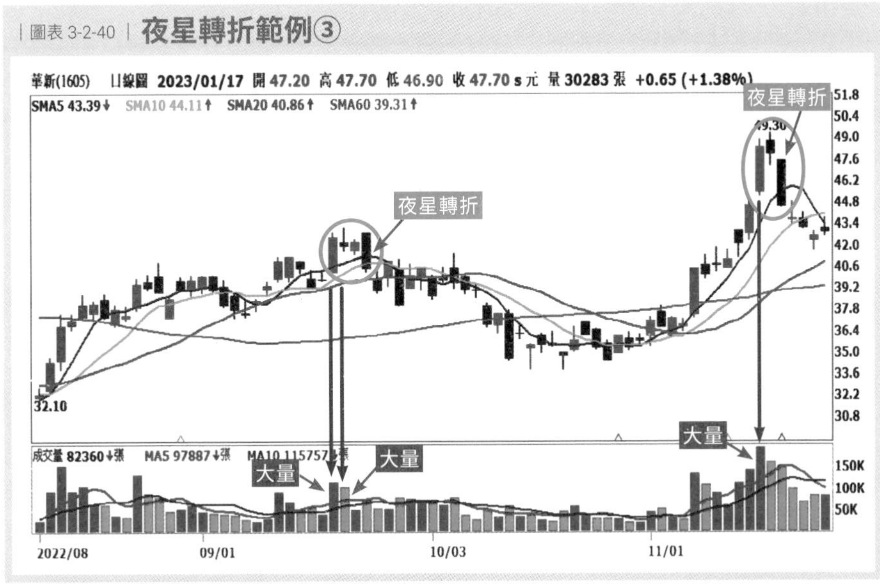

資料來源：富邦 e01 及嘉實資訊

| 圖表 3-2-41 | **夜星轉折範例④**

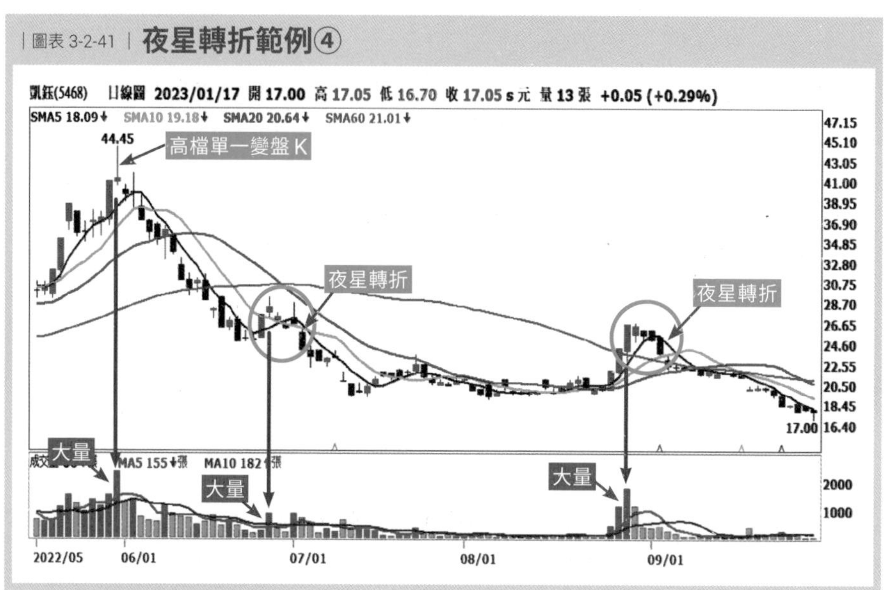

資料來源：富邦 e01 及嘉實資訊

| 圖表 3-2-42 | **夜星轉折範例⑤**

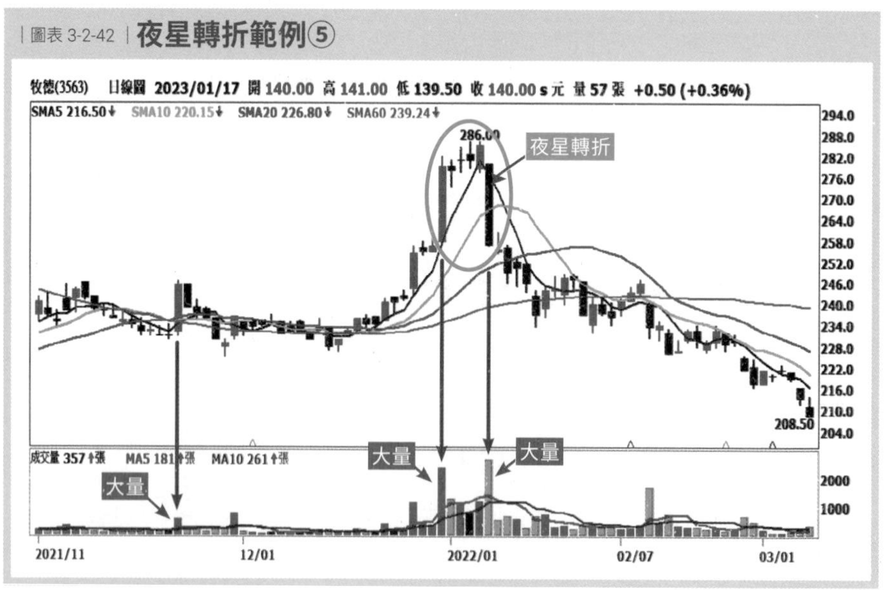

資料來源：富邦 e01 及嘉實資訊

學習筆記

3-3

K線低檔反轉的 3大型態訊號

一、低檔變盤線的轉折變化

下跌低檔包括空頭下跌與多頭的回檔低點，低檔單一變盤線或連續數天變盤線的變盤訊號有6種變化觀察。

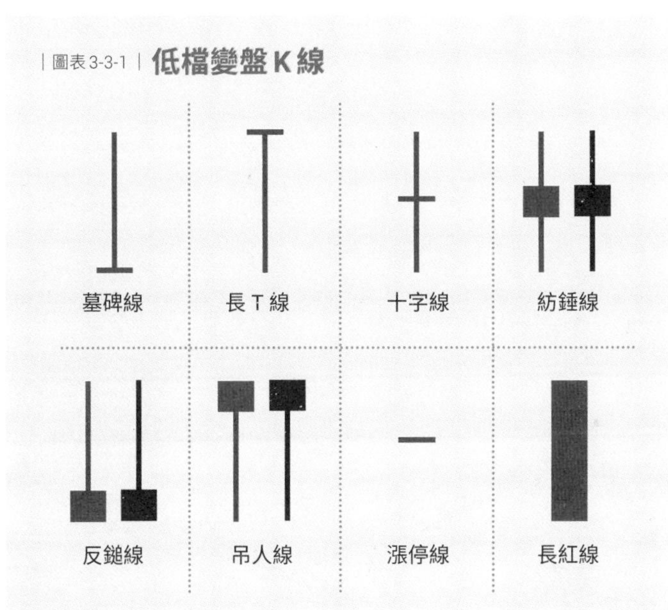

以上低檔變盤訊號配合下列情況，轉折上漲機率更高：

1. 當股價下跌到低檔，出現上述K線，都是止跌訊號，統稱為變盤線，要特別注意是否要反轉。在空頭低檔是轉折向上反彈的變盤線，在多頭回檔低檔準備做多的訊號。

2. 如果低檔爆出大量、窒息量，出現價量背離現象、KD指標黃金交叉，更容易反轉上漲。

3. 下跌走勢遇到支撐位置，出現上述變盤線，反轉走升的機率很高，要密切注意次日的股價是否上漲。

4. 出現變盤線，次日不一定就上漲，但是轉折上漲的位置都會出現變盤線，因此在低檔出現變盤線的次日，要特別注意股價的走勢。

5. 低檔變盤訊號不一定會出現大量，留意次日的股價是否上漲來確認。

｜圖表 3-3-2｜ **低檔變盤 K 線範例①**

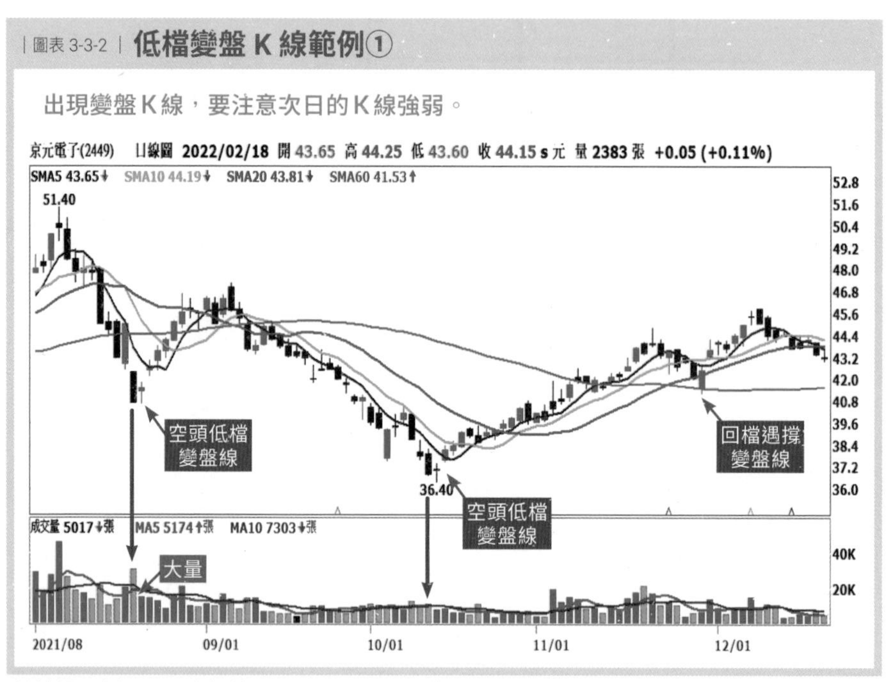

資料來源：富邦 e01 及嘉實資訊

｜圖表 3-3-3｜ **低檔變盤 K 線範例②**

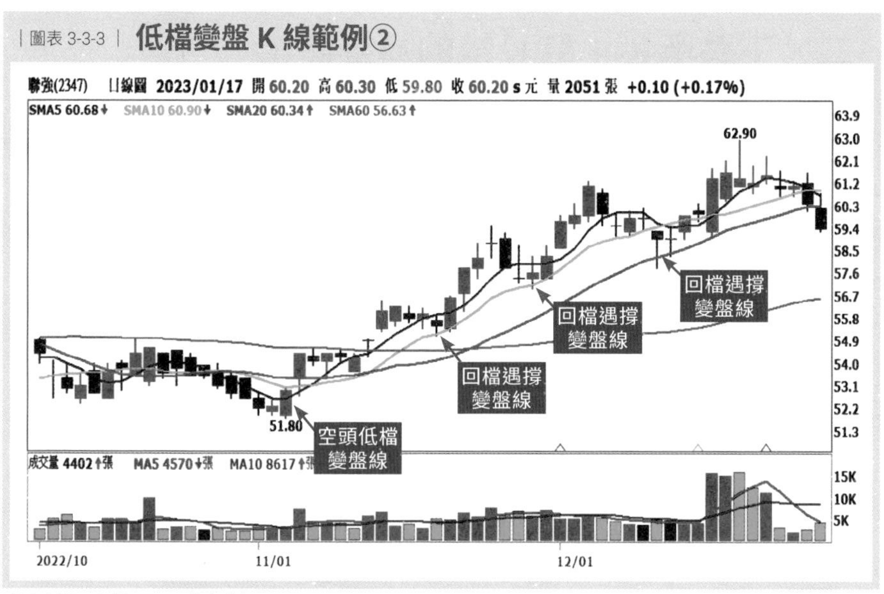

資料來源：富邦 e01 及嘉實資訊

｜圖表 3-3-4｜ **低檔變盤 K 線範例③**

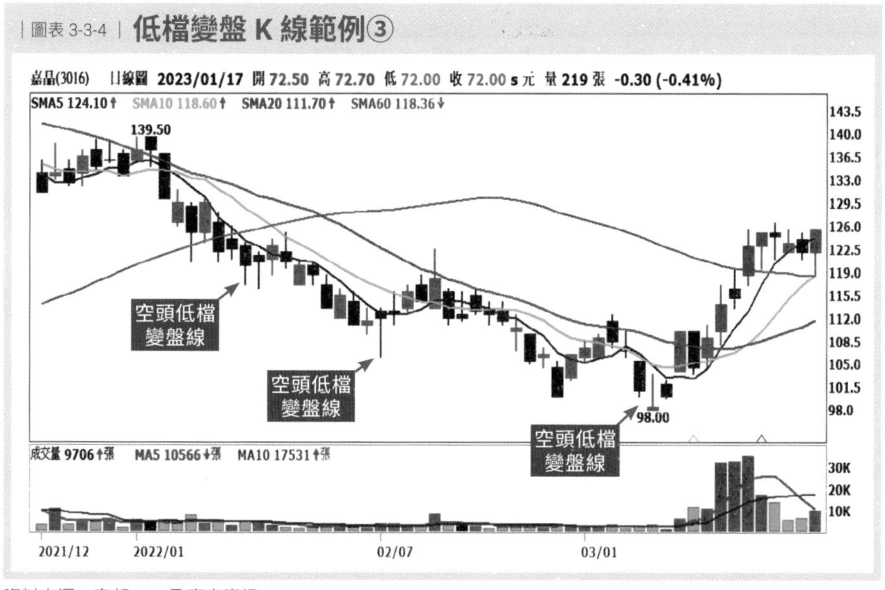

資料來源：富邦 e01 及嘉實資訊

二、下跌黑 K ＋紅 K 線的轉折變化

下跌低檔包括空頭下跌與多頭的回檔低點，下跌黑K次日出現紅K（下跌黑K＋紅K組合變盤線）的相互位置有6種情況，代表意義不同，分述如下。

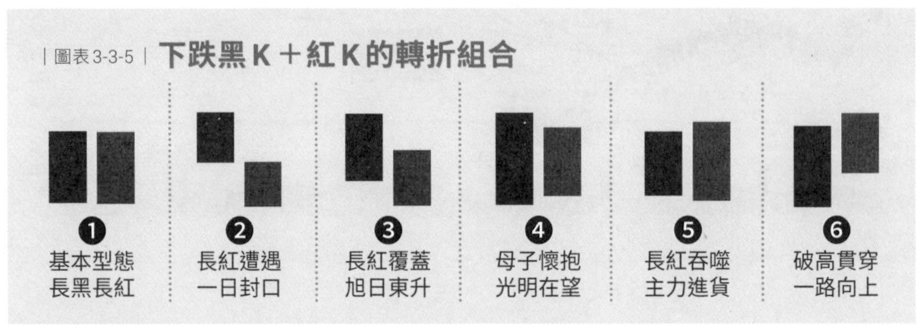

一、低檔 2 根 K 線轉折向上的基本型態

重點說明：

1. 左邊是下跌幅度達3%以上的中長黑K線，右邊是上漲幅度達3%以上的中長紅K線。

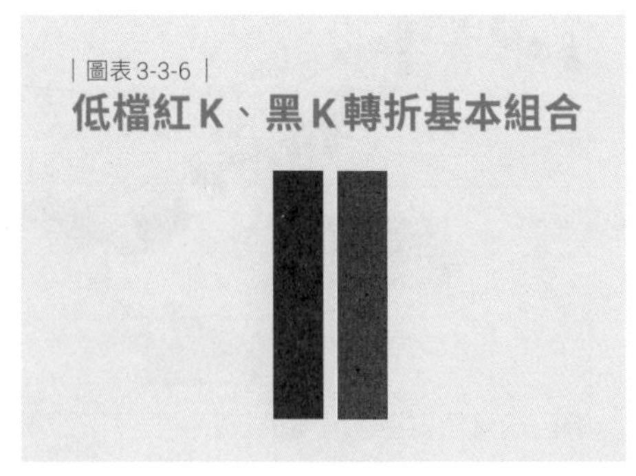

2. 屬於2根K線構成的下跌低點或底部反轉向上的型態。

3. 2根K線必須為中長的實體，可以有小的上下影線。

4. 在下跌低檔位置，是一組轉折向上的訊號。

5. 在空頭起跌的位置，要提高警覺，小心是騙線，主力假下跌、真上漲，投資人不可不察。

6. 在多頭走勢中，是回檔結束訊號。出現在盤整區，表示主力還沒有下殺的企圖。

｜圖表 3-3-7｜ **低檔紅 K、黑 K 的 3 種型態**

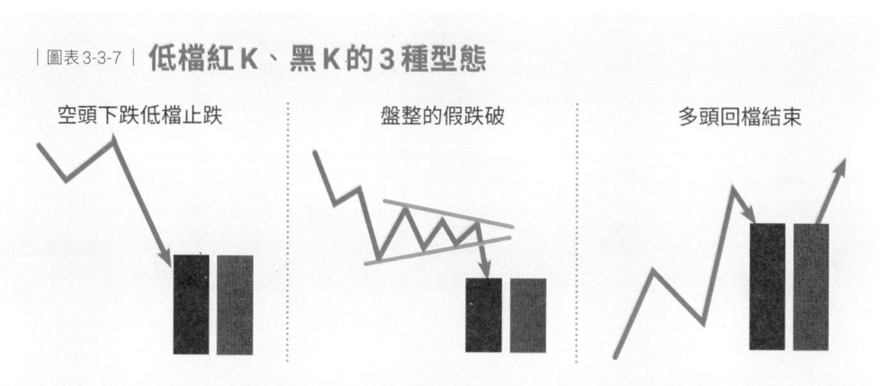

｜圖表 3-3-8｜ **低檔紅、黑 K 線組合轉折範例①**

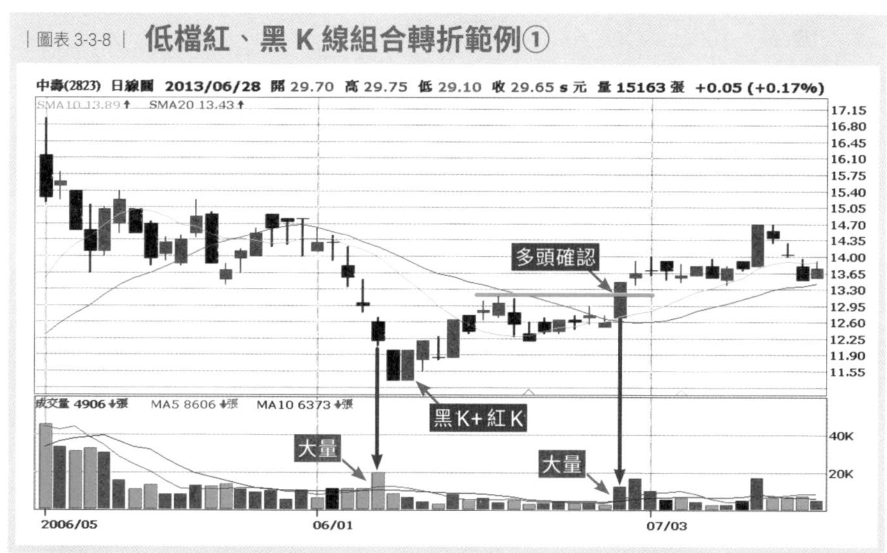

資料來源：富邦 e01 及嘉實資訊

| 圖表 3-3-9 | **低檔紅、黑 K 線組合轉折範例②**

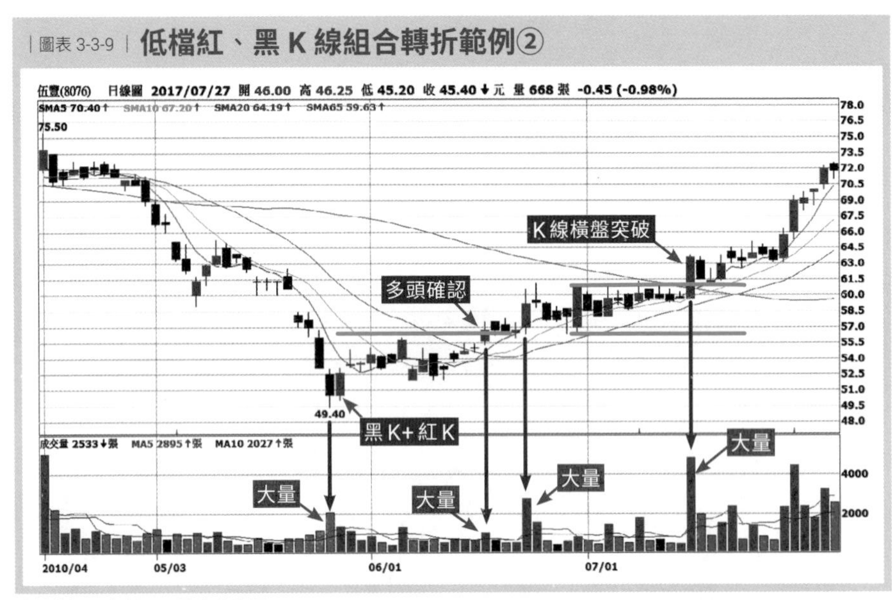

資料來源：富邦 e01 及嘉實資訊

二、低檔「長紅遭遇」（一日封口）

重點說明：

1. 屬於2根K線構成的下跌低點或底部反轉向上的組合。

2. 2根K線為中長黑及中長紅的實體，可以有小的上下影線。

3. 下跌走勢到明顯低檔，出現中長黑K線，第2天出現中長紅K線，當日開低出現買盤上漲，收盤接近中長黑K線的收盤價，是一組下跌遇支撐的止跌K線訊號。

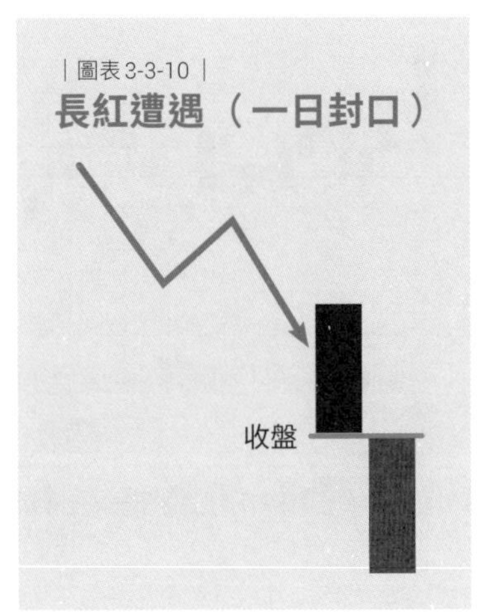

| 圖表 3-3-10 | **長紅遭遇（一日封口）**

4. 遭遇組合是6組反轉訊號中最弱的，只能視為止跌，可能還會續跌，最好再觀察1天確認是否反轉。

5. 空頭下跌中出現遭遇型態，如果無量，次日向上，是弱勢反彈。如果急跌爆量，次日向上，是強勢反彈，都是逆勢反彈，搶反彈買進都要小心。

6. 空頭下跌中出現遭遇組合，如果爆大量，轉折機率大增，做空要小心，不可追空。

7. 多頭回檔出現遭遇組合，是回檔結束的訊號，如果次日出量上漲，是多頭續漲的訊號，要把握做多的機會買進。

| 圖表 3-3-11 | **長紅遭遇轉折範例①**

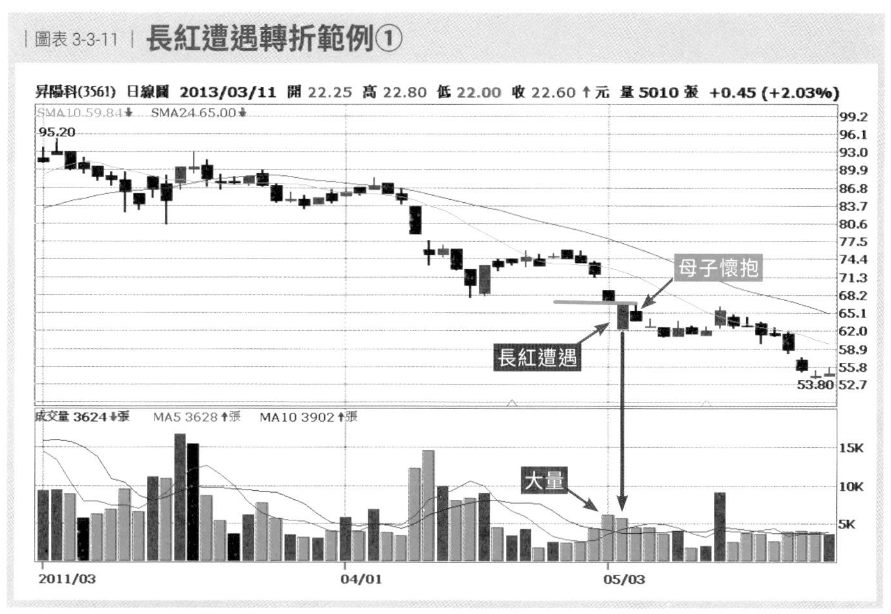

資料來源：富邦 e01 及嘉實資訊

｜圖表 3-3-12｜ 長紅遭遇轉折範例②

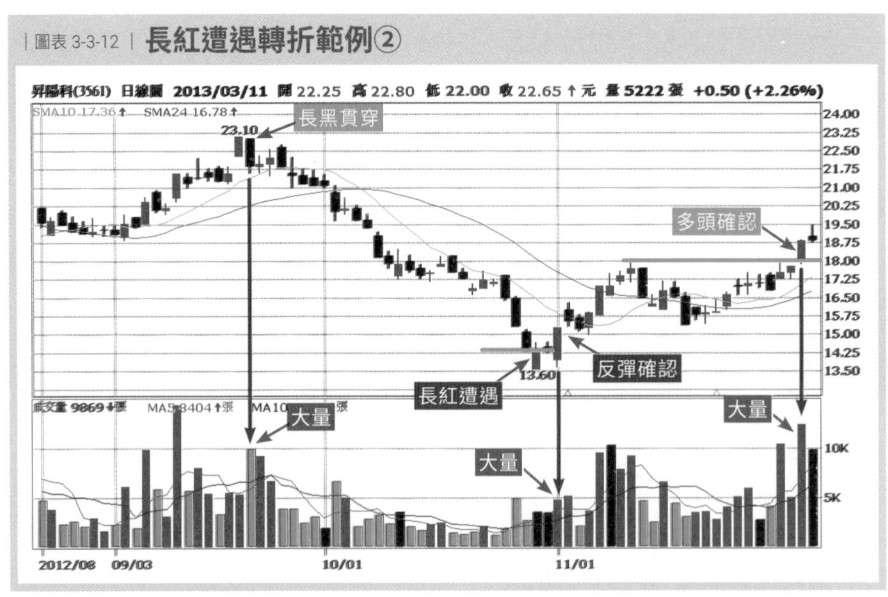

資料來源：富邦 e01 及嘉實資訊

｜圖表 3-3-13｜ 長紅遭遇轉折範例③

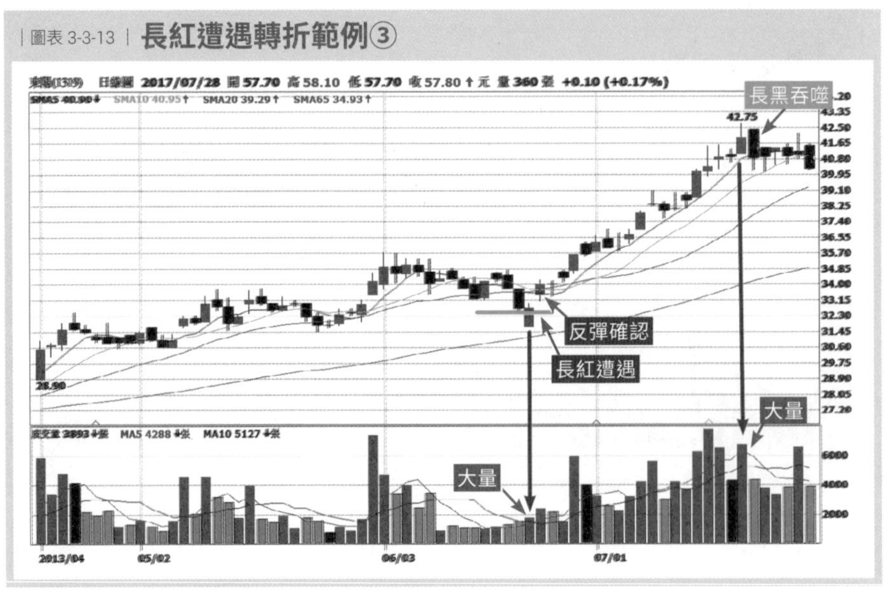

資料來源：富邦 e01 及嘉實資訊

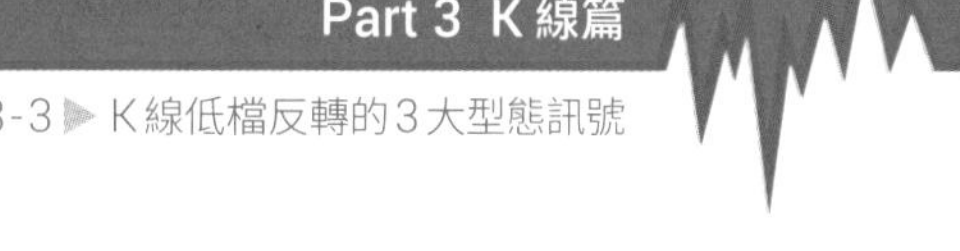

三、低檔「長紅覆蓋」（旭日東升）

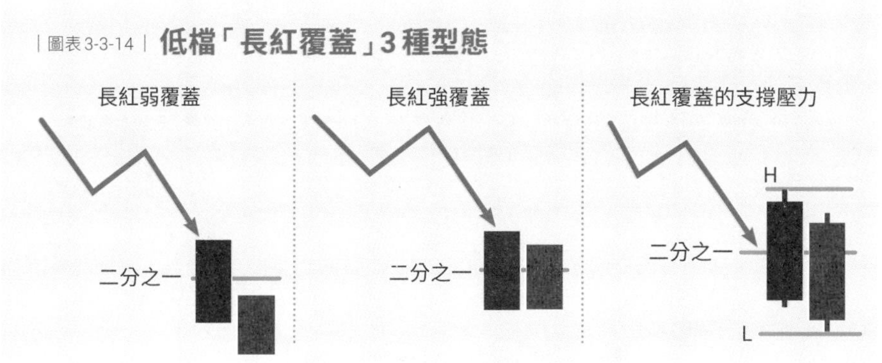

｜圖表3-3-14｜ 低檔「長紅覆蓋」3種型態

重點說明：

1. 下跌的低檔，出現下跌中長黑K線，次日開低盤，盤中破新低價，可是收盤突破平盤，紅K實體進入黑K線的實體內，但是沒有突破黑K實體的最高點。

2. 下跌走勢到明顯低檔，出現中長黑K線，第2天出現中長紅K線，開低盤破新低價，但是買盤進入，收盤突破前日長黑K線的收盤價，當天是多方力道強，有進貨的現象，是一組下跌遇支撐的止跌K線訊號。

3. 紅K線收盤如果漲進黑K線實體，但是沒有突破黑K線的二分之一，反轉訊號力道較弱，可以再觀察1天確認是否反轉。

4. 紅K線收盤如果突破黑K線的二分之一以上（稱為強覆蓋），反轉向上的可能性高。

5. 出現覆蓋的2根K線時，這2根K線的最高點H，最低點L，是重要的壓力及支撐，觀察點收盤突破最高點H，會出現一波上漲，相反跌破最低點 L，容易出現一波下跌。

6. 覆蓋的 2 根 K 線如果又有爆大量情形，更加容易反轉向上。

｜圖表 3-3-15｜ **長紅覆蓋範例①**

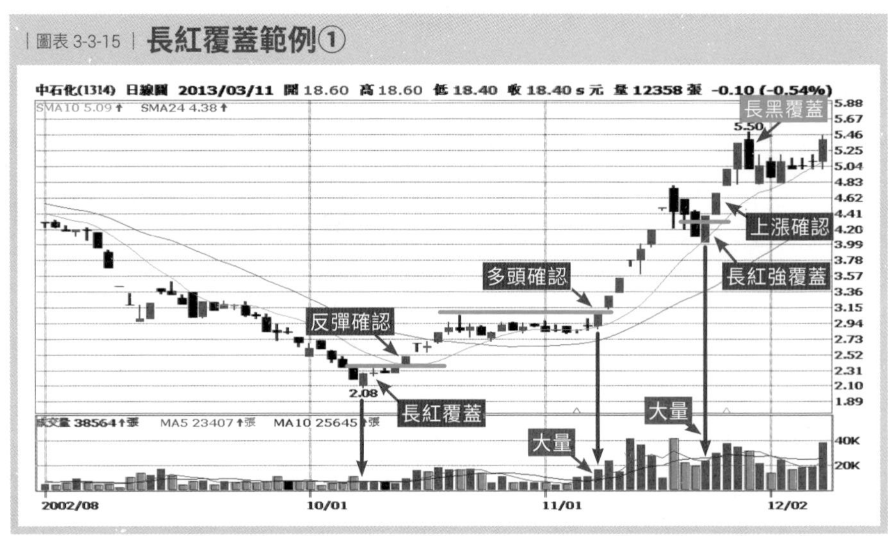

資料來源：富邦 e01 及嘉實資訊

｜圖表 3-3-16｜ **長紅覆蓋範例②**

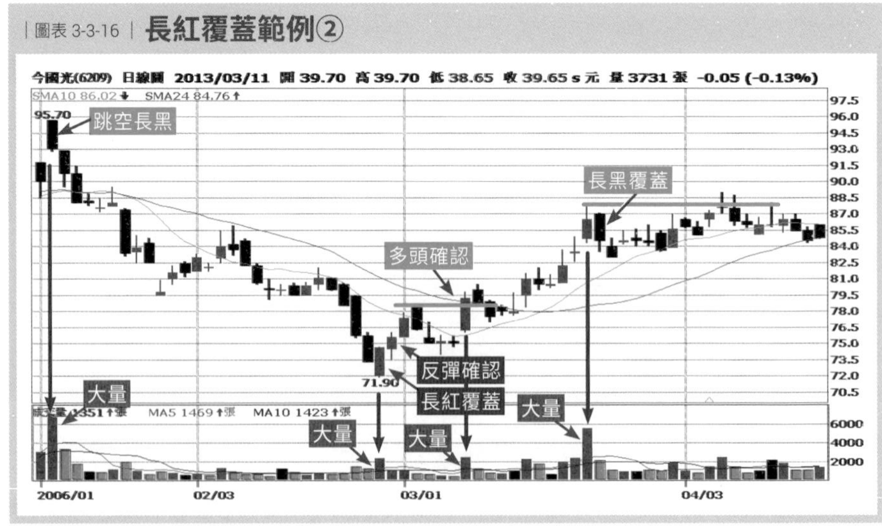

資料來源：富邦 e01 及嘉實資訊

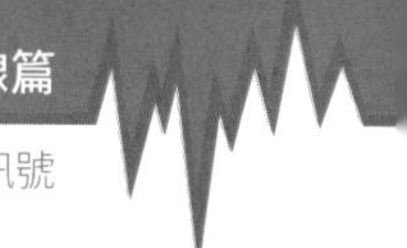

四、低檔「母子懷抱」（光明在望）

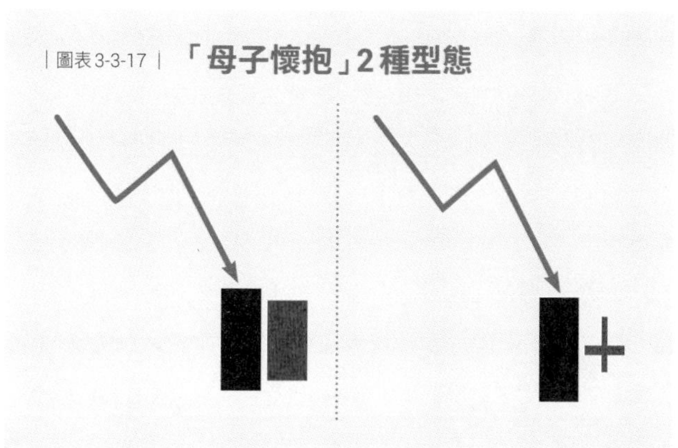
|圖表3-3-17| 「母子懷抱」2種型態

重點說明：

1. 屬於2根K線構成，下跌低檔出現中長黑，次日出現不過高也不破低的紅K線，中長黑K線稱為母線，次日紅K線稱為子線。

2. 下跌到低檔，出現母子懷抱的K線組合，代表多空雙方的力量突然呈現拉鋸，空頭下跌力道減弱，方向可能要轉折向上，是一組下跌的止跌K線訊號，要注意次日是否會轉折向上。

3. 母子懷抱黑K線的高點被突破，反彈確認。

4. 「母子懷抱」的成交量要注意觀察，母量大於子量，出現價漲量縮的背離，次日要放量上漲化解背離，否則不易反轉成功，次日容易下跌。

5. 出現「母子懷抱」，長黑K線的最高點與最低點是重要觀察點，向上突破最高點，則多空易位，多方反轉掌控主動權。反之，向下跌破最低點，空方繼續主導下跌。

6. 出現「母子懷抱」，次日開盤位置很重要，開高容易向上反轉，開低容易下跌。

7. 母子懷抱如果子線是變盤線，反轉機率大於一般的母子懷抱，出現這一對K線組合，投資人要特別警覺，不可輕忽，很容易形成低檔晨星轉折的3根K線組合。

｜圖表 3-3-18｜ 低檔母子懷抱範例①

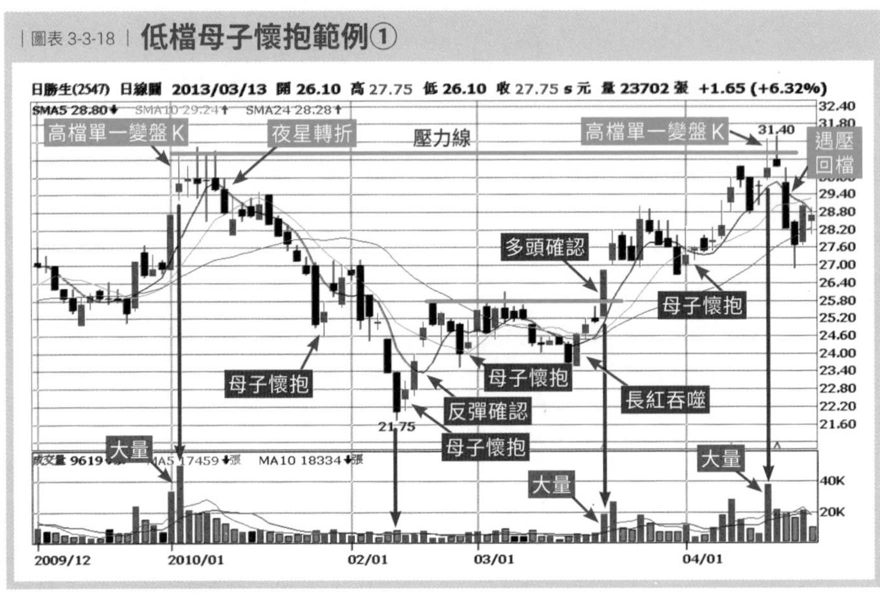

資料來源：富邦 e01 及嘉實資訊

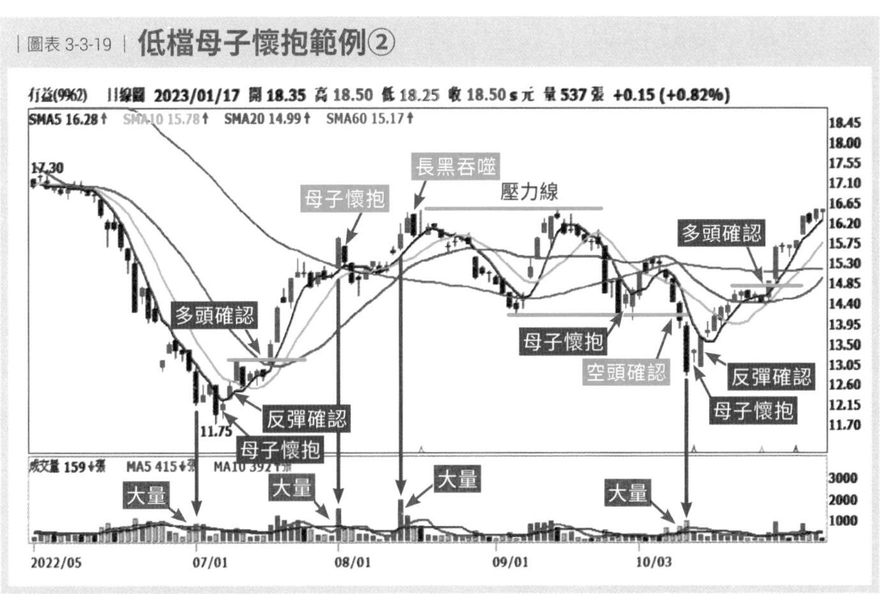

｜圖表 3-3-19｜**低檔母子懷抱範例②**

資料來源：富邦 e01 及嘉實資訊

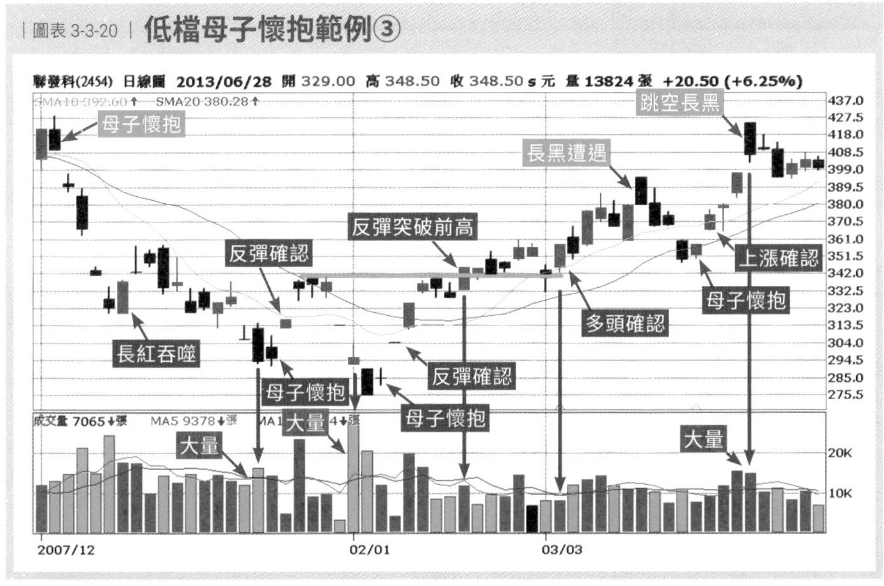

｜圖表 3-3-20｜**低檔母子懷抱範例③**

資料來源：富邦 e01 及嘉實資訊

五、低檔「長紅吞噬」（主力進貨）

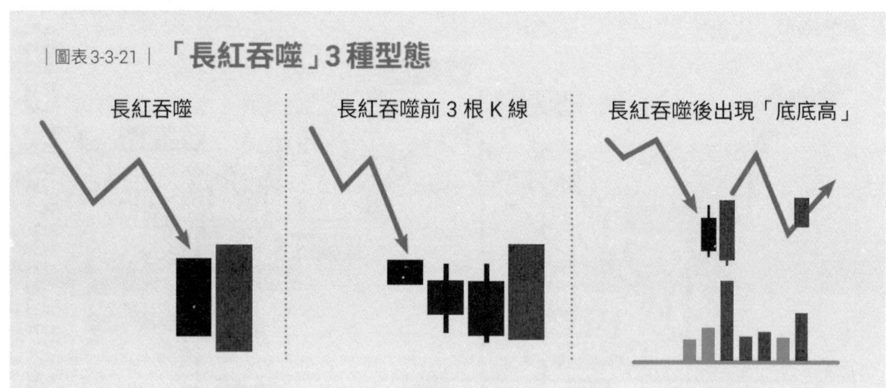

重點說明：

1. 下跌走勢到低檔，出現長紅 K 線，把前一日下跌的黑 K 完全包覆。

2. 紅 K 線的實體必須完全吞噬前一根黑 K 線的實體棒。

3. 下跌走勢到低檔，出現轉折向上的吞噬紅 K 線，表示當日開低走高，收盤突破前一日高點，多方買盤出籠，多空主控權產生易位。長紅吞噬是雙 K 線向上轉折訊號中最強的組合，空單要立刻回補。

4. 吞噬當日或前一日出現大量或窒息量，反轉訊號越強，轉折向上機率越高（要分辨走勢是多頭的回檔再上漲，還是空頭跌深的反彈）。

5. 1 根紅 K 線一次吞噬就突破前面下跌的 2 ～ 3 根黑 K 線高點，反轉力道強（也稱為 3 線反紅）。

6. 低檔出現爆量長紅吞噬 K 線後上漲反彈一段，要特別注意，日後再下跌，長紅吞噬的K線會形成重要支撐。換句話說，再下跌是空單的逃命波，不可追空，這時容易形成「底底高」的底部型態。

｜圖表 3-3-22｜**長紅吞噬範例**

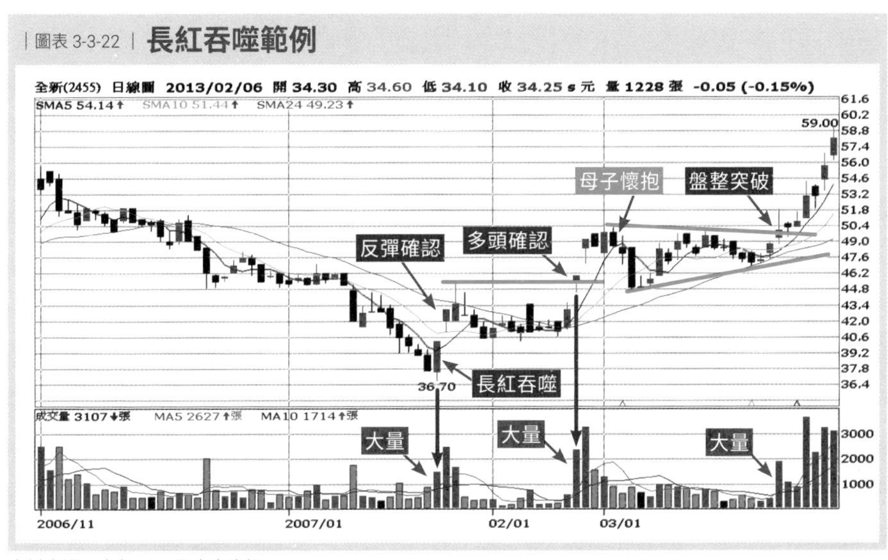

資料來源：富邦 e01 及嘉實資訊

六、低檔「長紅貫穿」（一路向上）

｜圖表 3-3-23｜**「長紅貫穿」3 種型態**

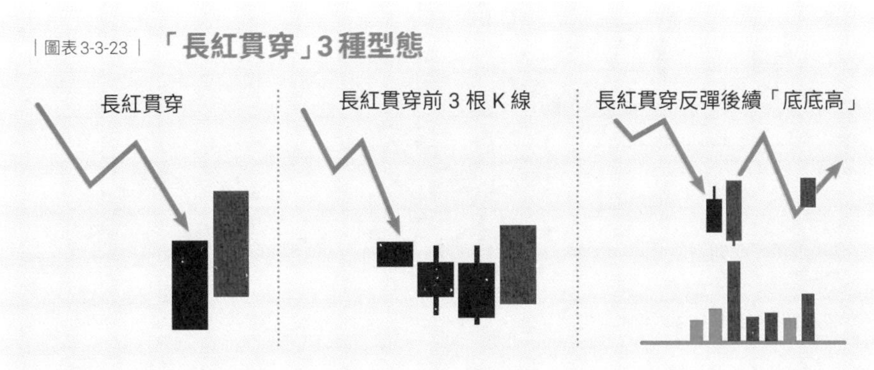

重點說明：

1. 下跌走勢到低檔，出現轉折向上的貫穿K線，表示當日開高走高，收盤突破前一日黑K高點，多方當天向上貫穿，多空主控權產生易位，如果配合大量，容易1日反轉。

2. 貫穿當日或前一日出現大量，反轉訊號越強，轉折向上機率越高。

3. 短線連續下跌或急跌，獲利達15%以上，出現長紅貫穿的K線，1日反轉的機率很高，持有空單應該立刻回補。

4. 1根紅K線一次貫穿就突破前面2～3根K線的高點（也可稱為3線反紅），反轉力道越強。

|圖表 3-3-24| **長紅貫穿範例①**

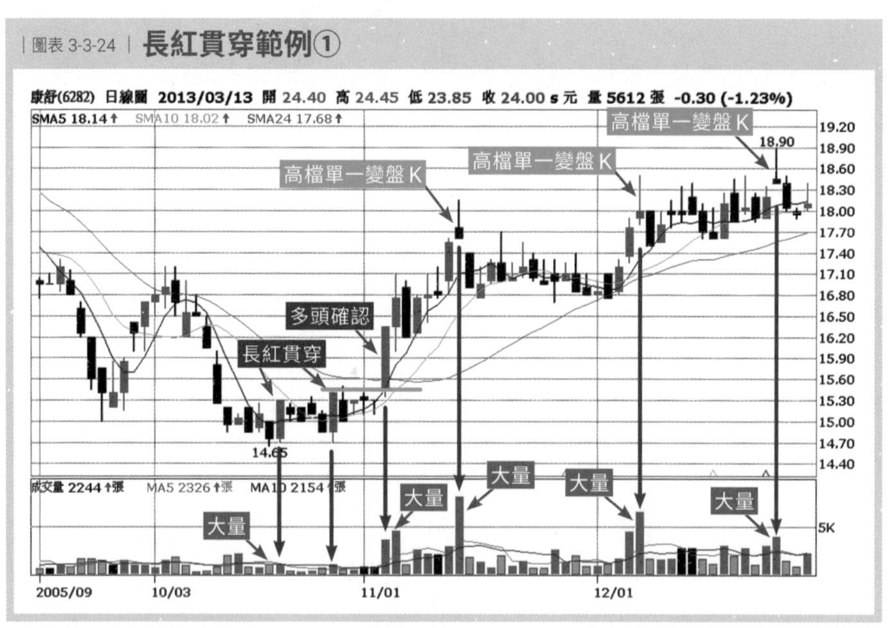

資料來源：富邦 e01 及嘉實資訊

5. 低檔出現爆量長紅貫穿K線後反彈，要特別注意，日後再下跌到長紅貫穿的K線，會形成重大支撐。換句話說，再下跌是空單逃命波，不可追空，這時容易形成「底底高」的底部型態。

|圖表 3-3-25| **長紅貫穿範例②**

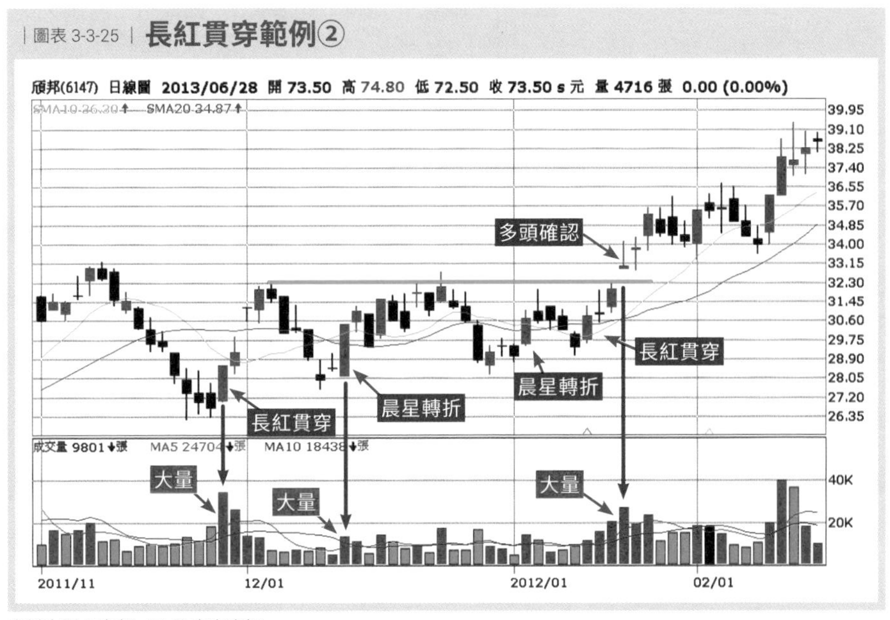

資料來源：富邦 e01 及嘉實資訊

三、低檔晨星組合K線的轉折變化

下跌低檔包括空頭下跌與多頭的回檔低點，下跌低檔黑K＋變盤線＋紅K的晨星組合，不同情況代表意義不同，分述如下。

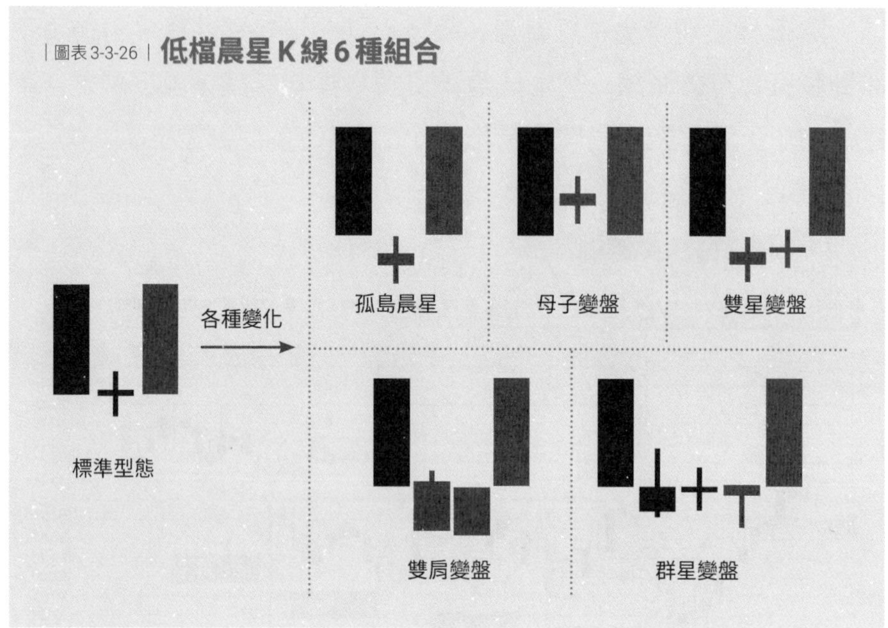

| 圖表 3-3-26 | 低檔晨星 K 線 6 種組合

重點說明：

1. 下跌低檔出現左邊中長黑 K，右邊中長紅 K，中間夾雜「變盤線」，是低檔轉折向上確認的 K 線組合。

2. 下跌低檔出現的「晨星」組合，同時爆大量，轉折向上的機率大大提高，而且上漲的力道強。

3. 下跌低檔出現的「晨星」組合，中間夾雜的變盤線越多，當中長紅 K 線上漲時，多方控盤的時間也越長。

4. 「晨星」轉折的組合，如果上漲中長紅 K 線的低點，被下跌的黑 K 線跌破，那麼轉折向上的結構就被破壞，向上多方的力道轉為向下由空方主控，經常發生在空頭反彈的「晨星」。

| 圖表 3-3-27 | **晨星轉折範例①**

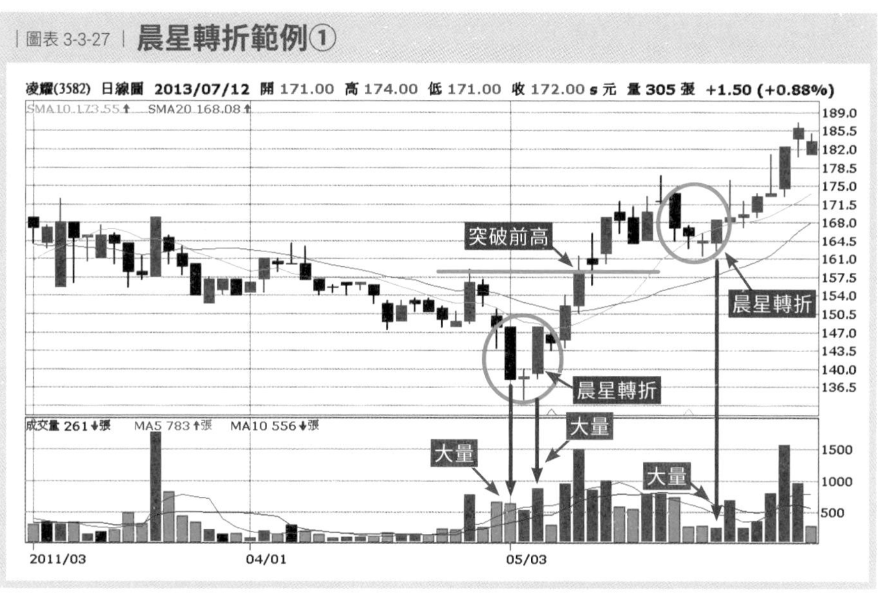

資料來源：富邦 e01 及嘉實資訊

| 圖表 3-3-28 | **晨星轉折範例②**

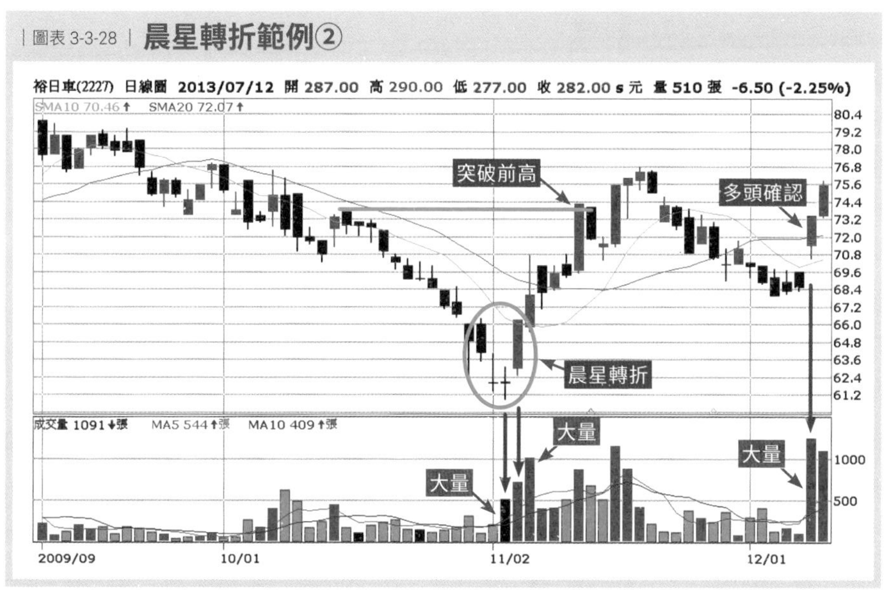

資料來源：富邦 e01 及嘉實資訊

｜圖表 3-3-29｜ **晨星轉折範例③**

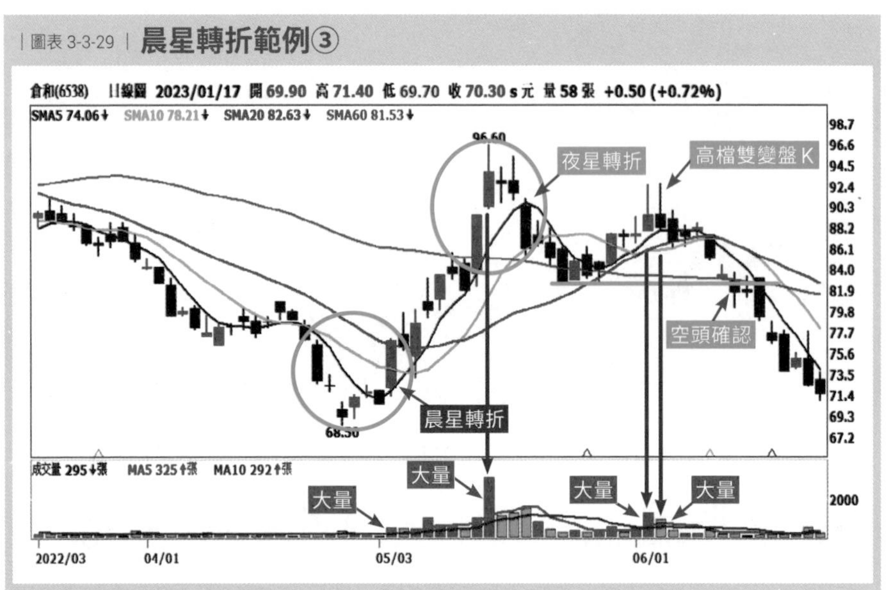

資料來源：富邦 e01 及嘉實資訊

｜圖表 3-3-30｜ **晨星轉折範例④**

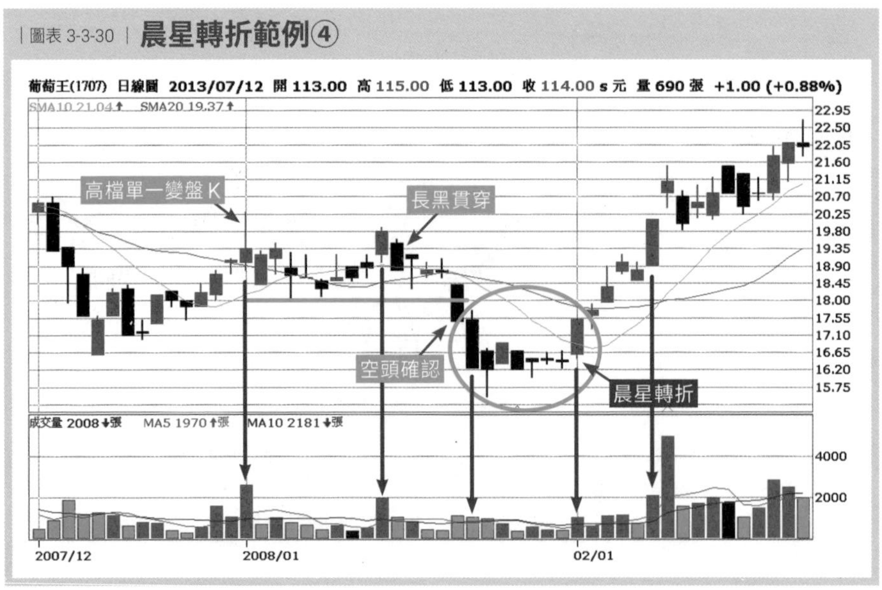

資料來源：富邦 e01 及嘉實資訊

｜圖表 3-3-31｜**晨星轉折範例⑤**

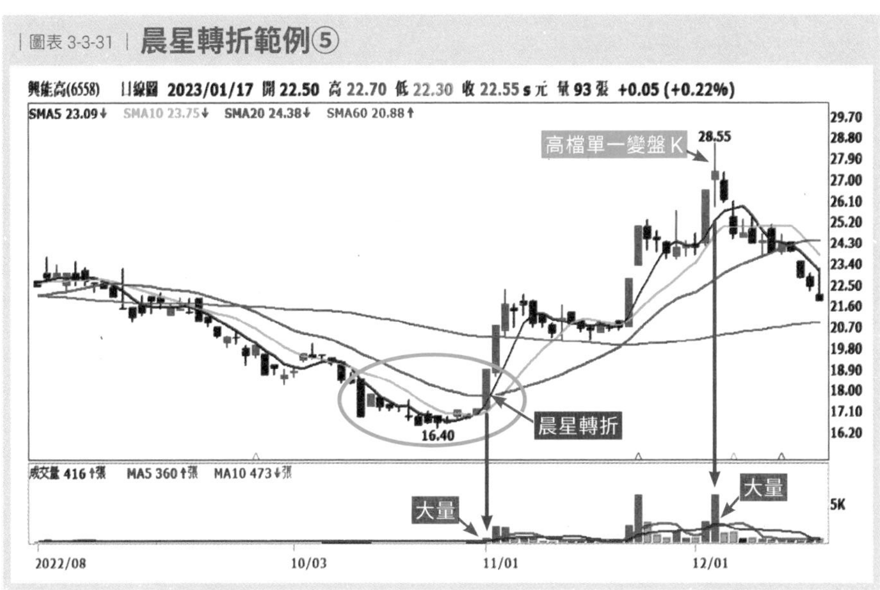

資料來源：富邦 e01 及嘉實資訊

｜圖表 3-3-32｜**晨星轉折範例⑥**

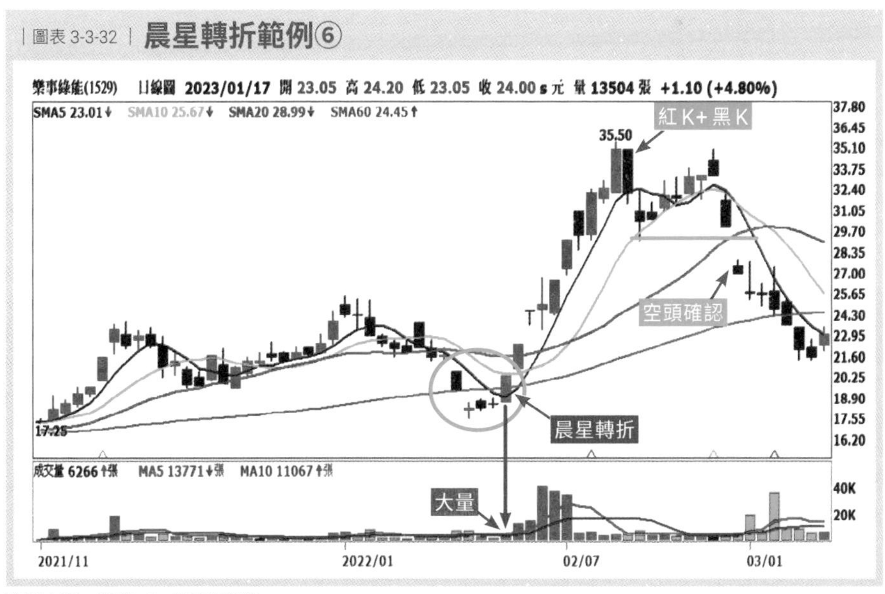

資料來源：富邦 e01 及嘉實資訊

｜圖表 3-3-33｜ **晨星轉折範例⑦**

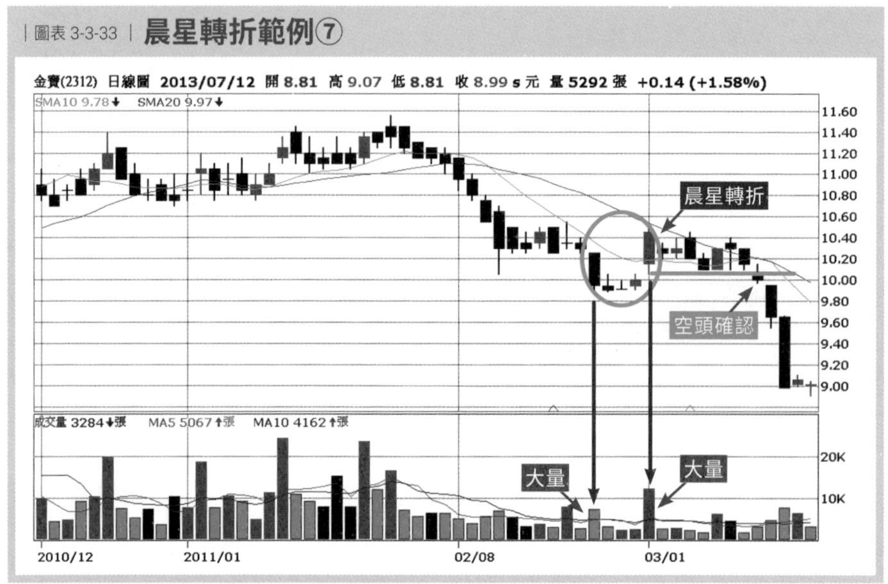

資料來源：富邦 e01 及嘉實資訊

學習筆記

3-4

不同型態的單一K線

實體紅K線

實體紅K線出現在不同趨勢、不同位置，代表的意義也不同，甚至意義完全相反，分別敘述如下。

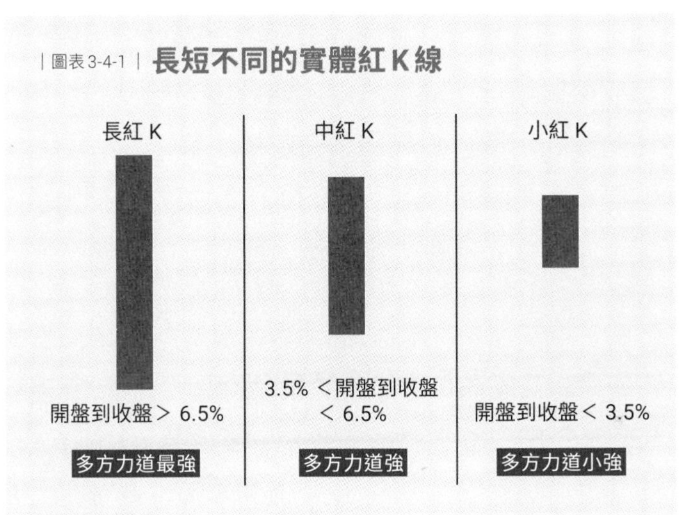

一、多頭上漲趨勢

1. 出現在多頭底部打底期間，代表底部有主力在接，通常會出現一些量增的現象，由於主力尚未布局完成，所以不會出現繼續上漲的攻勢。

2. 出現在底部打底完成的向上紅K，收盤突破底部盤整，通常都配合攻擊量，也是多頭確認的長紅K。

3. 多頭上漲行進中的紅K線，代表多方氣勢不墜，仍然繼續上漲，通常出現惜售的量縮。

4. 上漲一段後回檔修正，當修正完成，修正的低點沒有跌破前面低點，當出現上漲紅 K，表示修正結束，多頭要繼續上漲，自然要把握機會買進做多。

5. 多頭上漲一段後的盤整，當盤整末端出現大量的紅 K 線突破盤整，是多頭上漲的攻擊訊號，自然要把握機會買進做多。

6. 多頭上漲到高檔的紅 K 線或者連續急漲的紅 K 線，此時要特別注意出現成交量爆增、價量背離，遇到壓力股價不漲或下跌，通常是主力在高檔利用散戶追高出量時趁機出貨。

7. 多頭高檔盤頭區間出現大量紅 K，是主力分批出貨，跌破盤整空頭確認，頭部大量為主力出貨量。

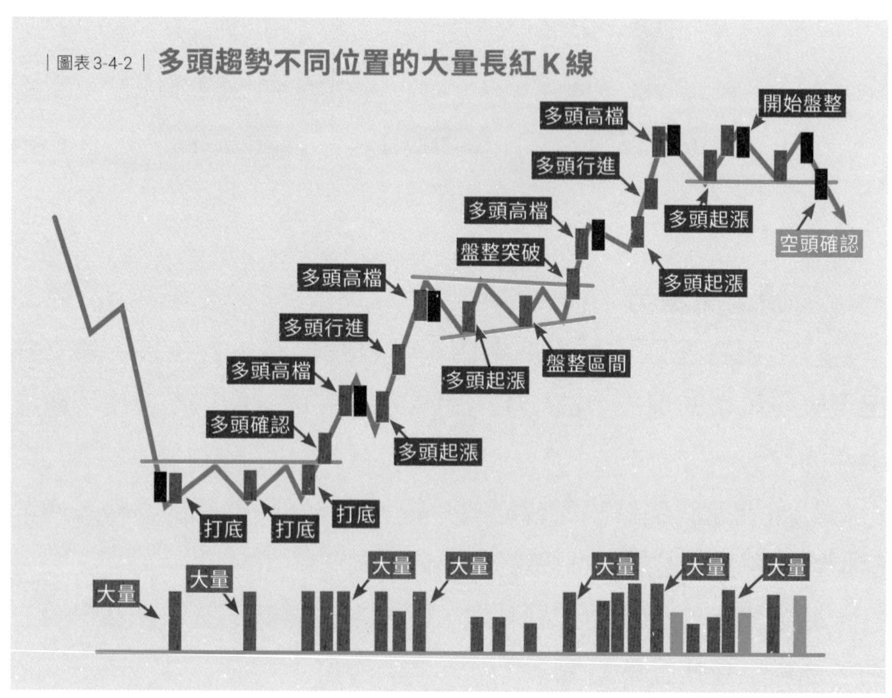

｜圖表 3-4-2｜多頭趨勢不同位置的大量長紅 K 線

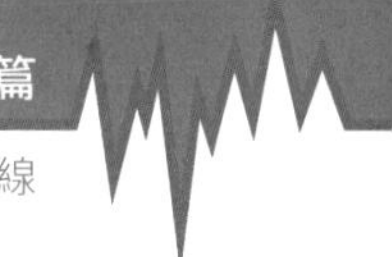

| 圖表 3-4-3 | **多頭趨勢的紅 K 線範例①**

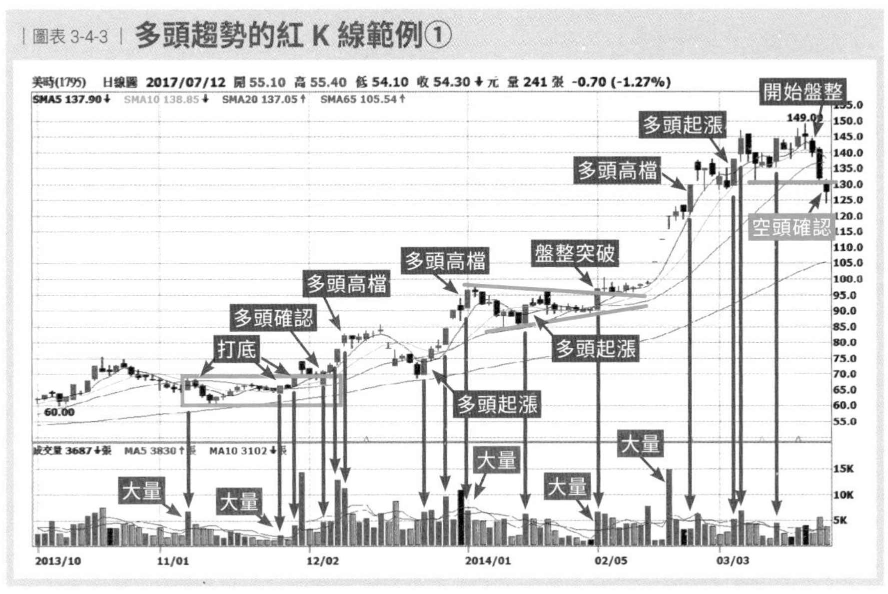

資料來源：富邦 e01 及嘉實資訊

| 圖表 3-4-4 | **多頭趨勢的紅 K 線範例②**

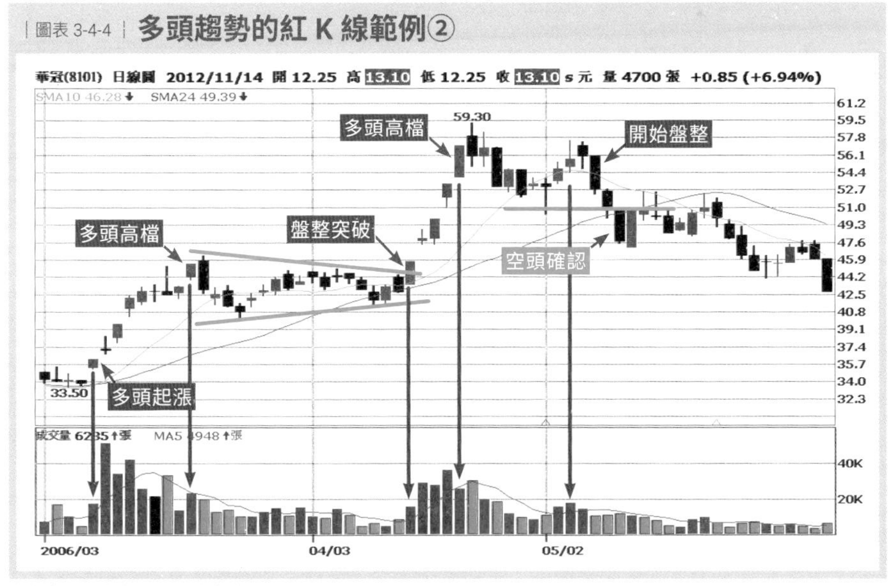

資料來源：富邦 e01 及嘉實資訊

二、空頭下跌趨勢

1. 出現在空頭下跌行進中的反彈紅K，代表主力誘多，通常會出現量增的現象，要注意不可搶反彈，容易被套牢。如果無量，更不容易反彈，此時應該觀察反彈不過前高的做空機會。

2. 空頭跌到低檔或急跌一段後，也會出現紅K線的止跌，或紅K線突破前面一根K線的最高點，為反彈信號。

三、紅K進場注意位置

什麼位置的大量紅K可以買？

1. 空頭轉多頭第1次過前高，多頭確認的大量長紅K（要完成均線3線多排向上）。

2. 多頭回檔止跌回升的大量長紅K。

3. 走勢當中盤整完成向上突破的大量長紅K。

4. 型態確認突破的大量長紅K。

什麼位置的大量紅K不能買？

1. 日線上漲3天以上高檔的大量紅K。

2. 上漲接近壓力位置前的大量紅K。

3. 空頭反彈的大量紅K。

4. 多頭回檔，跌破月線，在月線下的上漲大量紅K，要等站上月線紅K再買。

5. 多頭回檔，跌破前低後出現上漲的大量紅K，趨勢改變成為盤整。

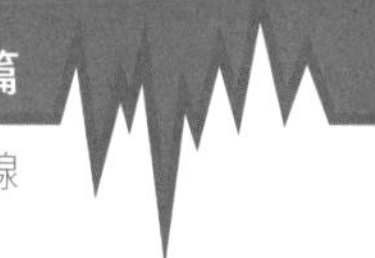

| 圖表 3-4-5 | 空頭趨勢的紅 K 線範例①

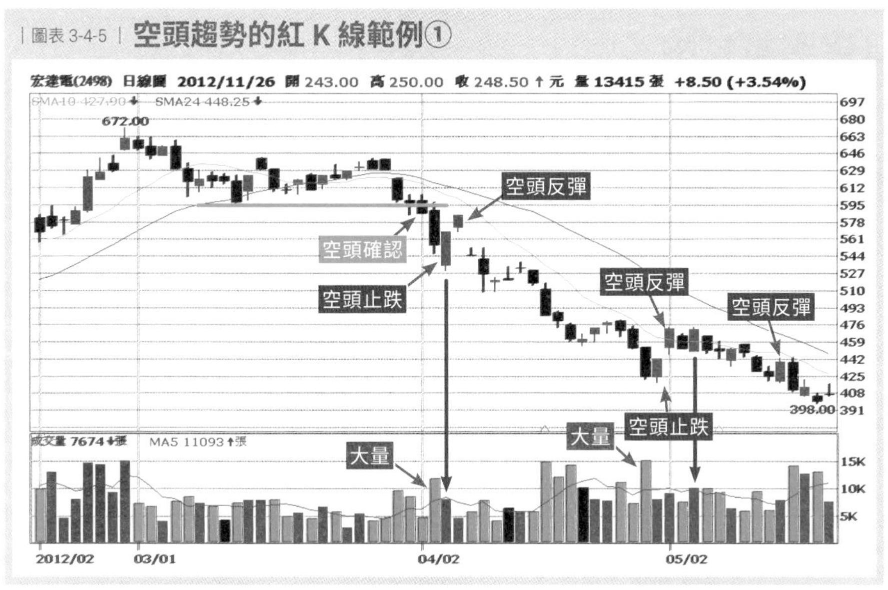

資料來源：富邦 e01 及嘉實資訊

| 圖表 3-4-6 | 空頭趨勢的紅 K 線範例②

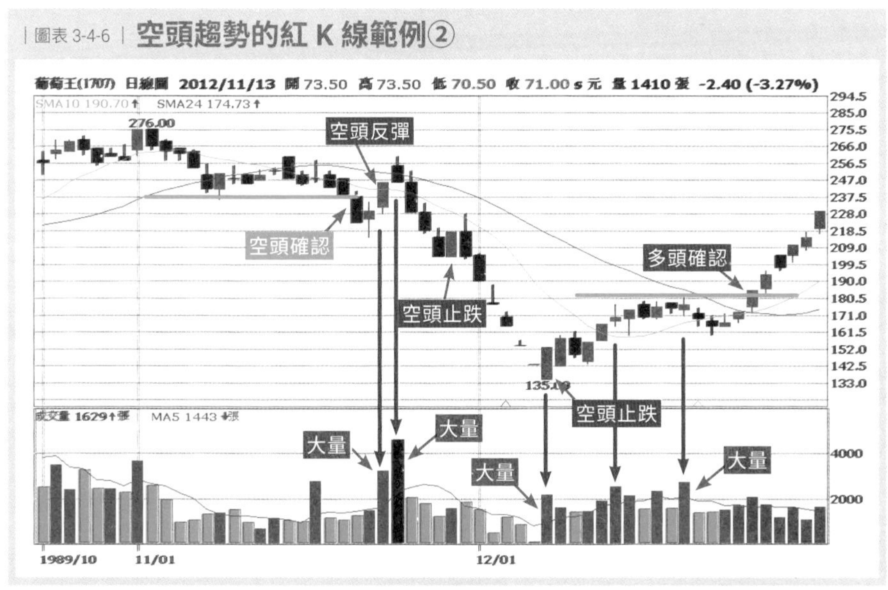

資料來源：富邦 e01 及嘉實資訊

實體黑 K 線

實體黑 K 線出現在不同趨勢、不同位置，代表的意義也不同，甚至意義完全相反，分別敘述如下。要注意的是，出現黑 K 線，並不表示日後一定會繼續下跌。

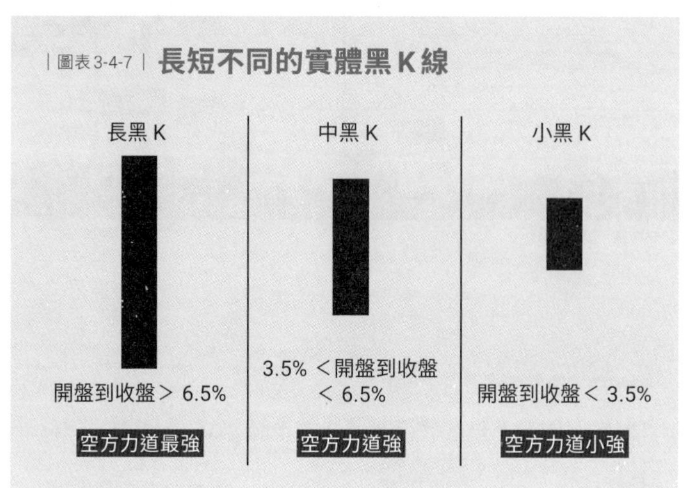

一、打底到多頭上漲趨勢

1. 出現在空頭低檔打底盤整期間，代表底部尚未確認，可能是主力再次洗盤的現象，同時仍然沒有止跌的訊號，表示空頭趨勢仍然沒有結束，所以不可以認為股價跌深而去做多。

2. 在多頭向上行進出現黑 K，通常都是漲多的賣壓出現，容易回檔，如果多頭趨勢未變，黑 K 繼續下跌的力道會減弱，配合量縮，是多頭回檔的正常走勢。

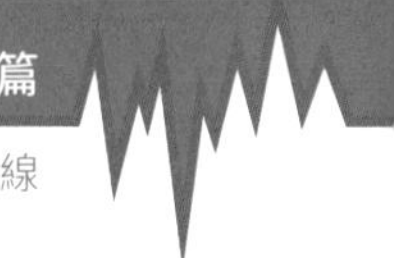

｜圖表 3-4-8｜**打底到多頭趨勢的黑 K 線範例①**

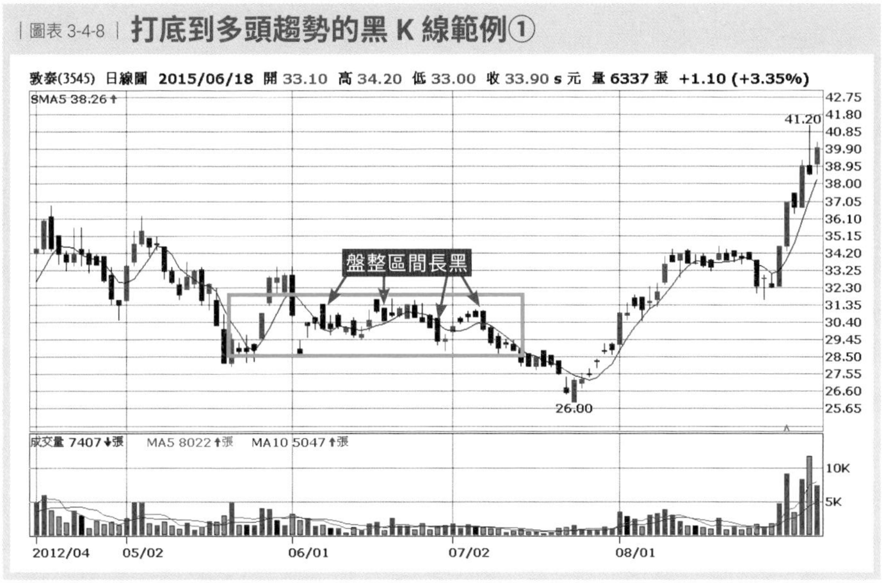

資料來源：富邦 e01 及嘉實資訊

｜圖表 3-4-9｜**打底到多頭趨勢的黑 K 線範例②**

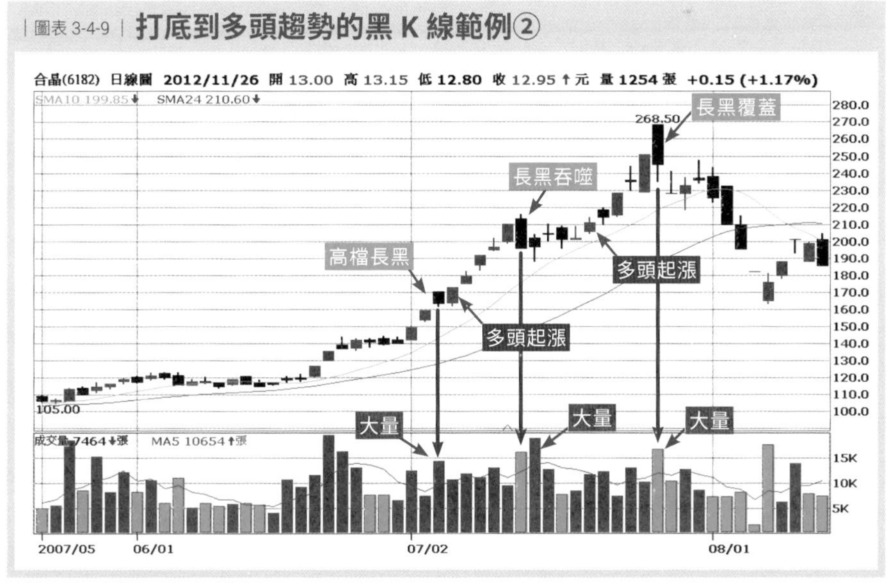

資料來源：富邦 e01 及嘉實資訊

3. 多頭上漲到高點，出現黑 K，是止漲的訊號，如果出現大量或者爆天量，主力出貨的可能性很大，要密切注意次日股價的走勢，出現下殺，要立刻出場。

二、空頭下跌趨勢

1. 高檔出現頭頭低，第 2 個頭出現長黑 K 的下跌，一般來說，容易轉成空頭，有量的下跌威力比較大，無量也會下跌。

2. 空頭初跌段出現黑 K，通常都會出量，行情繼續下跌。

3. 空頭下跌行進中出現黑 K，股價繼續下跌，沒有止跌訊號出現，無論是否有量，都不能低接。

4. 連續出現下跌的長黑 K，再出現爆量或窒息量，容易反彈，當有上漲的紅 K 收盤過前一日的高點，可以做短線的搶反彈。

｜圖表 3-4-10｜ **空頭下跌趨勢的黑 K 範例①**

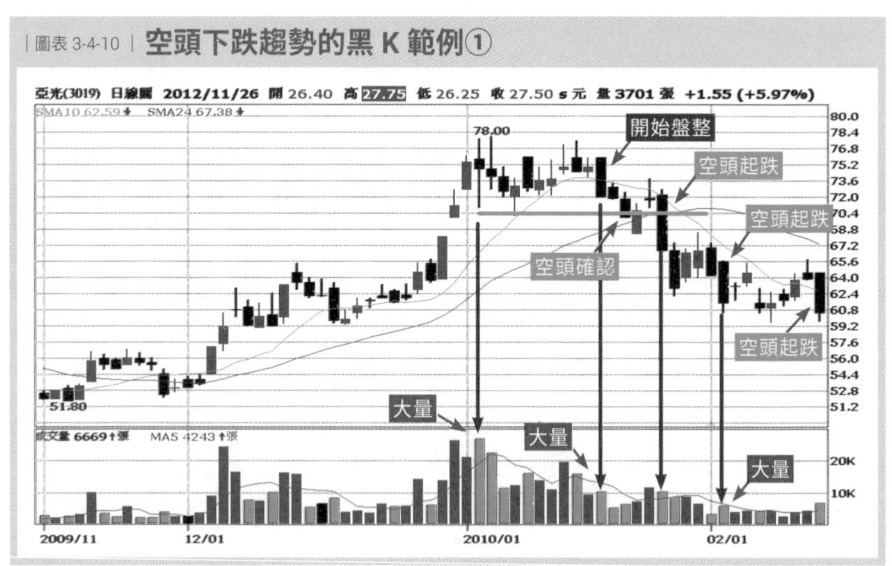

資料來源：富邦 e01 及嘉實資訊

5. 空頭下跌行進中出現盤整，當出現黑K跌破盤整，股價將繼續下跌一段，是做空的機會。

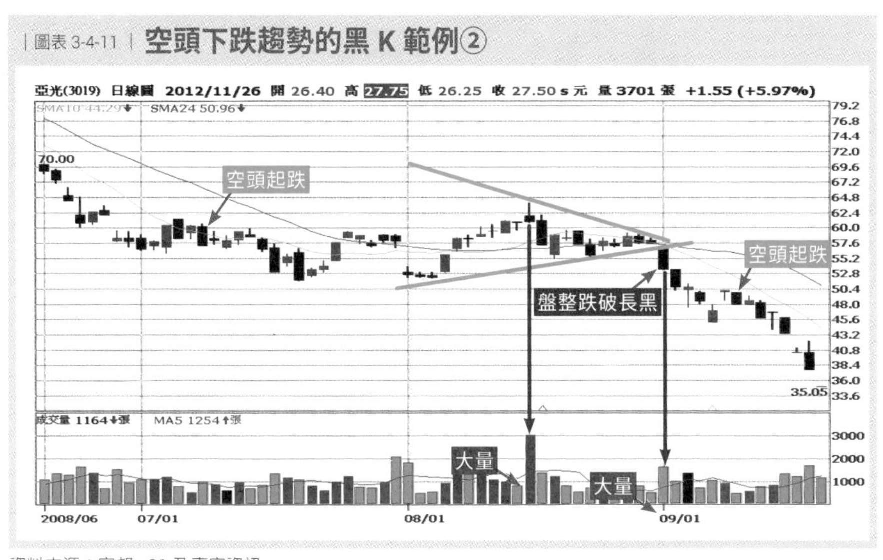

｜圖表 3-4-11｜空頭下跌趨勢的黑 K 範例②

資料來源：富邦 e01 及嘉實資訊

實體紡錘 K 線

實體紡錘K線代表當天向上有壓力，向下有支撐，由於上下影線很小（影線長度沒有超過實體棒的二分之一），可以比照前面紅K、黑K實體棒的說明應用，次日再看K線的變化。

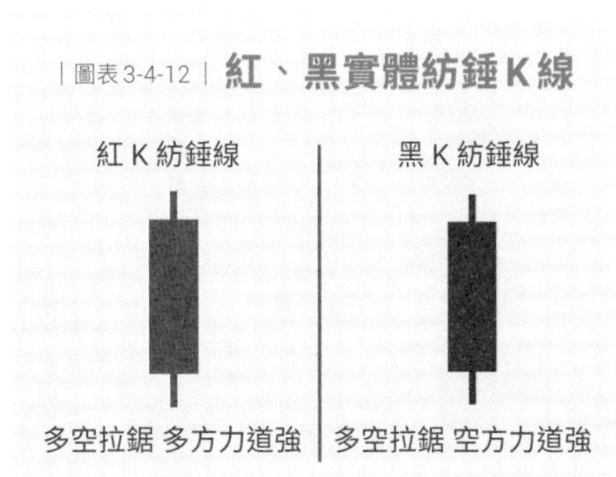

｜圖表 3-4-12｜紅、黑實體紡錘 K 線

| 圖表 3-4-13 | **不同位置的紡錘 K 線範例**

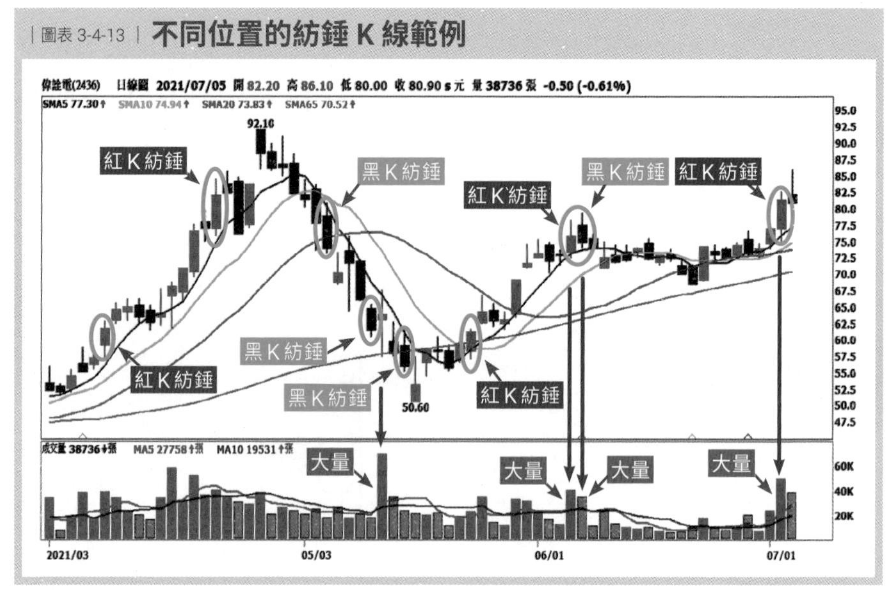

資料來源：富邦 e01 及嘉實資訊

變盤槌子與倒槌 K 線

| 圖表 3-4-14 | **變盤的紅、黑 K 線槌子**

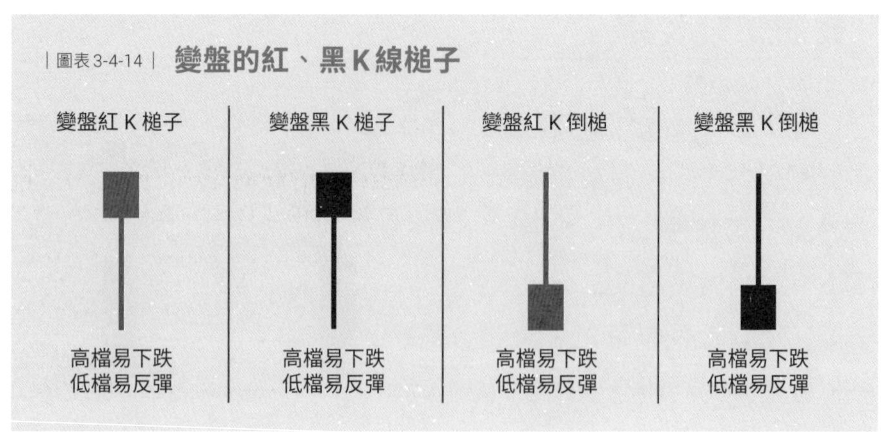

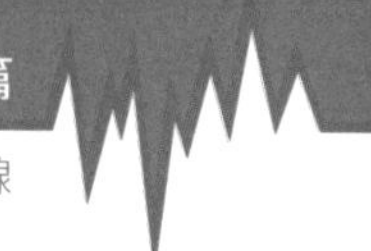

重點說明：

1. 小實體在上方或下方，實體的紅黑不重要。

2. 下影線或上影線很長，至少是實體的 2 倍以上。

3. 強勢上漲到高點，出現槌子或倒槌，次日的走勢非常重要，次日：

　(1) 向下跳空大跌，多頭結構可能反轉。

　(2) 收盤跌破槌子或倒槌線的最低點，轉折向下確認。

4. 急速下跌到低點，出現槌子或倒槌，次日的走勢非常重要，次日：

　(1) 向上跳空大漲，空頭結構可能反轉。

　(2) 收盤突破槌子或倒槌線的最高點，轉折向上確認。

5. 如果在槌子或倒槌線出現大成交量，轉折的機率更高。

圖表 3-4-15 變盤的紅、黑 K 線槌子範例①

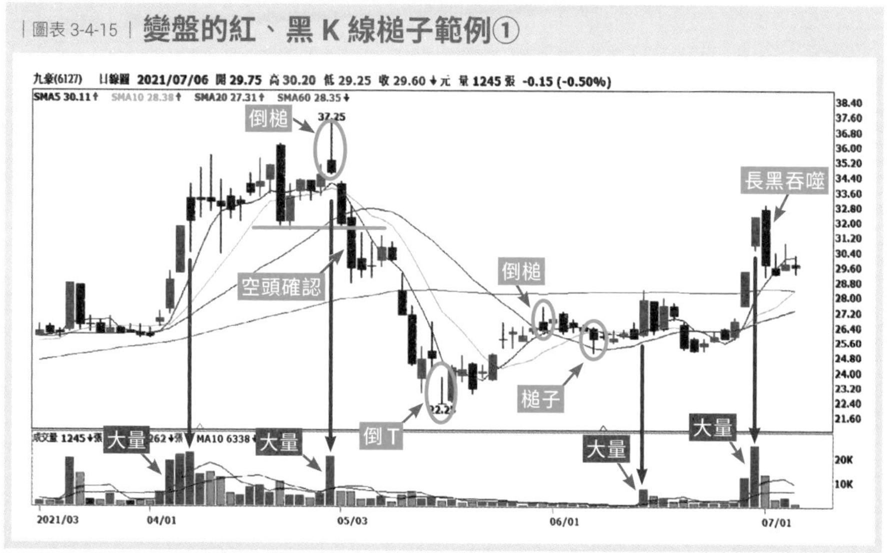

資料來源：富邦 e01 及嘉實資訊

| 圖表 3-4-16 | 變盤的紅、黑 K 線槌子範例②

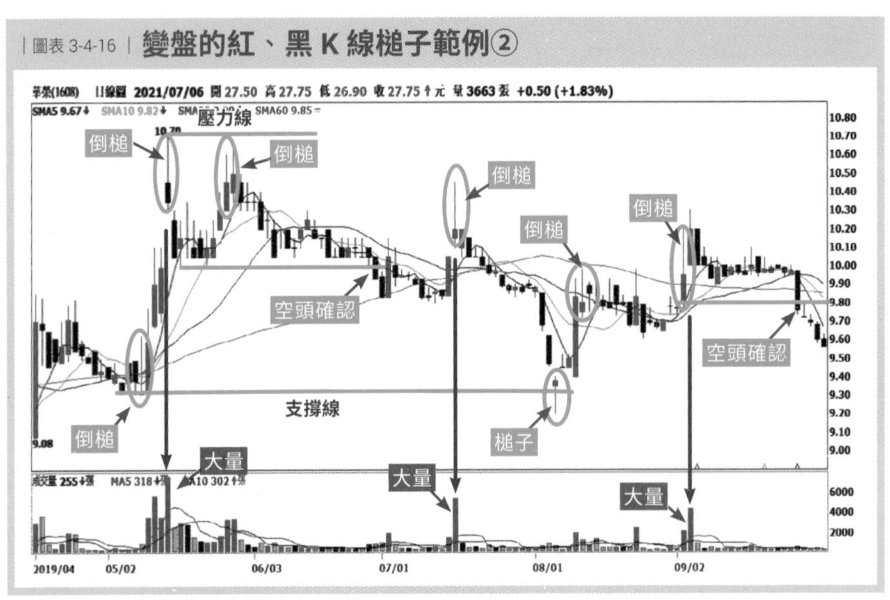

資料來源：富邦 e01 及嘉實資訊

| 圖表 3-4-17 | 變盤的紅、黑 K 線槌子範例③

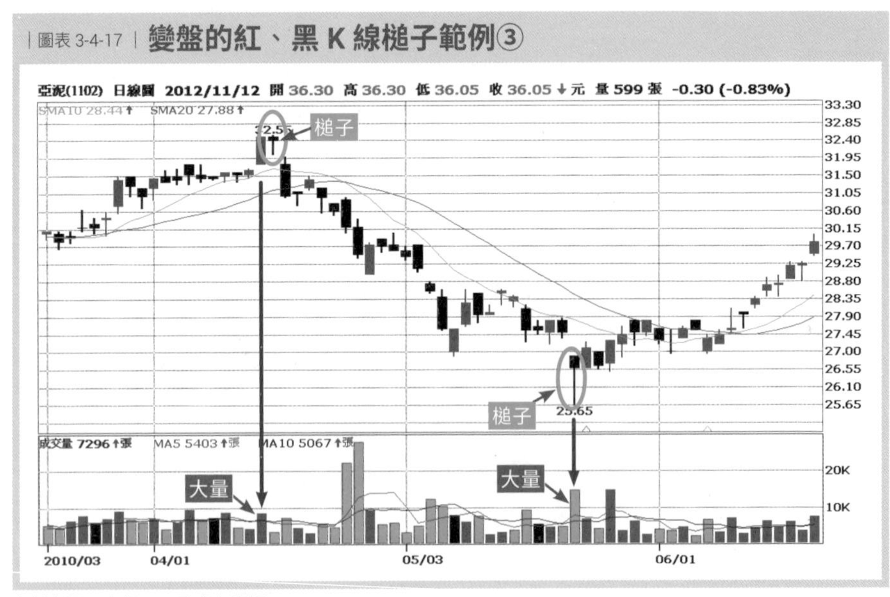

資料來源：富邦 e01 及嘉實資訊

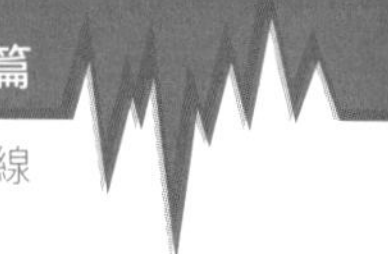

｜圖表 3-4-18｜ 變盤的紅、黑 K 線槌子範例④

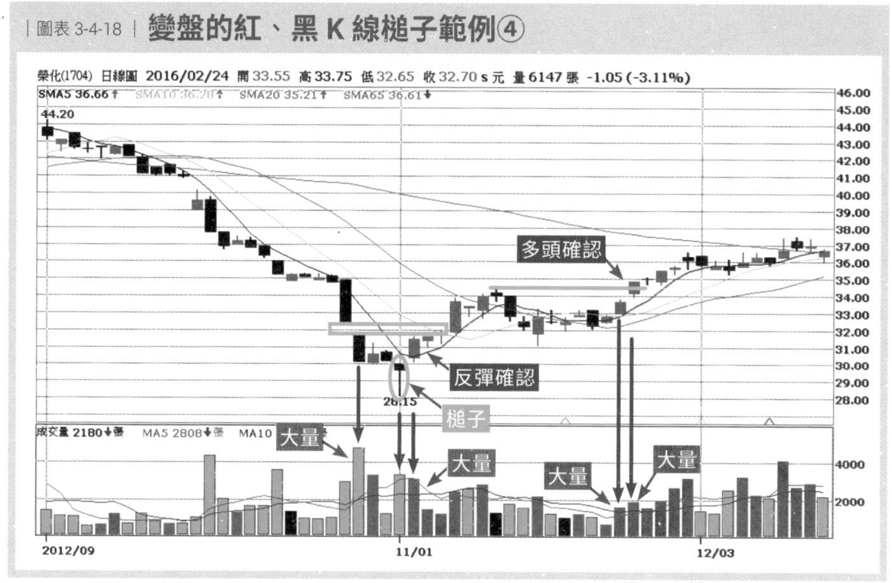

資料來源：富邦 e01 及嘉實資訊

3-5 不同K線組合的意義

繼續看漲的K線組合

一、上升三法

上漲的中長紅K線，次日出現弱勢下跌一到數日的小黑、小紅或變盤（呈現母子懷抱），但是收盤價始終沒有跌破中長紅K線低點，當再出現往上的中長紅K線突破左邊中長紅K線高點，這樣的組合稱為「上升三法」。

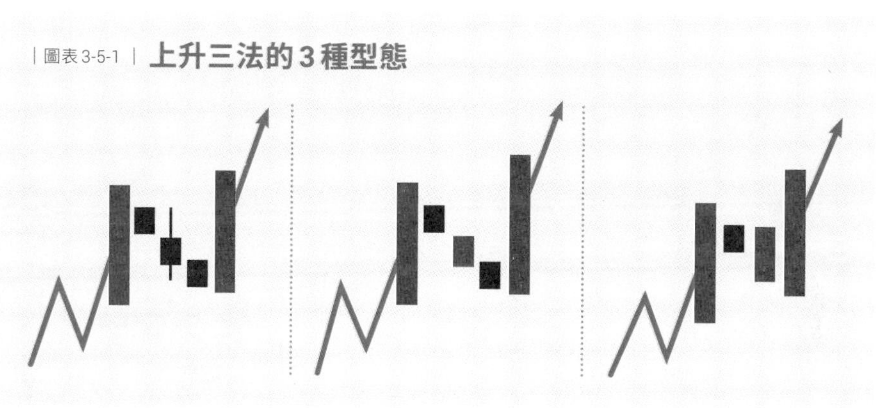

｜圖表 3-5-1｜ **上升三法的3種型態**

重點說明：

1.「上升三法」在上漲趨勢中時常見到，表示後續還有高點，為上漲的中繼組合，多頭趨勢持有多單可以續抱。

2. 空頭低檔盤整時出現大量的「上升三法」，表示多方力道轉強，注意後續趨勢的可能的改變。

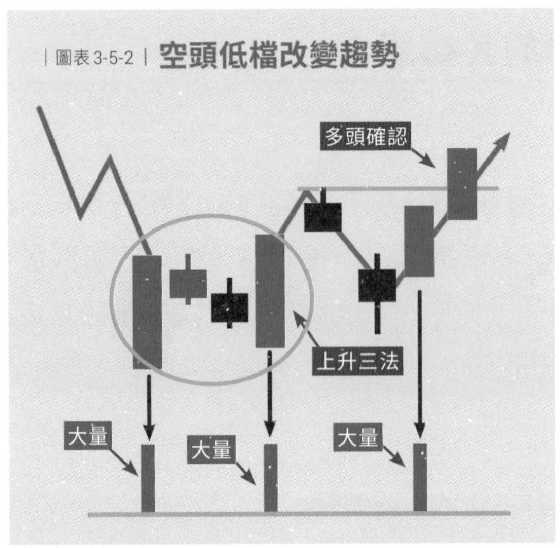

圖表 3-5-2 空頭低檔改變趨勢

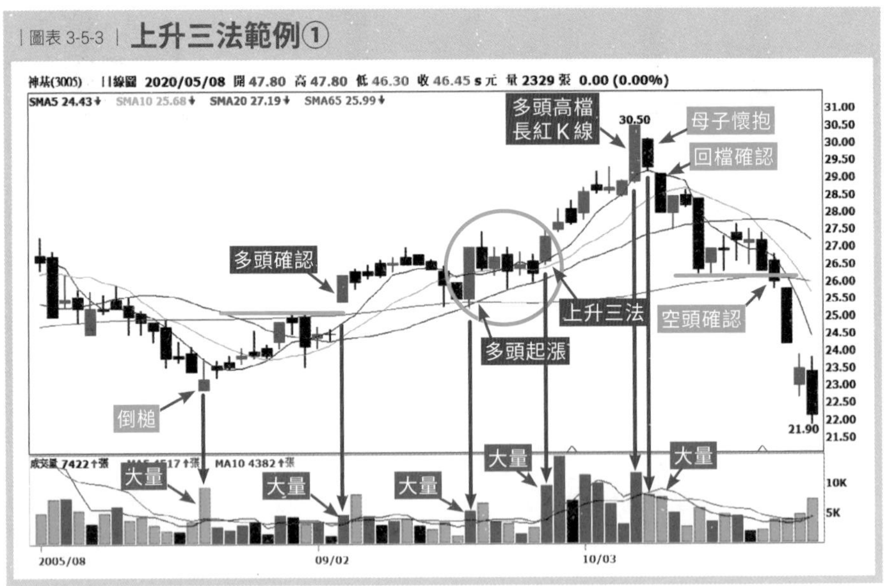

圖表 3-5-3 上升三法範例①

資料來源：富邦 e01 及嘉實資訊

｜圖表 3-5-4｜ **上升三法範例②**

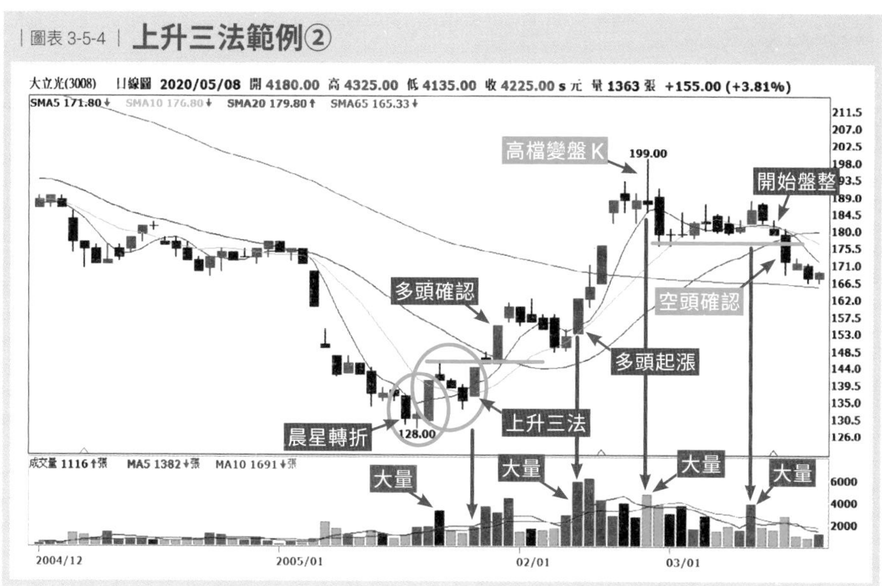

資料來源：富邦 e01 及嘉實資訊

二、一星二陽

上漲的中長紅K線，次日出現向上的小黑、小紅或變盤線，再出現中長紅K上漲，這樣的組合稱為「一星二陽」。

｜圖表 3-5-5｜ **一星二陽的3種型態**

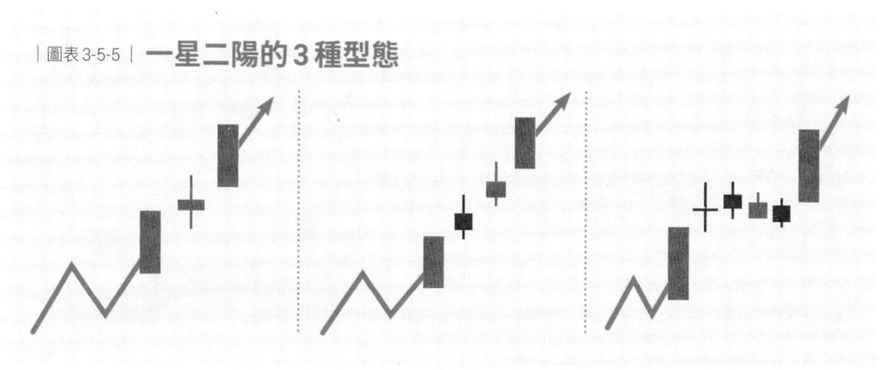

重點說明：

1.「一星二陽」在上漲趨勢中時常見到，表示後續還有高點，為上漲的中繼組合，多頭趨勢持有多單可以續抱。

2. 空頭低檔反彈第2支腳出現大量的「一星二陽」，表示還有高點，注意趨勢容易反轉多頭。

|圖表 3-5-6| 空頭易反轉的「一星二陽」

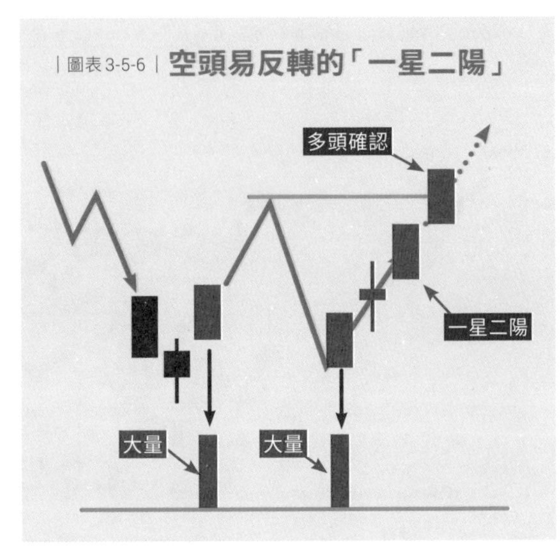

|圖表 3-5-7| 一星二陽範例①

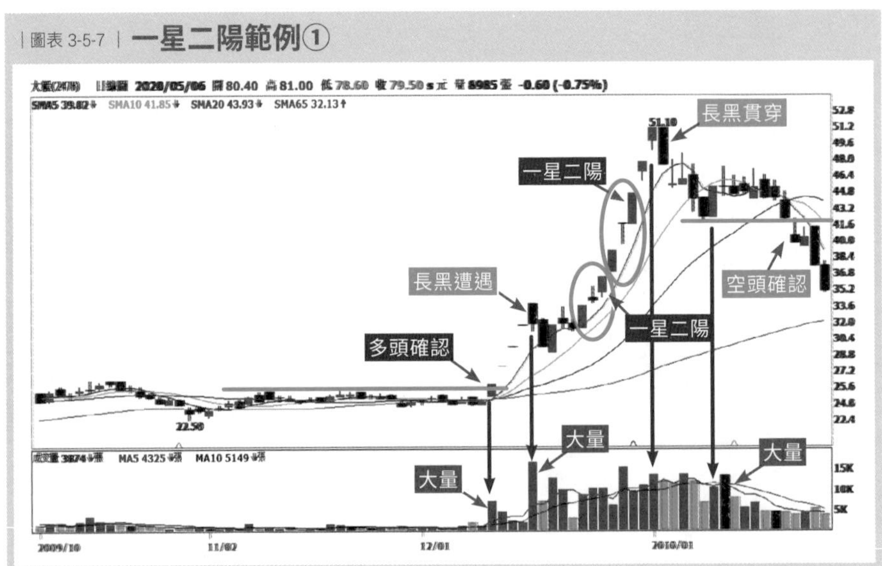

資料來源：富邦 e01 及嘉實資訊

｜圖表 3-5-8｜**一星二陽範例②**

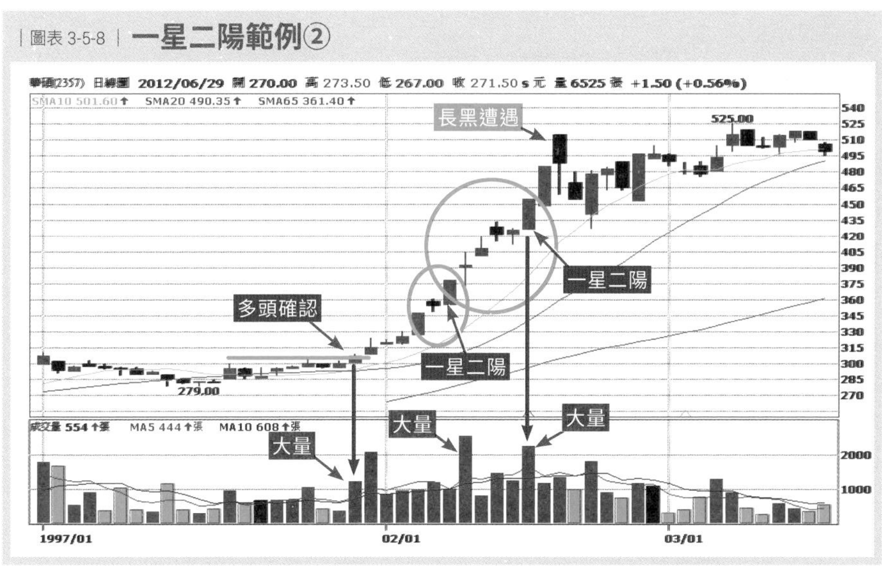

資料來源：富邦 e01 及嘉實資訊

三、上漲連 3 紅

3 根連續的大量向上紅 K 線實體棒，代表多方向上的企圖強，是多方力量的聚集，也是強力上漲的訊號。

｜圖表 3-5-9｜**上漲連 3 紅的 3 種型態**

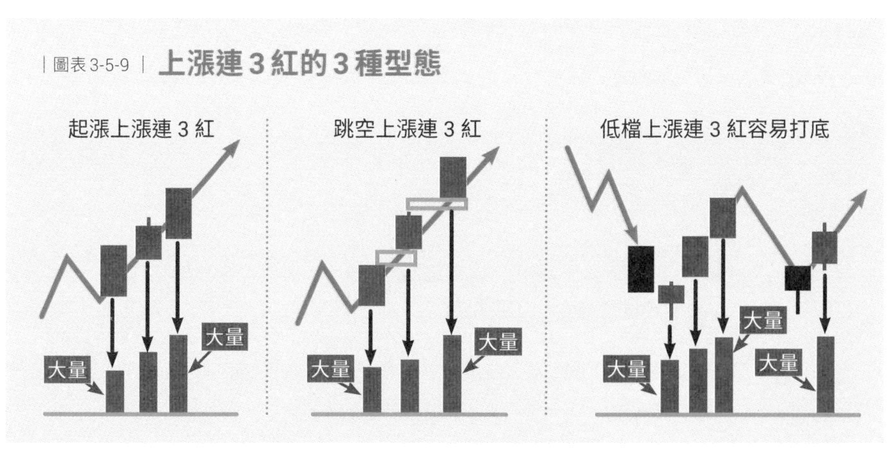

重點說明：

1. 連續大量紅 K 線數量越多，代表力量越大，影響時間越長。

2. 連續紅 K 線呈現大量跳空上漲，威力更大。

3. 連續紅 K 線如果出現在空頭低檔的反彈，也是強力反彈的訊號，打底的可能性很高。

4. 底部打底的第 2 支腳出現「連 3 紅」組合，為強勢多頭的起動訊號。

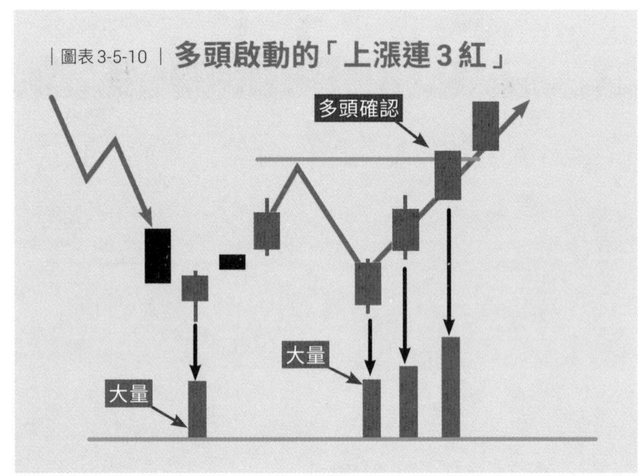

| 圖表 3-5-10 | 多頭啟動的「上漲連 3 紅」

5. 多頭行進到高點，出現「上漲連 3 紅」組合，要特別注意下面訊號：

(1) 連續紅 K 都出現長上影線，為大敵當前，高點不多，要注意出現變盤線的訊號。

(2) 高檔出現上漲連 3 紅，出現爆量或價量背離，要特別注意股價不漲或下跌的反轉變盤訊號。

| 圖表 3-5-11 | **上漲連 3 紅範例①**

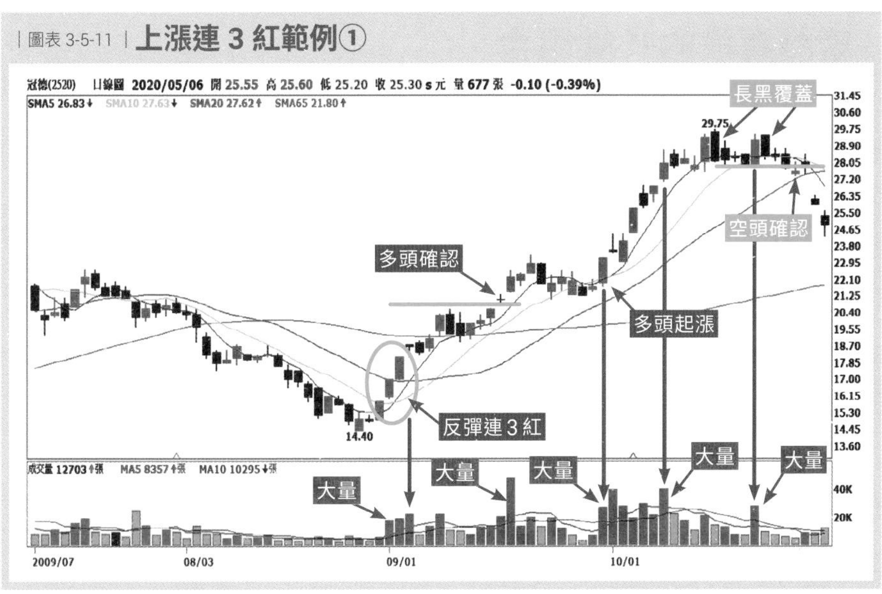

資料來源：富邦 e01 及嘉實資訊

| 圖表 3-5-12 | **上漲連 3 紅範例②**

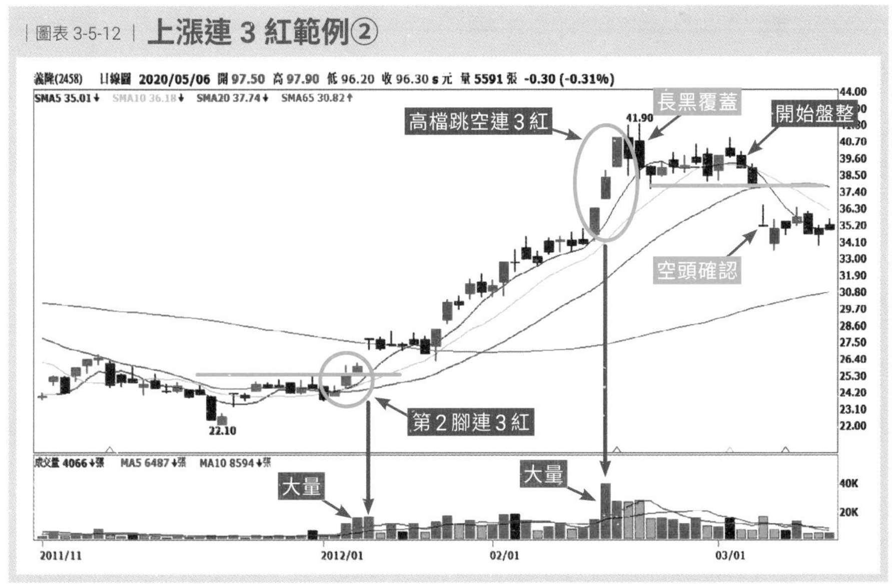

資料來源：富邦 e01 及嘉實資訊

繼續看跌的K線組合

一、下降三法

下跌的中長黑 K線，次日出現弱勢反彈一到數日的小黑、小紅或變盤線（呈現母子懷抱），但是收盤價始終沒有突破中長黑K線高點，當再出現往下的中長黑 K線，跌破左邊中長黑K線低點，這樣的組合稱為「下降三法」。

｜圖表 3-5-13｜ **下降三法的3種型態**

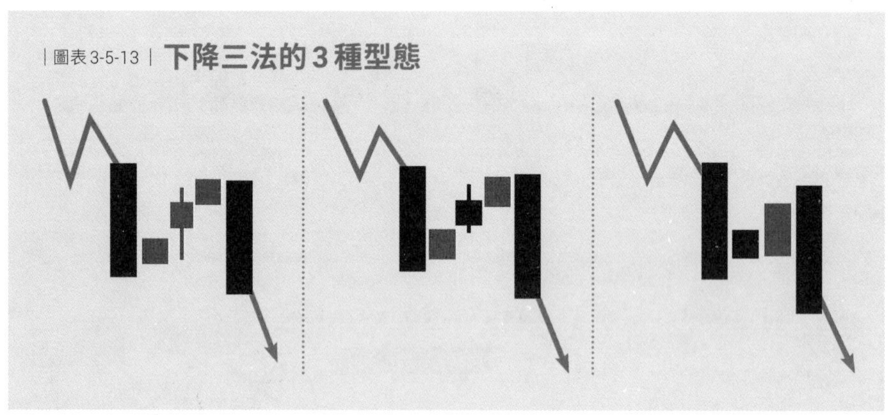

重點說明：

1.「下降三法」在下跌趨勢中時常見到，表示後續還有低點，為下跌的中繼組合，空頭趨勢持有空單可以續抱。

2. 多頭高檔盤整時出現「下降三法」，表示空方力道轉強，注意後續趨勢的可能的改變。

|圖表3-5-14| **多頭高檔改變趨勢**

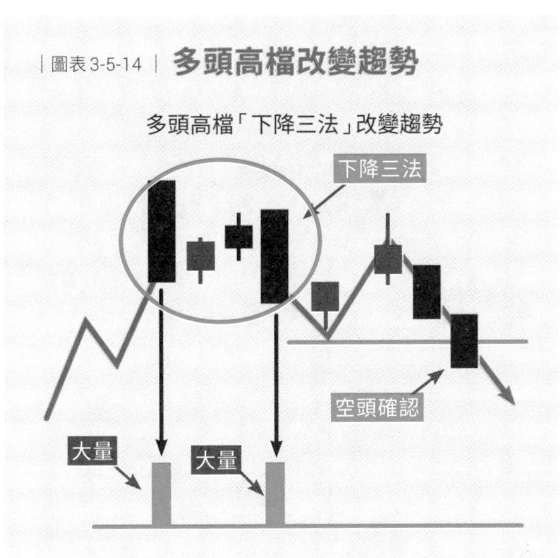

|圖表3-5-15| **下降三法範例①**

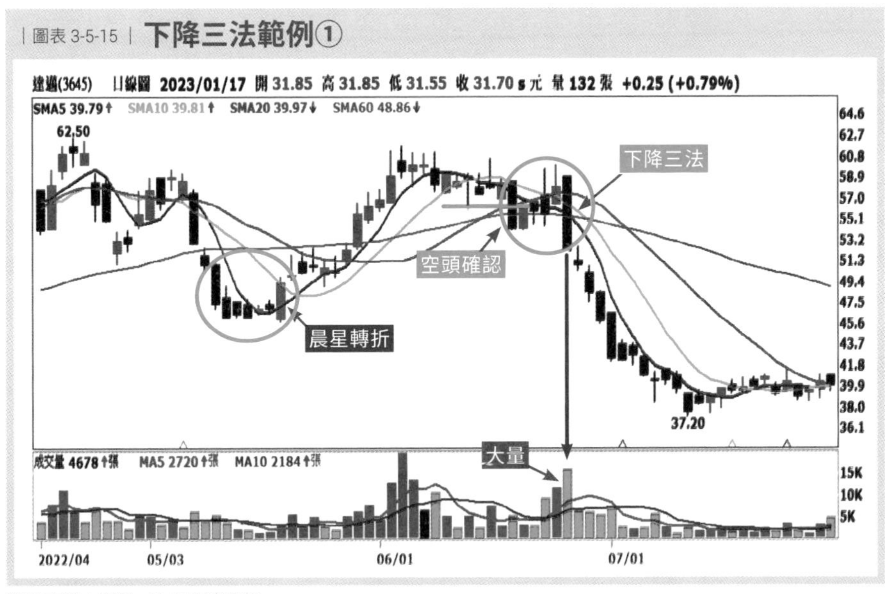

資料來源：富邦 e01 及嘉實資訊

｜圖表 3-5-16｜**下降三法範例②**

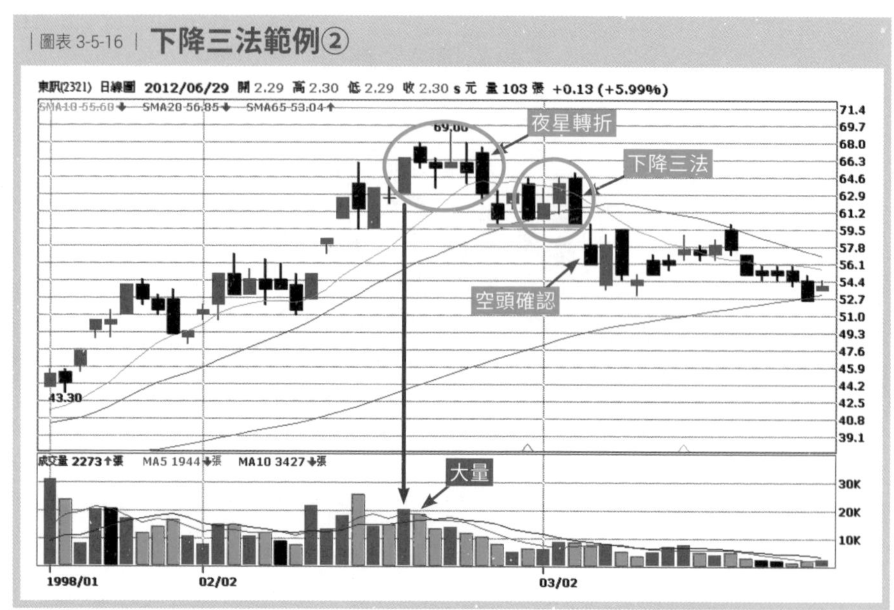

資料來源：富邦 e01 及嘉實資訊

二、一星二陰

下跌的中長黑K線，次日出現向下的小黑、小紅或變盤線，後續再出現下跌中長黑K線，這樣的組合稱為「一星二陰」。

｜圖表 3-5-17｜**一星二陰的 3 種型態**

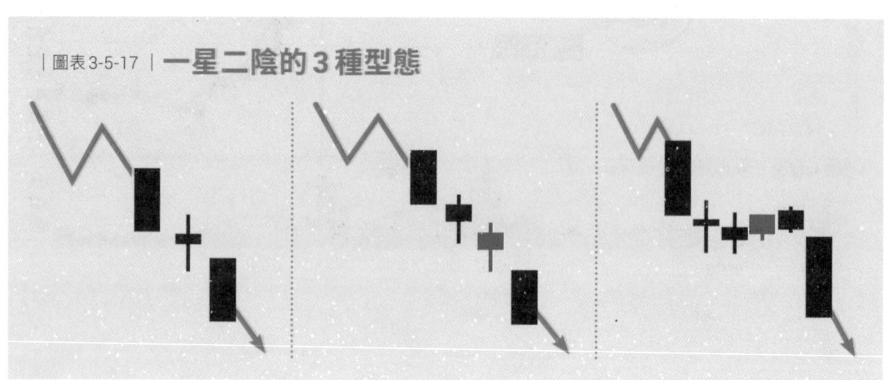

重點說明：

1.「一星二陰」在下跌趨勢中時常見到，表示後續還有低點，為下跌的中繼組合，空頭趨勢持有空單可以續抱。

2. 多頭高檔回檔第2個頭出現大量「一星二陰」，表示還有低點，注意趨勢容易反轉。

｜圖表 3-5-18｜ 高檔易反轉的「一星二陰」

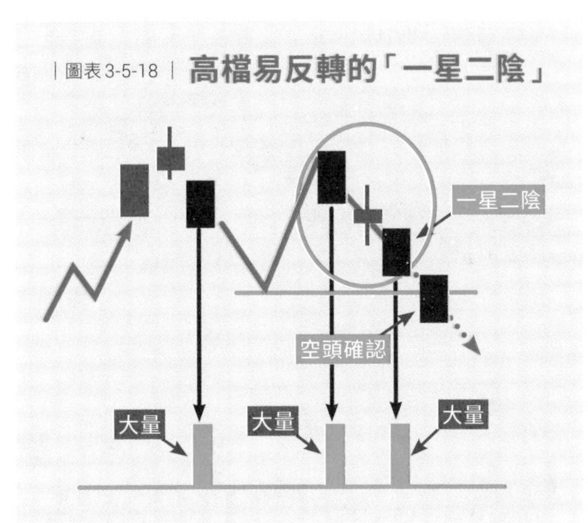

｜圖表 3-5-19｜ 一星二陰範例①

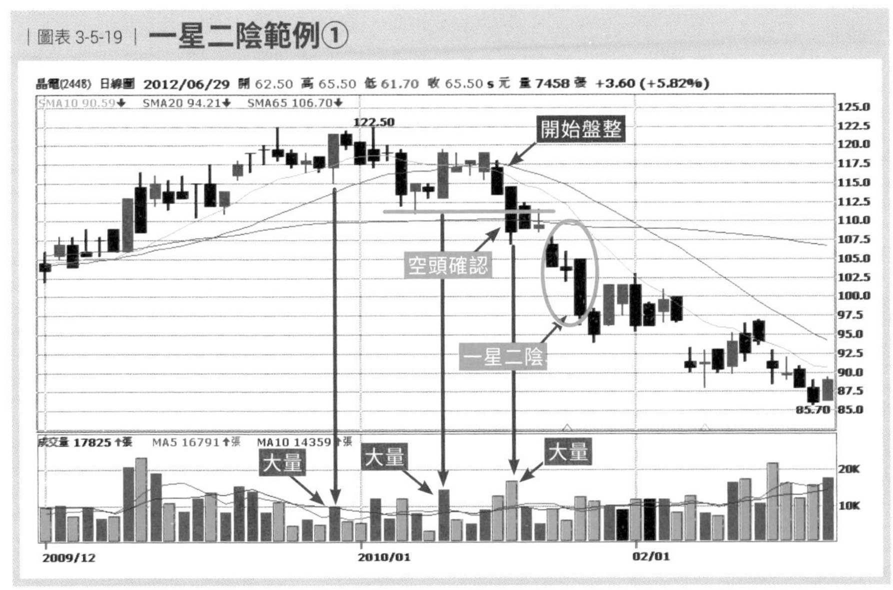

資料來源：富邦 e01 及嘉實資訊

圖表 3-5-20 一星二陰範例②

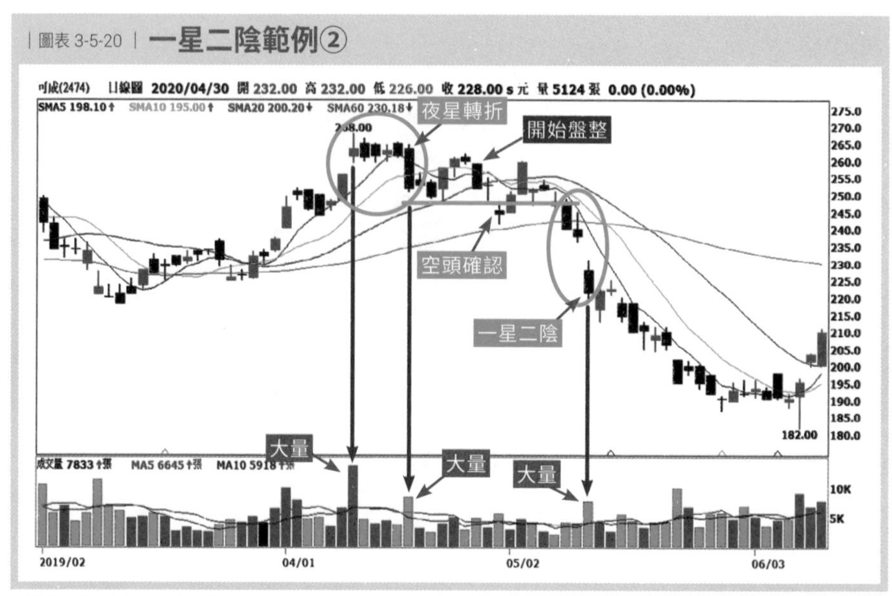

資料來源：富邦 e01 及嘉實資訊

三、下跌連 3 黑

3 根連續的向下黑 K 線實體棒，代表空方向下的企圖強，是空方力量的聚集，在短時間內改變多方的掌控，多空力量改變明顯。

圖表 3-5-21 下跌連 3 黑的 3 種型態

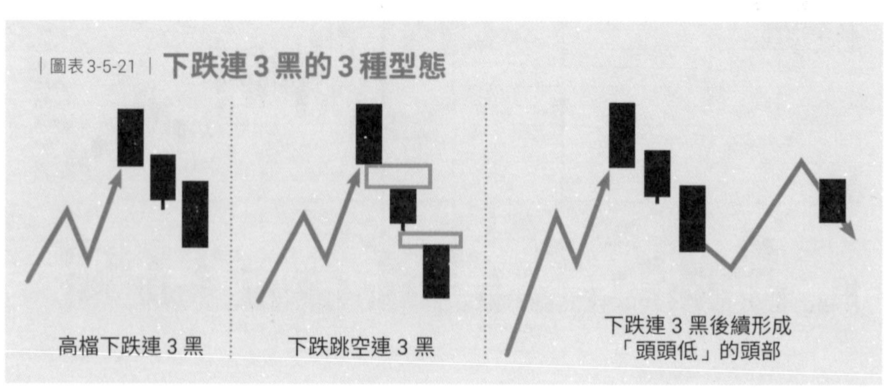

重點說明：

1. 連續黑K線呈現跳空下跌，威力更大。

2. 連續黑K線如果出現在多頭高檔的回檔，再上漲，做頭的可能性很高。

3. 多頭高檔出現「下跌連3黑」，視為強力回檔，容易回檔到前面轉折低點的位置或跌破月線。同時要注意再上漲回升如果無法突破「下跌連3黑」的最高點，應視為逃命波，多單要趕快出場。

4. 頭部做頭的第2個頭出現「下跌連3黑」組合，為強勢空頭的起跌訊號。

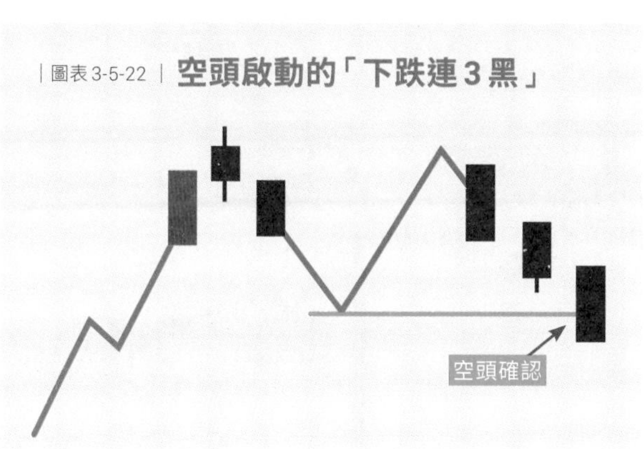

｜圖表 3-5-22｜ **空頭啟動的「下跌連3黑」**

5. 空頭下跌到低點，出現「下跌連3黑」，要注意下面訊號：

（1）連續黑K都出現長的下影線，為打樁探底訊號，低點不多，注意出現止跌回升變盤線的訊號。

（2）低檔連3黑，出現爆量或KD指標背離，要特別注意股價止跌或反轉變盤訊號，容易反彈。

| 圖表 3-5-23 | 低檔止跌的「下跌連 3 黑」

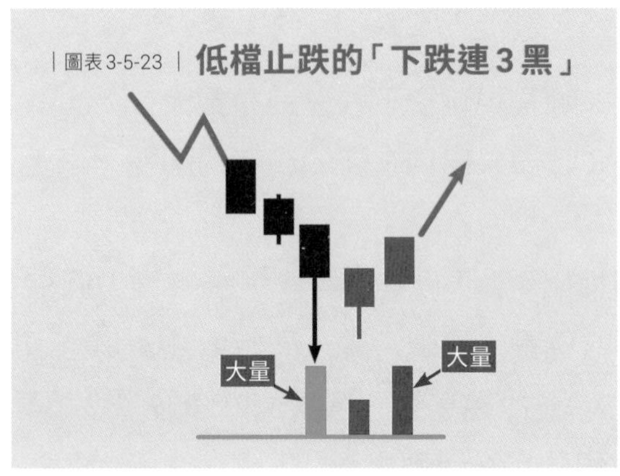

| 圖表 3-5-24 | 下跌連 3 黑範例①

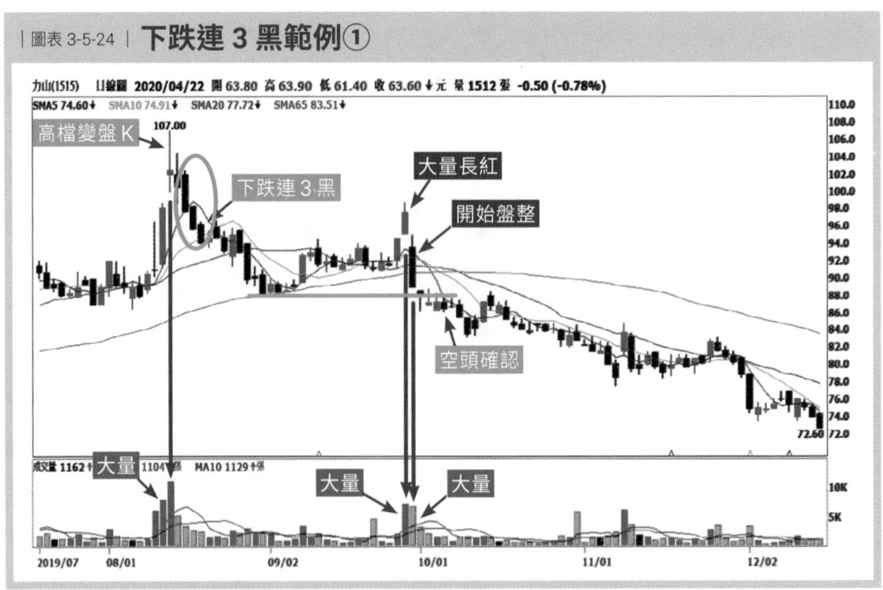

資料來源：富邦 e01 及嘉實資訊

｜圖表 3-5-25｜ **下跌連 3 黑範例②**

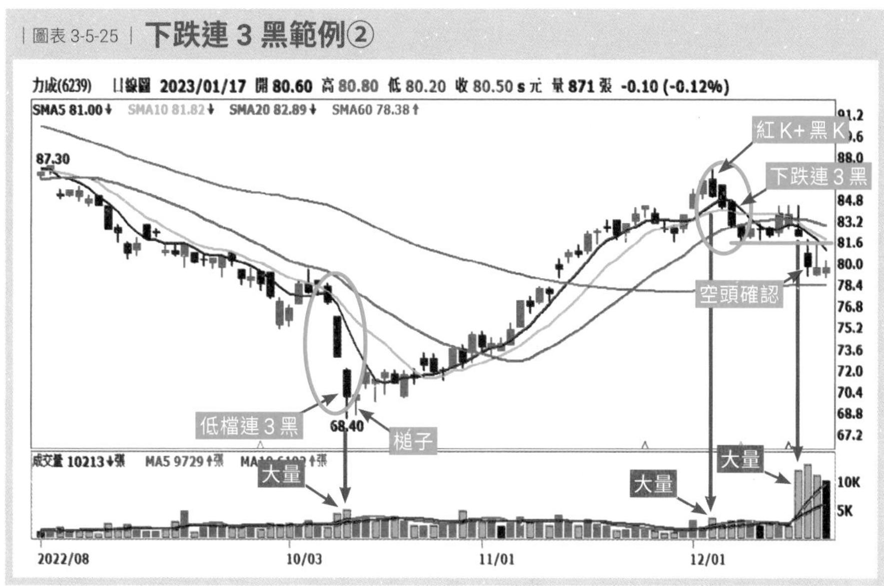

資料來源：富邦 e01 及嘉實資訊

3-6

K線練功實戰變化

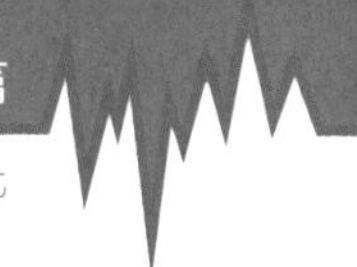

K線多空操作獲利戰法

一、多頭K線交易規則

1. 進場：收盤前確認股價，突破前一日高點時買進。

2. 續抱：每天收盤前檢視股價，沒有跌破前一日的低點時續抱。

3. 出場：收盤前確認股價跌破前一日低點時出場。

4. 停損：進場當日K線股價的最低點（不能超過7%）。

｜圖表 3-6-1｜多頭K線交易範例

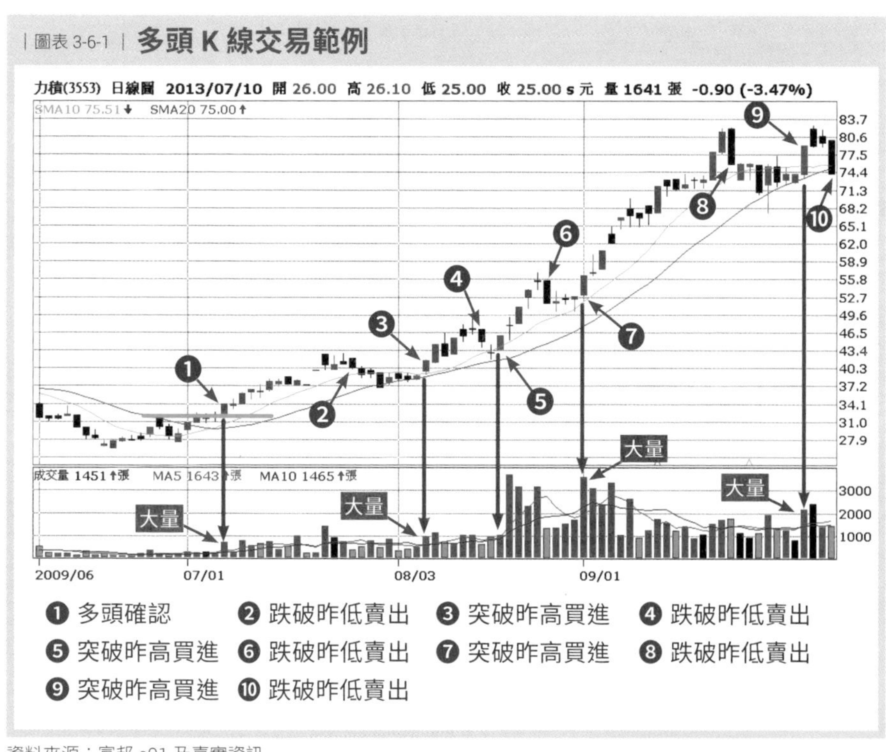

資料來源：富邦 e01 及嘉實資訊

二、空頭K線交易規則

1. 進場：收盤前確認股價，跌破前一日最低點時放空。

2. 停損：進場當日K線股價的最高點（不要超過7%）。

3. 續抱：每天收盤前檢視股價，沒有突破前一日的最高點時續抱。

4. 出場（回補）：收盤前確認股價，突破前一日最高點時出場（回補）。

|圖表 3-6-2| 空頭 K 線交易範例

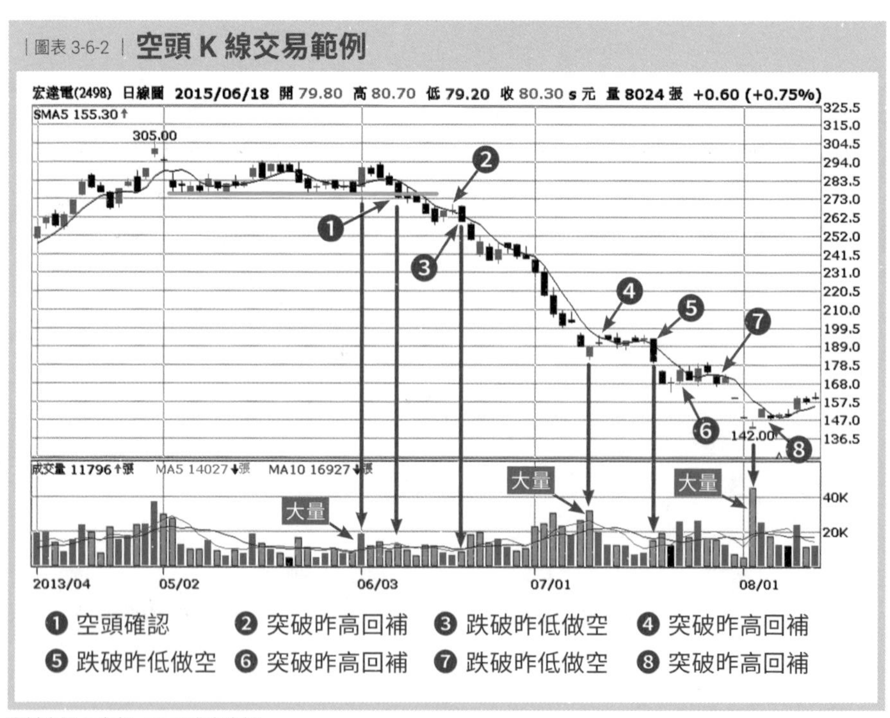

❶ 空頭確認 ❷ 突破昨高回補 ❸ 跌破昨低做空 ❹ 突破昨高回補
❺ 跌破昨低做空 ❻ 突破昨高回補 ❼ 跌破昨低做空 ❽ 突破昨高回補

資料來源：富邦 e01 及嘉實資訊

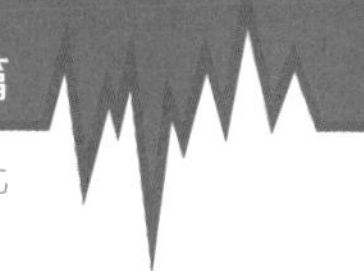

多頭走勢中的K線練功實戰

| 圖表 3-6-3 | **多頭走勢練功實戰①**

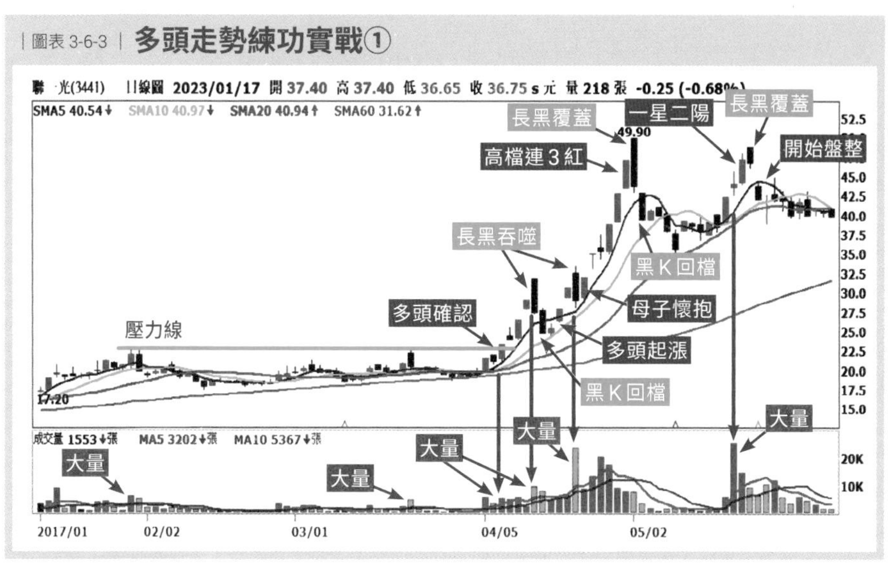

資料來源：富邦 e01 及嘉實資訊

| 圖表 3-6-4 | **多頭走勢練功實戰②**

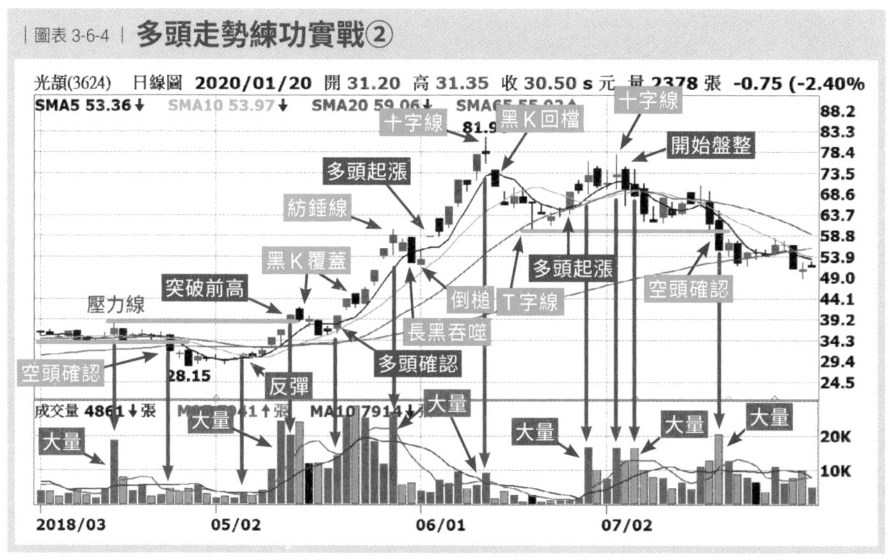

資料來源：富邦 e01 及嘉實資訊

｜圖表 3-6-5｜**多頭走勢練功實戰③**

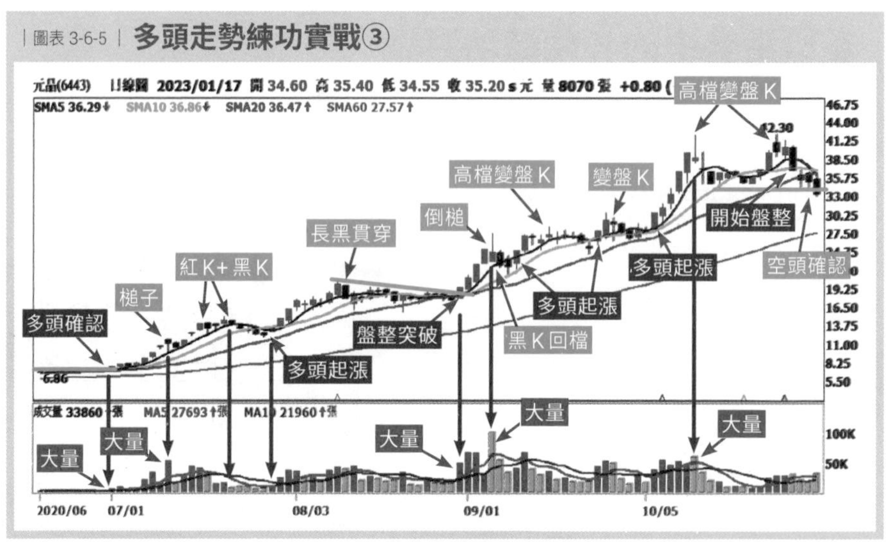

資料來源：富邦 e01 及嘉實資訊

空頭走勢中的K線練功實戰

｜圖表 3-6-6｜**空頭走勢練功實戰①**

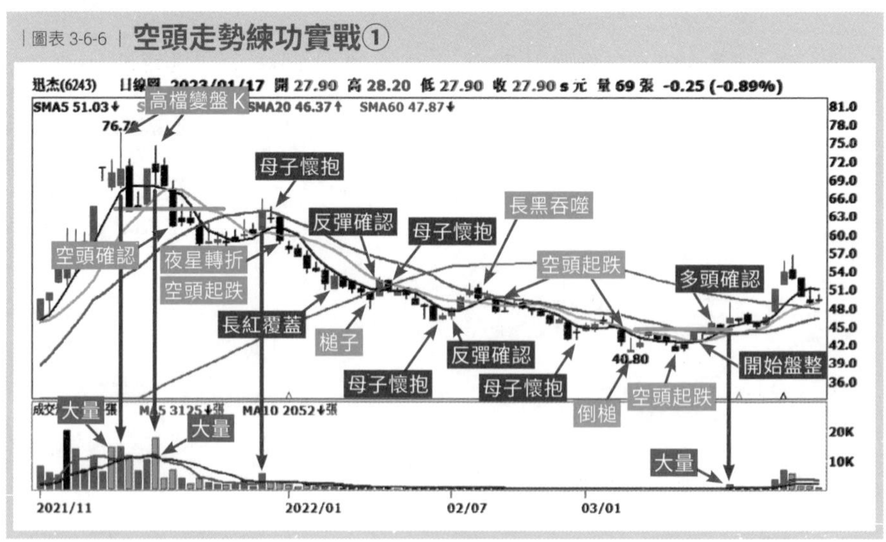

資料來源：富邦 e01 及嘉實資訊

| 圖表 3-6-7 | 空頭走勢練功實戰②

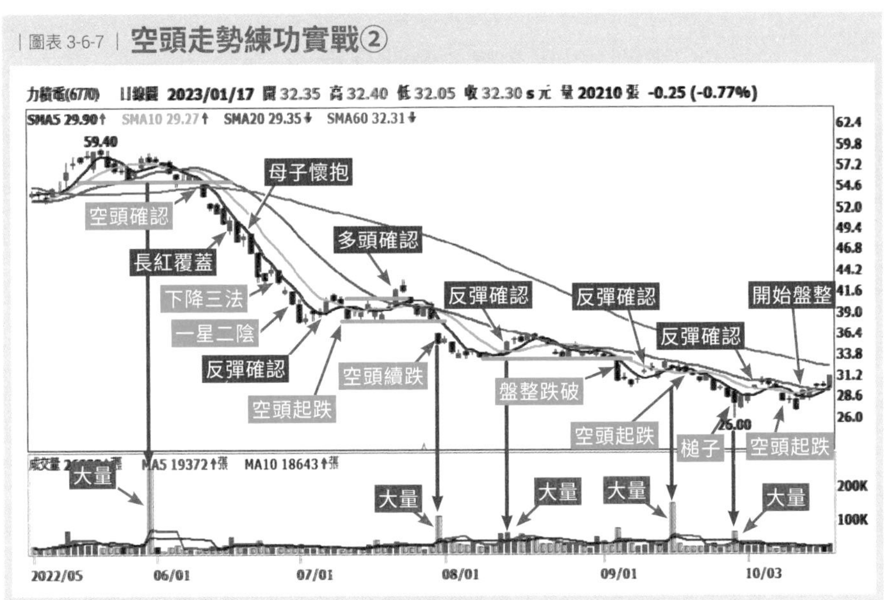

資料來源：富邦 e01 及嘉實資訊

K線活用練功

一、突破上升軌道線壓力的大量長紅線

多頭上漲時，上升切線是一條連接低點的趨勢線，也是一條支撐參考線，在上面高點畫一條與上升切線平行的上升線為上升軌道線，是一條壓力線，當股價突破上升軌道壓力線，是走勢轉強的訊號，往往會出現連續上漲的一波攻勢。

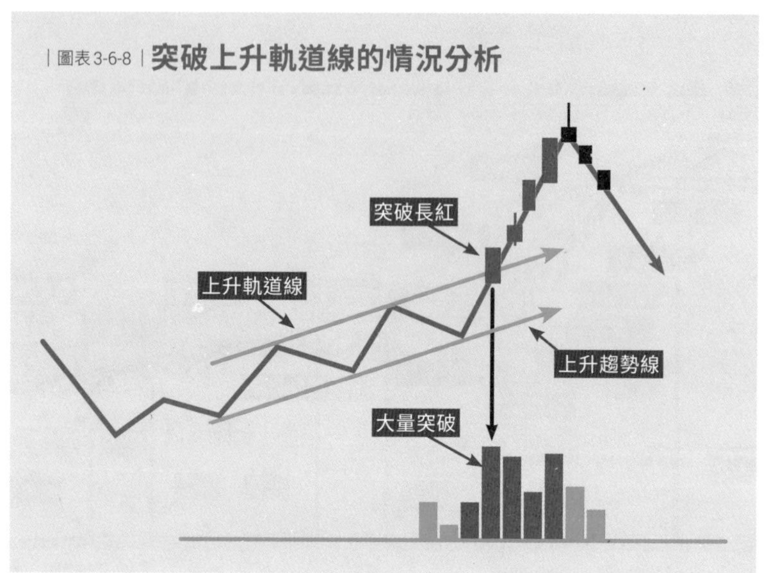

|圖表3-6-8|突破上升軌道線的情況分析

重點說明：

1. 突破當天，出現跳空上漲大量長紅K實體棒，力道最強。

2. 沿軌道區間上漲到趨勢高檔（第3波）的突破長紅K，容易急漲，是末升段的現象，注意當出現變盤訊號，要準備停利出場（可以畫急切線參考，跌破急切線停利）。

3. 上升軌道線是壓力，沒有突破確認，不可提早進場，相反在下跌時可以短線逆勢做空。

| 圖表 3-6-9 | **突破上升軌道壓力範例①**

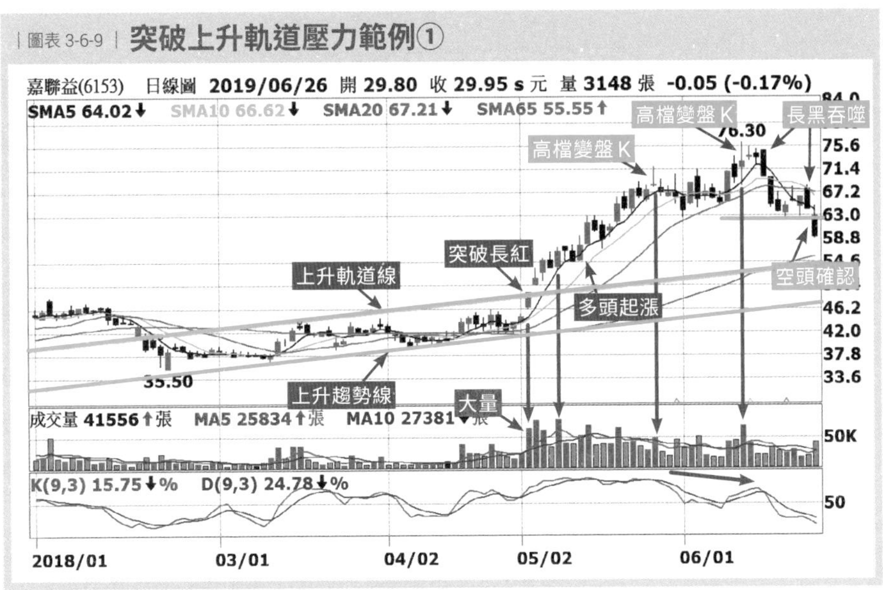

資料來源：富邦 e01 及嘉實資訊

| 圖表 3-6-10 | **突破上升軌道壓力範例②**

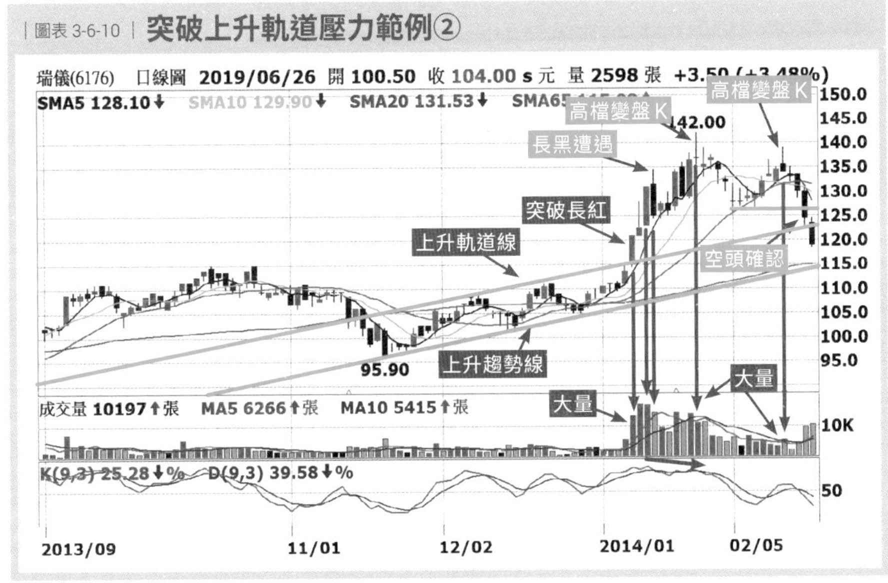

資料來源：富邦 e01 及嘉實資訊

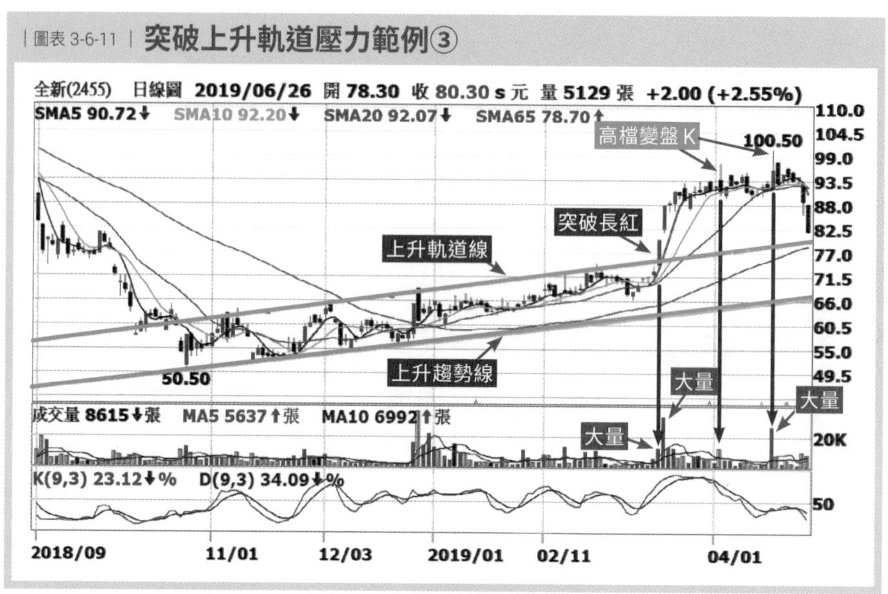

| 圖表 3-6-11 | 突破上升軌道壓力範例③

資料來源：富邦 e01 及嘉實資訊

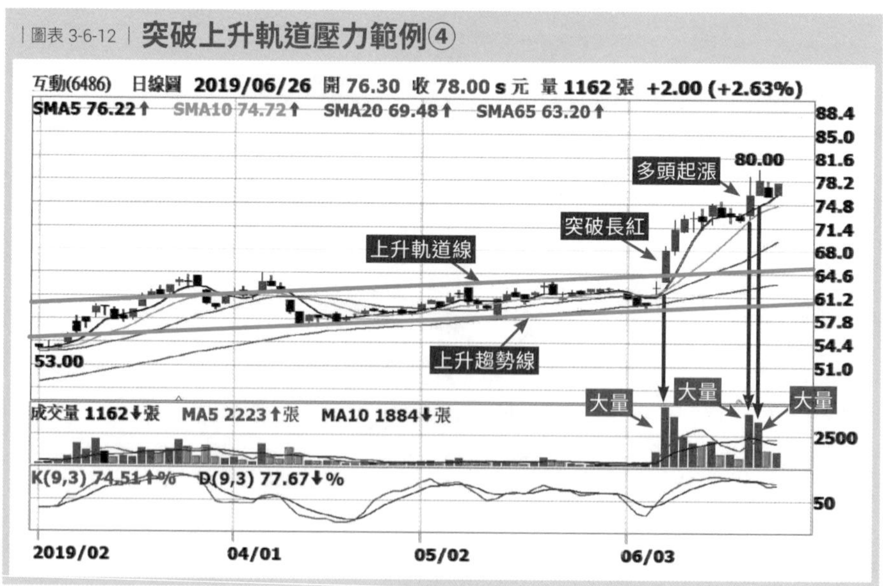

| 圖表 3-6-12 | 突破上升軌道壓力範例④

資料來源：富邦 e01 及嘉實資訊

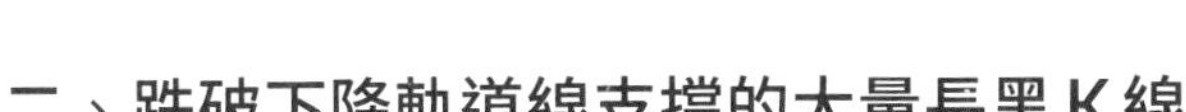

二、跌破下降軌道線支撐的大量長黑K線

空頭下跌時，下降切線是一條連接高點的趨勢線，也是一條壓力參考線，在下面低點畫一條與下降切線平行的下降線為下降軌道線，是一條支撐線，當股價跌破下降軌道支撐線，是走勢轉弱的訊號，往往會出現連續下跌的一波跌勢。

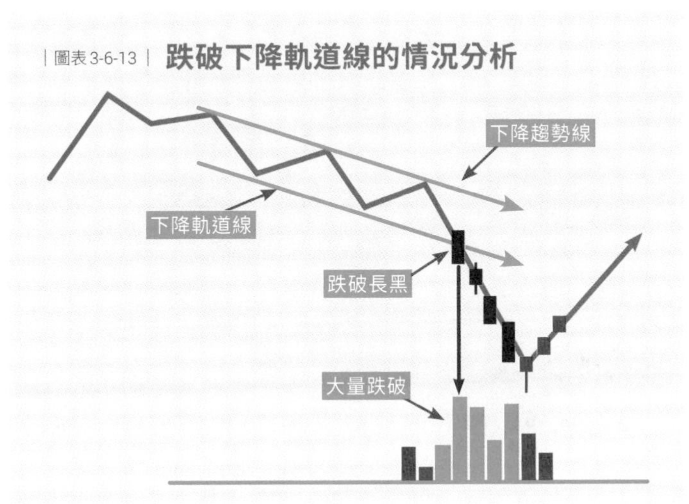

|圖表 3-6-13| 跌破下降軌道線的情況分析

重點說明：

1. 跌破當天，出現跳空下跌大量長黑K實體棒，力道最強。

2. 沿軌道區間下跌到趨勢低檔（第3波）的跌破長黑K，容易急跌，是末跌段的現象，注意當出現變盤訊號，要準備空單回補停利出場（可以畫下降急切線參考，突破急切線停利）。

3. 下降軌道線是支撐，沒有跌破確認，不可提早進場，相反在上漲時可以短線逆勢做多。

｜圖表 3-6-14｜ 跌破下降軌道支撐範例①

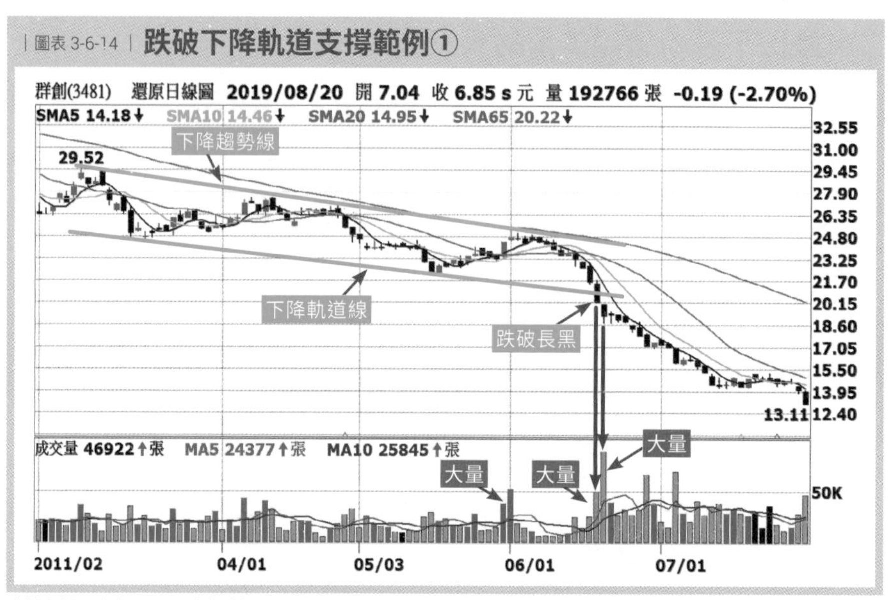

資料來源：富邦 e01 及嘉實資訊

｜圖表 3-6-15｜ 跌破下降軌道支撐範例②

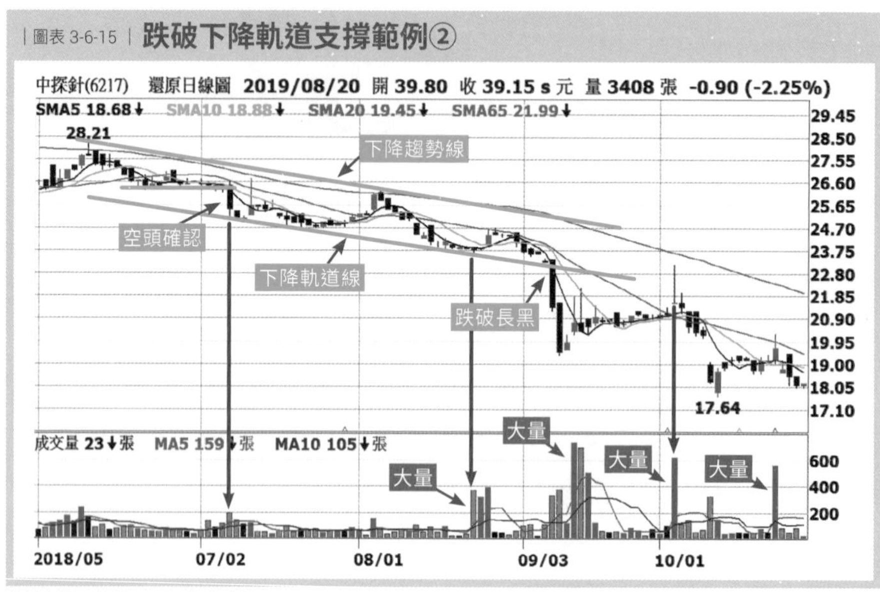

資料來源：富邦 e01 及嘉實資訊

| 圖表 3-6-16 | **跌破下降軌道支撐範例③**

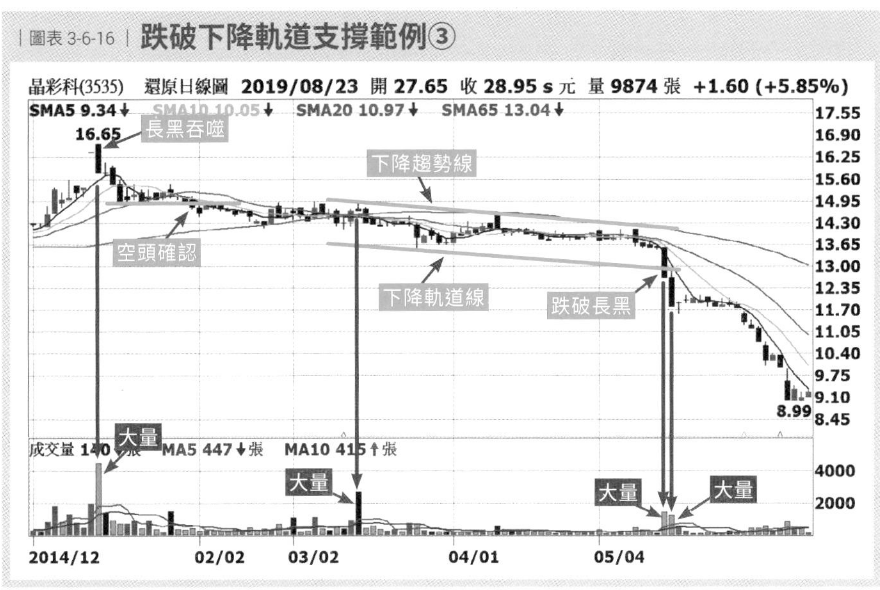

資料來源：富邦 e01 及嘉實資訊

| 圖表 3-6-17 | **跌破下降軌道支撐範例④**

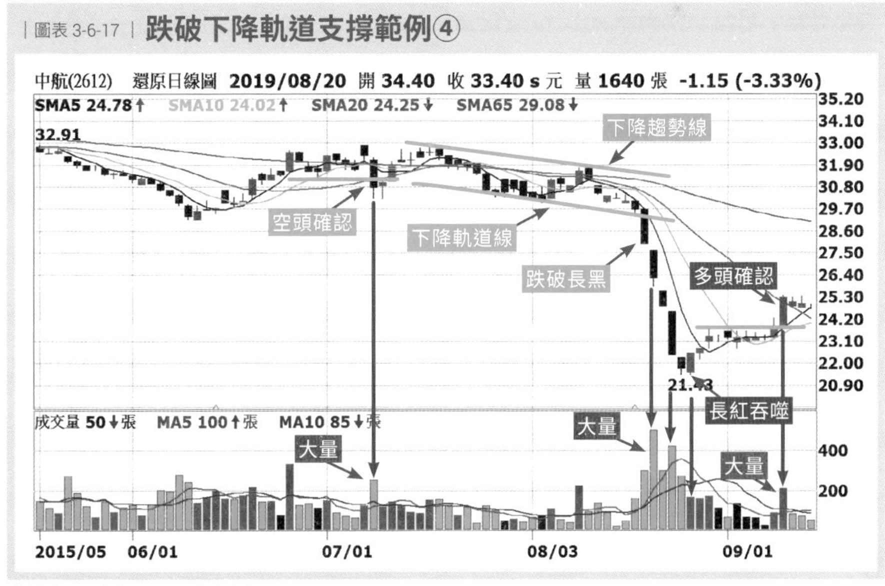

資料來源：富邦 e01 及嘉實資訊

Part 04
均線篇

千線萬線
不如 1 條均線

4-1
均線的基本概念

移動平均線（Moving Average）簡稱為「均線」，是由葛蘭碧（Granville Joseph）在 1960 年發表的。

當天均線的數值，是把一段固定日數的期間，用每天收盤價加總再平均算出來的。例如 5 日均線數值，就是把最近 5 個交易日的收盤價加起來的總和再除以 5 的平均數值，同理，10 日均線就是最最近 10 個交易日的收盤價加起來的總和再除以 10 的平均數值，其他 20 日、60 日……任何你想要設定的均線，都可以用同樣方法計算。

只要有開盤，每天都可以計算一個新的 5 日平均指數出來，我們把這些 5 日平均數值連接起來，就是 5 日均線曲線圖。現在電腦或 App 的看盤軟體，每天都會自動畫好顯示「移動平均線」，當然不用自己算了。

｜圖表 4-1-1｜ **移動平均線的基本概念**

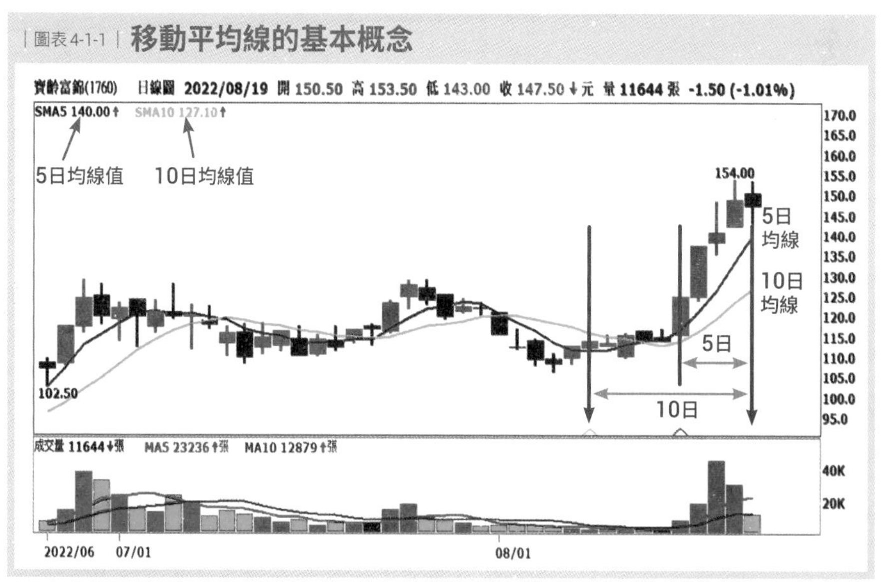

資料來源：富邦 e01 及嘉實資訊

均線的理論基礎

一、成本理論

當均線上升時，代表市場上每天的收盤價在逐漸走高，市場上持有某個交易日商品的成本價也在逐漸走高。

二、觀察不同時期均線

價與均線的配合非常重要，「均線」是在表示某一期間的平均收盤成本，所以，5 日均線的數值，是反映這 5 天交易人收盤的平均成本，是比較短期間的均價變化。

如果當天的收盤價是 136.5 元，而當天 5 日均線的數值是 130 元，表示這 5 天買股票的投資者，平均來說是賺錢的。相反的，如果當天收盤價 126 元，低於當天 5 日均線的數值 130 元，表示這 5 天買股票的投資者，平均來說是賠錢的。

以此類推，當你設定的均線期間越長，反映的收盤平均成本時間越長，這些長短不同時期的均線在走勢變化有什麼不同呢？我們要如何取用呢？為了看圖清楚，我用 5 日、10 日、20 日，3 條均線分別代表短、中、長期的均線說明（圖表 4-1-2）。

從圖表 4-1-2 看出來了嗎？股價只要跌 1 天或 2 天，5 日短期均線就改變方向了，多跌幾天，10 日中期均線也改變方向了，但是 20 日長期均線卻不為所動，仍然繼續往上走。

這是什麼原因呢？因為短期均線，每天漲跌的幅度影響均線計算的比例比較大，意思是，1 天漲跌的收盤價占 5 日均線收盤價總和的五分之一，所以只要跌 1、2 天就會改變方向，而長期 20 日均

| 圖表 4-1-2 | **短、中、長期均線的變化**

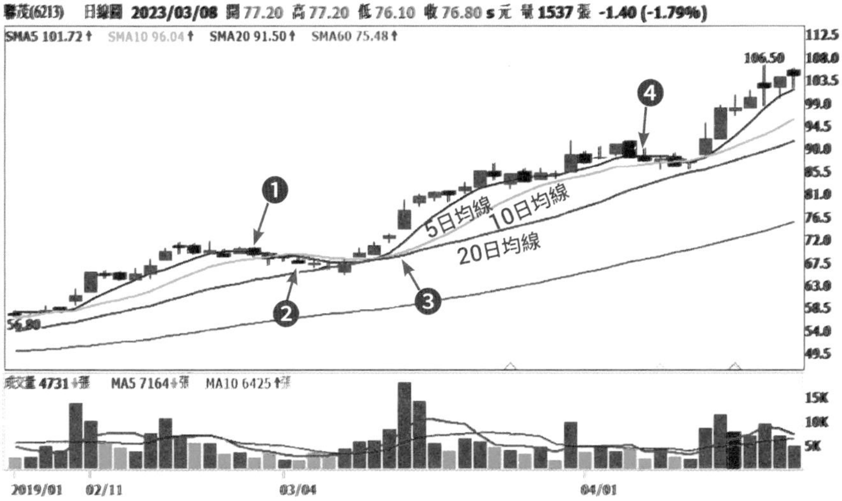

❶ 當天黑 K 下跌，發現 5 日均線開始下彎，但是 10 日均線、20 日均線仍然向上走。

❷ 黑 K 連續下跌，10 日均線開始下彎，20 日均線仍然向上走。

❸ 股價反轉上漲 3 天，發現 5 日均線、10 日均線也開始上彎，20 日均線仍然向維持向上走。

❹ 當天黑 K 下跌，發現 5 日均線開始下彎，但是 10 日均線、20 日均線仍然向上走。

資料來源：富邦 e01 及嘉實資訊

線，1 天漲跌的收盤價占 20 日收盤價總和的二十分之一，所以只跌 1、2 天，還不會改變方向。

三、均線的優點

1. 利用均線可以觀察股價總體走勢，不考慮股價的偶爾變動，這樣可以掌握一波段的方向。

2. 每天知道不同時期的平均成本漲跌變化，擬定自己進出的依據，因此短線投資人可用5均或10均進出，中線投資人可用20均進出，長線投資人可用60均進出。

3. 利用均線分析簡單明瞭，清楚看出股價與均線關係。

四、均線的缺點

1. 長天期均線變動緩慢，不易掌握股價趨勢的高峰與谷底。

2. 趨勢區間盤整時，均線上下變動，無法用均線判斷方向與進出。

五、不同策略採用不同期程均線

短、中、長均線的使用，依個人交易策略的不同而決定使用不同的均線。

1. 長期策略：數月之久的交易，一般常採用10週、20週均線。

2. 中期策略：數星期的交易，一般常採用20日、60日均線。

3. 短期策略：幾天之久的交易，一般常採用3日、5日、10日均線。

4. 超短期策略：當沖交易，一般常採用1分、5分、15分、60分均線。

找出電腦圖上的均線

打開電腦走勢圖，一般會有3個地方提供均線相關的資訊（圖表4-1-3）。

｜圖表 4-1-3｜ **找出線圖中的均線資訊**

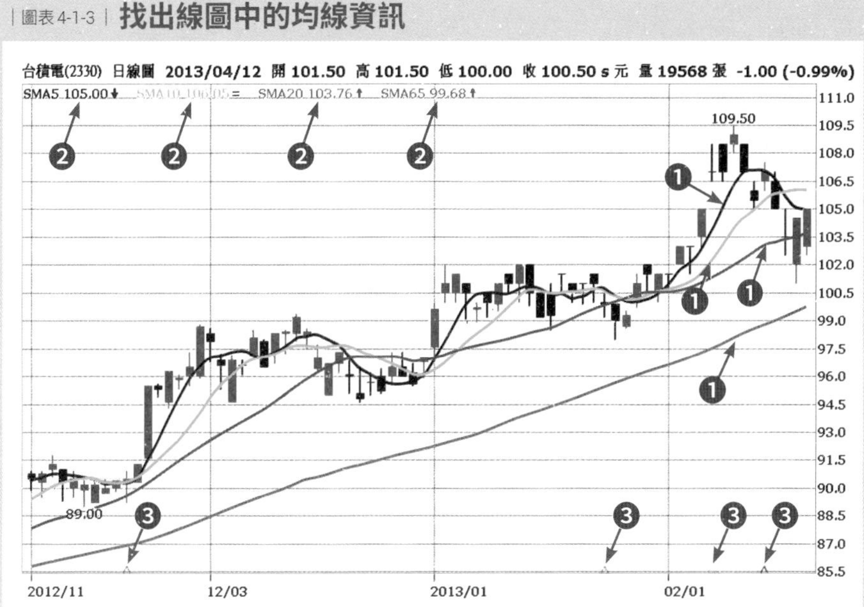

❶ 圖上有 4 條均線，用不同顏色顯示，深褐色是 5 日均線，藍色是 10 日均線，紅色是 20 日均線，橘色是 65 日均線。

❷ 左上角是均線的數值及方向，同圖中均線的顏色區分，5 日均線的均價是 105.00 元，方向向下（右邊符號是「↓」）；10 日均線的均價是 106.05 元，方向走平（右邊符號是「＝」）；20 日均線的均價是 103.76 元，方向向上（右邊符號是「↑」）；65 日均線的均價是 99.68 元，方向向上（右邊符號是↑）。

❸ 下沿有凸出的ㅅ記號，同圖中均線的顏色區分，分別表示不同期間均線的最前面一天的位置。橘色的ㅅ位置，代表計算 65 日均線的第 1 天的 K 線位置；紅色的ㅅ位置，表示計算 20 日均線的第 1 天的 K 線位置；藍色的ㅅ位置，表示計算 10 日均線的第 1 天的 K 線位置；深褐色的ㅅ位置，表示計算 5 日均線的第 1 天的 K 線位置。

資料來源：富邦 e01 及嘉實資訊

一張走勢圖上，居然有 3 處都在註記均線的相關資料，可見得均線重要，認識了均線的形成，後面就一步步來了解均線的用途 。

4-2 均線的重要功能與實戰活用

學會移動扣抵未卜先知

利用均線的「移動扣抵」可計算均線方向的改變、2條均線相互位置的變化、股價與均線位置關係，還可以計算盤整的時間與空間。

一、認識「移動扣抵」

前面提到，均線會隨著每日收盤價而變動，計算今日的均價，要加上今日的收盤價、減掉最前面一天的收盤價來計算，加近來的新收盤價稱為「抵」，減掉最前面一天的收盤價稱為「扣」，總稱為「移動扣抵」。

以圖表4-2-1為例，圖中顯示昨日（第5天）收盤價45元，加總過去5個交易日計算出來的5日均價為46.4元，今日（第6天）新的均價計算方式是，加上今日收盤價48元，減去第1天的收盤價45元，再除以5，算出新的5日均價為47元。

也就是說，減去第1天的收盤價45元就是扣價，加上第6天的收盤價48元是抵進來的價。

|圖表4-2-1| 「今日均價」計算方式

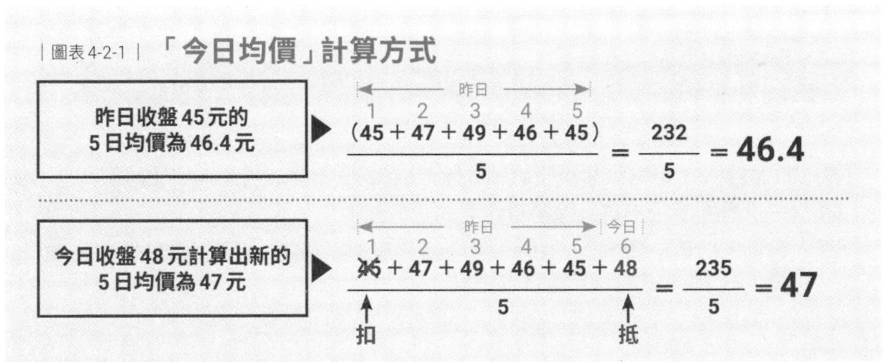

「扣價」與「抵價」之間有下列 3 種變化關係：

1. 當第 6 天抵進來的收盤價大於第 1 天扣除的收盤價（48 > 45），均線的數值會增加，均線將向上移動，出現均線上彎。

2. 當第 6 天抵進來的收盤價小於第 1 天扣除的收盤價（42 < 45），均線的數值會減少，均線將向下移動，出現均線下彎。

3. 當第 6 天抵進來的收盤價等於第 1 天扣除的收盤價（45 = 45），均線的數值不變，均線將走平。

｜圖表 4-2-2｜ **預知均線方向的改變範例①**

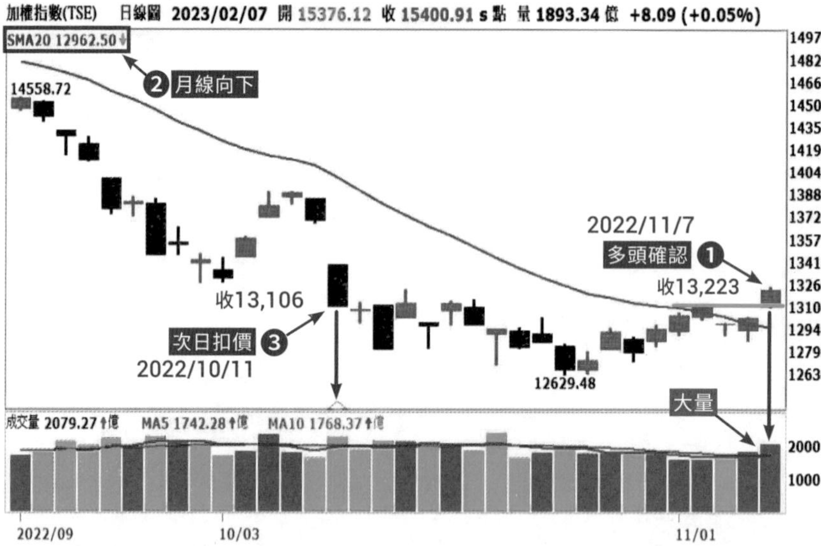

加權指數(TSE) 日線圖 2023/02/07 開 15376.12 收 15400.91 s 點 量 1893.34 億 +8.09 (+0.05%)

SMA20 12962.50↓

❷ 月線向下

14558.72

2022/11/7

多頭確認 ❶

收13,223

收13,106

次日扣價 ❸

2022/10/11

12629.48

大量

14976 14820 14664 14508 14352 14196 14040 13884 13728 13572 13416 13260 13104 12948 12792 12636

成交量 2079.27↑億 MA5 1742.28↑億 MA10 1768.37↑億

2000 1000

2022/09 10/03 11/01

❶ 2022/11/7，指數大量跳空紅 K 收盤 13,223 點，突破前高，多頭確認。

❷ 當天月線向下，不符合做多月線要向上的條件。

❸ 次日的「扣價」是 2022/10/11 的收盤指數 13,106 點，因此次日收盤指數只要大於 13,106 點，月線就會上彎。

資料來源：富邦 e01 及嘉實資訊

| 圖表 4-2-3 | **預知均線方向的改變範例②**

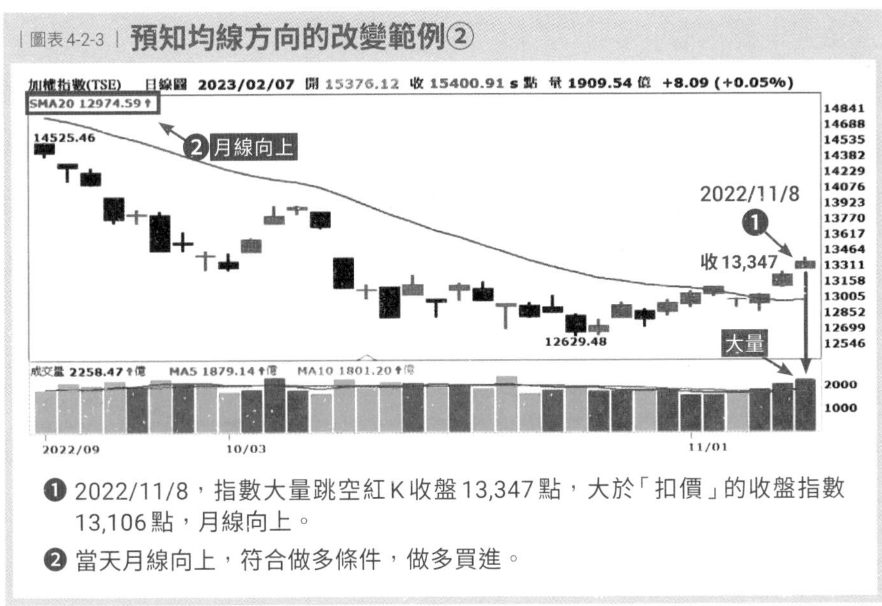

❶ 2022/11/8，指數大量跳空紅 K 收盤 13,347 點，大於「扣價」的收盤指數 13,106 點，月線向上。

❷ 當天月線向上，符合做多條件，做多買進。

資料來源：富邦 e01 及嘉實資訊

| 圖表 4-2-4 | **預知均線方向的改變範例③**

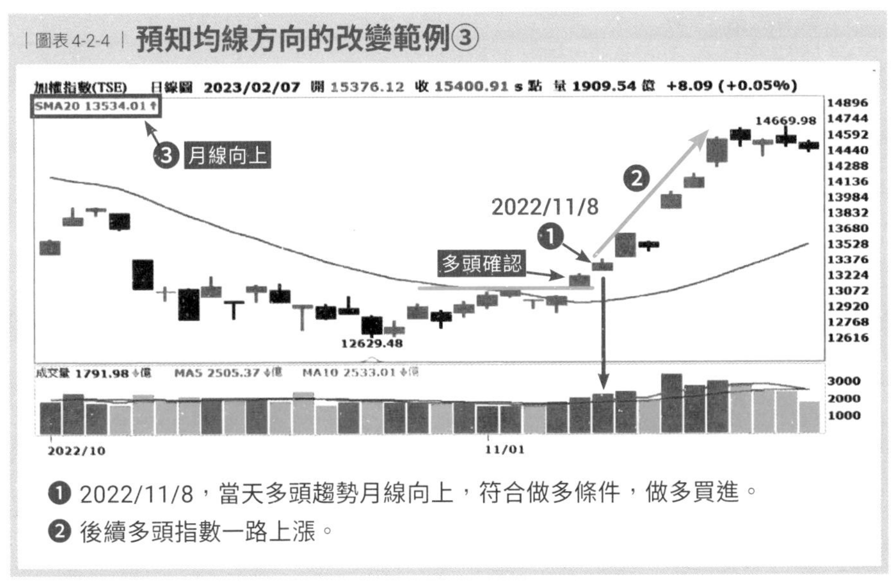

❶ 2022/11/8，當天多頭趨勢月線向上，符合做多條件，做多買進。

❷ 後續多頭指數一路上漲。

資料來源：富邦 e01 及嘉實資訊

｜圖表 4-2-5｜ **預測盤整時間及均線交叉位置範例①**

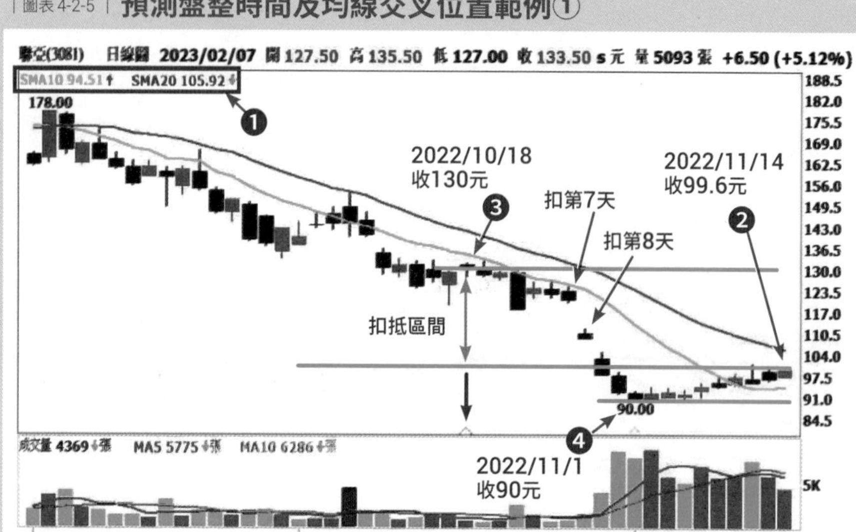

❶ 2022/11/14，當天看到 20 日均線向下，10 日均線向上，趨勢是空頭反彈，不能做多。

做多條件 趨勢完成「頭頭高、底底高」，10 均線與 20 日均線呈多頭排列（10 均在 20 均之上），同時 2 條均線方向向上，我們用扣抵可以大概算出要幾天後才能達到上面的條件。

❷ 2022/11/14，當天收盤 99.6 元，20 日均線扣 10/18 日收盤 130 元，換句話說，月線要向上必須收盤大於「扣價」，因此「扣價」130 元與收盤 99.6 元的價差稱為「扣抵區間」。

觀察走勢圖往後 7 ～ 8 天的「扣價」，如果股價維持緩漲，之後 8 天「扣價」都大於收盤價，20 日均線會維持向下。換句話說要 7 ～ 8 日之後，20 日均線才可能向上。

❸ 2022/10/18 收盤 130 元，是次日 20 日均線的「扣價」。

❹ 2022/11/1 日收盤 90 元是次日 10 日均線的「扣價」，如果股價維持不跌，之後 8 天「扣價」都小於收盤價，因此 10 日均線都會維持向上。

未來幾天 20 均線維持向下，10 日均線維持向上，如此推論大約 5 ～ 6 天，10 日均線就會穿過 20 日均線，形成多頭排列。

資料來源：富邦 e01 及嘉實資訊

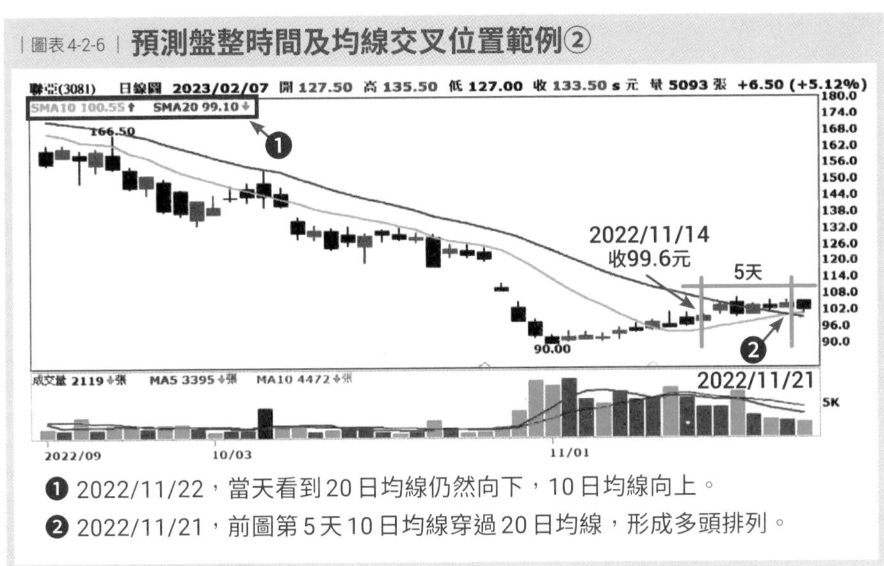

| 圖表 4-2-6 | **預測盤整時間及均線交叉位置範例②**

❶ 2022/11/22，當天看到 20 日均線仍然向下，10 日均線向上。

❷ 2022/11/21，前圖第 5 天 10 日均線穿過 20 日均線，形成多頭排列。

資料來源：富邦 e01 及嘉實資訊

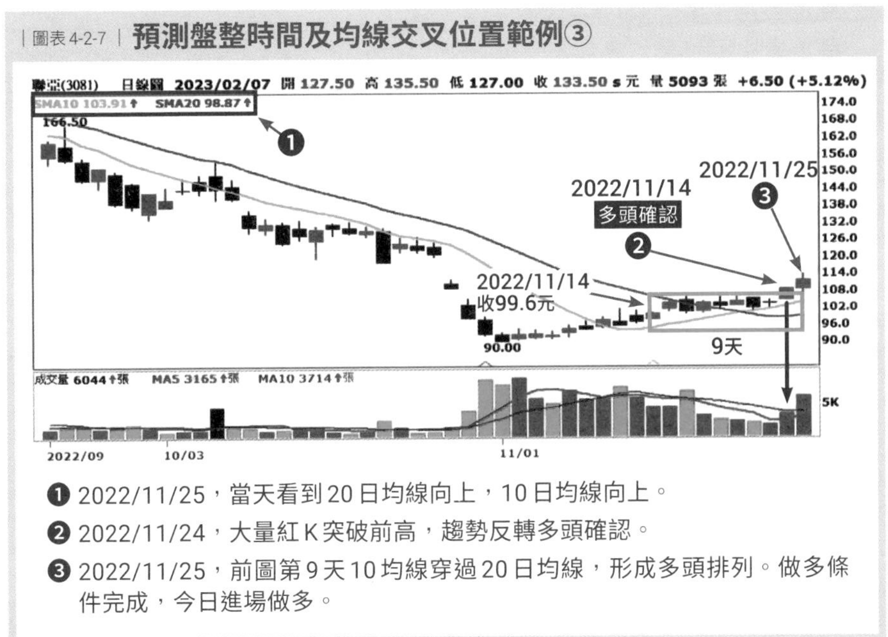

| 圖表 4-2-7 | **預測盤整時間及均線交叉位置範例③**

❶ 2022/11/25，當天看到 20 日均線向上，10 日均線向上。

❷ 2022/11/24，大量紅 K 突破前高，趨勢反轉多頭確認。

❸ 2022/11/25，前圖第 9 天 10 均線穿過 20 日均線，形成多頭排列。做多條件完成，今日進場做多。

資料來源：富邦 e01 及嘉實資訊

圖表 4-2-8 預測盤整時間及均線交叉位置範例④

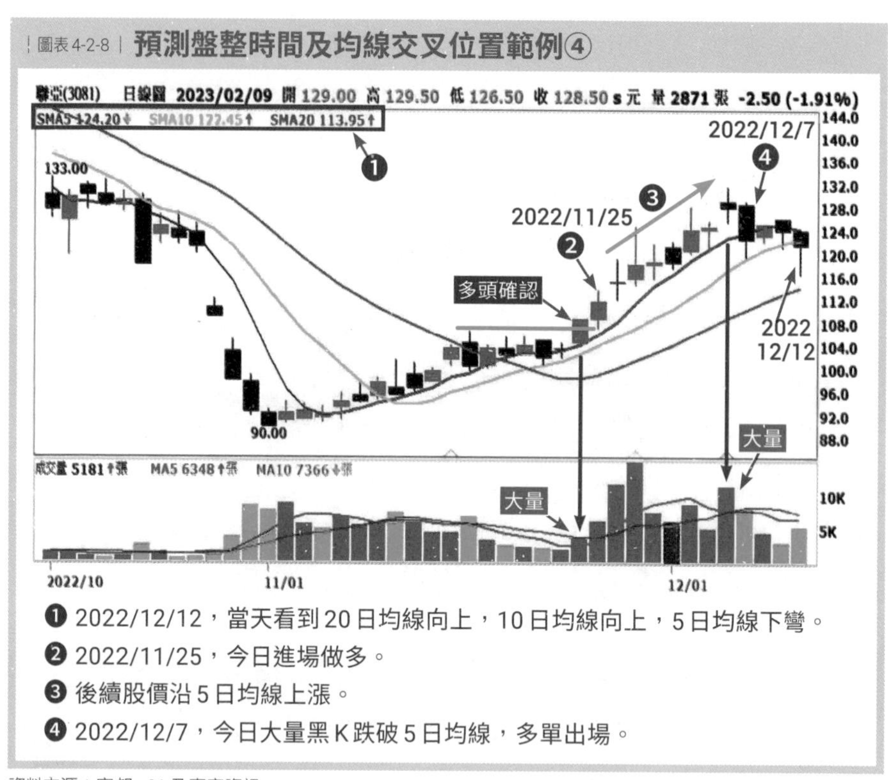

❶ 2022/12/12，當天看到 20 日均線向上，10 日均線向上，5 日均線下彎。
❷ 2022/11/25，今日進場做多。
❸ 後續股價沿 5 日均線上漲。
❹ 2022/12/7，今日大量黑 K 跌破 5 日均線，多單出場。

資料來源：富邦 e01 及嘉實資訊

二、空頭轉多頭的底部必經過盤整

當均線向下，而股價在均線之下，這樣的均線會對股價上漲造成壓力，所以空頭要止跌回升，除了股價不能再往下跌破低點之外，同時股價要站到均線上面，且均線要走平或者上彎，這樣股價才不會受到均線的壓力。在股價止跌盤整打底的階段，就是用時間在等均線由股價上面，轉到股價下面（方向上彎），這段等待改變的時間，就是打底盤整時間。

從圖表4-2-9可以很清楚看到，空頭打底的盤整過程，股價下跌一段時間，均線慢慢都走到股價的上方，同時方向也都往下彎，這個時候，均線對股價會造成壓力，當20日均線完成從方向往下到方向上彎的改變，也就完成了多頭的底部。

| 圖表4-2-9 | 空頭打底的盤整過程

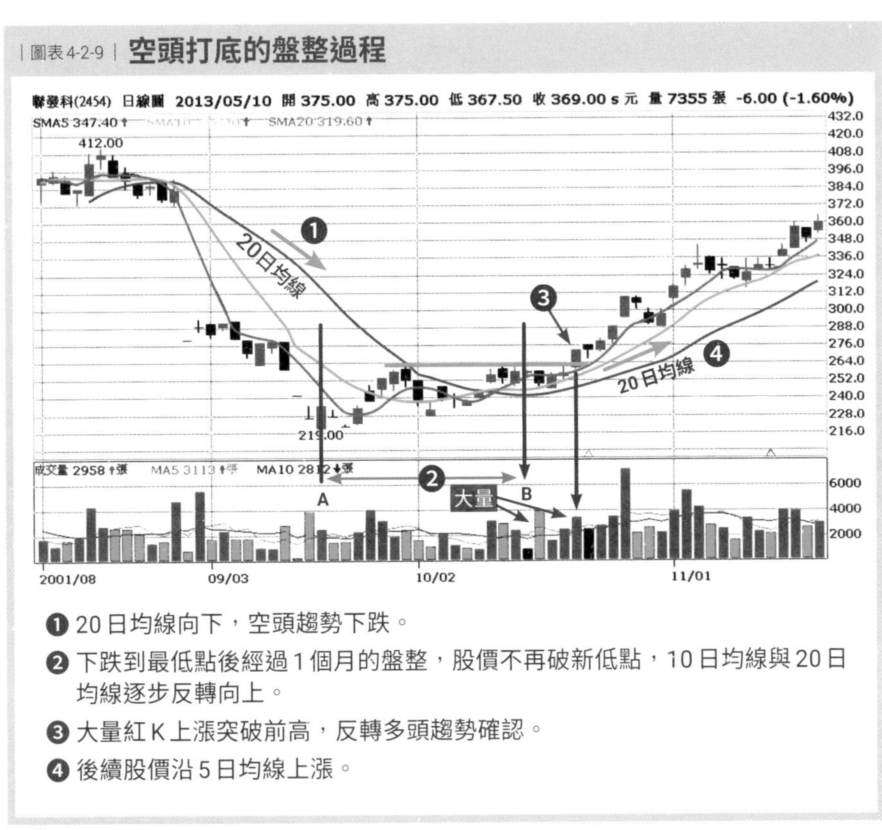

❶ 20日均線向下，空頭趨勢下跌。

❷ 下跌到最低點後經過1個月的盤整，股價不再破新低點，10日均線與20日均線逐步反轉向上。

❸ 大量紅K上漲突破前高，反轉多頭趨勢確認。

❹ 後續股價沿5日均線上漲。

資料來源：富邦 e01 及嘉實資訊

均線上彎支撐股價上漲

我們為什麼如此重視均線的方向？因為均線的方向能夠產生重要的力量，當均線上彎的時候，可以發揮下列3大作用。

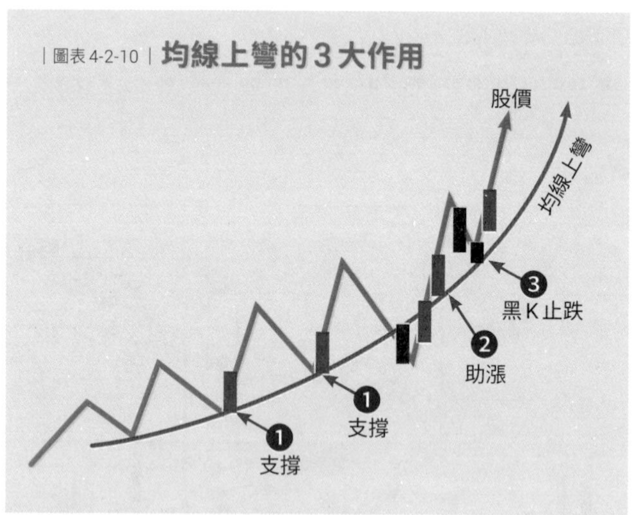

｜圖表 4-2-10｜均線上彎的 3 大作用

重點說明：

❶支撐的作用：當股價在均線上方上漲，回檔到均線時，均線具有「支撐」的作用，股價容易止跌回升。

❷助漲的作用：當股價在均線上方上漲，當回檔跌破均線，而此時均線如果仍然保持往上，均線會發揮「助漲」的作用，股價容易往上拉，再站回均線上方，繼續上漲。

❸減弱下跌黑K線的下殺力道：多頭上漲中突然出現中長黑K回檔下跌，表示空方下跌力道大，但是均線上揚，可減緩下跌的力

道，黑K續跌的力量會減弱，仍維持多頭上漲格局。

由於均線的特性，發揮3大作用的強度因下面條件而不相同：

1. 越長天期的均線，發揮3大作用的強度越高，也就是MA20發揮支撐的力量比MA10要大，MA10發揮支撐的力量比MA5要大。因此，越長天期的均線，改變方向的時間會越久。

2. 相同天期的均線，上彎的角度越大，發揮3大作用的強度越強。因此，上彎角度越大的均線，改變方向的時間會越久。

| 圖表 4-2-11 | **均線對股價的支撐①**

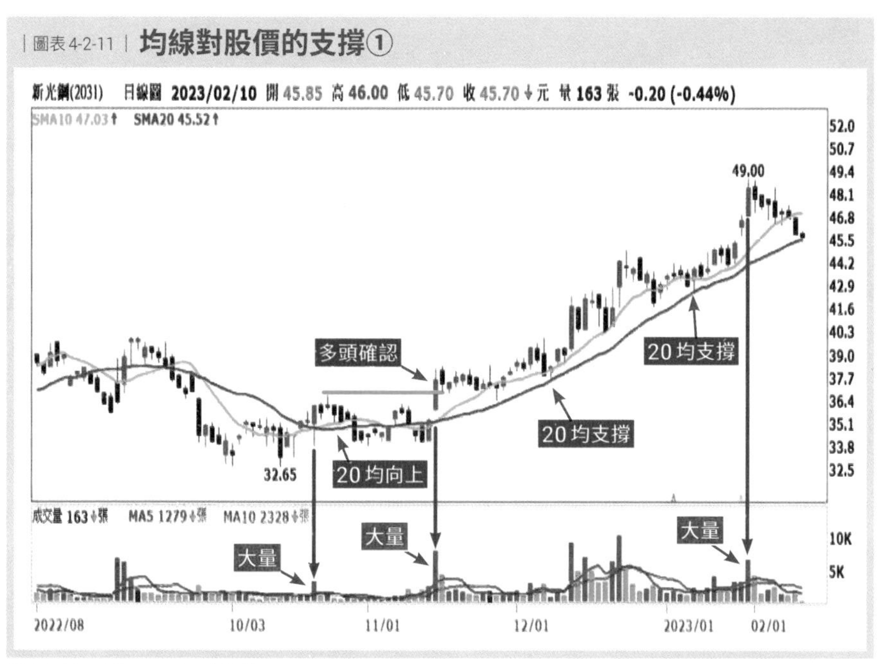

資料來源：富邦 e01 及嘉實資訊

|圖表 4-2-12| 均線對股價的支撐②

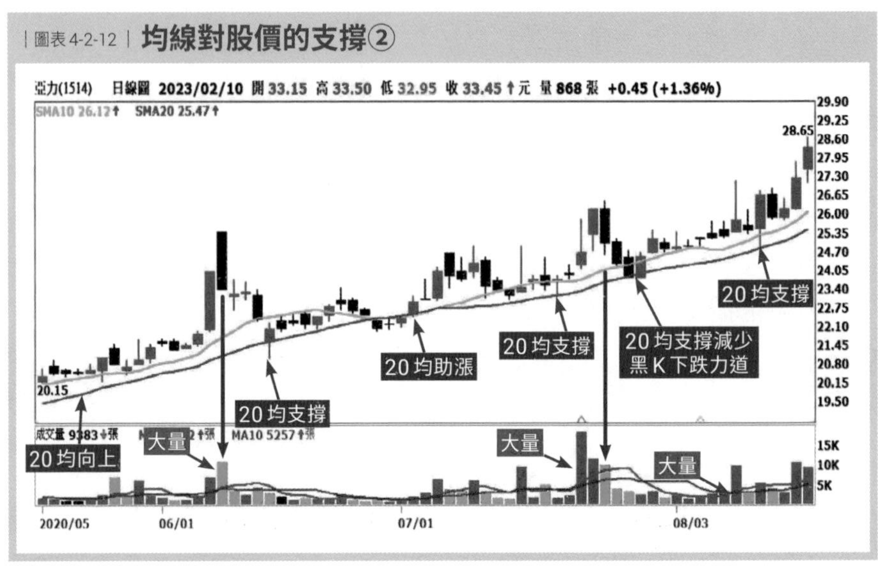

資料來源：富邦 e01 及嘉實資訊

均線下彎壓著股價下行

同樣的，當均線下彎的時候，也可以發揮 3 大作用，說明如下。

|圖表 4-2-13| 均線下彎的 3 大作用

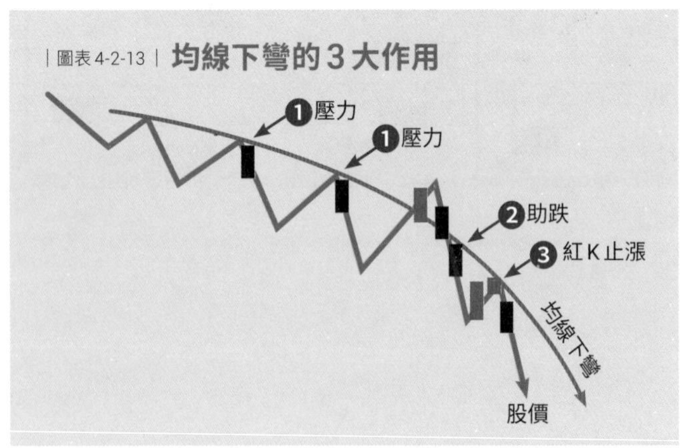

重點說明

❶**壓力的作用**：當股價在均線下方下跌，反彈到均線時，均線會發揮「壓力」的作用，股價容易止漲再下跌。

❷**助跌的作用**：當股價在均線下方反彈，反彈突破均線時，而此時均線方向仍然保持下彎，均線會發揮「助跌」的作用，股價容易再被拉下來，跌到均線下方。

❸**減弱反彈紅K線的上漲力道**：空頭下跌中突然出現中長紅K反彈大漲，表示多方攻擊力道大，但是均線下彎，會減緩續漲的力道，仍維持空頭往下。

｜圖表 4-2-14｜**均線對股價的壓力①**

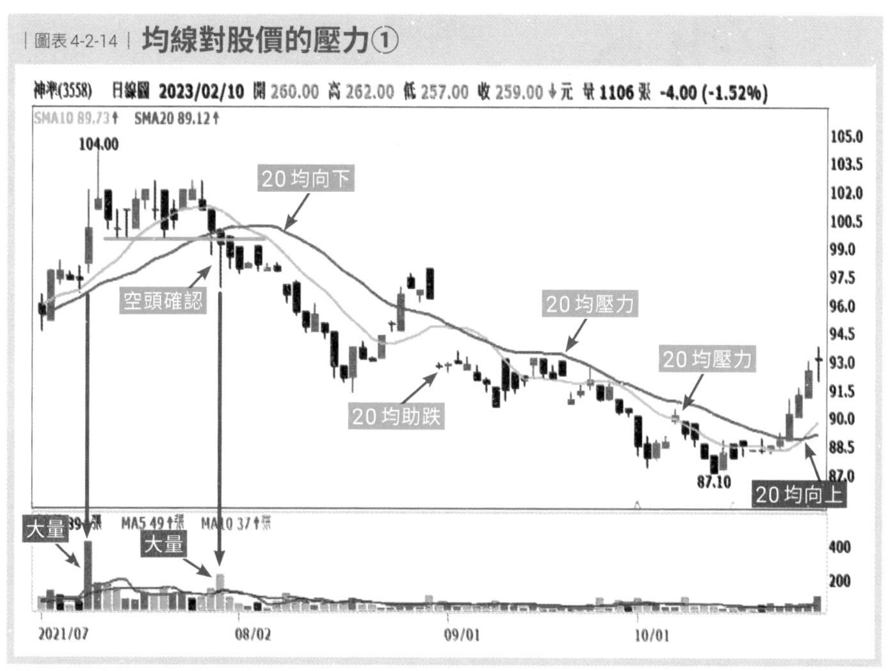

資料來源：富邦 e01 及嘉實資訊

由於均線的特性，發揮3大作用的強度因下面條件而不相同：

1. 越長天期的均線，發揮3大作用的強度越強，也就是MA20發揮壓力的作用比MA10要大，MA10發揮壓力的作用比MA5要大。因此，越長天期的均線，改變方向的時間會越久。

2. 相同天期的均線，下彎的角度越大，發揮3大作用的強度越強。因此，下彎角度越大的均線，改變方向的時間會越久。

｜圖表 4-2-15｜均線對股價的壓力②

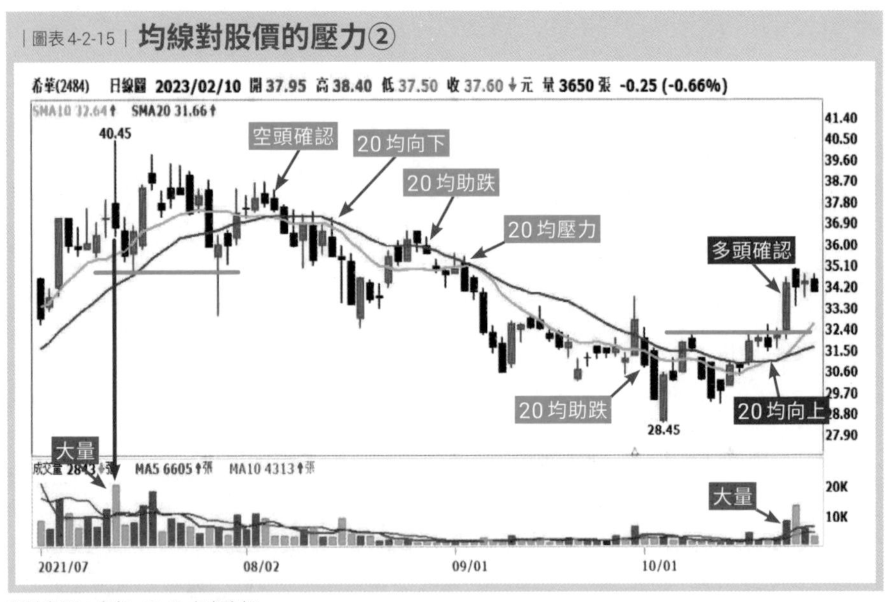

資料來源：富邦 e01 及嘉實資訊

均線多頭排列的助力

不同天期的均線上下排列次序不同時，代表的意義大不相同，分別說明如下。

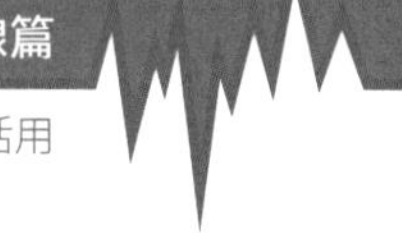

一、多頭排列方式

當短天期的移動平均線在上、長天期的移動平均線在下依序排列時，稱為均線多頭排列。

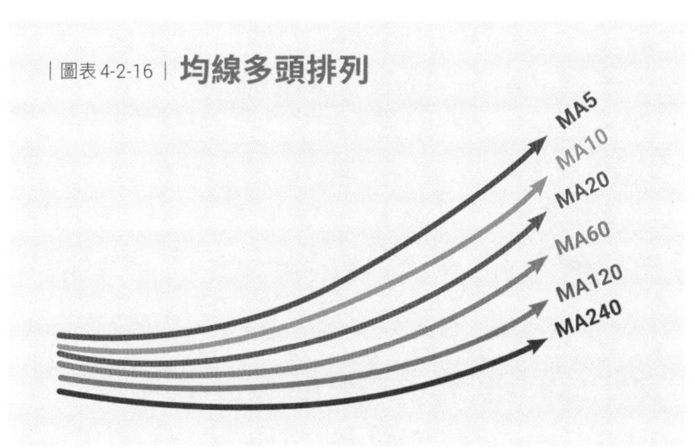

｜圖表 4-2-16｜均線多頭排列

二、多頭排列的意義

當每條均線方向都往上，而且呈現出多頭排列，表示每條均線對股價都有支撐及助漲作用，所以越多條均線多排（向上），越能支撐股價長期上漲，因此6線均線多排的股票，上漲時間維持比較長久，這種股票可以鎖股做中長多(6線是指5日、10 日、月線、季線、半年線、年線）。

三、均線多頭排列的進階探討

1. 看日線、週線與月線的均線多頭排列是一樣的，只是週線的天期比日線長，是中長線的操作參考；月線的天期比週線長，是長線操作的參考。

2. 由於太短天期的均線，股價上漲或下跌1、2天，均線方向就容易改變，也容易改變彼此的上下排列位置，所以投資人看日線操作短線多頭趨勢的股票時，至少要看5日、10日、20日3條均線，而且3條均線呈現多頭排列。

看週線操作中長線多頭趨勢的股票時，要看5週、10週、20週3條均線，而且3條均線呈現多頭排列。

3. 當我們要買股票做短多時，日線走勢圖基本上要符合下面的條件，成功上漲的機率才高。

(1)趨勢要完成多頭的架構，也就是波浪型態要符合「頭頭

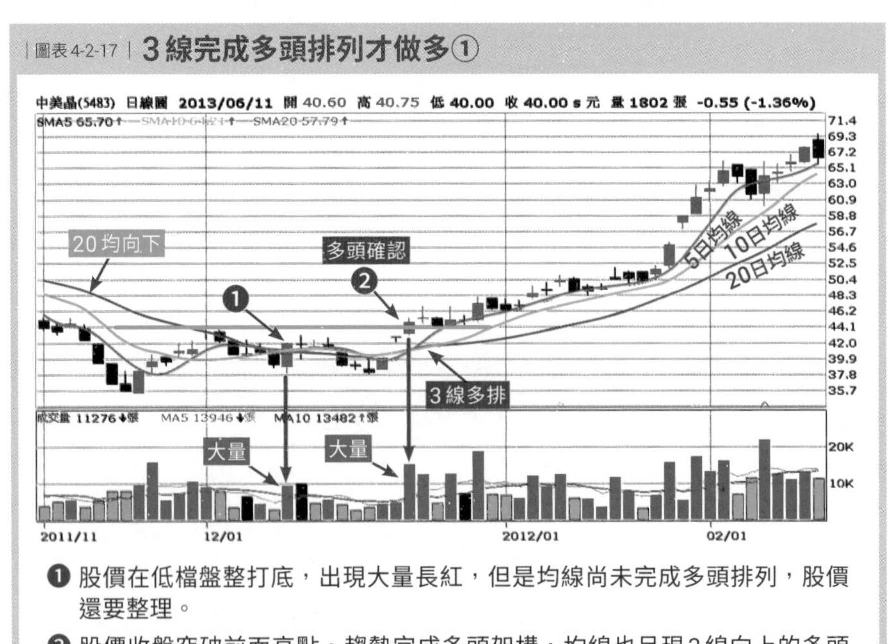

|圖表4-2-17| **3線完成多頭排列才做多①**

❶ 股價在低檔盤整打底，出現大量長紅，但是均線尚未完成多頭排列，股價還要整理。

❷ 股價收盤突破前面高點，趨勢完成多頭架構，均線也呈現3線向上的多頭排列，股價在20日均線之上，多頭容易上漲。

資料來源：富邦e01及嘉實資訊

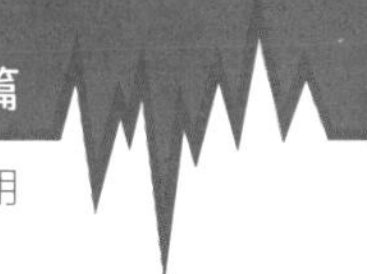

高、底底高」。

(2) 均線至少要3線多頭排列(5日、10日、20日),3條均線方向都往上。

(3) 股價收盤要站上20日均線。

4. 在底部打底完成的多頭股票,我們經常發現很不好操作,多半原因都是3條均線還沒有整理成為3線多頭排列,或是季線向下的壓力尚未化解,導至股價陷入再拉回或再盤整之後才向上攻擊。所以我們盡量等到均線也完成3線多頭排列或4線多頭排列,此時做多就容易成功上漲。

| 圖表 4-2-18 | 3線完成多頭排列才做多②

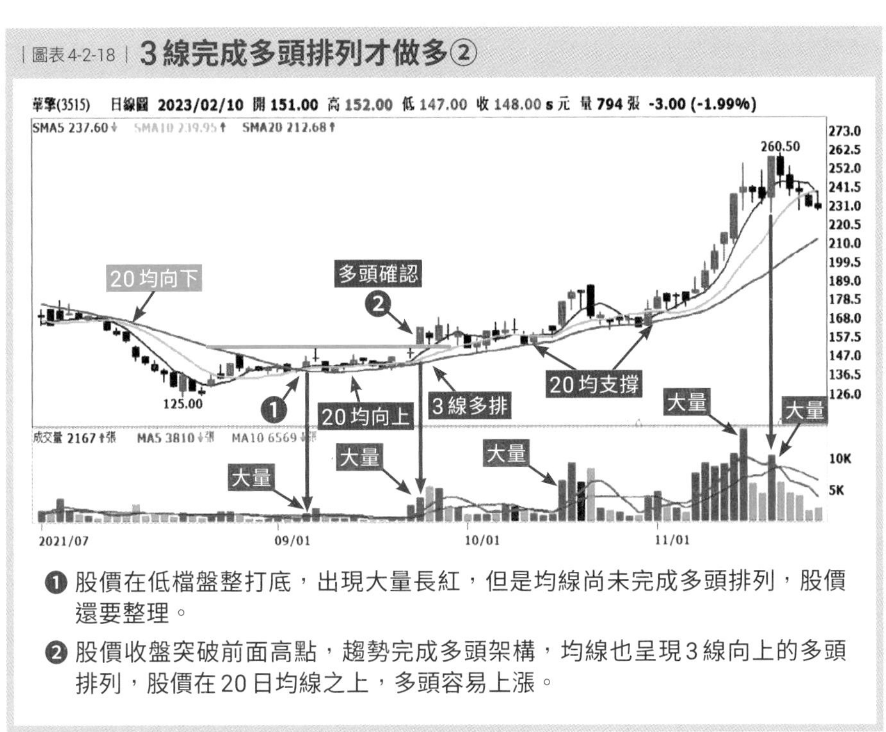

❶ 股價在低檔盤整打底,出現大量長紅,但是均線尚未完成多頭排列,股價還要整理。

❷ 股價收盤突破前面高點,趨勢完成多頭架構,均線也呈現3線向上的多頭排列,股價在20日均線之上,多頭容易上漲。

資料來源:富邦 e01 及嘉實資訊

圖表 4-2-19 | 6線多頭排列續漲力道強①

這是一檔6線多頭排列的股票，股價沿著月線上漲，呈現長期上漲趨勢，可見6線多頭排列的股票，值得長期操作。

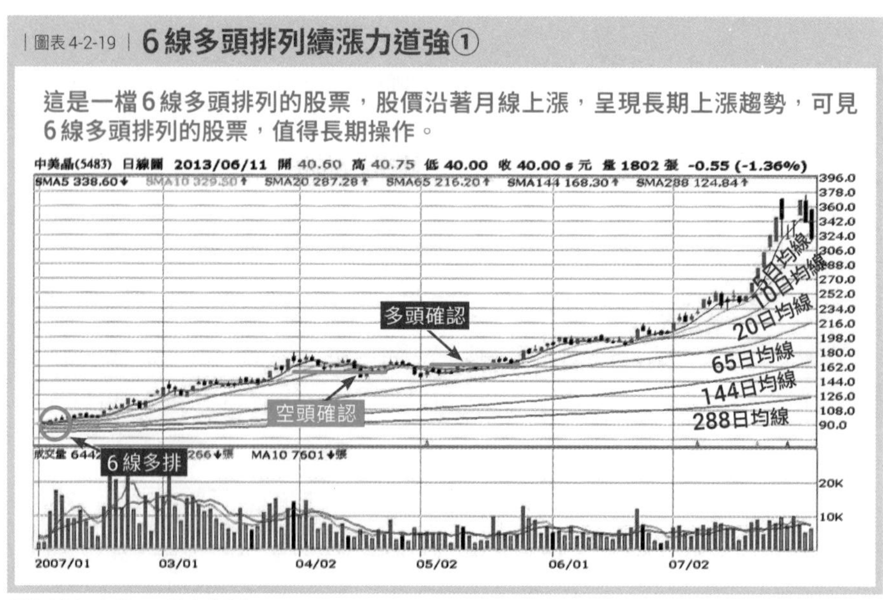

資料來源：富邦 e01 及嘉實資訊

圖表 4-2-20 | 6線多頭排列續漲力道強②

這是一檔6線多頭排列的股票，股價沿著月線上漲，呈現長期上漲趨勢，可見6線多頭排列的股票，值得長期操作。

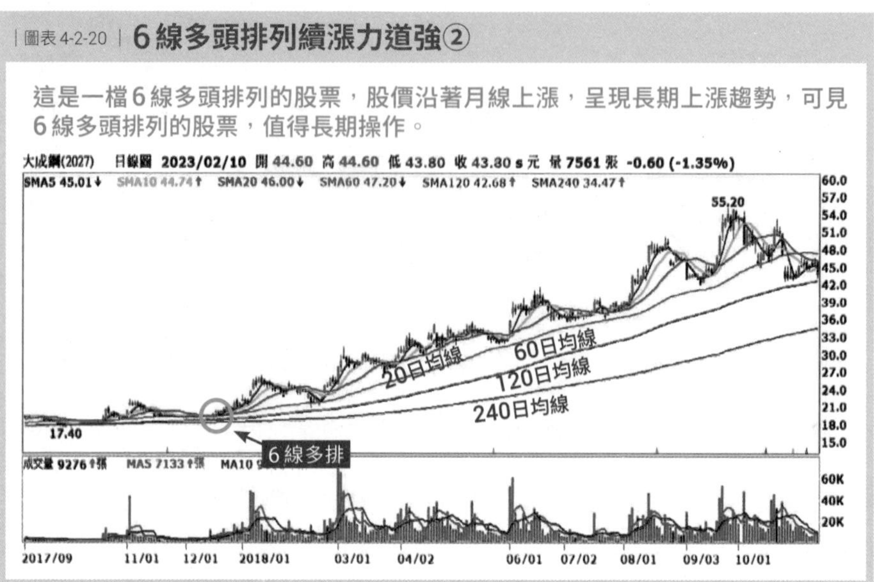

資料來源：富邦 e01 及嘉實資訊

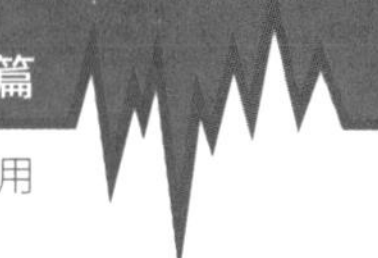

均線空頭排列的壓力

一、空頭排列方式

當長天期的移動平均線在上、短天期的移動平均線在下依序排列時，稱為均線空頭排列。

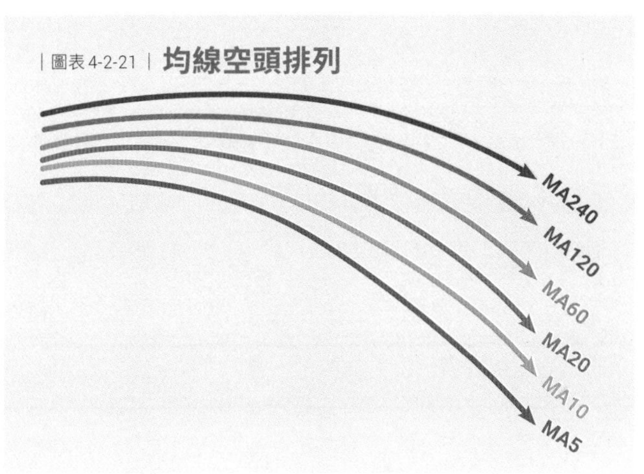

｜圖表 4-2-21｜均線空頭排列

二、空頭排列的意義

當每條均線方向往下，而且呈現出空頭排列，表示每條均線對股價都有壓力及助跌作用，因此越多條的均線空排（向下），越能造成股價長期下跌壓力，因此6線空排的股票，下跌時間維持比較長久，這種股票可以鎖股做中長空（6線是指5日、10 日、月線、季線、半年線、年線）。

三、均線空頭排列的進階探討

1. 看日線、週線與月線的均線空頭排列是一樣的，只是週線的天期比日線長，是中長線的操作參考；月線的天期比週線長，是長線的操作參考。

2. 由於太短時程的均線，股價上漲或下跌 1、2 天，均線方向就容易改變，也容易改變彼此的上下排列位置，所以投資人在看日線操作短線空頭趨勢股票時，至少要看 5 日、10 日、20 日 3 條均線，並且呈現空頭排列。

看週線操作中長線空頭趨勢股票時，要看 5 週、10 週、20 週 3 條均線，並且呈現空頭排列。

3. 當我們要賣股票做短空時，在日線走勢圖基本上要符合下

｜圖表 4-2-22｜**3 線完成空頭排列才做空①**

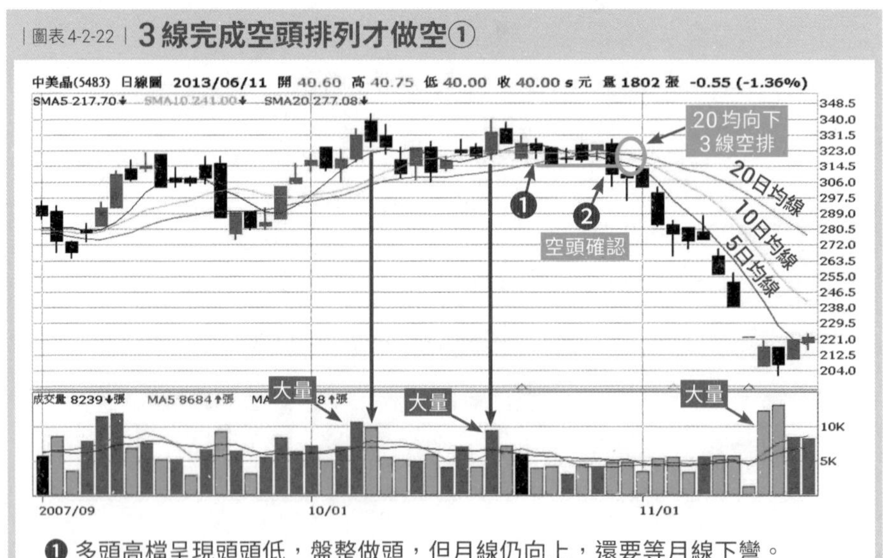

❶ 多頭高檔呈現頭頭低，盤整做頭，但月線仍向上，還要等月線下彎。

❷ 股價長黑下跌，跌破盤整區，同時也跌破 20 日均線，趨勢空頭確認，並且 3 條均線為向下的空頭排列，後續做空。

資料來源：富邦 e01 及嘉實資訊

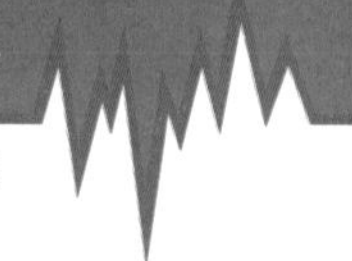

面的條件，做空成功的機率才高。

(1)趨勢要完成空頭的架構，也就是波浪型態要符合「頭頭低、底底低」。

(2)均線至少要3線空頭排列(5日、10日、20日)，3條均線方向都往下。

(3)股價收盤要跌破20日均線。

4. 在頭部盤頭完成的空頭股票，我們經常發現做空很不好操作，多半原因都是3條均線還沒有整理成為3線空頭排列，或是季線還在向上行進，季線尚有支撐的力道，導至股價再反彈或再陷入盤整之後才往下跌勢。所以我們盡量等到均線也完成3 線空頭排列或4線空頭排列，這時做空更容易成功獲利。

| 圖表 4-2-23 | **3線完成空頭排列才做空②**

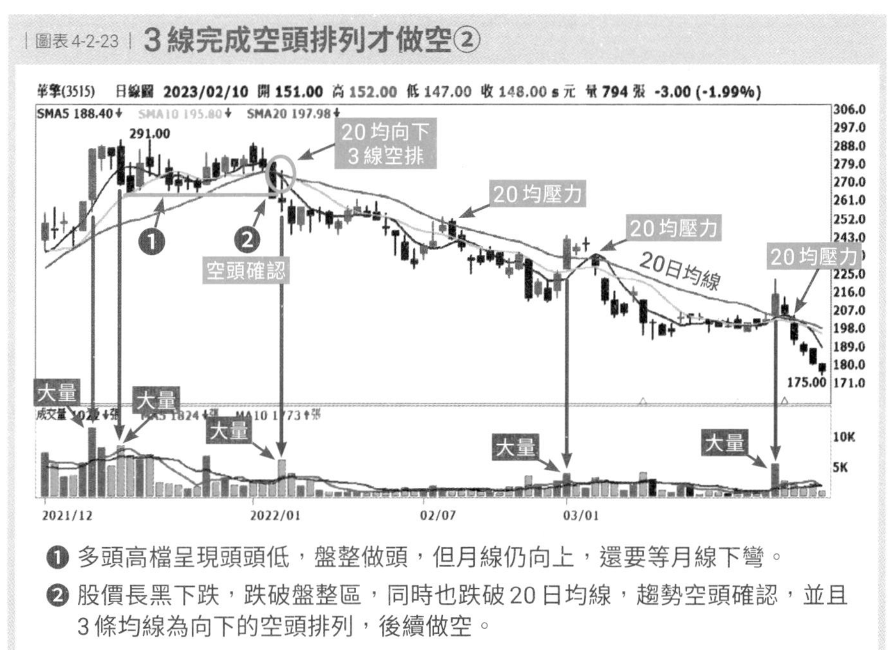

❶ 多頭高檔呈現頭頭低，盤整做頭，但月線仍向上，還要等月線下彎。

❷ 股價長黑下跌，跌破盤整區，同時也跌破20日均線，趨勢空頭確認，並且3條均線為向下的空頭排列，後續做空。

資料來源：富邦 e01 及嘉實資訊

| 圖表 4-2-24 | **6 線空頭排列續跌力道強①**

這是一檔 6 線空頭排列的股票，股價沿著月、季線下跌，呈現長期下跌趨勢，可見 6 線空頭排列的股票，值得長期操作。

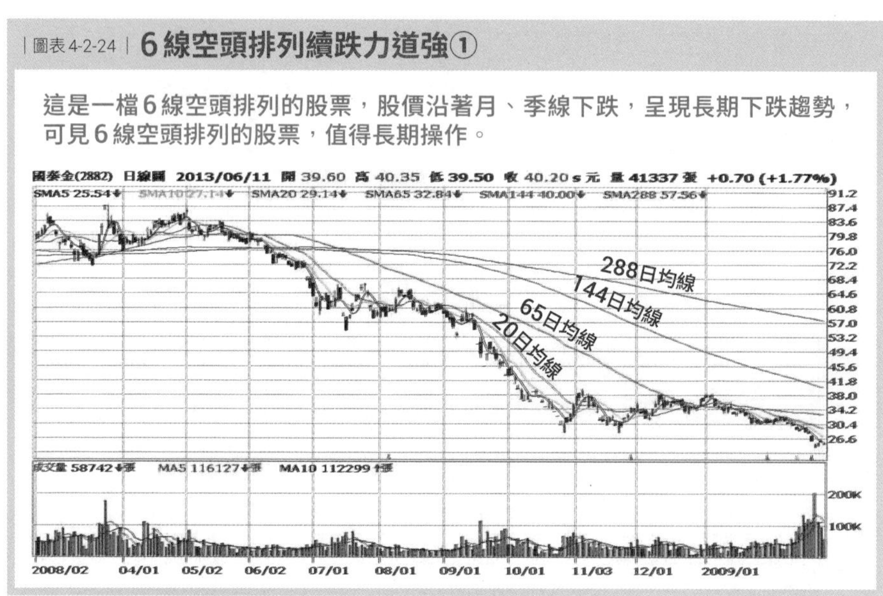

資料來源：富邦 e01 及嘉實資訊

| 圖表 4-2-25 | **6 線空頭排列續跌力道強②**

這是一檔 6 線空頭排列的股票，股價沿著月、季線下跌，呈現長期下跌趨勢，可見 6 線空頭排列的股票，值得長期操作。

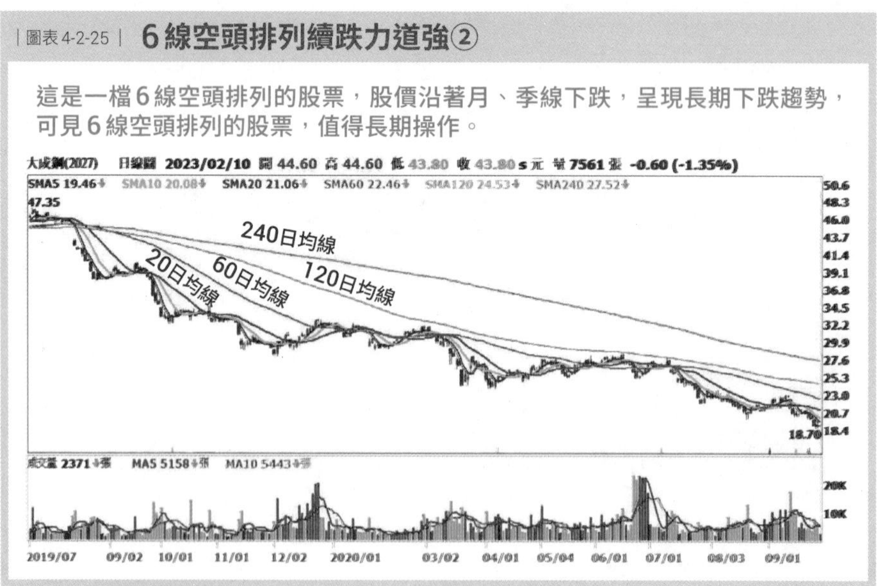

資料來源：富邦 e01 及嘉實資訊

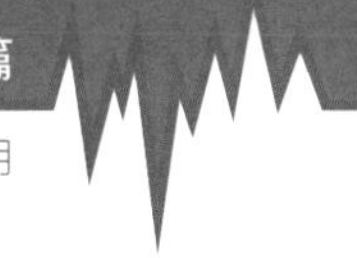

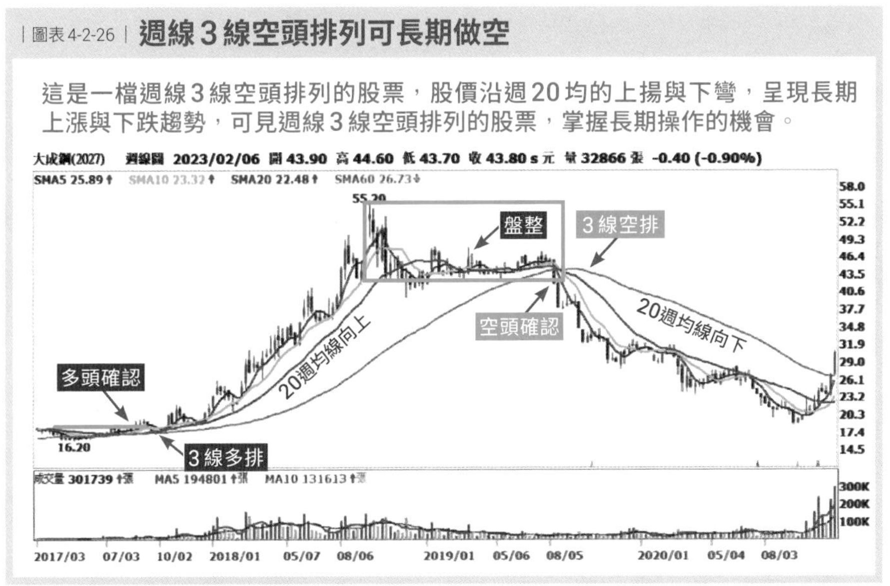

| 圖表 4-2-26 | 週線 3 線空頭排列可長期做空

這是一檔週線 3 線空頭排列的股票，股價沿週 20 均的上揚與下彎，呈現長期上漲與下跌趨勢，可見週線 3 線空頭排列的股票，掌握長期操作的機會。

資料來源：富邦 e01 及嘉實資訊

四、盤整時均線的排列

當處於盤整時，短、中、長天期的移動平均線相互上下交叉穿梭，未按順序排列。

當均線呈現亂七八糟排列，表示此時股價上下震盪在盤整。最佳策略是等待盤整完成，短、中、長天期的移動平均線呈現多頭排列或者空頭排列時再介入。

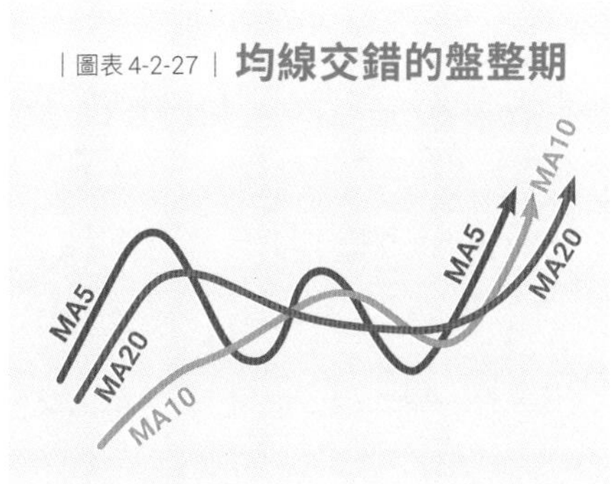

| 圖表 4-2-27 | 均線交錯的盤整期

｜圖表 4-2-28｜**均線交錯的整盤期**

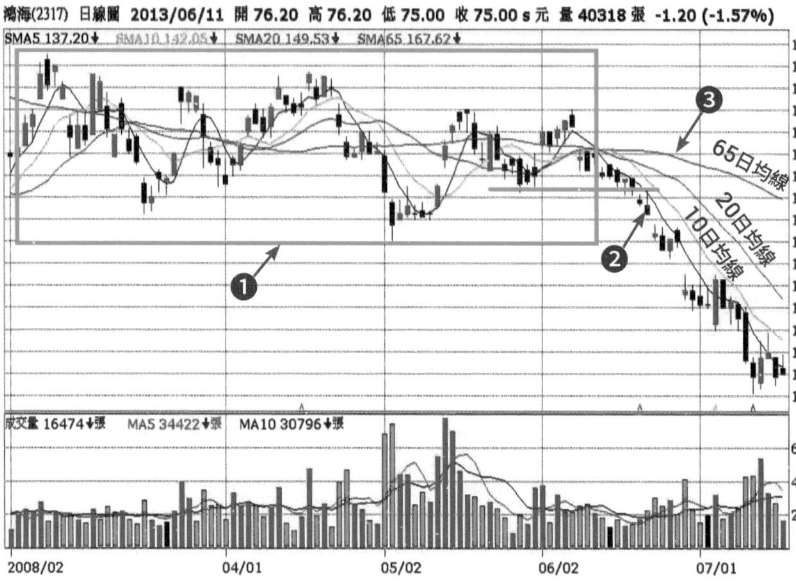

❶ 盤整區中 4 條均線亂七八糟，不要介入操作。

❷ 空頭趨勢確認。

❸ 此時均線成為 4 線空頭排列，做空就容易成功。

資料來源：富邦 e01 及嘉實資訊

均線黃金交叉與死亡交叉的應用

不同天期的均線，方向改變的速度不同，造成彼此間產生相互交叉的現象發生，由於短天期均線方向的改變速度比長天期均線要快，所以產生交叉時，一定是短天期均線往長天期均線交叉。經過交叉之後，這 2 條均線的排列位置或方向就改變了。

一、認識「黃金交叉」

股價下跌一段時間，2條均線會呈現空頭排列往下，當股價開始止跌上漲時，2條均線中，短天期均線會先轉往上，若後續股價維持上漲格局，短天期均線就會往上穿過另一條長期天期均線，這時的向上交叉就稱為黃金交叉。

｜圖表 4-2-29｜**均線黃金交叉**

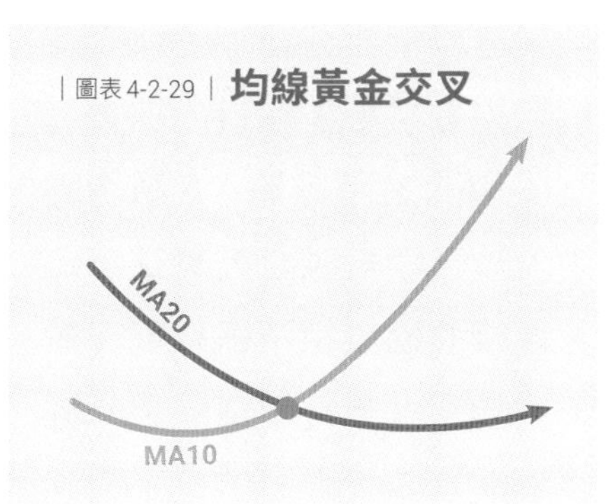

｜圖表 4-2-30｜**黃金交叉走勢**

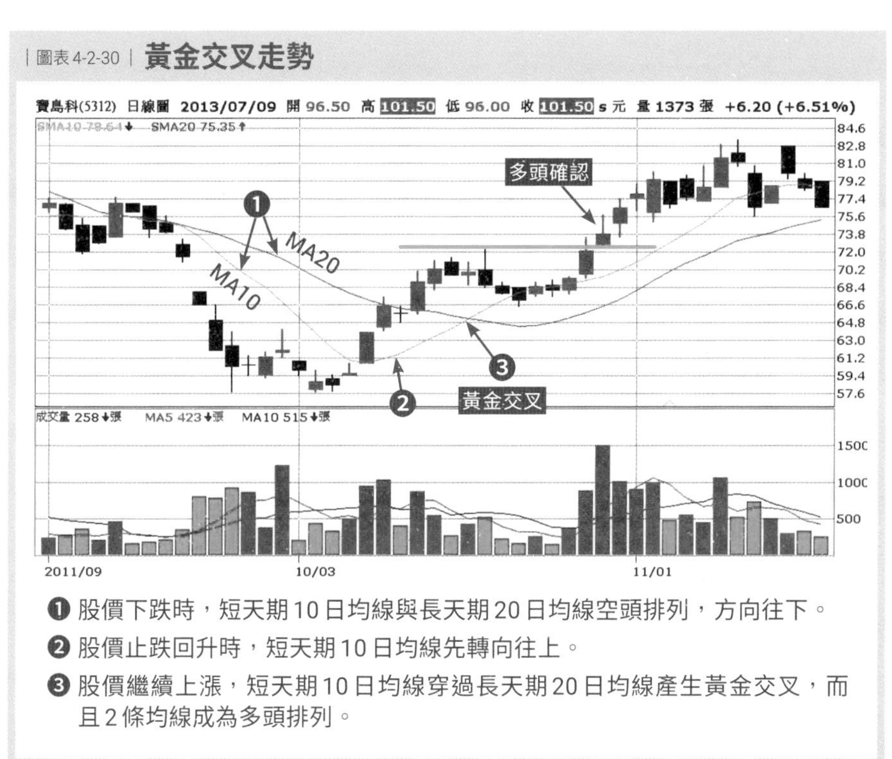

❶ 股價下跌時，短天期10日均線與長天期20日均線空頭排列，方向往下。

❷ 股價止跌回升時，短天期10日均線先轉向往上。

❸ 股價繼續上漲，短天期10日均線穿過長天期20日均線產生黃金交叉，而且2條均線成為多頭排列。

資料來源：富邦 e01 及嘉實資訊

二、何謂死亡交叉

當股價上漲一段時間，2 條均線會呈現多頭排列往上，當股價開始下跌時，2 條均線中，短天期均線會先轉往下，若後續股價維持下跌格局，短天期均線就會往下穿過另一條長天期均線，這時的向下交叉就稱為死亡交叉。

|圖表 4-2-31| 均線死亡交叉

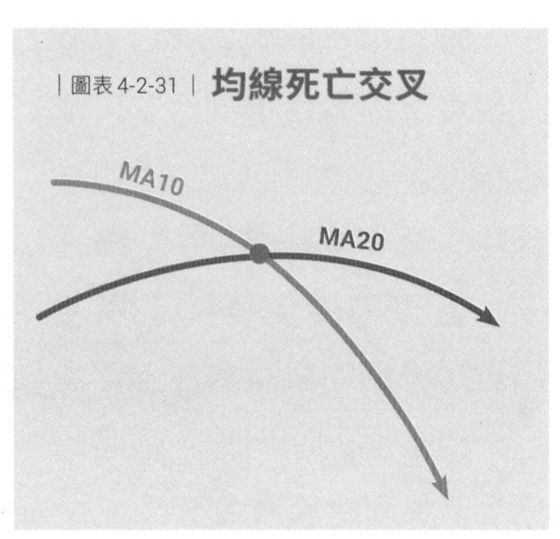

|圖表 4-2-32| 死亡交叉走勢

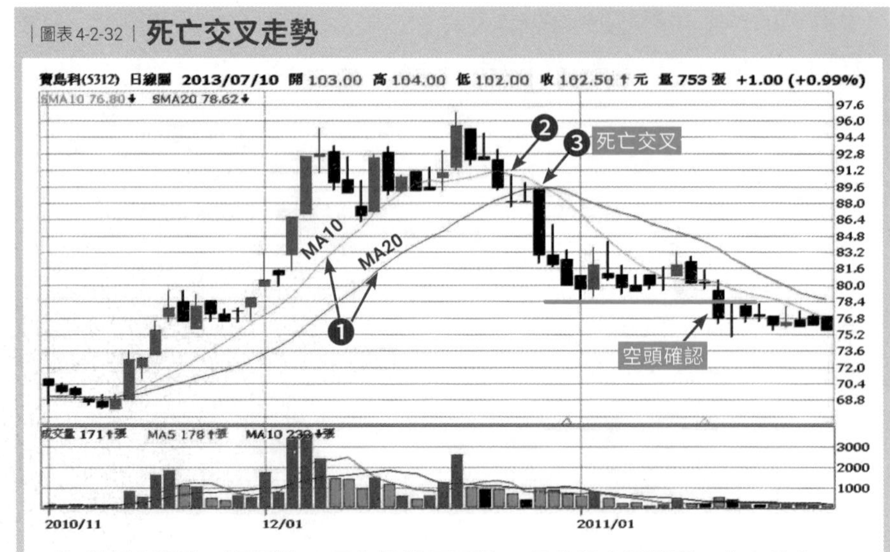

❶ 股價上漲時，短天期 10 日均線與長天期 20 日均線多頭排列，方向往上。

❷ 股價止漲回跌時，短天期 10 日均線先轉向往下。

❸ 股價繼續下跌，短天期 10 日均線穿過長天期 20 日均線產生死亡交叉，而且 2 條均線成為空頭排列。

資料來源：富邦 e01 及嘉實資訊

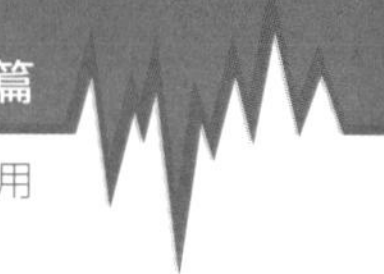

三、黃金交叉與死亡交叉的應用

當2條均線（做短線一般採用5日均線與10日均線）產生黃金交叉，2條均線呈現多頭排列往上，股價會反轉上漲一段；當2條均線產生死亡交叉，2條均線呈現空頭排列往下，股價反轉會下跌一段。但在應用上，要配合當時趨勢是多頭走勢還是空頭走勢，解讀會不一樣，這樣才不會以為只要黃金交叉就可以做多，死亡交叉就可以做空。

在多頭趨勢，黃金交叉是回檔修正結束後的反轉上漲，是買進的參考位置，死亡交叉就是上漲一段後股價要回檔，是獲利賣出的參考位置。

｜圖表 4-2-33｜ **多頭趨勢的進出場參考位置①**

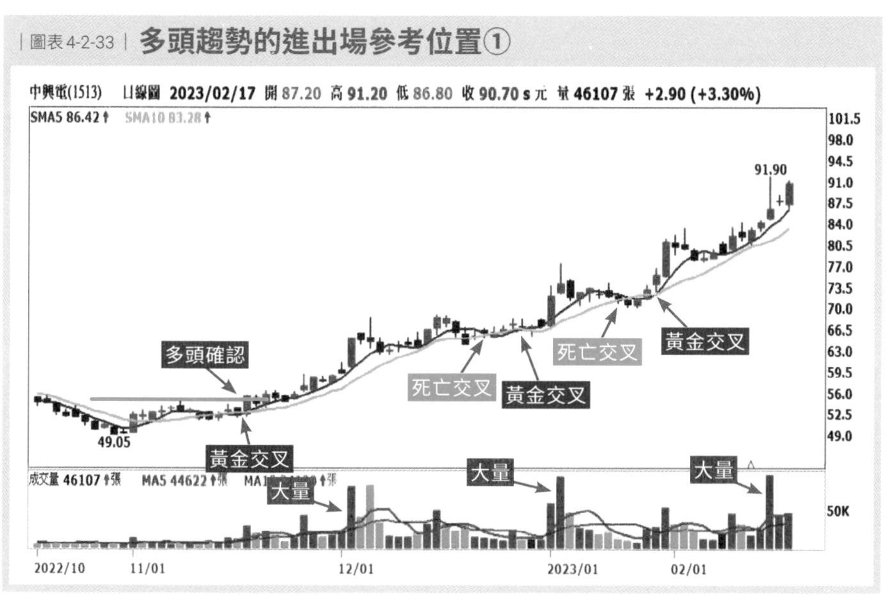

資料來源：富邦 e01 及嘉實資訊

| 圖表 4-2-34 | **多頭趨勢的進出場參考位置②**

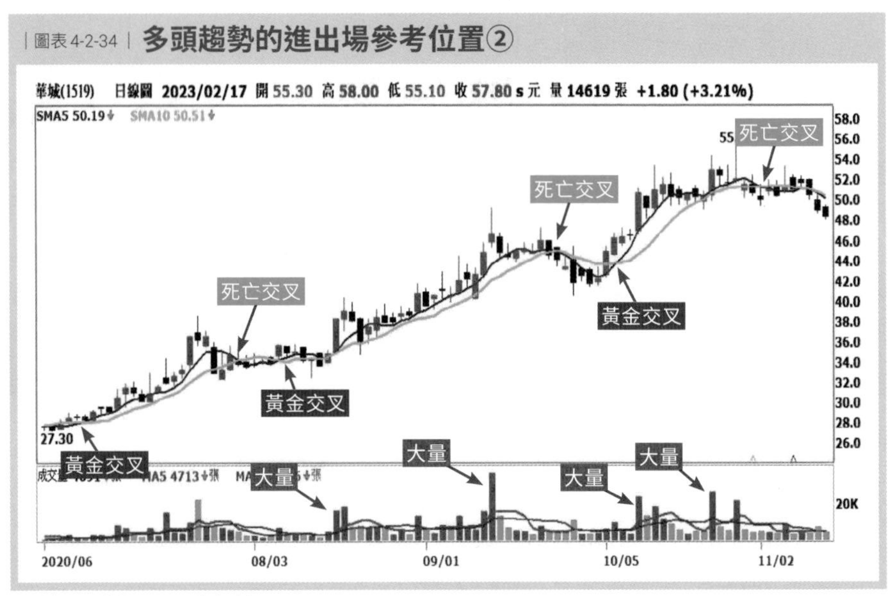

資料來源：富邦 e01 及嘉實資訊

在空頭趨勢，死亡交叉就是空頭反彈上漲一段後，股價要繼續下跌，是做空的參考位置，黃金交叉是空頭下跌一波後的反彈上漲，是獲利回補的參考位置（圖表 4-2-35、圖表 4-2-36）。

均線都靠攏時迎接財神

當股價在狹幅之間盤整 5 ～ 6 天，5 日均線就會逐漸走平，盤整時間再延長 10 ～ 12 天，10 日均線也會逐漸走平，當盤整時間再長，20 日均線也慢慢趨向平緩，這時我們可以發現 5 日、10 日、20 日 3 條均線靠攏在一起，呈現糾結的情況。同理延伸，股價在狹幅之間盤整時間再長，季線也會靠攏在一起糾結。

| 圖表 4-2-35 | **空頭趨勢的進出場參考位置①**

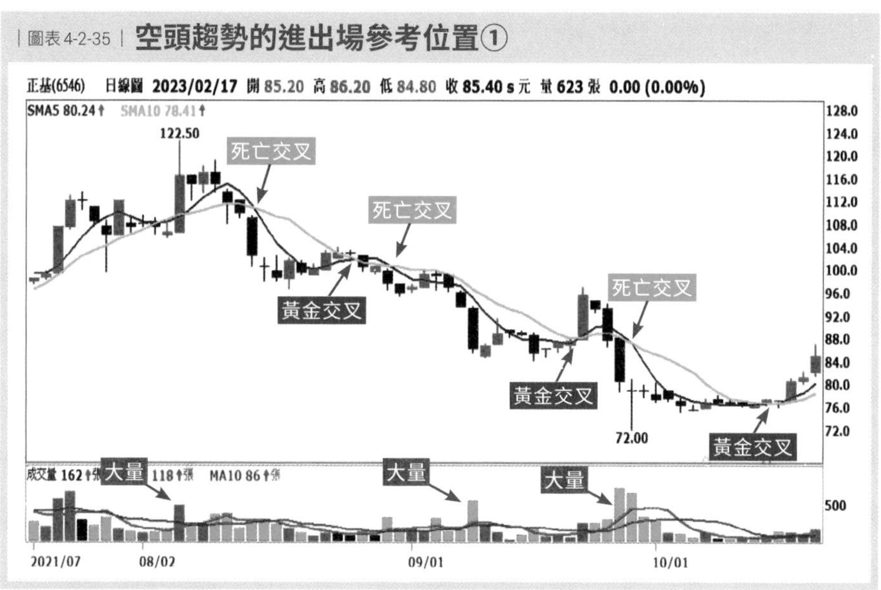

資料來源：富邦 e01 及嘉實資訊

| 圖表 4-2-36 | **空頭趨勢的進出場參考位置②**

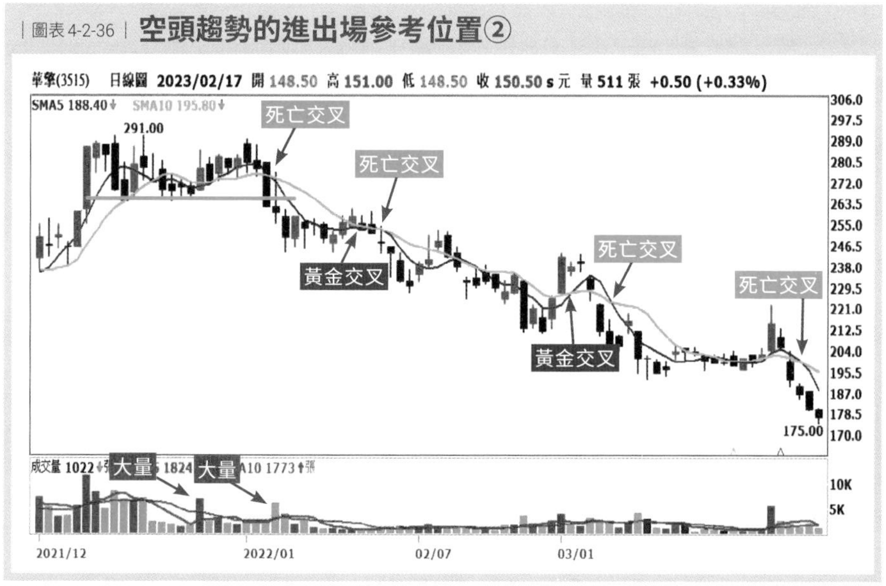

資料來源：富邦 e01 及嘉實資訊

一、均線糾結的賺錢機會

經過長時間的盤整，短、中、長天期的均線糾結在一起，表示這些時期購買股票的投資人，平均成本都差不多，同時也累積許多交易人的成交量能，因此，越長期的均線糾結，代表股價橫向盤整的時間越長，累積的持股能量越大。

均線糾結，股價經過長時間的沉澱，當股價往上突破開始上漲，短天期均線最先反應上揚，然後中長天期均線依序上揚，造成均線上揚的多頭排列，形成強勢上漲的態勢，因此，發現3條以上均線糾結盤整的股票，要抓住向上突破做多的買點。相反的，如果向下跌破，立刻產生多條均線方向向下的空頭排列，要抓住向下跌破做空的機會。

當然越多條均線糾結，代表盤整時間越長，發動向上或者向下的力量越大，要把握中長波段的賺錢機會。因此看見6線（5日、10日、20日、60日、120日、240日均線）糾結發動的股票，要抓住進場機會。

簡單的口訣：突破均線糾結的向上紅K線是起漲的開始，跌破均線糾結的向下黑K線是起跌的開始。

二、向上突破的做多操作方法

均線糾結的股票，由於盤整的時間比較長，一般投資人不容易注意到它，我們可以借用下面的方法，抓到上漲的機會，享受飆股賺錢的滋味！

1. 平常養成每天收盤後看當天強勢股的習慣，在強勢股中看到當天放量上漲的股票，如果出現突破均線糾結上漲的中長紅K

線，可以準備明天進場。

2. 均線糾結的股票開始發動上漲，一般都會有一段的漲幅，可以鎖住觀察，第 2 天或第 3 天如果沒有大漲，都還可以進場。

3. 如果起漲第 2 天就飆漲停，自然不適合去追漲停板買，可以等到第 1 段飆漲後，回檔再漲時切入，賺續勢第 2 段的飆漲（大多數的飆股都有 2 段飆漲期）。

4. 以當天進場的 K 線最低點做為停損，如果進場為小紅 K 線，以下跌 5% 為停損位置。

5. 開始上漲可以用「智慧 K 線交易法」操作，每天的收盤沒有跌破前一天 K 線的最低點，持股續抱。

6. 上漲之後，每天下午 1 點 20 分看交易情形，如果確認收盤跌破前一天 K 線的最低點，掛市價單賣出。

7. 賣出後，回檔如果仍然維持多頭趨勢，再次出現上漲的紅 K 線，且收盤突破前一天 K 線的最高點，可做多進場操作，然後重覆 4 ～ 6 的方法操作。

8. 上漲一段後如果再次盤整，造成均線再度糾結，同樣要把握均線糾結再次突破向上做多的機會。

| 圖表 4-2-37 | **均線糾結向上突破的買點①**

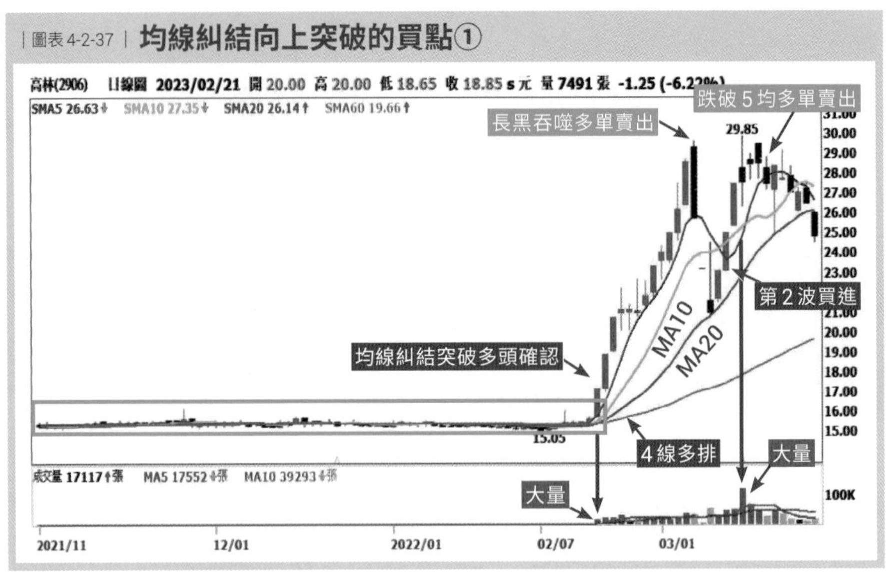

資料來源：富邦 e01 及嘉實資訊

| 圖表 4-2-38 | **均線糾結向上突破的買點②**

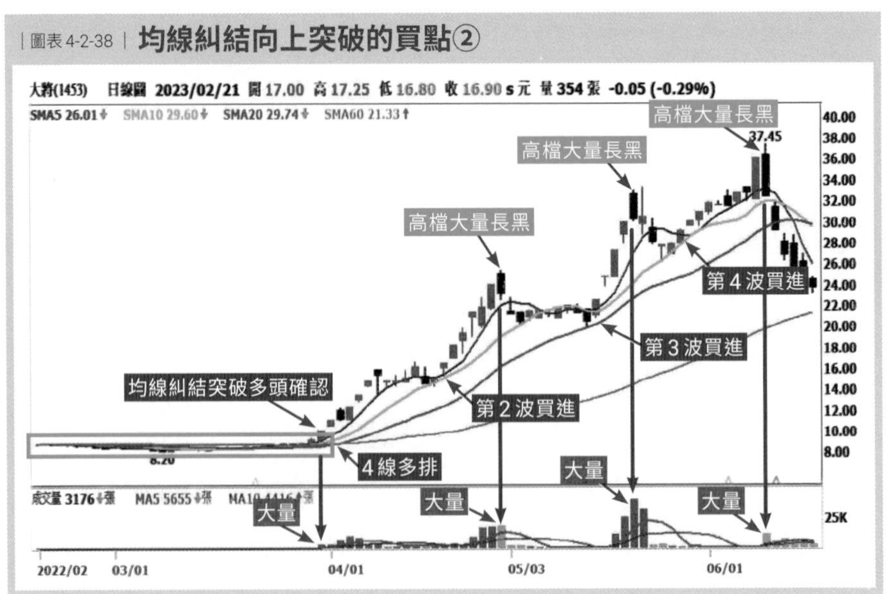

資料來源：富邦 e01 及嘉實資訊

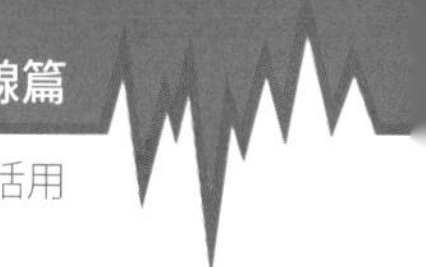

三、向下跌破做空的操作方法

我們藉由下面的方法，一樣可以抓到股價做空的機會，享受快速下跌的賺錢滋味！

1. 平常養成每天收盤後看當天弱勢股的習慣，在弱勢股中看到當天中長黑K線跌破均線糾結的股票，可以準備明天進場做空。

2. 均線糾結的股票開始下跌，一般都會有一段的跌幅，可以鎖住觀察，第2天或第3天如果沒有連續大跌，都還可以進場做空。

3. 如果起跌第2天就跌停鎖死，自然不適合去追空跌停板，可以等到第1段飆跌後，反彈再跌時切入做空，賺續勢第2段的飆跌（大多數的飆跌都有2段的下跌期）。

4. 以當天進場的K線最高點做為停損，如果進場為小黑K線，以反彈5%為停損位置。

5. 開始下跌可以用「智慧 K 線交易法」操作，每天的收盤沒有突破前一天K線的最高點，持股續抱。

6. 下跌之後，每天下午1點20分看交易情形，如果確認收盤突破前一 天K線的最高點就掛市價單回補。

7. 回補後，反彈如果仍然維持空頭趨勢，再次出現下跌的黑K線，且收盤跌破前一天K線的最低點，再進場做空操作，然後重覆4～6的方法操作。

8. 下跌一段後如果再次盤整，造成均線再度糾結，同樣要把握均線糾結再次跌破向下做空的機會。

｜圖表 4-2-39｜ 均線糾結向下跌破的放空位置①

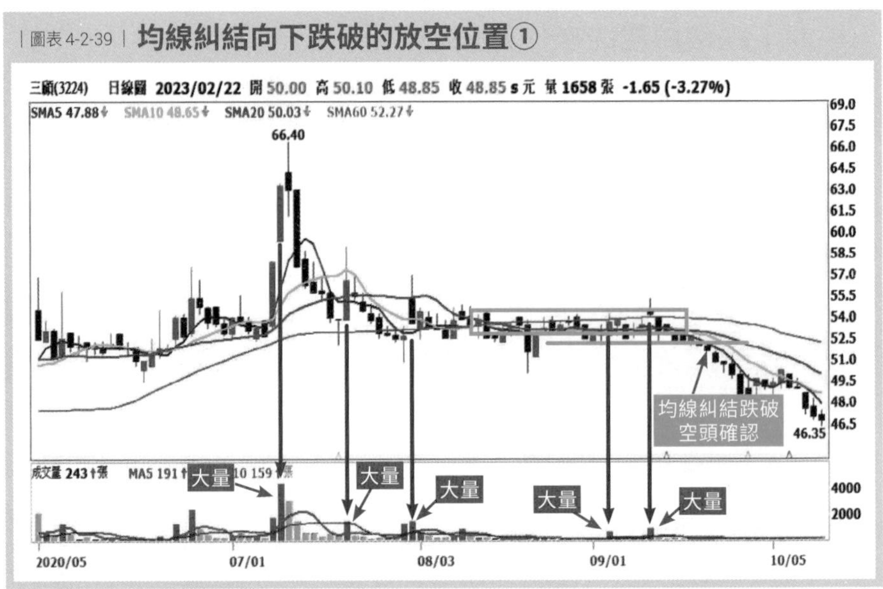

資料來源：富邦 e01 及嘉實資訊

｜圖表 4-2-40｜ 均線糾結向下跌破的放空位置②

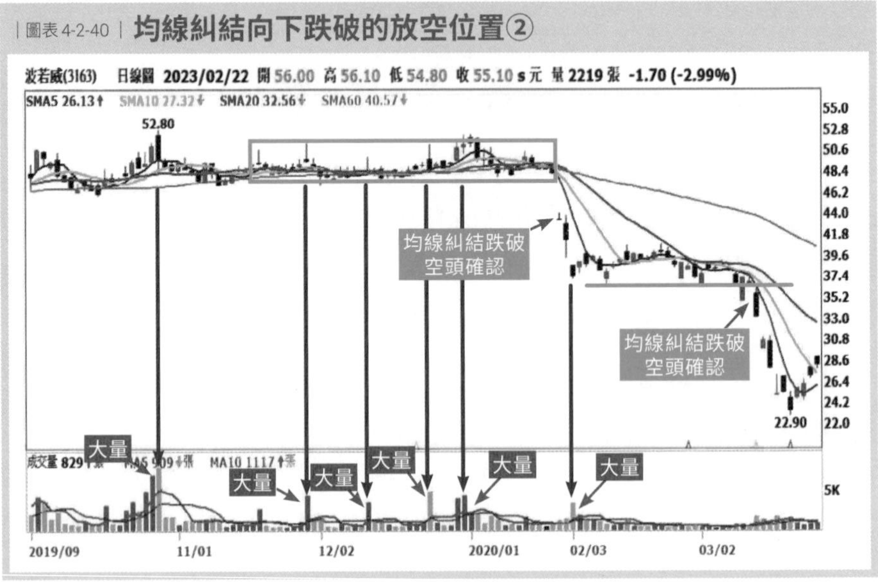

資料來源：富邦 e01 及嘉實資訊

葛蘭碧 8 大法則

葛蘭碧（Granville Joseph）在 1960 年發表「移動平均線」，簡稱為「均線」理論，同時應用走勢與均線的關係，列出做多的 4 個買點與做空的 4 個賣點，稱為葛蘭碧 8 大法則。

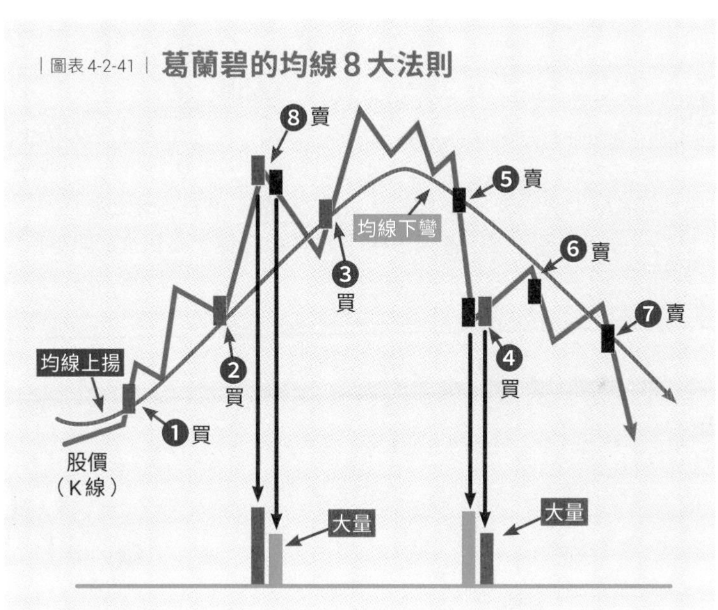

一、做多買點的 4 大法則（走勢＋ MA20）

1. 做多買點①

均線由下降逐漸平緩，甚至顯出上揚態勢，當股價由下方突破均線，表示行情將由下跌轉為上漲，是建議買進的訊號，此處是行情發生反轉的轉折處。

圖表 4-2-42 葛蘭碧 8 大法則做多買點①範列①

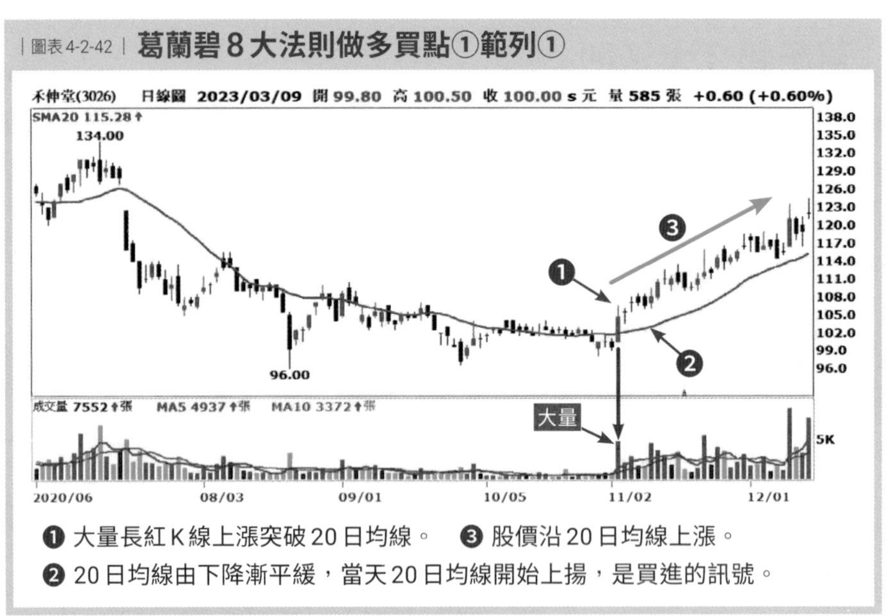

❶ 大量長紅 K 線上漲突破 20 日均線。 ❸ 股價沿 20 日均線上漲。

❷ 20 日均線由下降漸平緩，當天 20 日均線開始上揚，是買進的訊號。

資料來源：富邦 e01 及嘉實資訊

圖表 4-2-43 葛蘭碧 8 大法則做多買點①範列②

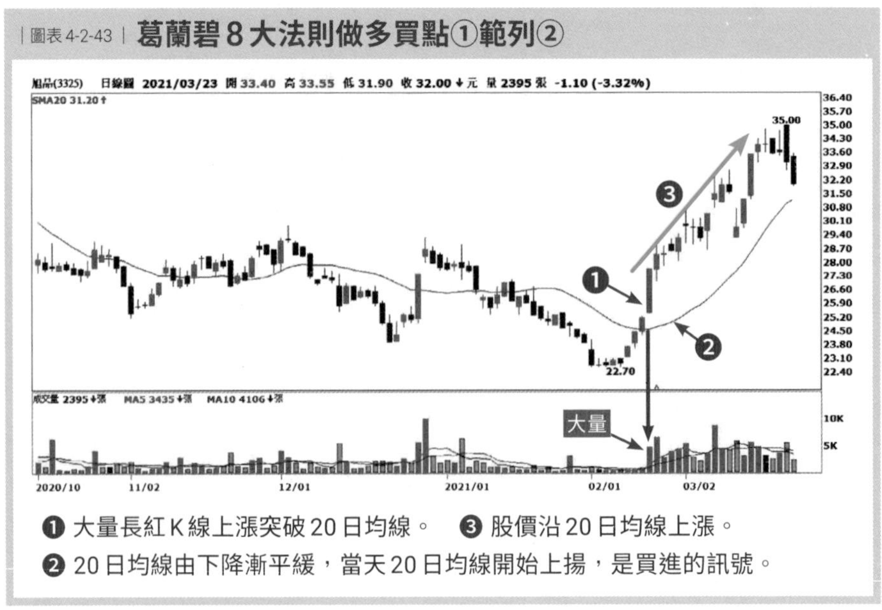

❶ 大量長紅 K 線上漲突破 20 日均線。 ❸ 股價沿 20 日均線上漲。

❷ 20 日均線由下降漸平緩，當天 20 日均線開始上揚，是買進的訊號。

資料來源：富邦 e01 及嘉實資訊

2. 做多買點②

股價在均線上方，均線上揚，股價回檔到均線附近或接近均線，又轉而上漲，表示均線有支撐，是建議買進的訊號。

｜圖表 4-2-44｜ **葛蘭碧 8 大法則做多買點②範列①**

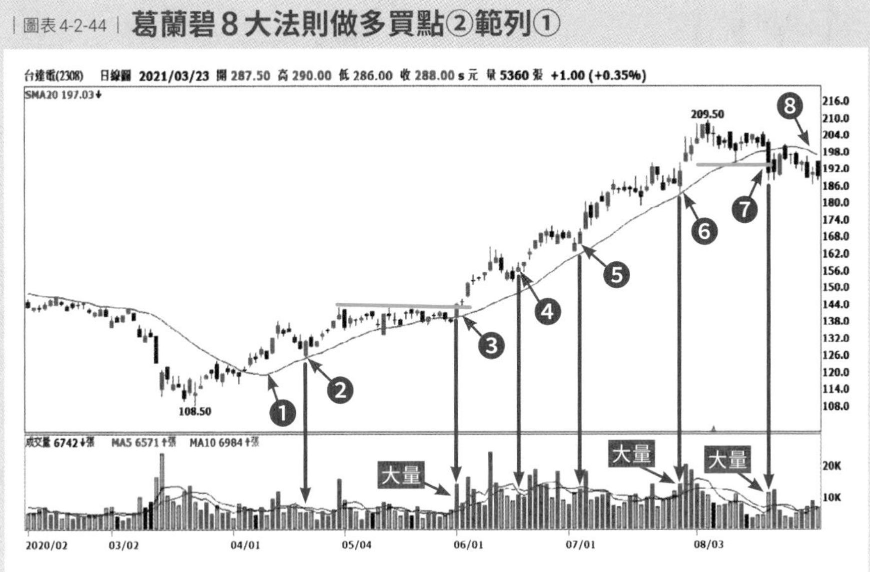

❶ 20 日均線向上。

❷ 股價回跌到 20 日均線支撐，出現紅 K 上漲，是買進的訊號。

❸ 股價在 20 日均線支撐橫向盤整，出現大量紅 K 上漲，突破盤整是做多買進的訊號。

❹ 股價回跌到 20 日均線附近，出現紅 K 上漲，是買進的訊號。

❺ 股價回跌到 20 日均線附近，出現紅 K 上漲，是買進的訊號。

❻ 股價回跌到 20 日均線支撐，出現紅 K 上漲，是買進的訊號。

❼ 大量長黑跌破 20 日均線，跌破前低，趨勢反轉空頭確認。

❽ 20 日均線開始下彎。

資料來源：富邦 e01 及嘉實資訊

圖表 4-2-45 **葛蘭碧 8 大法則做多買點②範列②**

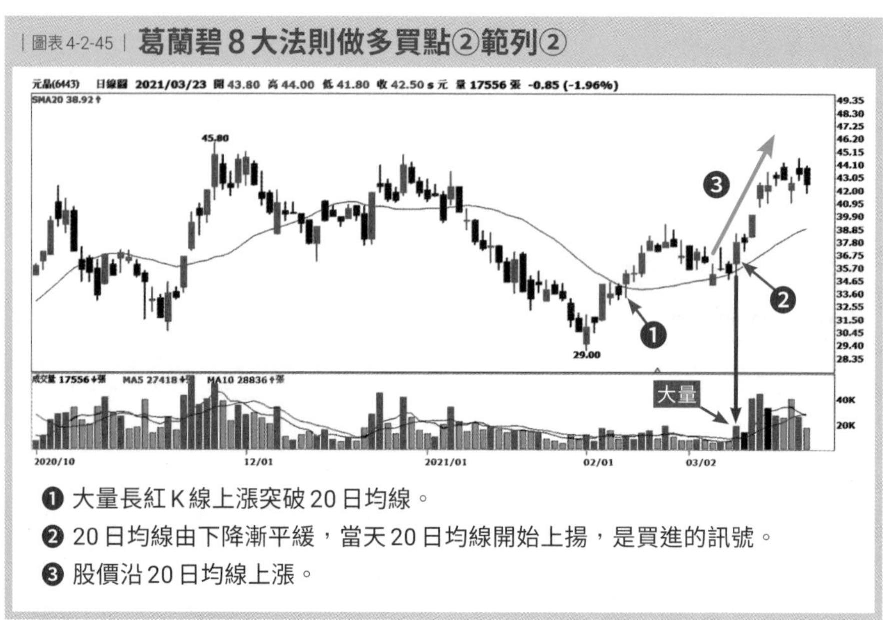

❶ 大量長紅 K 線上漲突破 20 日均線。

❷ 20 日均線由下降漸平緩，當天 20 日均線開始上揚，是買進的訊號。

❸ 股價沿 20 日均線上漲。

資料來源：富邦 e01 及嘉實資訊

圖表 4-2-46 **葛蘭碧 8 大法則做多買點②範列③**

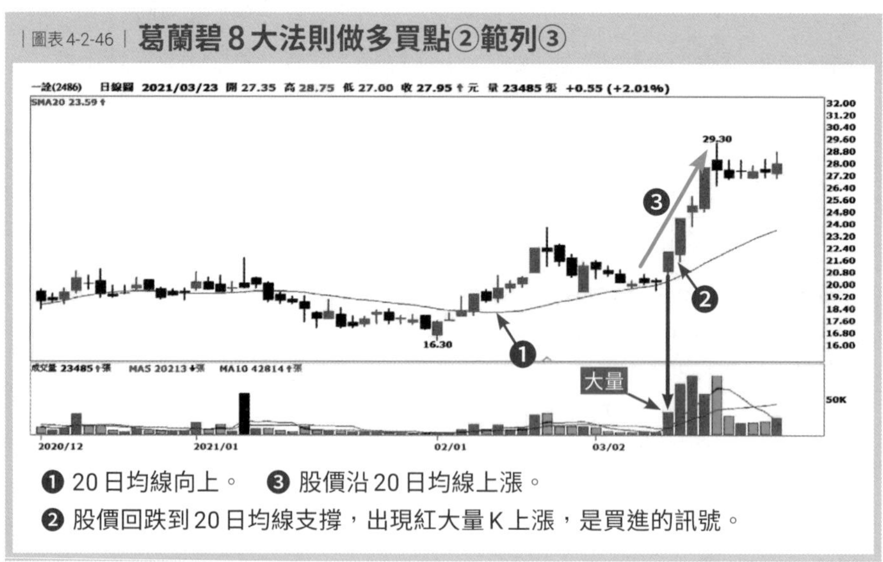

❶ 20 日均線向上。 ❸ 股價沿 20 日均線上漲。

❷ 股價回跌到 20 日均線支撐，出現紅大量 K 上漲，是買進的訊號。

資料來源：富邦 e01 及嘉實資訊

3. 做多買點③

均線保持上揚，股價回檔跌破均線，但很快回漲到均線上方，表示行情仍然是上漲走勢，是建議買進的訊號。

｜圖表 4-2-47｜ **葛蘭碧 8 大法則做多買點③範列①**

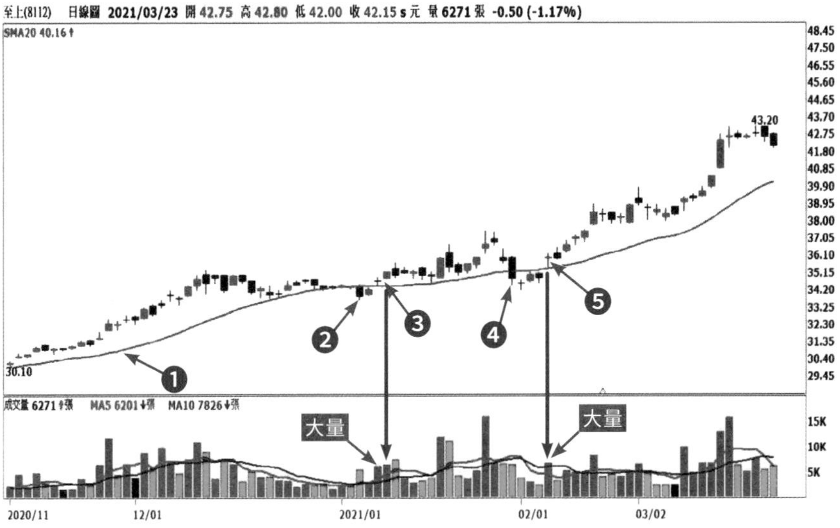

至上(8112) 日線圖 2021/03/23 開 42.75 高 42.80 低 42.00 收 42.15 s 元 量 6271 張 -0.50 (-1.17%)

SMA20 40.16↑

成交量 6271↑張 MA5 6201↓張 MA10 7826↓張

大量

❶ 20 日均線向上。

❷ 股價回檔跌破 20 日均線。

❸ 大量紅 K 上漲，股價再站上 20 日均線，是買進的訊號。

❹ 股價回檔跌破 20 日均線

❺ 大量紅 K 上漲，股價再站上 20 日均線，是買進的訊號。

資料來源：富邦 e01 及嘉實資訊

｜圖表 4-2-48｜ **葛蘭碧 8 大法則做多買點③範列②**

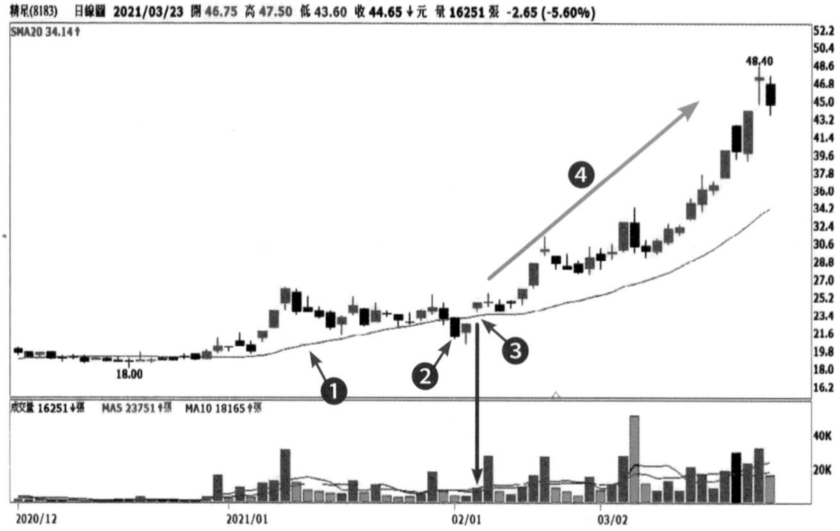

❶ 20 日均線向上。

❷ 股價回檔跌破 20 日均線。

❸ 大量紅 K 上漲，股價再站上 20 日均線，是買進的訊號。

❹ 股價沿 20 日線繼續上漲。

資料來源：富邦 e01 及嘉實資訊

4. 做多買點④

空頭走勢股價在均線下方，突然急速連續下跌3天以上，此時股價離均線甚遠，乖離過大，當反彈上漲向均線靠近時，是建議買進的訊號。但是這裡建議買進是逆勢交易，屬於短期買進訊號。

｜圖表 4-2-49｜ **葛蘭碧8大法則做多買點④範列**

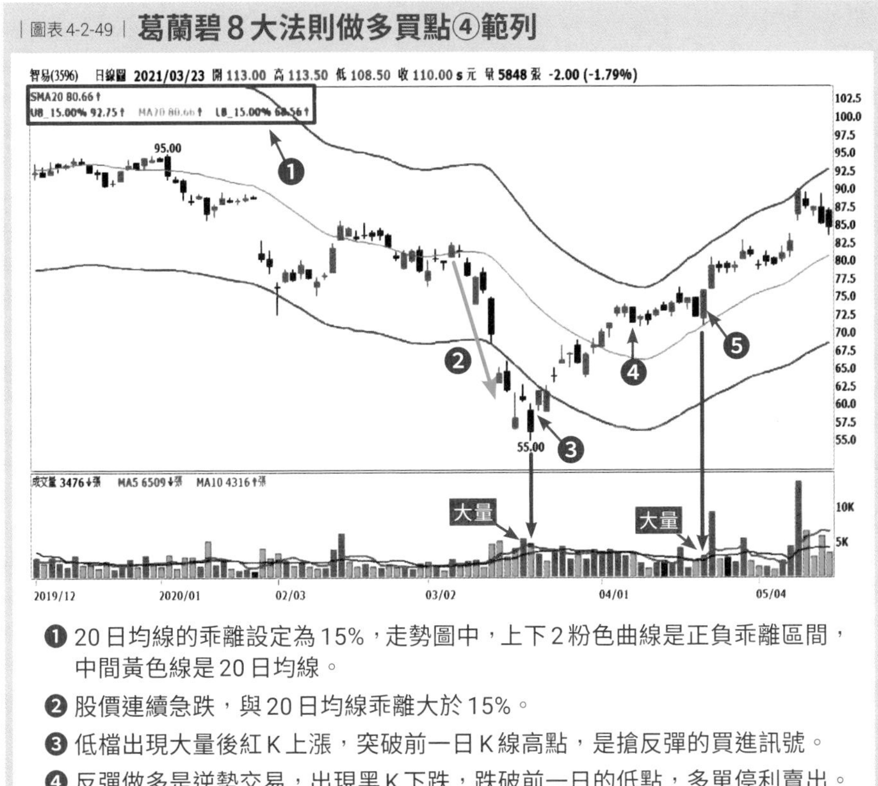

❶ 20日均線的乖離設定為15%，走勢圖中，上下2粉色曲線是正負乖離區間，中間黃色線是20日均線。

❷ 股價連續急跌，與20日均線乖離大於15%。

❸ 低檔出現大量後紅K上漲，突破前一日K線高點，是搶反彈的買進訊號。

❹ 反彈做多是逆勢交易，出現黑K下跌，跌破前一日的低點，多單停利賣出。

❺ 股價回跌到20日均線支撐，出現大量長紅K上漲，是買進的訊號。

資料來源：富邦 e01 及嘉實資訊

二、做空賣點的 4 大法則（走勢＋MA20）

1. 做空賣點①

均線由上升逐漸平緩，甚至顯出下彎態勢，當股價由上方跌破均線，表示行情將由上漲轉為下跌，是建議做空的訊號，此處是行情發生反轉的轉折處。

｜圖表 4-2-50｜ **葛蘭碧 8 大法則做空賣點①範列①**

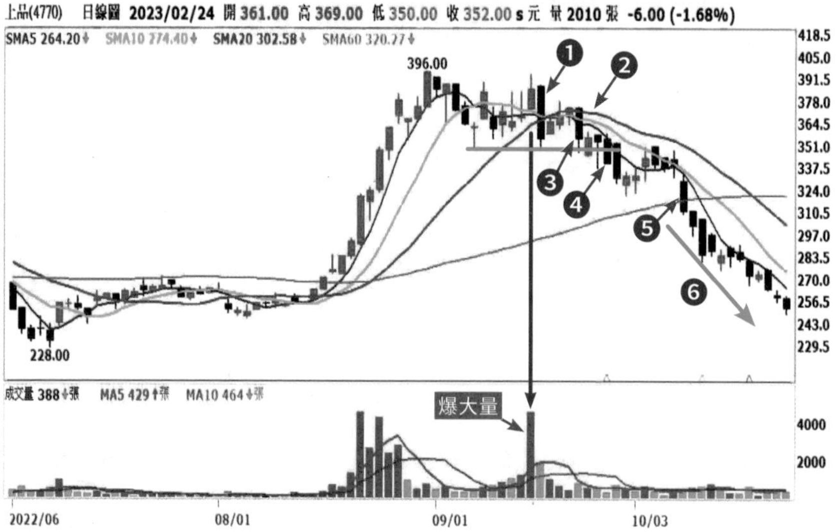

❶ 大量長紅次日出現長黑吞噬下跌，跌破 20 日均線，趨勢盤整，但 20 日均線仍維持上揚。

❷ 20 日均線由上揚轉下彎。

❸ 長黑 K 線跌破 20 日均線，當天 20 日均線下彎，是做空的訊號。

❹ 長黑 K 線跌破前低，空頭確認。

❺ 空頭彈後空下跌，是做空的位置。

❻ 股價沿 20 日均線下彎而持續下跌。

資料來源：富邦 e01 及嘉實資訊

｜圖表 4-2-51｜ **葛蘭碧 8 大法則做空賣點①範列②**

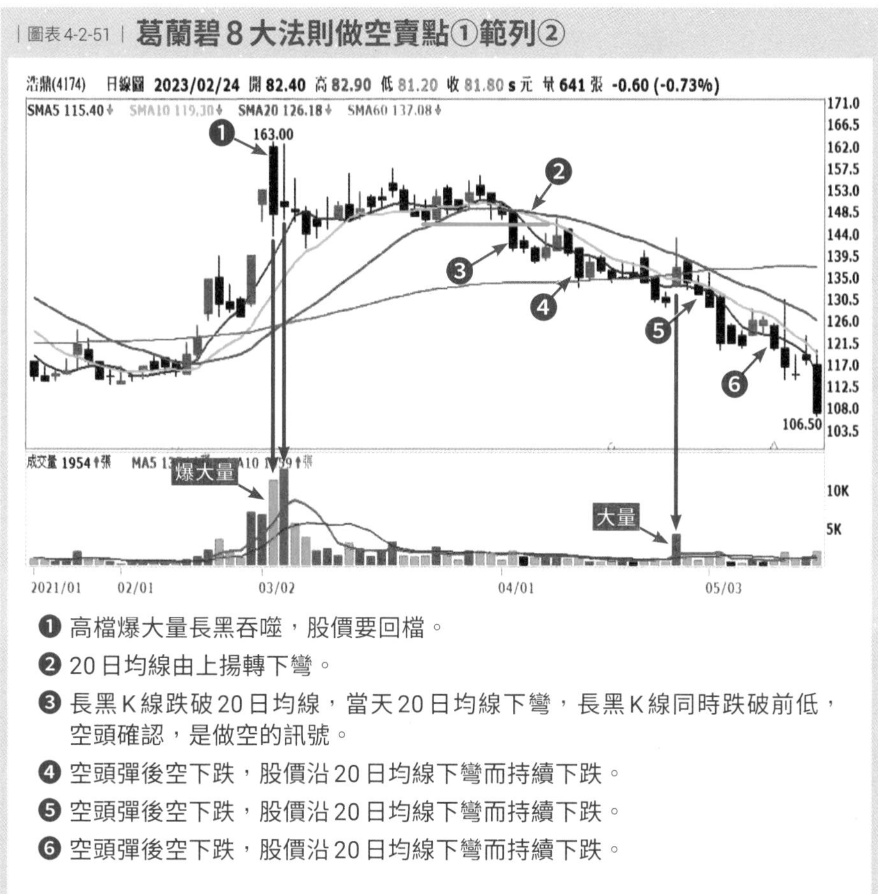

❶ 高檔爆大量長黑吞噬，股價要回檔。

❷ 20 日均線由上揚轉下彎。

❸ 長黑 K 線跌破 20 日均線，當天 20 日均線下彎，長黑 K 線同時跌破前低，空頭確認，是做空的訊號。

❹ 空頭彈後空下跌，股價沿 20 日均線下彎而持續下跌。

❺ 空頭彈後空下跌，股價沿 20 日均線下彎而持續下跌。

❻ 空頭彈後空下跌，股價沿 20 日均線下彎而持續下跌。

資料來源：富邦 e01 及嘉實資訊

2. 做空賣點②

股價在均線下方，均線下彎，股價反彈到均線附近或接近均線，轉而下跌，顯示均線有壓力，是建議做空訊號。

｜圖表 4-2-52｜ **葛蘭碧 8 大法則做空賣點②範列①**

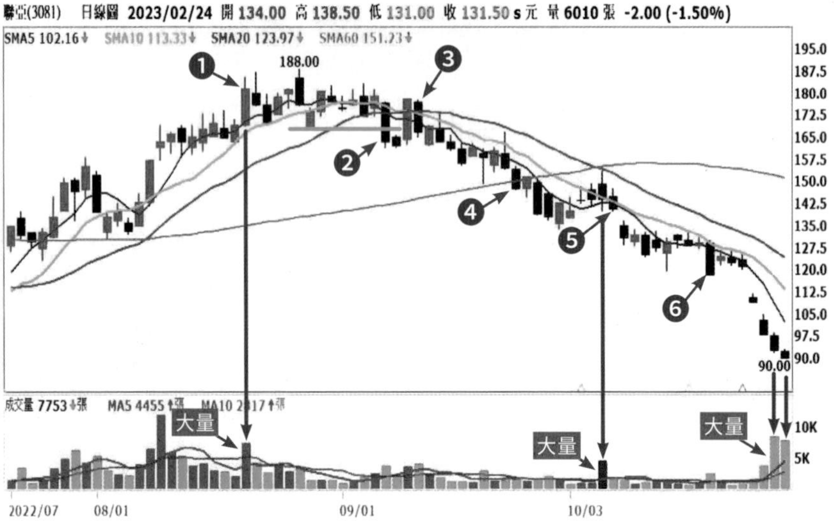

❶ 高檔爆大量長紅，後續要注意股價不漲，會下跌。

❷ 長黑 K 線跌破前低，空頭確認。

❸ 20 日均線下彎，股價反彈到均線轉而下跌，是做空的訊號。

❹ 空頭彈後空下跌，股價沿 20 日均線下彎而持續下跌。

❺ 股價反彈到均線轉而下跌，是做空的訊號。

❻ 股價反彈到 10 日均線轉而下跌，是做空的訊號。

資料來源：富邦 e01 及嘉實資訊

｜圖表 4-2-53｜**葛蘭碧 8 大法則做空賣點②範列②**

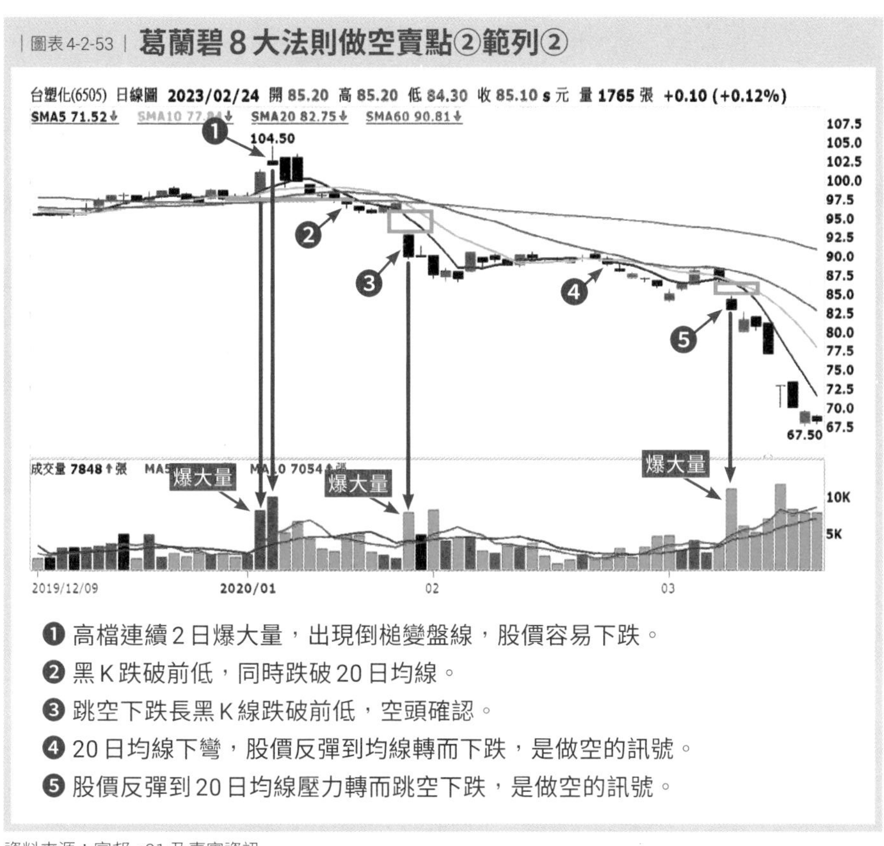

❶ 高檔連續 2 日爆大量，出現倒槌變盤線，股價容易下跌。

❷ 黑 K 跌破前低，同時跌破 20 日均線。

❸ 跳空下跌長黑 K 線跌破前低，空頭確認。

❹ 20 日均線下彎，股價反彈到均線轉而下跌，是做空的訊號。

❺ 股價反彈到 20 日均線壓力轉而跳空下跌，是做空的訊號。

資料來源：富邦 e01 及嘉實資訊

3. 做空賣點③

均線保持下彎，股價反彈突破均線，但很快回跌到均線下方，顯示行情仍然是下跌走勢，是建議做空訊號。

| 圖表 4-2-54 | **葛蘭碧 8 大法則做空賣點③範列①**

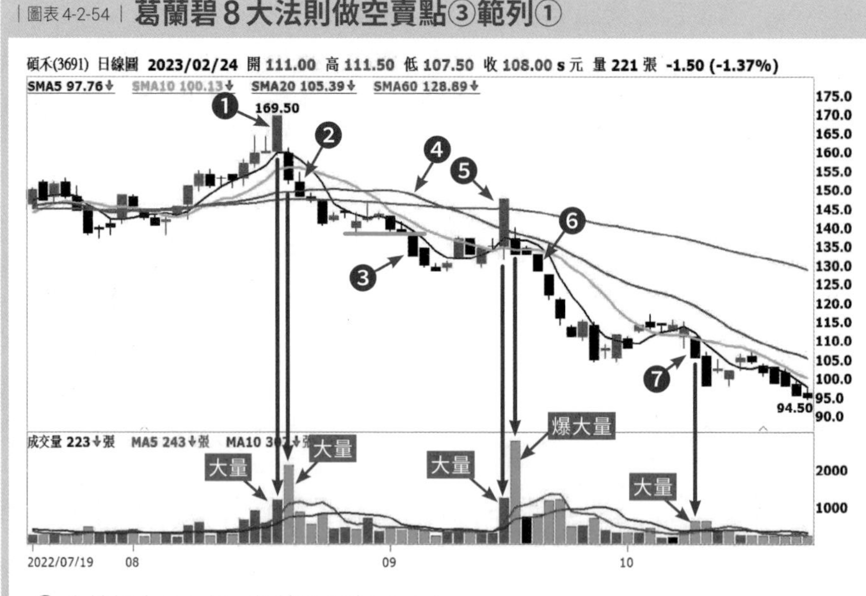

❶ 高檔爆大量長紅，後續股價容易下跌。

❷ 黑 K 跌破連續 2 日大量 K 線的低點，跌破 20 日均線。

❸ 下跌長黑 K 跌破前低，空頭確認。

❹ 20 日均線由上漲轉下彎。

❺ 空頭反彈大量長紅 K 上漲，突破下彎 20 日均線壓力。

❻ 黑 K 下跌，再跌破 20 日均線，跌破連續 2 日大量 K 線的最低點，是做空的訊號。

❼ 股價反彈到 10 日均線壓力轉而下跌，是做空的訊號。

資料來源：富邦 e01 及嘉實資訊

| 圖表 4-2-55 | 葛蘭碧 8 大法則做空賣點③範列②

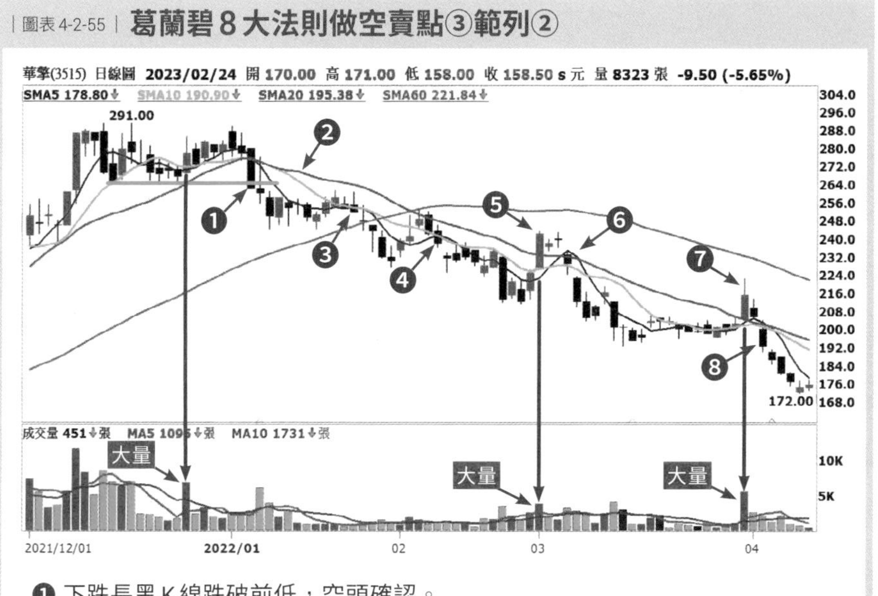

❶ 下跌長黑 K 線跌破前低，空頭確認。

❷ 20 日均線由上漲轉下彎。

❸ 股價反彈到 10 日均線壓力轉而下跌，是做空的訊號。

❹ 股價反彈到 20 日均線壓力轉而下跌，是做空的訊號。

❺ 空頭反彈大量長紅 K 上漲，突破下彎 20 日均線壓力。

❻ 黑 K 下跌，再跌破 20 日均線，是做空的訊號。

❼ 空頭反彈大量長紅 K 上漲，突破下彎 20 日均線壓力。

❽ 黑 K 下跌，再跌破 20 日均線，是做空的訊號。

資料來源：富邦 e01 及嘉實資訊

4. 做空賣點④

多頭走勢股價在均線上方，突然急速連續上漲3天以上，此時股價離均線甚遠，乖離過大，當回檔下跌向均線靠近時，是建議做空的訊號。但是這裡建議做空是逆勢交易，屬於短期做空訊號。

｜圖表 4-2-56｜**葛蘭碧 8 大法則做空賣點④範列①**

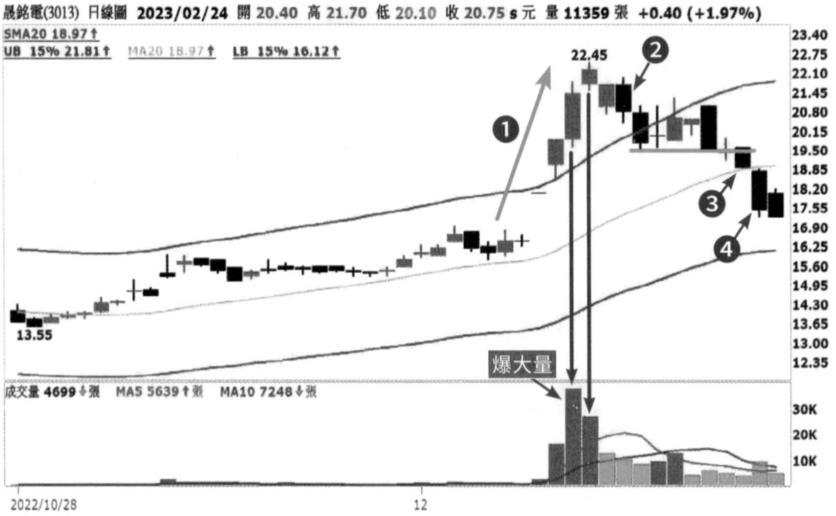

❶ 多頭連續急漲，與 20 日均線乖離遠遠超過 15%（上軌道粉色線與中軌道黃色 20 日均線的乖離是 15%），高檔連 3 日爆大量。

❷ 當日黑 K 下跌，是做空的訊號。

❸ 黑長 K 下跌，跌破 5 天 K 線低點，空頭確認。

❹ 股價跌破 20 日均線續跌，空單續抱。

資料來源：富邦 e01 及嘉實資訊

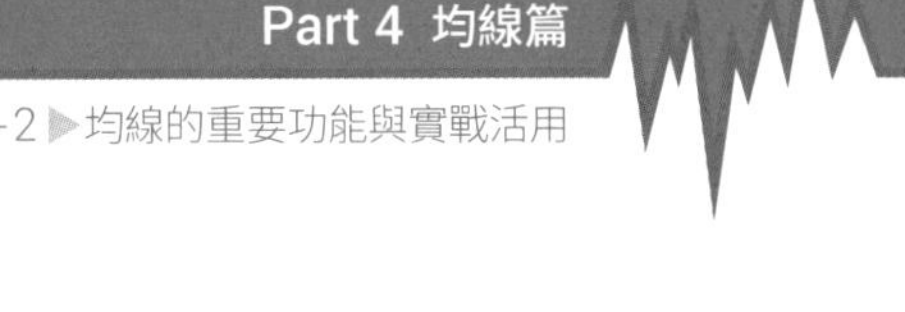

｜圖表 4-2-57｜**葛蘭碧 8 大法則做空賣點④範列②**

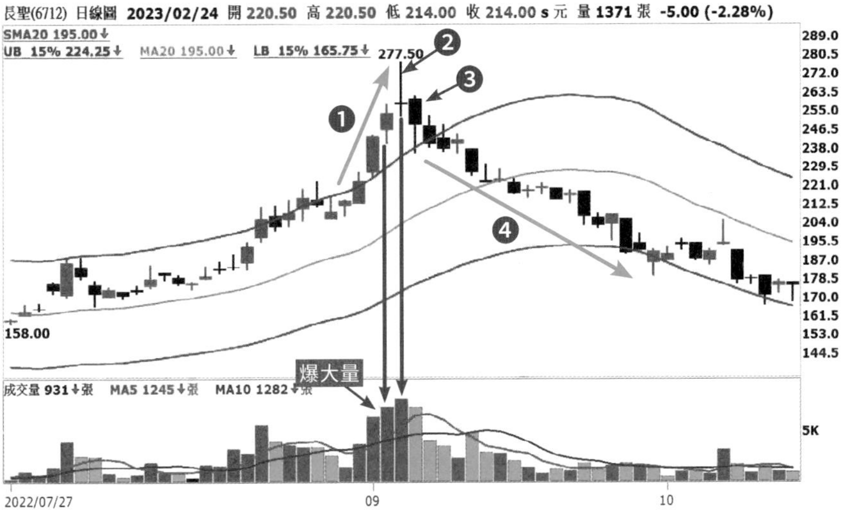

❶ 多頭連續急漲，與 20 日均線乖離遠遠超過 15%（上軌道粉色線與中軌道黃色 20 日均線的乖離是 15%），高檔連 3 日爆大量。

❷ 高檔出現十字變盤線，次日容易下跌。

❸ 當日黑 K 下跌，是做空的訊號。

❹ 股價一路下跌。

資料來源：富邦 e01 及嘉實資訊

4-3 均線戰法與實戰活用

單一均線的短線做多戰法

一、短線做多

1. 採用MA5均線做短線進出。

2. 趨勢多頭不變、股價在MA20均線之上，持續做多。

二、進場點

1. 多頭回後買上漲的確認點：收盤突破MA5、收盤突破前一日最高點。

2. 多頭盤整突破的確認點（包含K線橫盤突破）。

3. 急跌反彈的確認點。

4. 底部型態確認點。

進場做多，只要進場後的每一個交易日，收盤價沒有跌破MA5均線，持續抱股，一直做到當天收盤跌破MA5均線（出現轉折下跌確認），多單出場。

只要多頭趨勢不變、股價在MA20均線之上、MA10及MA20多頭排列持續，依上面方法繼續做多。

三、MA5均線短線做多操作守則

1. 停損：如果進場紅K漲幅不到5%，守上漲轉折的最低點；進場紅K低點超過5%，守進場紅K最低點為停損點。

2. 操作：

(1)嚴格執行停損。

(2)進場計算上漲10%價位。

(3)股價漲超過10%價位，回檔收盤跌破MA5停利。

(4)股價沒有到達10%價位，回檔收盤跌破MA5續抱。

(5)收盤進入盤整賣出(小賠或小賺出場)：收盤沒有過前高

|圖表 4-3-1| **立積(4968)MA5短線做多操作(日線)**

❶❷ 4/19收55.9元買進，上漲10%價位61.49元；4/25收58.6元賣出，獲利2.7元，獲利率4.8%。

❸❹ 5/3收56.8元買進，上漲10%價位62.48元；5/13收60元賣出，獲利3.2元，獲利率5.6%。

❺❻ 5/22收62.6元買進，上漲10%價位68.86元；5/29收64.2元賣出，獲利1.6元，獲利率2.6%。

❼❽ 5/30收67.8元買進，上漲10%價位74.58元；6/6收70.6元賣出，獲利2.8元，獲利率4.1%。

❾❿ 6/10收73.2元買進，上漲10%價位80.52元；7/2收88.8元賣出，獲利15.6元，獲利率21.3%。

⓫⓬ 7/4收92.3元買進，上漲10%價位101.53元；7/24收120.5元賣出，獲利28.2元，獲利率30.6%。

總結 4/19～7/24操作6趟，獲利54.1元，獲利率96.8%。

資料來源：富邦e01及嘉實資訊

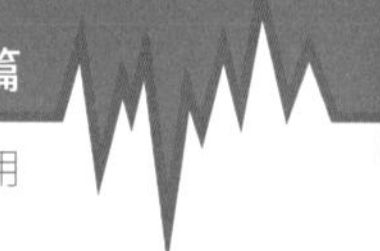

出現「頭頭低」、收盤跌破MA5、收盤跌破前一日最低點。

(6)急漲3天以上中長紅K，或上漲獲利達20%以上，出現高檔爆量長黑（開高走低＞5%），或高檔爆量長上影線，當日收盤停利一半，次日下跌全部停利；當天出現長黑吞噬，當天全部停利。

｜圖表4-3-2｜**台光電（2383）MA5短線做多操作（日線）**

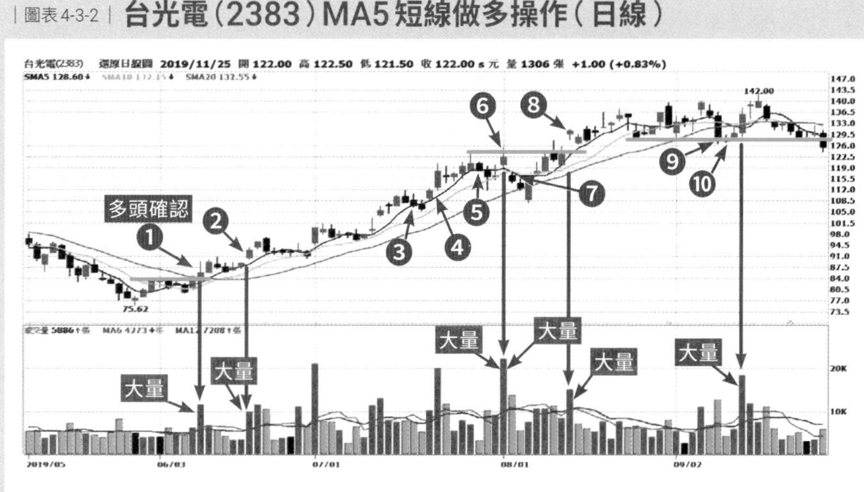

❶ 6/11收85.82元，MA20向下。

❷❸ 6/19收93.02元買進，上漲10%價位102.3元；7/17收106.92元賣出，獲利13.9，獲利率14.94%。

❹❺ 7/19收111.77元買進，上漲10%價位122.95元；7/29收118.09元賣出，獲利6.32元，獲利率5.65%。

❻❼ 8/1收122.47元買進，上漲10%價位134.71元；8/2收114.69元賣出，停損7.78元，虧損6.3%。

❽❾ 8/14收130.73元買進，上漲10%價位143.8元；9/9收128元賣出，跌破MA20，停損2.73元，虧損2%，

❿ 9/10跌破前低。

總結 6/11～9/9操作4趟，獲利9.71元，獲利率10.39%。

資料來源：富邦e01及嘉實資訊

單一均線的短線做空戰法

一、短線做空

1. 採用 MA5 均線做短線進出。

2. 趨勢空頭不變、股價在 MA20 均線之下，持續做空。

二、進場點

1. 空頭彈後買空下跌的確認點：收盤跌破 MA5、收盤跌破前一日最低點。

2. 空頭盤整跌破的確認點（包含 K 線橫盤跌破）。

3. 急漲回檔的確認點。

4. 頭部型態確認點。

進場做空，只要進場後的每一個交易日，收盤價沒有突破 MA5 均線，持續抱股，一直做到當天收盤突破 MA5 均線（出現轉折上漲確認），空單回補。

只要空頭趨勢不變，股價在 MA20 均線之下、MA10 及 MA20 空頭排列，持續上面方法繼續做空。

三、MA5 均線短線做空操作守則

1. 停損：如果進場黑 K 跌幅不到 5%，改守進場轉折的最高點；進場黑 K 高點超過 5%，守進場黑 K 最高點為停損點。

2. 操作：

(1) 嚴格執行停損。

(2) 進場計算下跌 10% 價位。

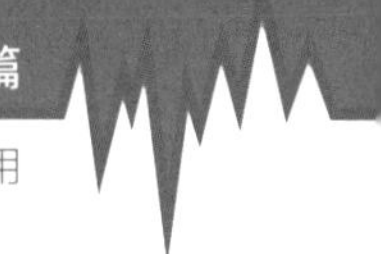

(3) 股價跌超過 10% 價位，反彈收盤突破 MA5 回補停利。

(4) 股價沒有到達 10% 價位，反彈收盤突破 MA5 續抱。

(5) 收盤進入盤整回補（小賠或小賺出場）：收盤沒有跌破前低，出現「底底高」、收盤突破 MA5、收盤突破前一日最高點。

(6) 急跌 3 天以上中長黑 K，或下跌獲利達 20% 以上，出現低檔爆量長紅（開低走高 > 5%），或低檔爆量長下影線，當日收盤回補二分之一，次日上漲全部回補。當天出現長紅吞噬，當天全部回補。

| 圖表 4-3-3 | **禾伸堂（3026）MA5 短線做空操作（日線）**

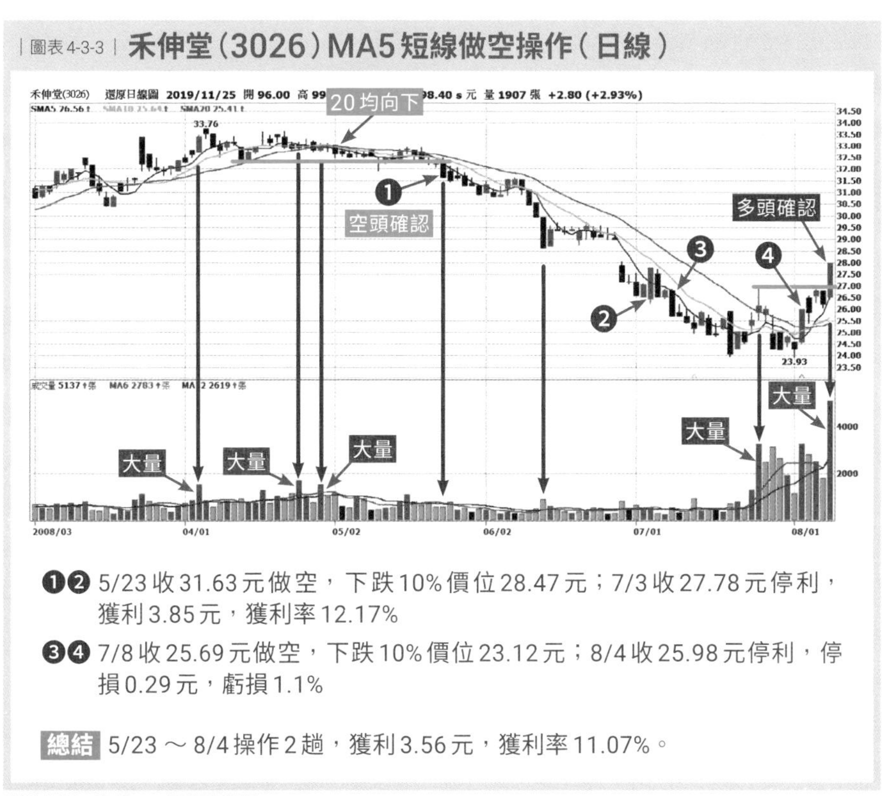

❶❷ 5/23 收 31.63 元做空，下跌 10% 價位 28.47 元；7/3 收 27.78 元停利，獲利 3.85 元，獲利率 12.17%

❸❹ 7/8 收 25.69 元做空，下跌 10% 價位 23.12 元；8/4 收 25.98 元停利，停損 0.29 元，虧損 1.1%

總結 5/23 ～ 8/4 操作 2 趟，獲利 3.56 元，獲利率 11.07%。

資料來源：富邦 e01 及嘉實資訊

單一均線的中線做多戰法

一、中線做多

1. 採用 MA10 均線做短線進出。

2. 趨勢多頭不變，股價在 MA20 均線之上，持續做多。

二、進場點

1. 多頭回後買上漲的確認點：收盤突破 MA5、收盤突破前一日最高點。

2. 多頭盤整突破的確認點（包含 K 線橫盤突破）。

3. 底部型態確認點。

進場做多，只要進場後的每一個交易日，收盤價沒有跌破 MA10 均線，持續抱股，一直做到當天收盤跌破 MA10 均線（出現轉折下跌確認），多單停利。

只要多頭趨勢不變，股價在 MA20 均線之上、MA10 及 MA20 多頭排列，持續上面方法繼續做多。

三、MA10 均線中線做多操作守則

1. 停損：如果進場紅 K 漲幅不到 5%，守上漲轉折的最低點；進場紅 K 低點超過 5%，守進場紅 K 最低點為停損點。

2. 操作：

(1) 嚴格執行停損。

(2) 進場計算上漲 10% 價位。

(3) 股價漲超過 10% 價位，回檔收盤跌破 MA10 停利。

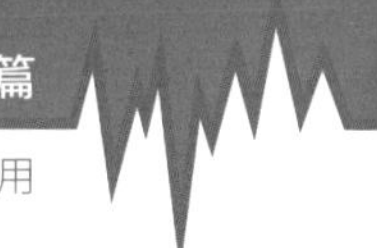

(4) 股價沒有到達10%價位，回檔收盤跌破MA10續抱。

(5) 收盤進入盤整停利（小賠或小賺出場）：收盤沒有突破前高，出現「頭頭低」、收盤跌破MA5、收盤跌破前一日最低點。

(6) 急漲3天以上中長紅K，或上漲獲利達20%以上，出現高檔爆量長黑（開高走低＞5%），或高檔爆量長上影線，當日收盤賣出一半，次日下跌全部賣出。當天出現長黑吞噬，當天全部賣出。

｜圖表4-3-4｜ **台光電（2383）MA10中線做多操作（日線）**

❶❷ 6/19收93.2元買進，上漲10%價位102.52元；8/2收114.69元賣出，獲利21.49元，獲利率23%。

❸❹ 8/7收118.09元買進，上漲10%價位129.9元；8/26收127.81元賣出，獲利9.72元，獲利率8.2%。

❺❻ 8/29收136.5元買進，上漲10%價位150.15元；9/9收128元賣出，停損8.5元，虧損6.2%，跌破前低。

總結 6/19～9/9操作3趟，獲利22.71元，獲利率24.4%。

資料來源：富邦e01及嘉實資訊

｜圖表 4-3-5｜ **穩懋（3105）MA10 中線做多操作（日線）**

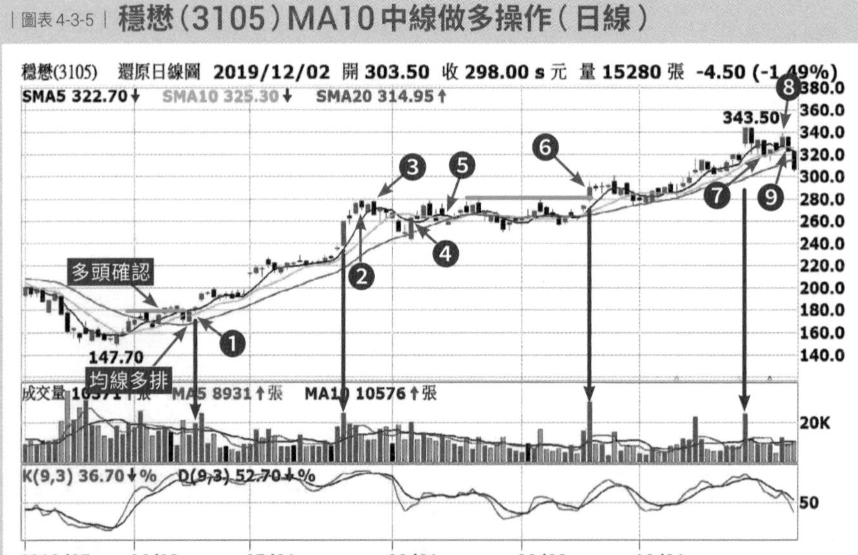

❶❷❸ 6/18 收 182.79 元買進，上漲 10% 價位 201.07 元；MA20 為 229.6 元，乖離＝（278.5 － 229.6）÷229.6＝21.3%；7/29 收 266 元賣出，獲利 83.21 元，獲利率 45.6%。

❹❺ 8/6 收 263.5 元買進，上漲 10% 價位 289.85 元；8/15 收 259.5 元，盤整賣出，停損 4 元，虧損 1.5%。

❻❼ 9/18 收 290.5 元買進，上漲 10% 價位 319.55 元；10/31 收 318 元賣出，獲利 27.5 元，獲利率 9.5%。

❽❾ 11/5 收 335.5 元買進，上漲 10% 價位 369.05 元；11/6 收 323 元賣出，停損 12.5 元，虧損 3.7%。

總結 6/18 ～ 11/6 操作 4 趟，獲利 94.21 元，獲利率 51.5%。

資料來源：富邦 e01 及嘉實資訊

單一均線的中線做空戰法

一、中線做空

1. 採用MA10均線做短線進出。

2. 趨勢空頭不變，股價在MA20均線之下，持續做空。

二、進場點

1. 空頭彈後空下跌的確認點：收盤跌破MA5、收盤跌破前一日最低點。

2. 空頭盤整跌破的確認點（包含K線橫盤跌破）。

3. 頭部型態確認點。

進場做空，只要進場後的每一個交易日，收盤價沒有突破MA10均線，持續抱股，一直做到當天收盤突破MA10均線（出現轉折上漲確認），空單回補。

只要空頭趨勢不變，股價在MA20均線之下、MA10及MA20空頭排列，持續上面方法繼續做空。

三、MA10均線中線做空操作則

1. 停損：如果進場黑K跌幅不到5%，守進場轉折的最高點；進場黑K高點超過5%，守進場黑K最高點為停損點。

2. 操作：

(1) 嚴格執行停損。

(2) 進場計算下跌10%價位。

(3) 股價跌超過10%價位，反彈收盤突破MA10停利回補。

(4) 股價沒有到達10%價位，反彈收盤突破MA10續抱。

(5) 收盤進入盤整停利回補（小賠或小賺出場）：收盤沒有跌破前低，出現「底底高」、收盤突破MA5、收盤突破前一日最高點。

(6) 急跌3天以上中長黑K，或下跌獲利達20%以上，出現低檔爆量長紅（開低走高＞5%），或低檔爆量長下跌影線，當日收盤回補二分之一，次日上漲全部回補。當天出現長紅吞噬，當天全部回補。

圖表4-3-6 東浦（3290）MA10中線做空操作（日線）

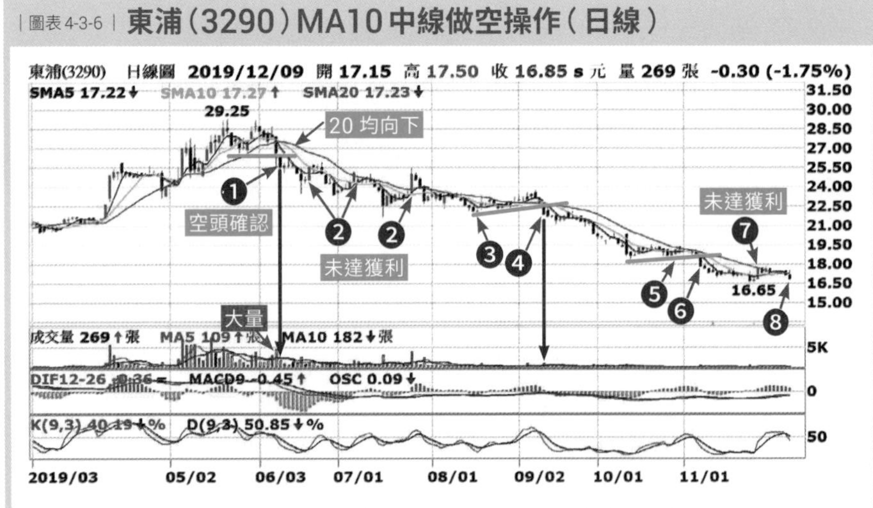

❶❸ 6/11收25.55元做空，下跌10%價位23元；未達獲利續抱；8/20底底高收22.7元停利，獲利2.85元，獲利率11.1%。

❹❺ 9/10收21.85元做空，下跌10%價位19.67元；10/30底底高收19.15元停利，獲利2.7元，獲利率12.3%。

❻❽ 11/7收17.8元做空，下跌10%價位16.02元；12/9收16.85元，續抱。

總結 6/11~12/9 操作2 趟，獲利5.55元，獲利率23.4%，仍有一筆空單獲利續抱。

資料來源：富邦 e01 及嘉實資訊

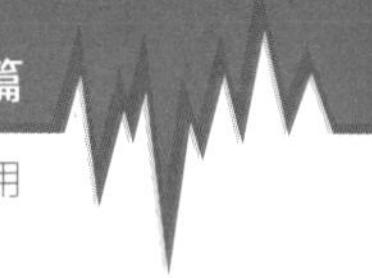

｜圖表 4-3-7｜ 上銀(2049)MA10 中線做空操作(日線)

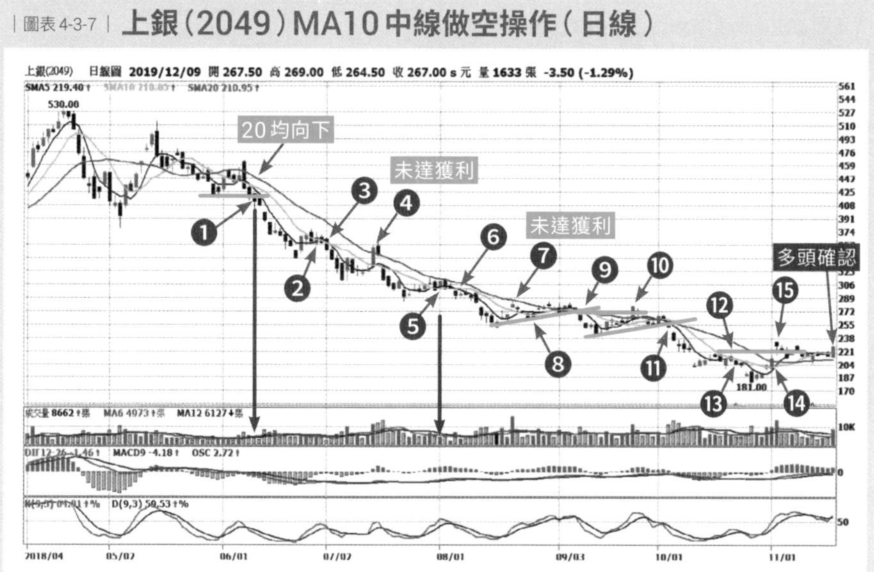

❶❷ 6/11 收 412.5 元做空，下跌 10% 價位 371.25 元；6/28 收 366.5 元停利，獲利 46 元，獲利率 11.1%。

❸❺ 7/2 收 350 元做空，下跌 10% 價位 315 元；未達獲利續抱；8/1 收 311 元停利，獲利 39 元，獲利率 11.1%。

❻❽ 8/6 收 292 元做空，下跌 10% 價位 262.8 元；未達獲利續抱；8/27 底底高收 270 元停利，獲利 22 元，獲利率 7.5%。

❾❿ 9/7 收 261 元做空，下跌 10% 價位 234.9 元；9/21 收 278.5 元回補，停損 17.5 元，虧損 6.7%。

⓫⓬ 10/3 收 252 元做空，下跌 10% 價位 226.8 元；10/22 收 215 元停利，獲利 37 元，獲利率 14.7%。

⓭⓮ 10/23 收 205 元做空，下跌 10% 價位 184.5 元；11/2 收 212.5 元回補，停損 7.5 元，虧損 3.6%。

⓯ 11/3 過前高。

總結 6/11 ～ 11/2 操作 6 趟，獲利 119 元，獲利率 28%。

資料來源：富邦 e01 及嘉實資訊

單一均線的長線做多戰法

一、做多長線簡易操作法

1. 20日均線：作為進出的判斷依據。
2. 60日均線：作為長期趨勢方向轉折的判斷依據。

｜圖表4-3-8｜**單一均線長線做多操作守則**

股價位置	操作方式	均線方向
站上20日線、在60日線之上	買進多單	2條均線黃金交叉 2條均線多排上揚
跌破20日線、在60日線之上	賣出多單，空手觀望	

二、長線做多操作法（用MA20停利）

1. 選股條件（日線＋週線＋月）

符合日線多頭確認，且均線MA10、MA20、MA60多排向上；週線趨勢多頭確認，且均線MA10、MA20多排向上；月線大量突破下降切線等條件。

2. 進場位置

日線多頭底部趨勢確認，均線4線多排，開始進場操作。

（1）進場：底部多頭趨勢確認，均線MA10、MA20多排向上，股價位於MA20之上，第1次回測沒有跌破MA20，股價上漲突破MA5及昨日K線最高點開始進場。

（2）停損：如果進場紅K漲幅不到5%，守上漲轉折的最低點。進場紅K低點超過5%，守進場紅K最低點為停損點。

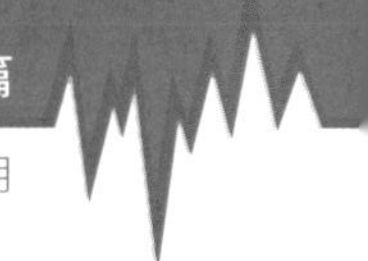

3. 操作程序

(1) 日線符合多頭短線條件先進場操作，嚴格執行停損。

(2) 日線短線上漲一波，均線 4 線多排，已經獲利之後開始做長線，此時週線符合多頭，週均線 3 線多排，日線開始守 MA20 均線操作。

(3) 出現連續上漲波段獲利超過 20% 以上，股價與 MA20 乖離 ＞ 20%，收盤跌破 MA10 停利。

(4) 日週、月線多頭不變，日線符合多頭條件繼續進場操作，嚴格執行停損。

| 圖表 4-3-9 | 單一均線長線做多範例①

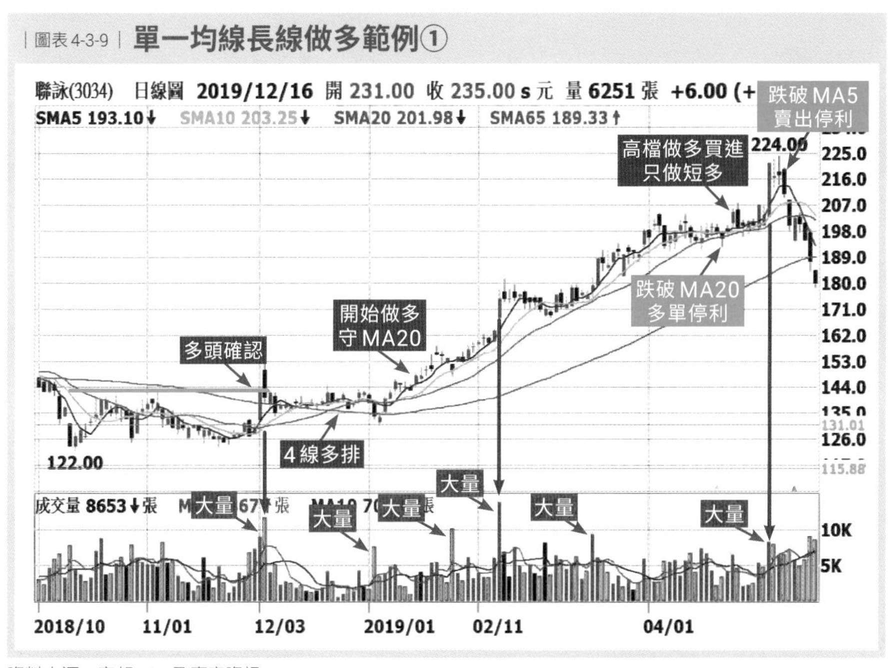

資料來源：富邦 e01 及嘉實資訊

(5) 日線高檔爆量趨勢空頭確認（此時可能尚未跌破 MA20 或 MA60），先停利出場，日後日線符合多頭短線條件再進場操作，嚴格執行停損。

(6) 多頭趨勢進入末升段高檔，或股價已上漲接近底部起漲 1 倍，再進場操作，只適合短線操作（守 MA5 均線停利）。

| 圖表 4-3-10 | 單一均線長線做多範例②

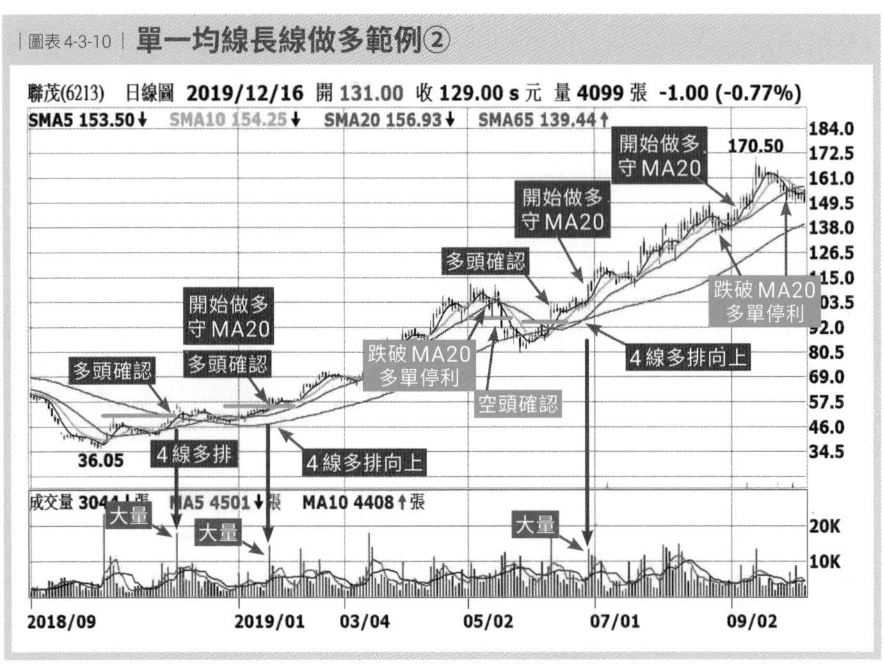

資料來源：富邦 e01 及嘉實資訊

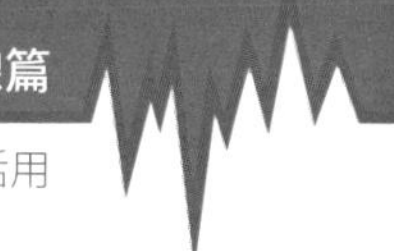

單一均線的長線做空戰法

一、做空長線簡易操作法

1. 20日均線：作為進出的判斷依據。
2. 60日均線：作為長期趨勢方向轉折的判斷依據。

| 圖表 4-3-11 | **單一均線長線做空操作守則**

股價位置	操作方式	均線方向
跌破20日線、在60日線之下	做空空單	2條均線死亡交叉 2條均線空排下彎
站上20日線、在60日線之下	回補空單，空手觀望	

二、長線做空操作法（用MA20停利法）

1. 選股條件（日線＋週線）

符合日線空頭確認，且均線MA10、MA20、MA60空排向下；週線趨勢空頭確認，且均線MA10、MA20空排向下等條件。

2. 進場位置

日線空頭趨勢確認，開始進場做空操作。

(1) 進場：頭部空頭趨勢確認，均線MA10、MA20空排向下，股價位於MA20之下，第1次反彈回測沒有突破原始下降切線，股價下跌跌破MA5及昨日K線最低點進場。

(2) 停損：如果進場黑K跌幅不到5%，進場守進場轉折的最高點；進場黑K高點超過5%，守黑K最高點為停損點。

3. 操作程序

(1) 日線符合空頭短線條件先進場操作，嚴格執行停損。

(2) 日線短線下跌一波，均線4線空排，獲利後開始做長線，此時週線符合空頭，週均線3線空排，日線開始守MA20均線操作。

(3) 出現連續下跌波段獲利超過20%以上，收盤突破MA5回補停利。

(4) 日週、月線空頭不變，日線符合空頭條件繼續進場操作，嚴格執行停損。

(5) 日線低檔爆量，趨勢多頭確認（此時可能尚未突破MA20或MA60），先回補停利出場，日後日線符合空頭短線條件再進場操作，嚴格執行停損。

(6) 中長線空頭股價到末跌段，或股價達頭部最高點的二分之一價，容易是空頭趨勢的低點，此位置進場做空，只做短空，出現爆量，容易落底（範例見圖表4-3-12、圖表4-3-13）。

2條均線的長線做多戰法（10日、20日均線定多空）

10日均線、20日均線黃金交叉多排向上，開始做多；10日均線、20日均線死亡交叉空排向下，做多結束。

1. 進場位置

日線多頭趨勢進場位置進場。

2. 停損

如果進場紅K漲幅不到5%，守上漲轉折的最低點；進場紅K低點超過5%，守進場紅K最低點為停損點。

| 圖表 4-3-12 | **單一均線長線做空範例①**

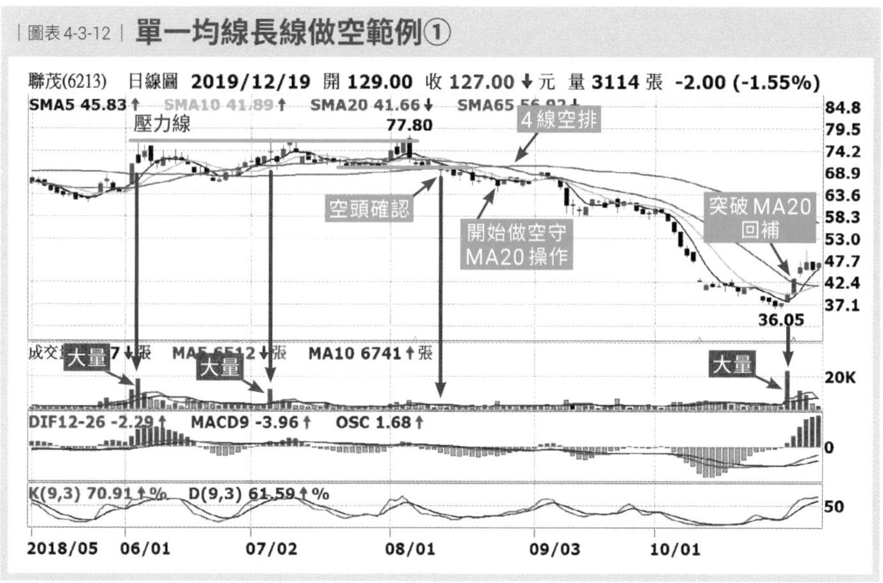

資料來源：富邦 e01 及嘉實資訊

| 圖表 4-3-13 | **單一均線長線做空範例②**

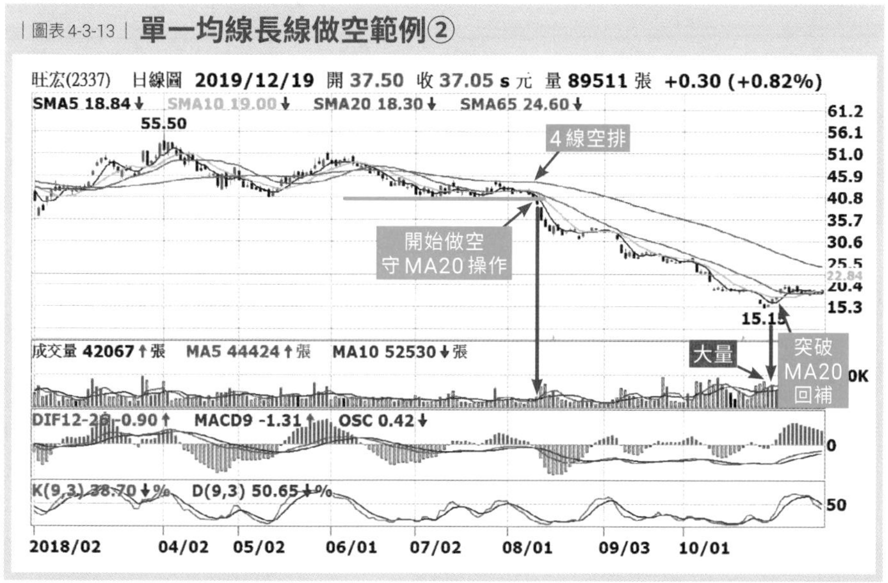

資料來源：富邦 e01 及嘉實資訊

3. 操作程序

(1) 10日均線、20日均線死亡交叉空排向下，做多結束。

(2) 出現連續上漲波段獲利超過20%以上，收盤跌破MA5停利。

(3) 日線高檔爆量趨勢空頭確認，先停利出場。

(4) 長線操作在多頭趨勢進入末升段高檔，或股價已上漲接近底部起漲1倍，再進場操作，只適合短線操作（守MA5均線停利）。

圖表4-3-14 **2條均線長線做多範例①**

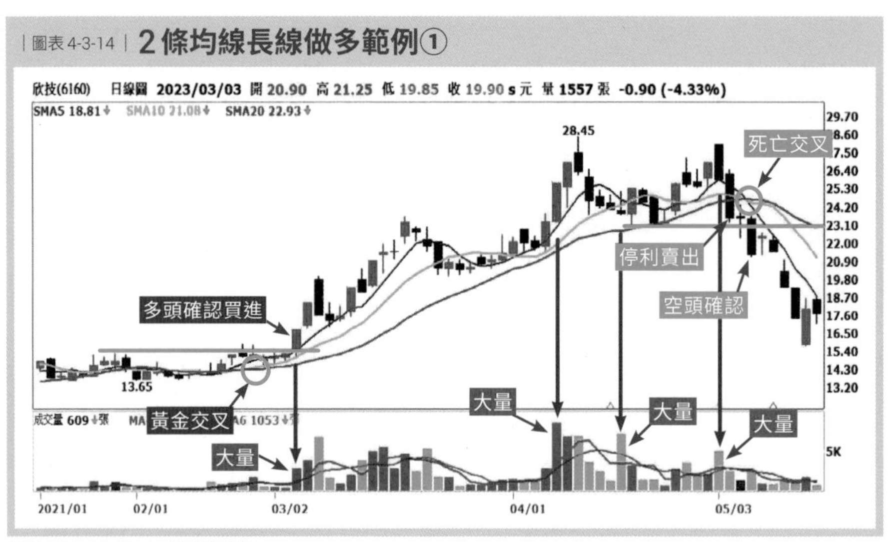

資料來源：富邦e01及嘉實資訊

｜圖表 4-3-15｜**2 條均線長線做多範例②**

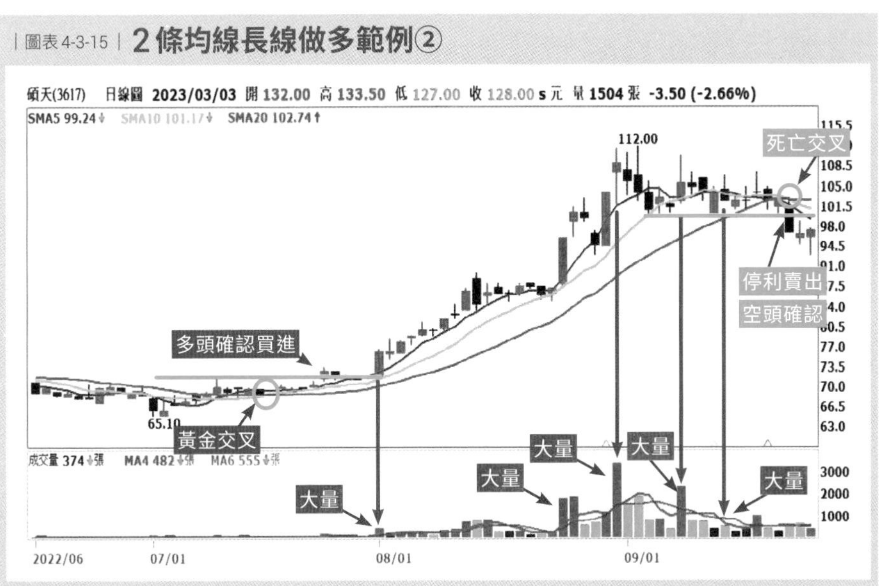

資料來源：富邦 e01 及嘉實資訊

｜圖表 4-3-16｜**2 條均線長線做多範例③**

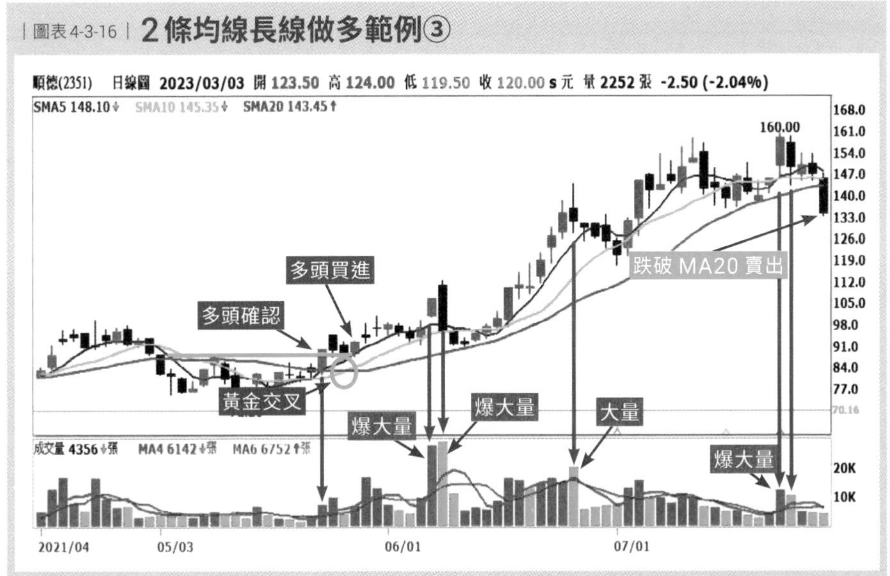

資料來源：富邦 e01 及嘉實資訊

2條均線的長線做空戰法

10日均線、20日均線死亡交叉空排向下，開始做空；10日均線、20日均線黃金交叉多排向上，做空結束。

1. 進場位置

日線空頭趨勢進場位置進場。

2. 停損

如果進場黑K跌幅不到5%，守進場轉折的最高點；進場黑K高點超過5%，守進場黑K最高點為停損點。

3. 操作程序

(1) 10日均線、20日均線黃金交叉多排向上，做空結束。

(2) 出現連續下跌波段獲利超過20%以上，收盤突破MA5回補停利。

(3) 日線低檔爆量趨勢多頭確認，先回補出場。

(4) 長線空頭股價到末跌段，或股價達頭部最高點的二分之一價，容易是空頭趨勢的低點，此位置進場做空，只做短空，出現爆量，容易落底。

| 圖表 4-3-17 | **2 條均線長線做空範例①**

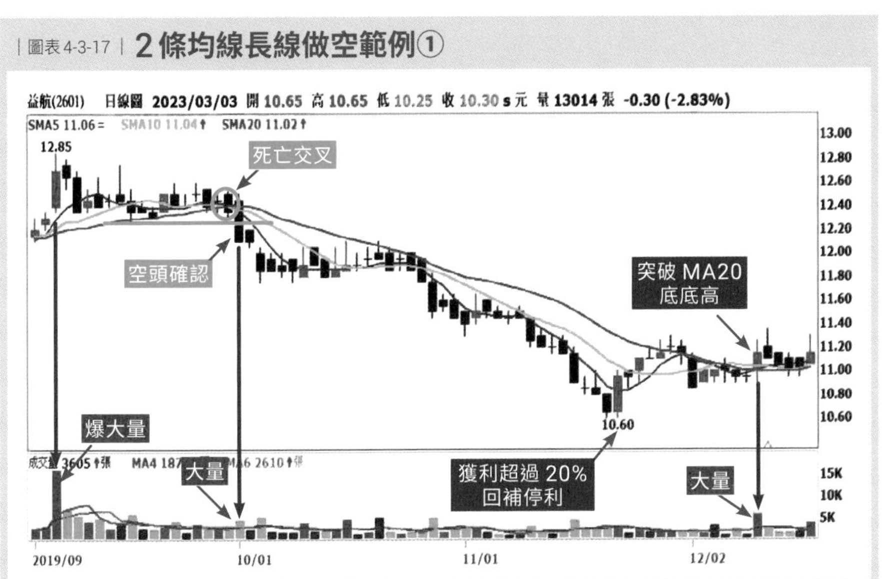

資料來源：富邦 e01 及嘉實資訊

| 圖表 4-3-18 | **2 條均線長線做空範例②**

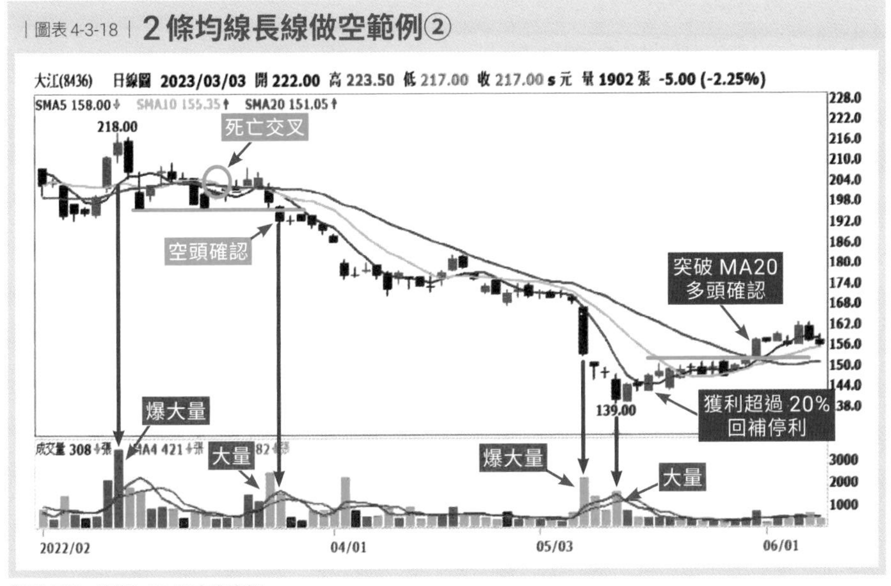

資料來源：富邦 e01 及嘉實資訊

|圖表 4-3-19| **2條均線長線做空範例③**

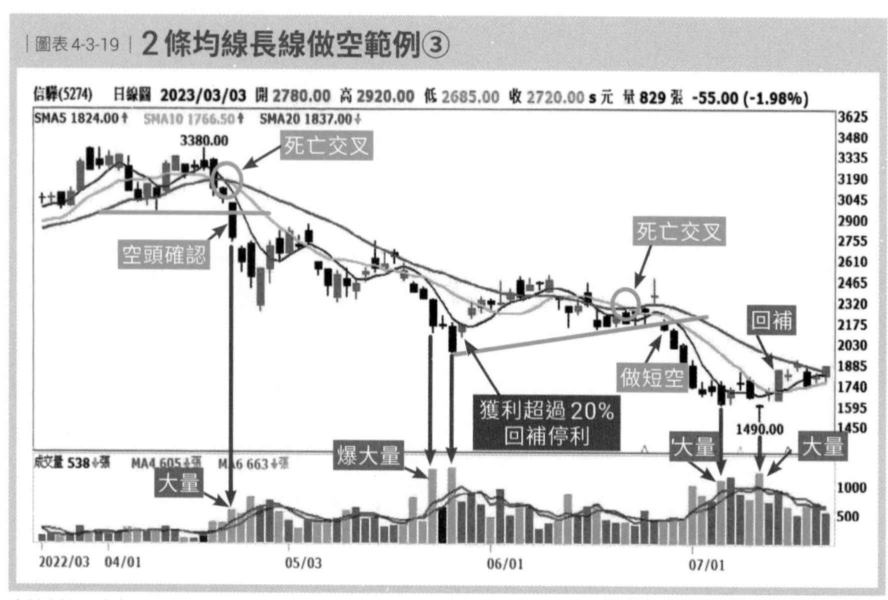

資料來源：富邦 e01 及嘉實資訊

3 條均線的綜合戰法

一、多頭趨勢

以 5 日均線做短多，10 日均線做中多，20 日均線做長多。底部日線多頭確認，均線 4 線多排向上開始做多。

1. 進場位置

日線多頭趨勢進場位置進場，進場一次買進 3 的倍數（例如 3 張、6 張、9 張等）。

2. 停損

如果進場紅 K 漲幅不到 5%，守上漲轉折的最低點；進場紅 K 低點超過 5%，守進場紅 K 最低點為停損點。

3. 操作程序

(1) 上漲獲利，股價收盤跌破5日均線停利三分之一（例如買3張則賣出1張）。

(2) 股價續跌，收盤跌破10日均線再停利三分之一（例如買3張則再賣出1張）。

(3) 股價續跌，收盤跌破20日均線停利最後三分之一（例如買3張則再賣出1張），賣完手上持票。

(4) 多頭趨勢不變，股價收盤突破5日均線買進三分之一（例如買3張則買進1張）。

(5) 多頭趨勢不變，股價收盤突破10日均線買進三分之一（例如買3張則再買進1張）。

(6) 多頭趨勢不變，股價收盤突破20日均線買進三分之一（例如買3張則再買進1張），當股價維持在5日均線之上，手上恢復持有3張的股票。

(7) 出現連續上漲波段獲利超過20%以上，收盤跌破MA5全部停利。

(8) 多頭進入末升段高檔，或股價上漲接近底部起漲1倍，這時再進場操作，做多只做短線操作（守MA5均線停利）。

二、空頭趨勢

以5日均線做短空，10日均線做中空，20日均線做長空：底部日線空頭確認，均線4線空排向下開始做空。

1. 進場位置

日線空頭趨勢進場位置進場，進場一次空3的倍數（例如3張、

| 圖表 4-3-20 | **3 條均線做多範例①**

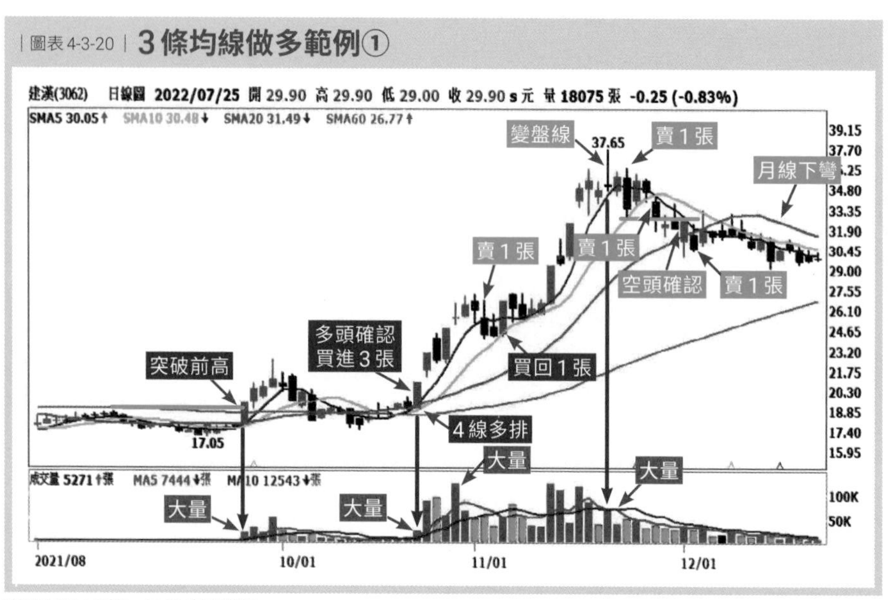

資料來源：富邦 e01 及嘉實資訊

| 圖表 4-3-21 | **3 條均線做多範例②**

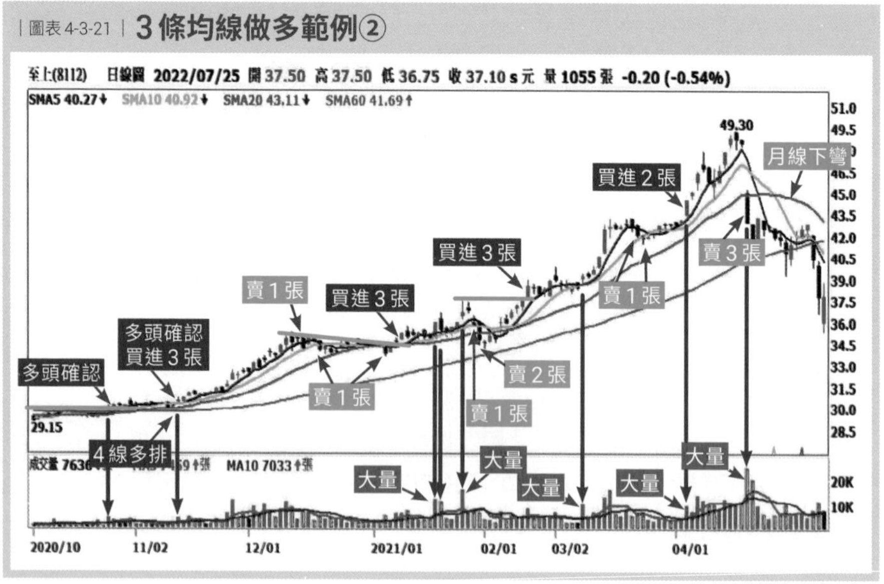

資料來源：富邦 e01 及嘉實資訊

6張、9張等）。

2. 停損

如果進場黑K跌幅不到5%，守進場轉折的最高點；進場黑K高點超過5%，守進場黑K最高點為停損點。

3. 操作程序

(1) 下跌獲利，股價收盤突破5日均線停利回補三分之一（例如空3張則回補1張）。

(2) 股價續彈，收盤突破10日均線再停利回補三分之一（例如空3張則再回補1張）。

(3) 股價續彈，收盤突破20日均線停利回補最後三分之一（例如空3張則再回補1張），回補完手上持有3張做空的股票。

(4) 空頭趨勢不變，股價收盤跌破5日均線做空三分之一（例如空3張則做空1張）。

(5) 空頭趨勢不變，股價收盤跌破10日均線做空三分之一（例如空3張則再做空1張）。

(6) 空頭趨勢不變，股價收盤跌破20日均線做空三分之一（例如空3張則再做空1張），當股價維持在5日均線之下，手上繼續持有3張做空的股票。

(7) 出現連續下跌波段獲利超過20%以上，收盤突破MA5全部停利回補。

(8) 在空頭趨勢進入末跌段低檔，或股價已下跌接近頭部部起跌的二分之一，這時再進場操作，做空只做短線操作（守MA5均線停利回補）。

| 圖表 4-3-22 | **3 條均線做空範例①**

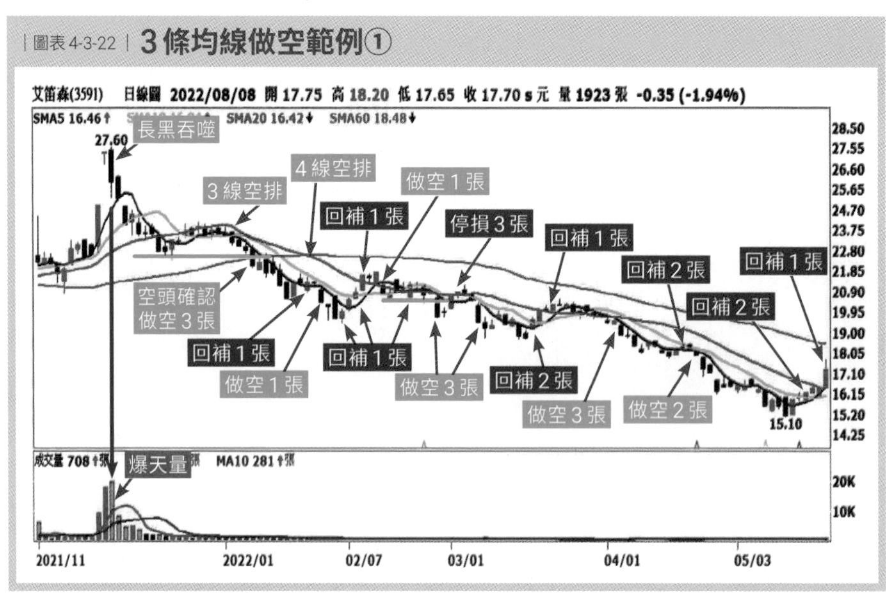

資料來源：富邦 e01 及嘉實資訊

| 圖表 4-3-23 | **3 條均線做空範例②**

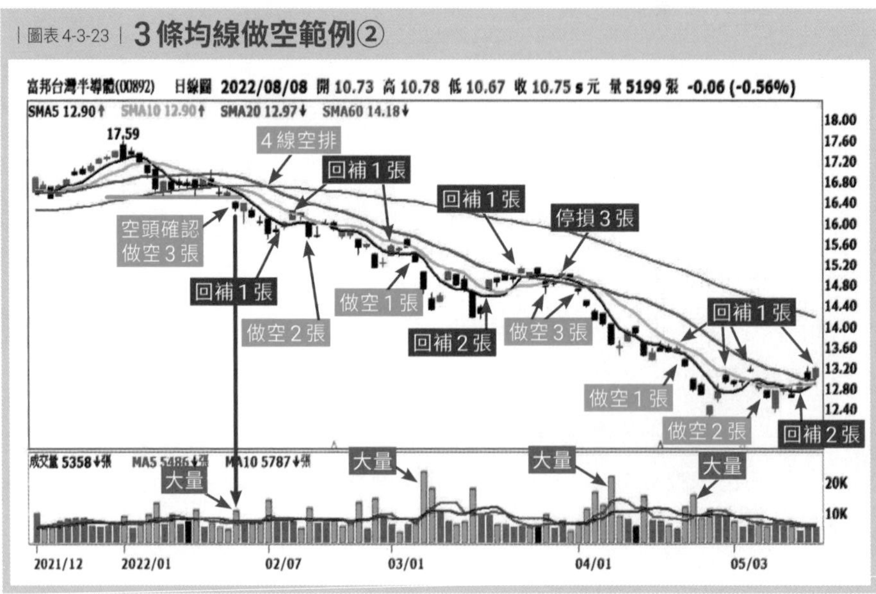

資料來源：富邦 e01 及嘉實資訊

Part 05
切線篇

上切下切
乘風破浪

5-1
切線的基本概念

切線也稱為趨勢線，股市每天交易在前進時，股價都會朝一個方向進行，這個方向我們稱為趨勢。當方向確定後無論走的時間是長或短，要轉變成另一個方向都需要經過轉換的過程。

趨勢的方向可以用切線來表示，切線不但告訴我們行進方向，更重要是切線能夠告訴我們方向要改變的訊息，同時切線也提供支撐與壓力的作用。

切線的正確畫法

一、畫線原則

畫線時線不蓋線，意思是連接2低點的切線，不會壓到2點之間的K棒。

二、畫上升切線

取2個「底底高」的點（包含下影線的最低點），連接成1條向上的延長線。

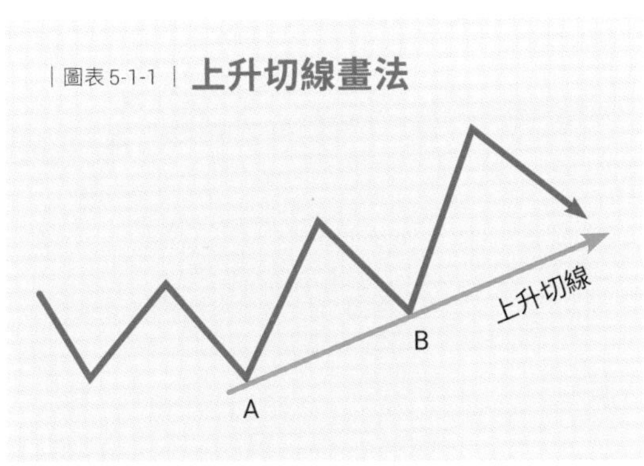

｜圖表 5-1-1｜上升切線畫法

| 圖表 5-1-2 | **上升切線趨勢圖**

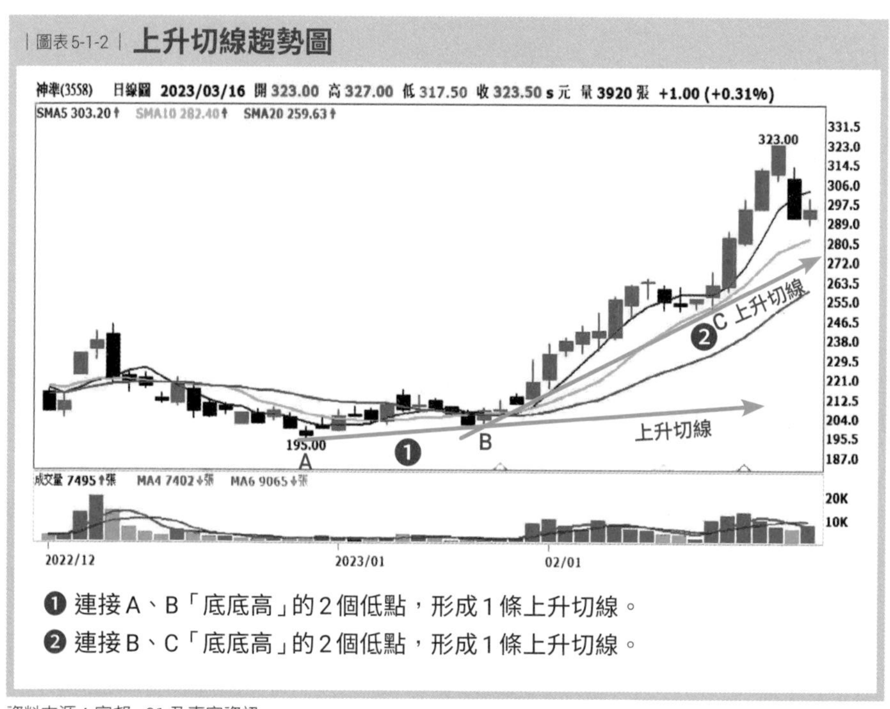

❶ 連接 A、B「底底高」的 2 個低點，形成 1 條上升切線。

❷ 連接 B、C「底底高」的 2 個低點，形成 1 條上升切線。

資料來源：富邦 e01 及嘉實資訊

三、畫下降切線

取 2 個「頭頭低」的點（包含上影線的最高點），連接 1 條向下的延長線。

| 圖表 5-1-3 | **下降切線畫法**

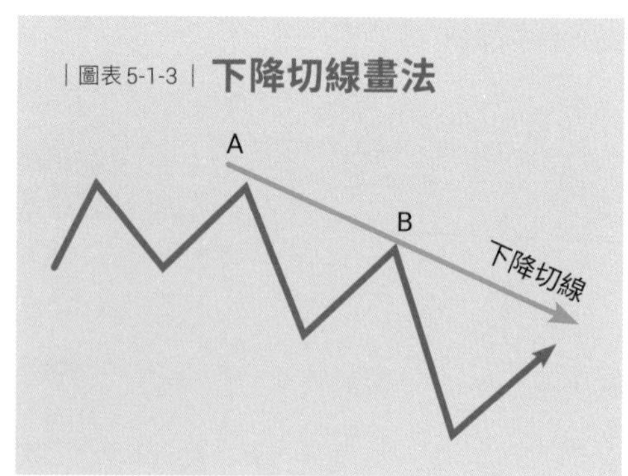

| 圖表 5-1-4 | **下降切線趨勢圖**

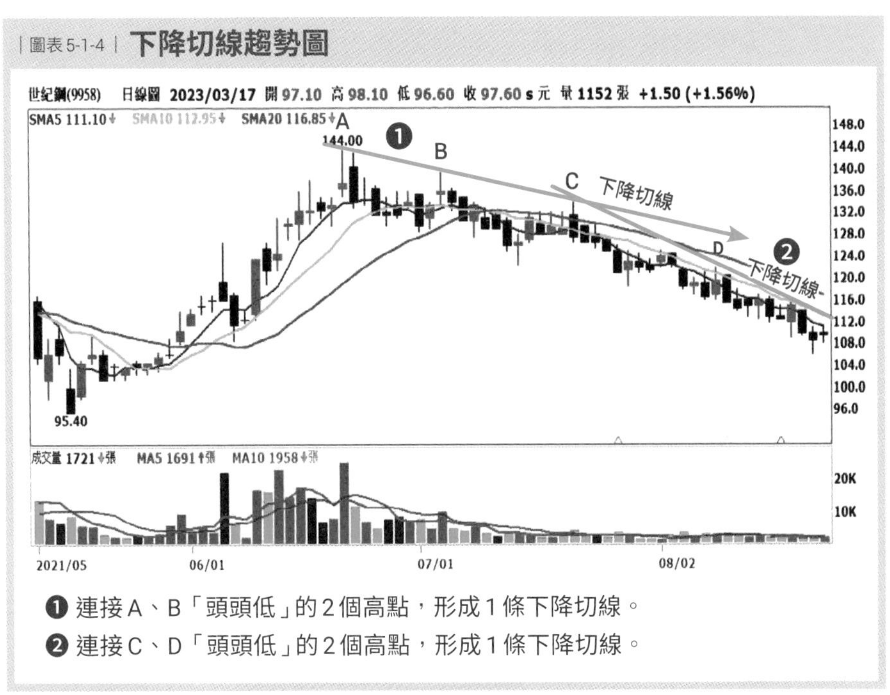

❶ 連接 A、B「頭頭低」的 2 個高點，形成 1 條下降切線。

❷ 連接 C、D「頭頭低」的 2 個高點，形成 1 條下降切線。

資料來源：富邦 e01 及嘉實資訊

切線的種類

一、原始上升切線

1. 空頭下跌沒有跌破前面的低點轉上漲，出現「底底高」的 2 個轉折低點，連接趨勢第 1 次「底底高」的 2 個低點，形成的上升切線，稱為「原始上升切線」。

| 圖表 5-1-5 |
盤整向上突破 成為多頭趨勢

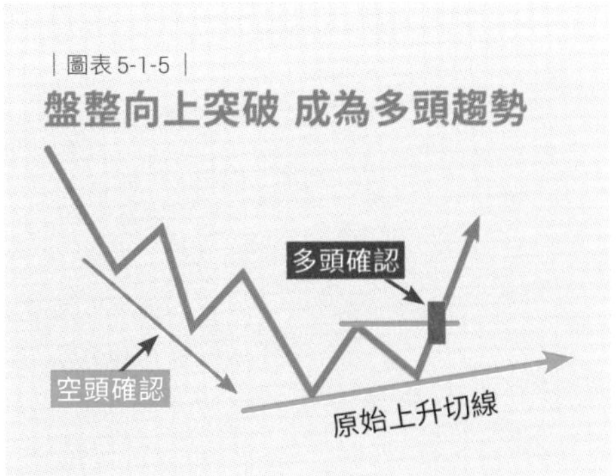

2. 當走勢出現「底底高」，趨勢進入盤整，當盤整向上突破，反轉成多頭趨勢（圖表 5-1-5）。

3. 原始上升切線成為盤整的下頸線，如果盤整被跌破，表示跌破空頭盤整，空頭繼續下跌。

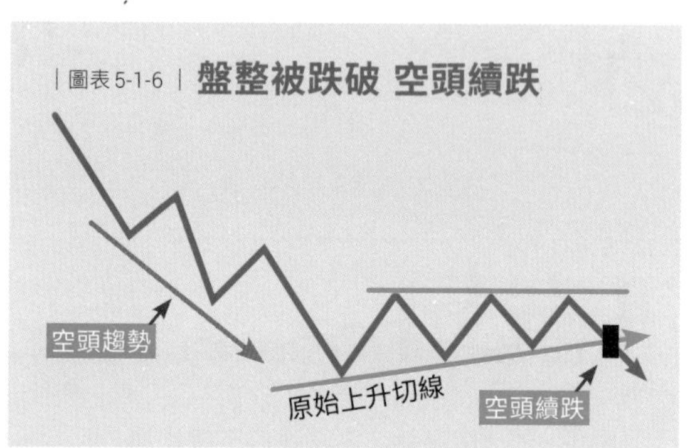

4. 如果盤底反轉成多頭趨勢，當多頭第 1 次回檔（回測）跌破「原始上升切線」，表示反轉失敗，空頭繼續下跌（也稱為空頭 ABC 反彈修正結束）。

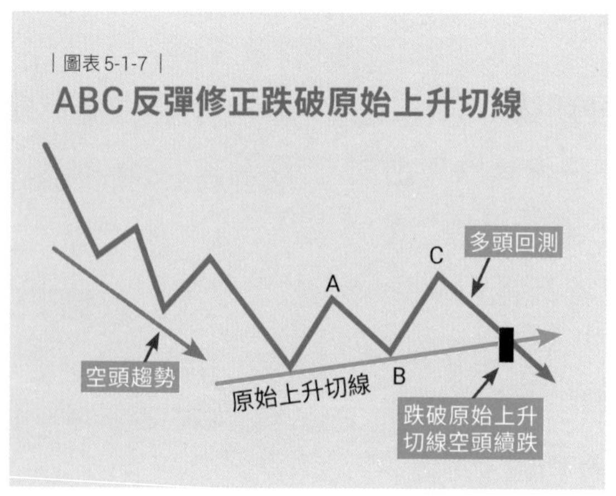

| 圖表 5-1-8 | **盤整跌破空頭續跌範例①**

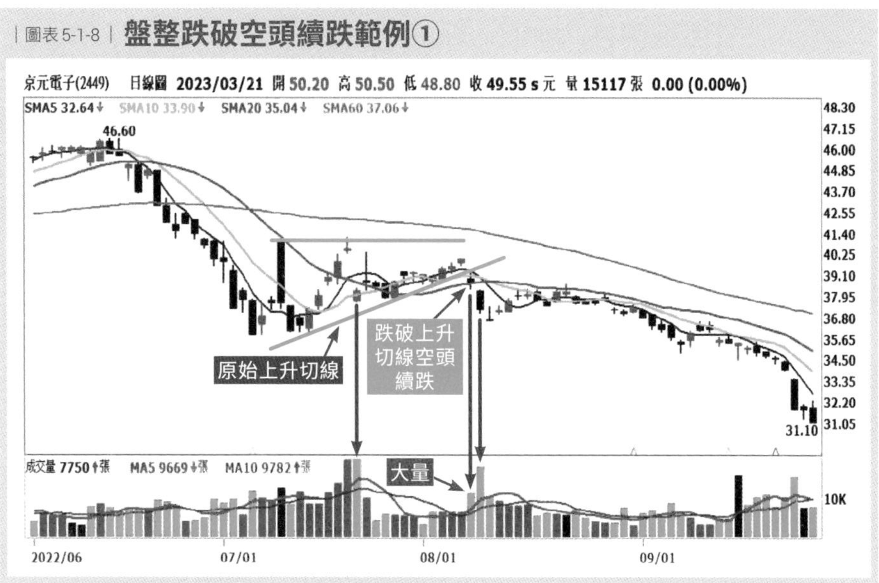

資料來源：富邦 e01 及嘉實資訊

| 圖表 5-1-9 | **盤整跌破空頭續跌範例②**

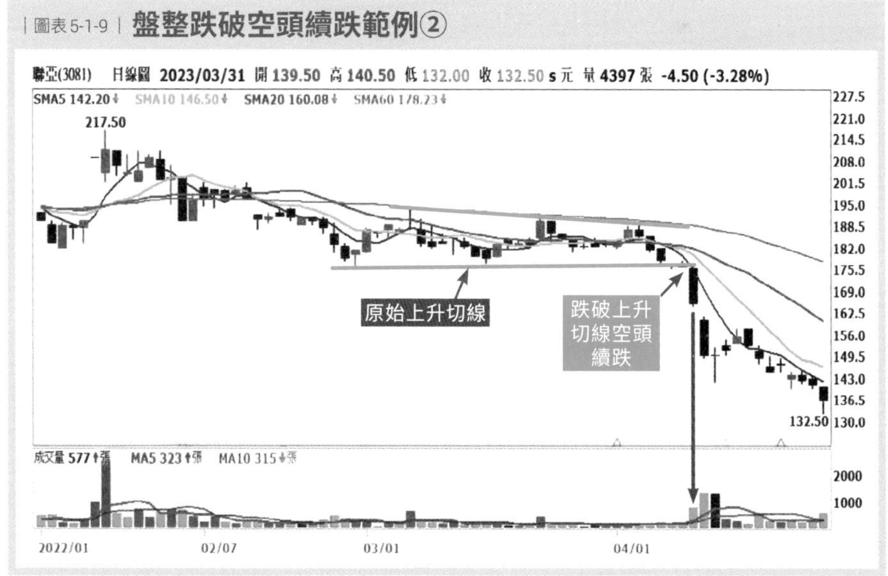

資料來源：富邦 e01 及嘉實資訊

|圖表 5-1-10| ABC 反彈修正跌破原始上升切線

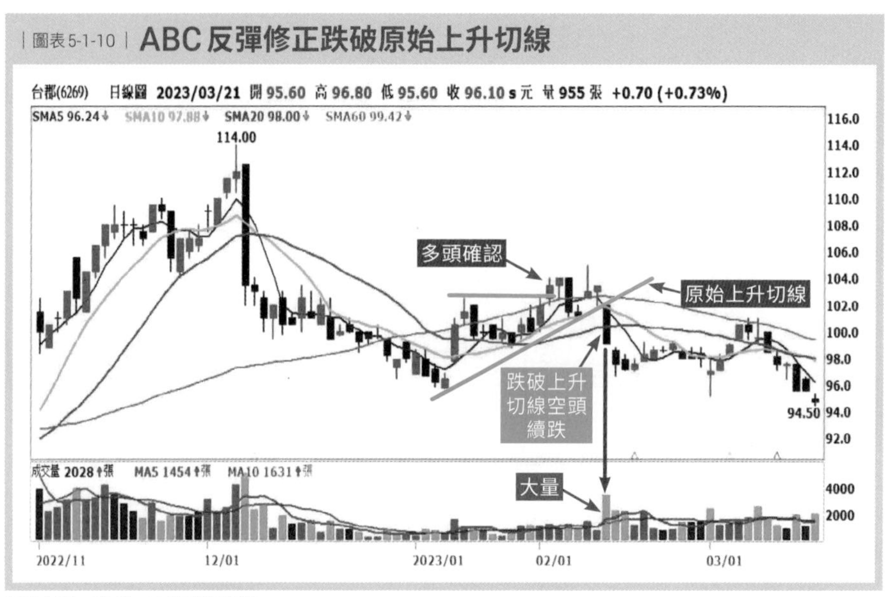

資料來源：富邦 e01 及嘉實資訊

|圖表 5-1-11| 盤整向上突破 反轉成多頭趨勢

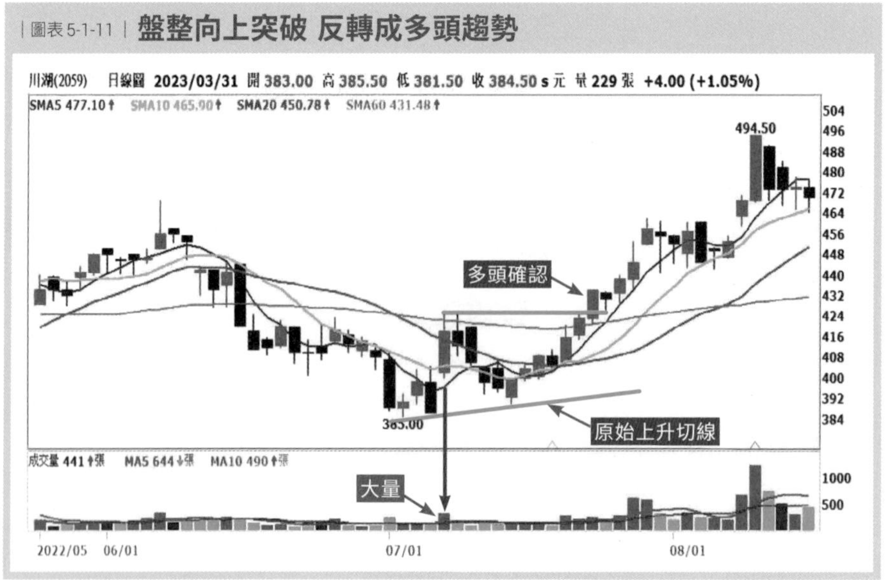

資料來源：富邦 e01 及嘉實資訊

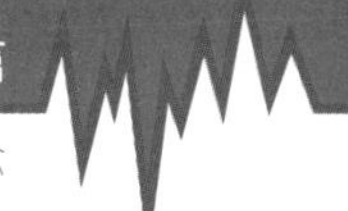

二、隨機上升切線

在原始上升切線之後，多頭趨勢上漲，往後任何2低點連接的上升切線稱為「隨機上升切線」，也稱為「上升次切線」。

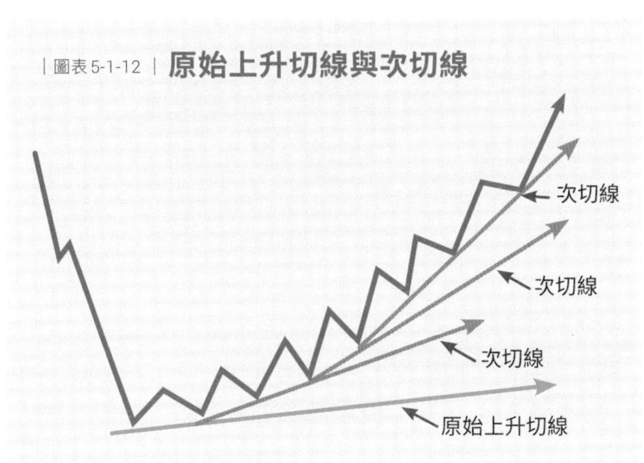

|圖表5-1-12| 原始上升切線與次切線

三、上升急切線

1. 短期連續數天急漲時，將K線的低點連接而成的切線，為超短期股價變化而畫的切線，一般當成做多獲利賣出的參考點。

2. 上升急切線應用時機：

(1)上升急切線是短線進出的重要參考線。

(2)上升急切線應用在急漲、飆股、末升段的噴出、V形反轉位置。

(3)上升急切線可以用在上下幅度大的盤整區進出。

｜圖表 5-1-13｜ **上漲急切線畫法**

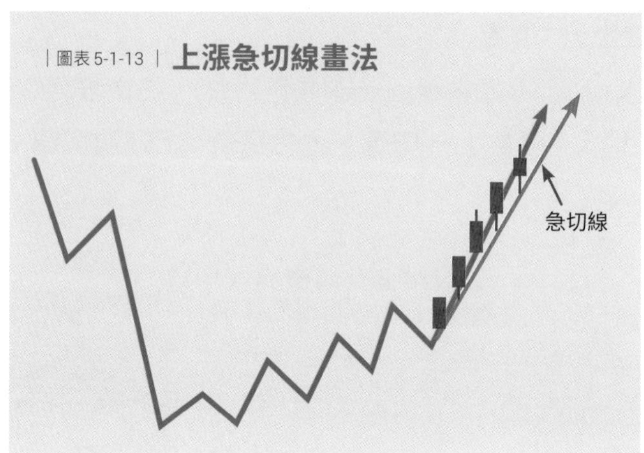

｜圖表 5-1-14｜ **上升急切線綜合應用①**

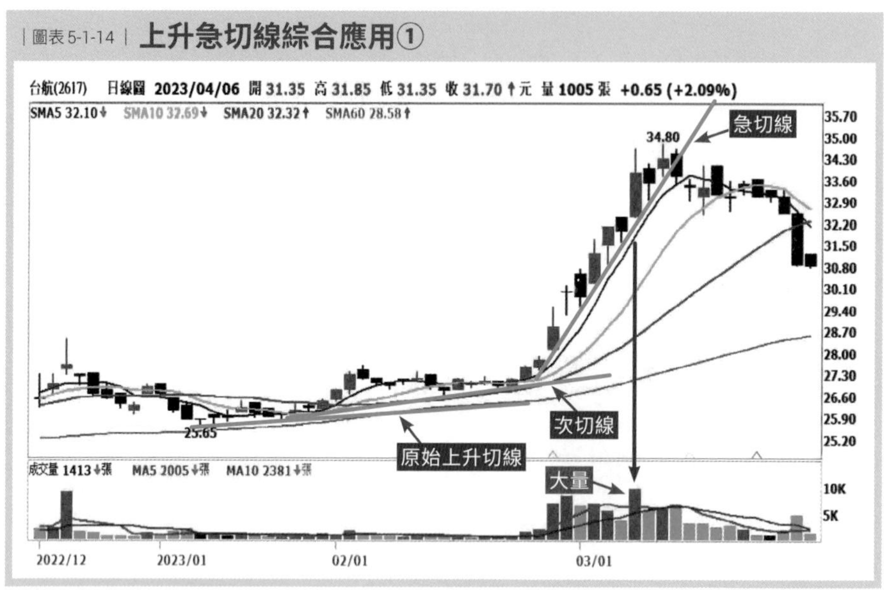

資料來源：富邦 e01 及嘉實資訊

| 圖表 5-1-15 | 上升急切線綜合應用②

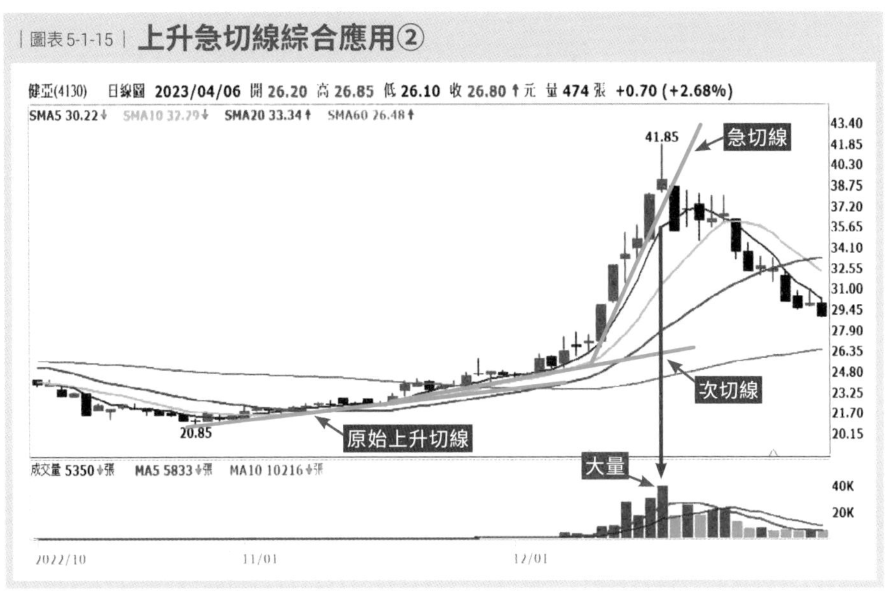

資料來源：富邦 e01 及嘉實資訊

四、原始下降切線

1. 多頭上漲沒有突破上面的高點轉下跌，出現「頭頭低」的2個轉折高點，連接趨勢第1次「頭頭低」的2個高點形成的下降切線，稱為「原始下降切線」。

2. 當走勢出現「頭頭低」，趨勢進入盤整，當盤整向下跌破，反轉成空頭趨勢（圖表 5-1-16）。

3. 「原始下降切線」成為盤整的上頸線，如果盤整被突破，表示突破多頭盤整，多頭繼續上漲（圖表 5-1-17）。

4. 如果盤頭反轉成空頭趨勢，當空頭第1次反彈（回測）突破「原始下降切線」，表示反轉失敗，多頭繼續上漲（也稱為多頭ABC回檔修正結束）（圖表 5-1-18）。

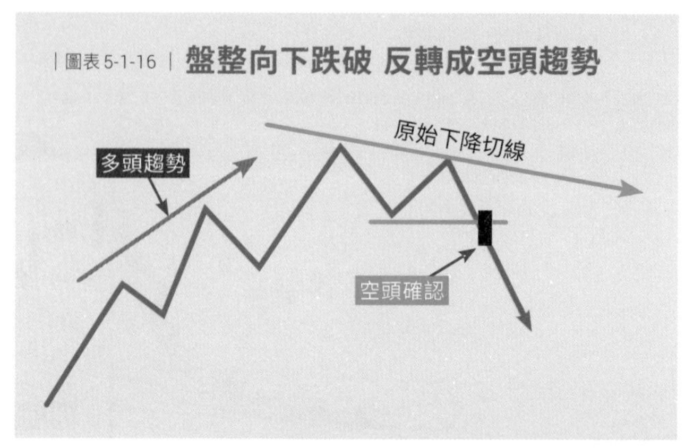

｜圖表 5-1-16｜ **盤整向下跌破 反轉成空頭趨勢**

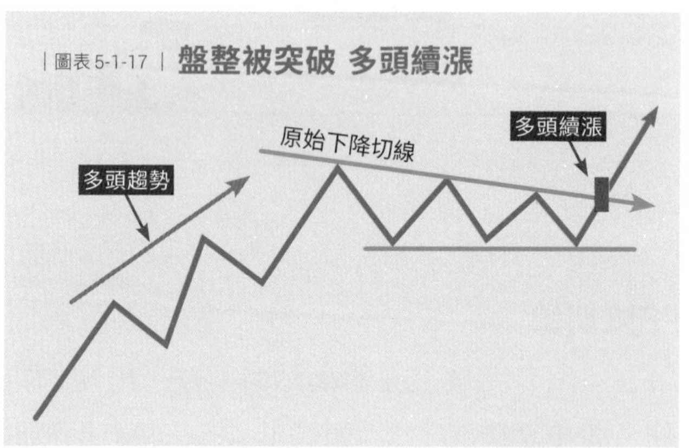

｜圖表 5-1-17｜ **盤整被突破 多頭續漲**

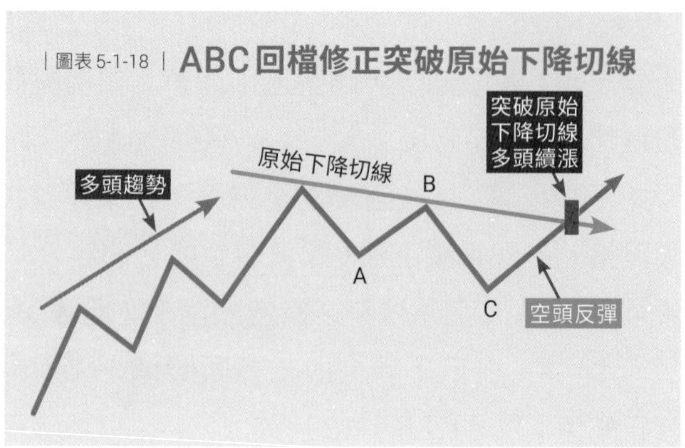

｜圖表 5-1-18｜ **ABC 回檔修正突破原始下降切線**

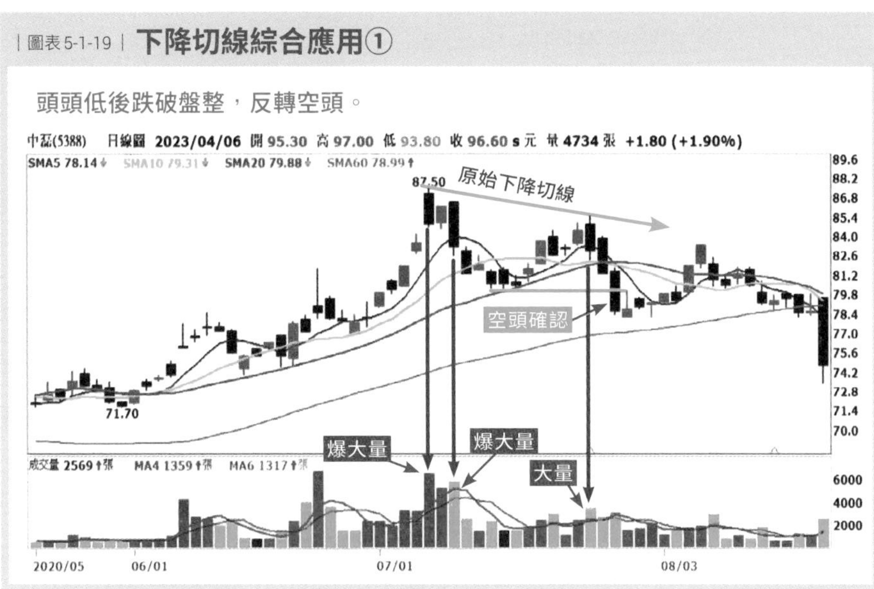

資料來源：富邦 e01 及嘉實資訊

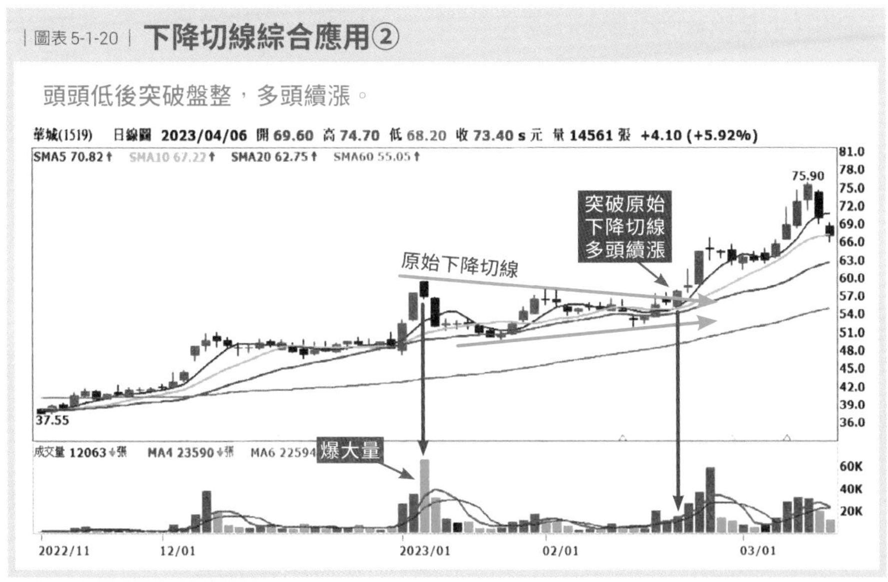

資料來源：富邦 e01 及嘉實資訊

| 圖表 5-1-21 | **下降切線綜合應用③**

空頭反彈突破原始下降切線，多頭續漲。

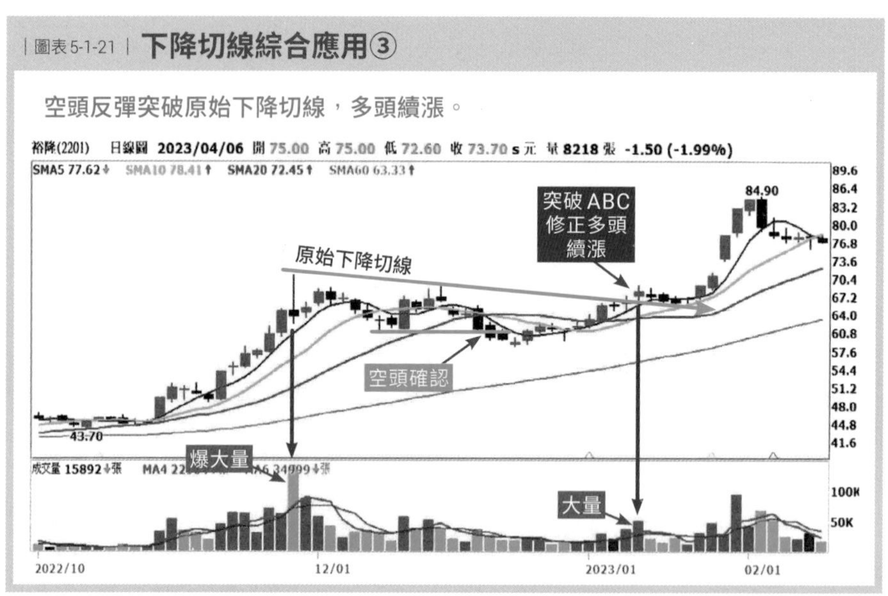

資料來源：富邦 e01 及嘉實資訊

| 圖表 5-1-22 | **下降切線綜合應用④**

空頭反彈突破原始下降切線，多頭續漲。

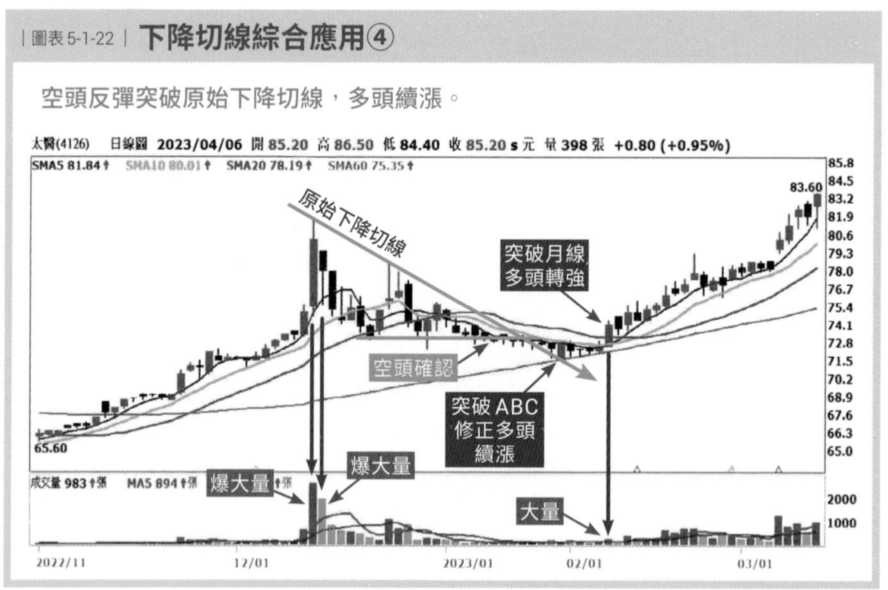

資料來源：富邦 e01 及嘉實資訊

五、隨機下降切線

在原始下降切線之後，空頭趨勢下跌，往後任何2高點連接的下降切線，稱為「隨機下降切線」，也稱為「下降次切線」。

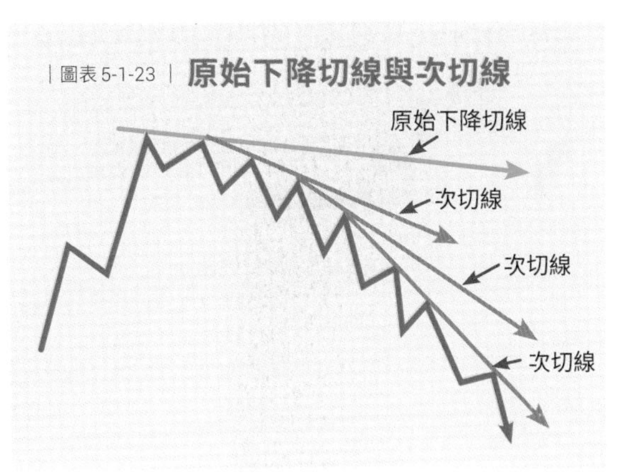

｜圖表 5-1-23｜ 原始下降切線與次切線

六、下降急切線

1. 短期連續數天急跌時，將K線的高點連接而成的切線，為超短期股價變化而畫的切線，一般當做當下進出場的參考點。

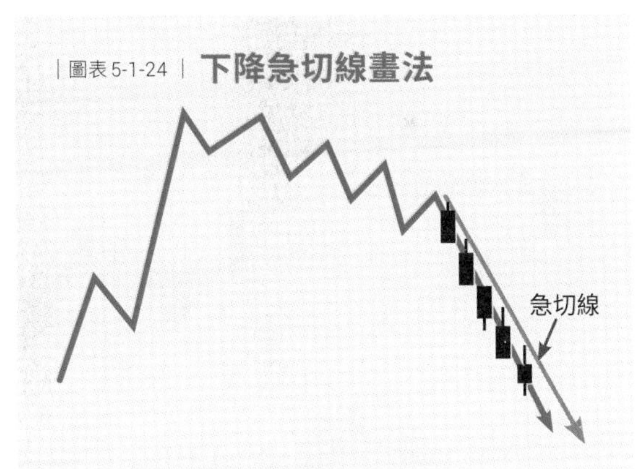

｜圖表 5-1-24｜ 下降急切線畫法

2. 下降急切線應用時機：

(1) 下降急切線是短線做空回補的重要參考線。

(2) 下降急切線應用在急跌、飆跌、末跌段的連續下跌、倒V形反轉位置。

(3) 下降急切線可以用在上下幅度大的盤整區進出。

｜圖表 5-1-25｜ **下降急切線趨勢圖①**

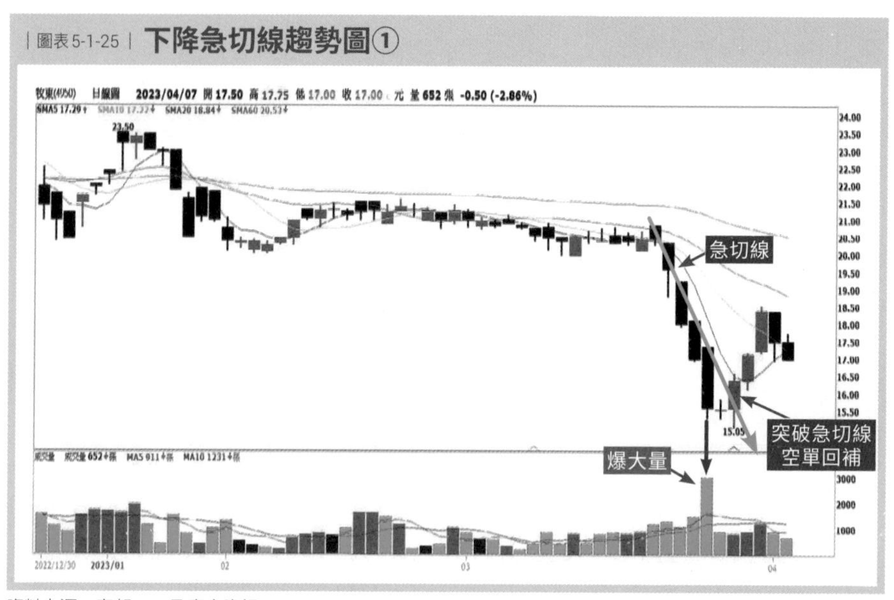

資料來源：富邦 e01 及嘉實資訊

｜圖表 5-1-26｜ **下降急切線趨勢圖②**

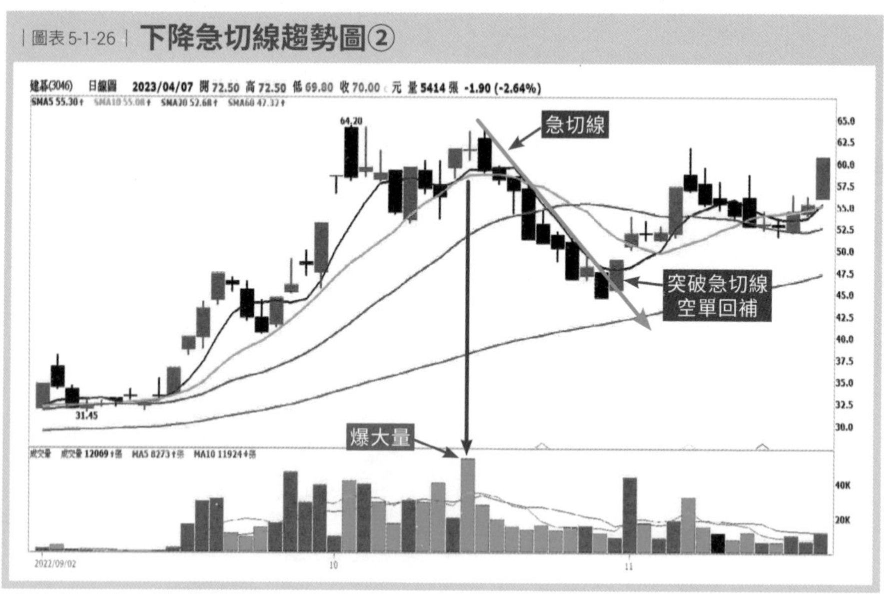

資料來源：富邦 e01 及嘉實資訊

上升切線的重要功能與作用

一、上升切線有支撐作用

上升切線有支撐功能，因此新的上升切線產生的延長線，為後面走勢回檔提供支撐的參考點。但是上升切線的支撐力道呈現遞減，第1次回檔觸及支撐最強，第2次回檔觸及支撐成功率約一半，後面再回檔觸及容易被跌破。

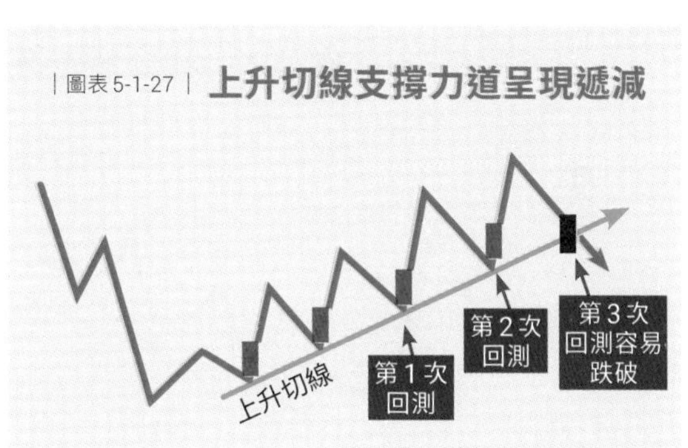

｜圖表 5-1-27｜ 上升切線支撐力道呈現遞減

二、切線角度顯示上漲的強弱

上升切線斜率（角度）的變化提供走勢強弱的變化參考，斜率越來越大，走勢越來越強，反之，斜率越來越小，走勢越來越弱。

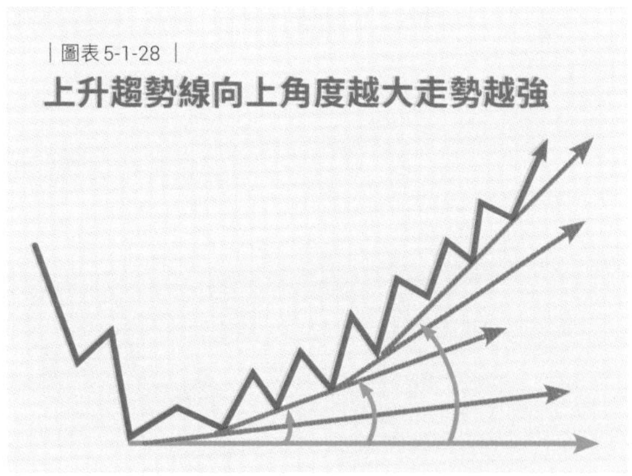
｜圖表 5-1-28｜ 上升趨勢線向上角度越大走勢越強

三、上升切線被跌破 多頭轉弱

當上升切線被跌破，是多頭上升減弱的訊號，跌破最後的上升切線可能要回檔修正，再往下跌破前面的上升切線，可能趨勢要結束或反轉。

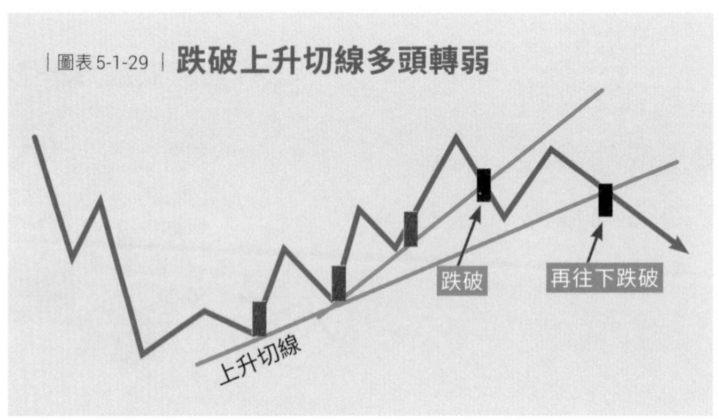

四、上升切線被跌破 支撐變壓力

上升切線的支撐被跌破，變成後續上漲時的壓力線。

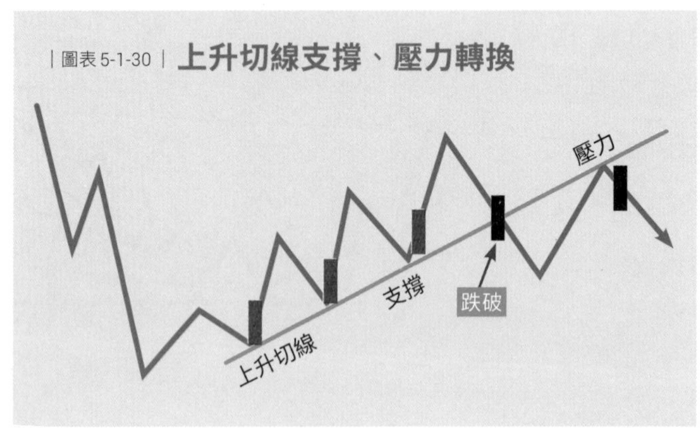

｜圖表 5-1-31｜ **上升切線的力道強弱變化範例①**

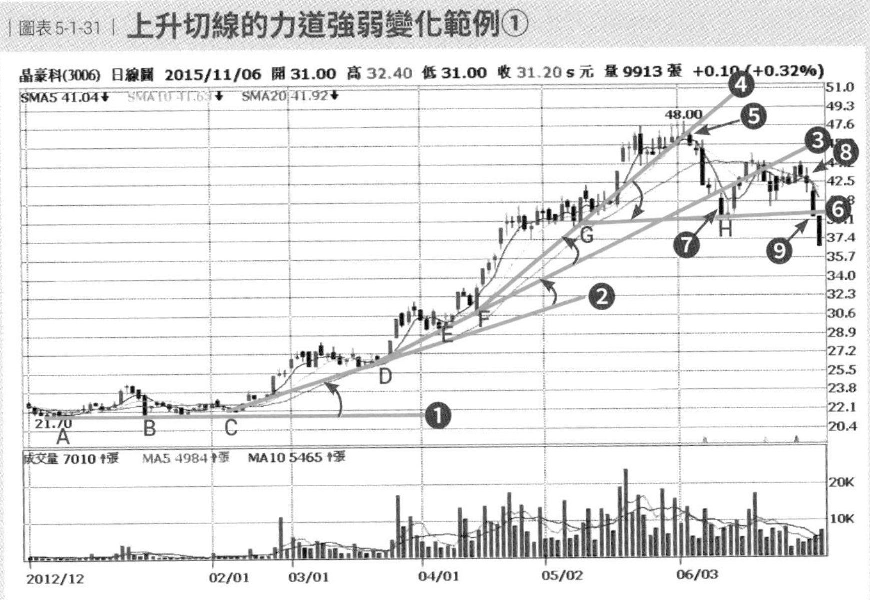

❶ 連接 A、B 兩點的原始上升切線。

❷ 連接 C、D 兩點的隨機上升切線，向上角度增加，走勢轉強。

❸ 連接 D、E 兩點的隨機上升切線，向上角度增加，走勢轉強。

❹ 連接 F、G 兩點的隨機上升切線，向上角度增加，走勢轉強。

❺ 黑 K 下跌，跌破第 4 條切線，多頭趨勢轉弱。

❻ 連接 G、H 兩點的隨機上升切線，角度向下減少，走勢明顯轉弱。

❼ 跳空長黑再向下跌破第 3 條切線，多頭趨勢容易反轉。

❽ 再上漲遇到第 3 條切線的壓力，黑 K 下跌，趨勢進入盤整。

❾ 長黑下跌，跌破前低，空頭趨勢確認。

資料來源：富邦 e01 及嘉實資訊

|圖表 5-1-32| **上升切線的力道強弱變化範例②**

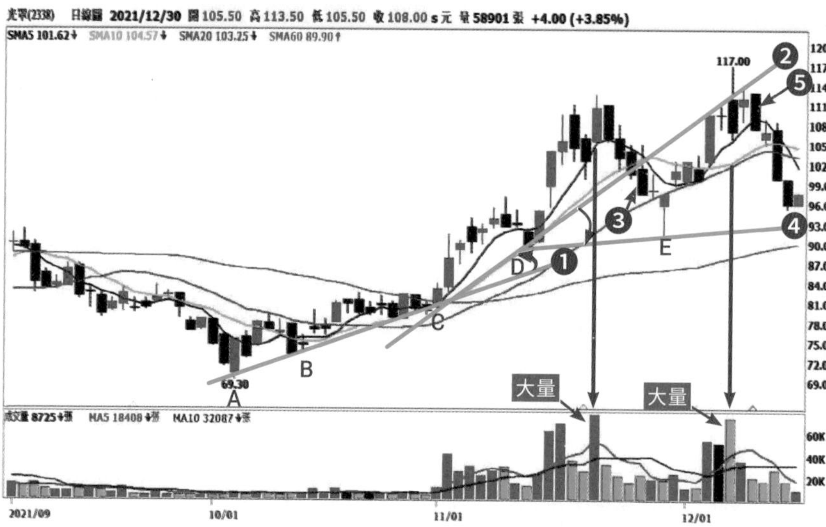

❶ 連接 A、B 兩點的原始上升切線

❷ 連接 C、D 兩點的隨機上升切線，向上角度增加，走勢轉強。

❸ 黑 K 下跌跌破第 2 條切線，多頭趨勢轉弱。

❹ 連接 D、E 兩點的隨機上升切線，角度向下減少，走勢明顯轉弱。

❺ 再上漲遇到第 2 條切線的壓力，黑 K 下跌，趨勢進入盤整。

資料來源：富邦 e01 及嘉實資訊

下降切線的重要功能與作用

一、下降切線有壓力作用

下降切線有壓力功能，因此新的下降切線產生的延長線，為後面走勢反彈提供壓力的參考點。但是下降切線的壓力力道呈現遞減，第 1 次反彈觸及壓力最強，第 2 次反彈觸及壓力成功率約一半，後面再反彈觸及容易被突破。

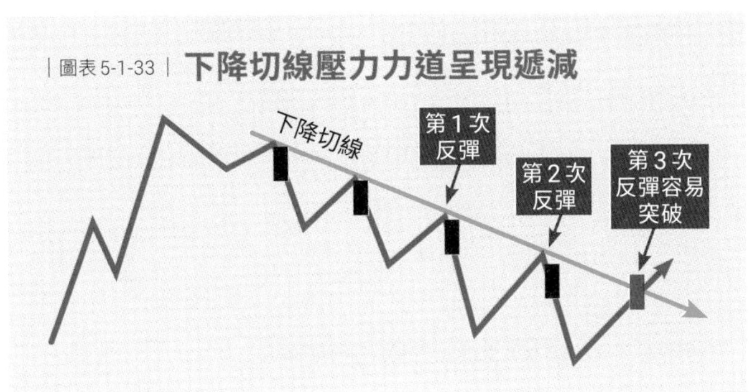

｜圖表 5-1-33｜ 下降切線壓力力道呈現遞減

二、下降切線角度顯示下跌的強弱

下降切線斜率（角度）的變化提供走勢強弱的變化參考，斜率越來越大，走勢越來越弱，反之，斜率越來越小，走勢越來越強。

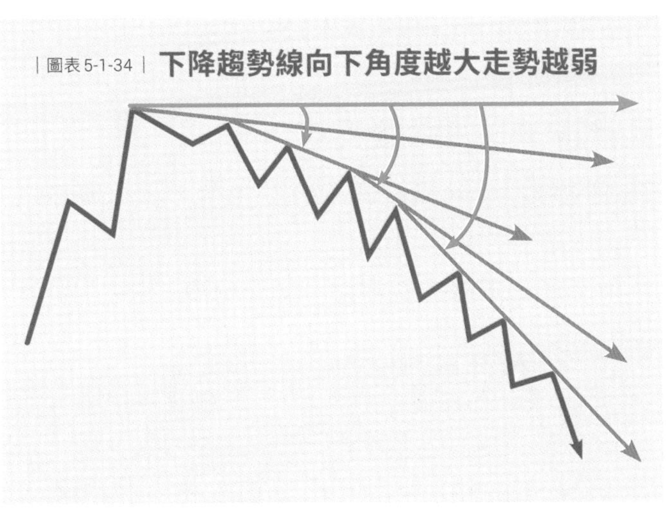
｜圖表 5-1-34｜ 下降趨勢線向下角度越大走勢越弱

三、下降切線被突破 空頭轉強

當下降切線被突破是空頭下跌轉強的訊號，突破最後的下降切線是要反彈修正，再往上突破前面的下降切線，可能空頭趨勢要結束或反轉。

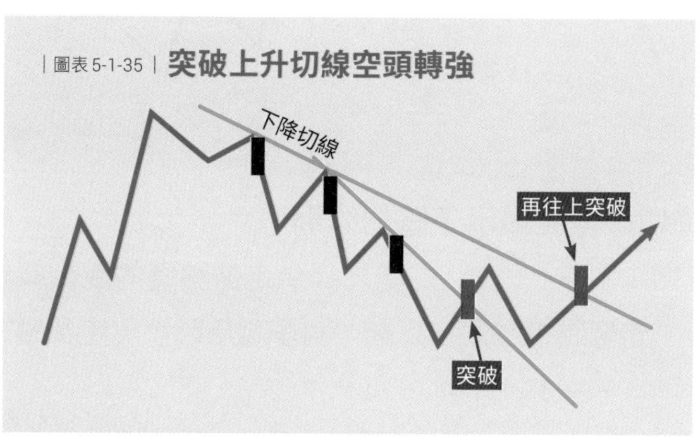

四、下降切線被突破 壓力變支撐

下降切線的壓力被突破，變成後續下跌時的支撐線。

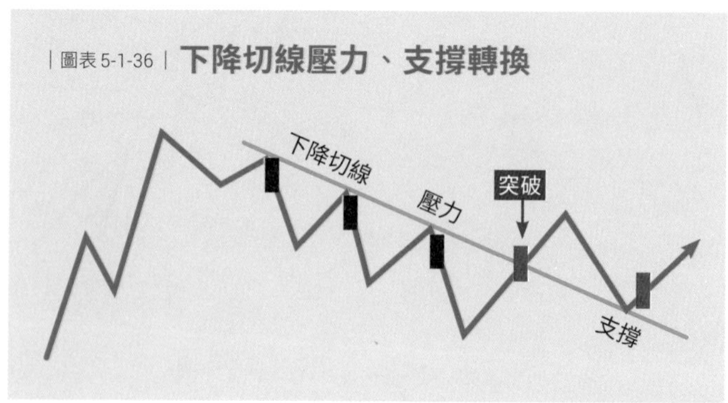

| 圖表 5-1-37 | **下降切線的力道強弱變化範例①**

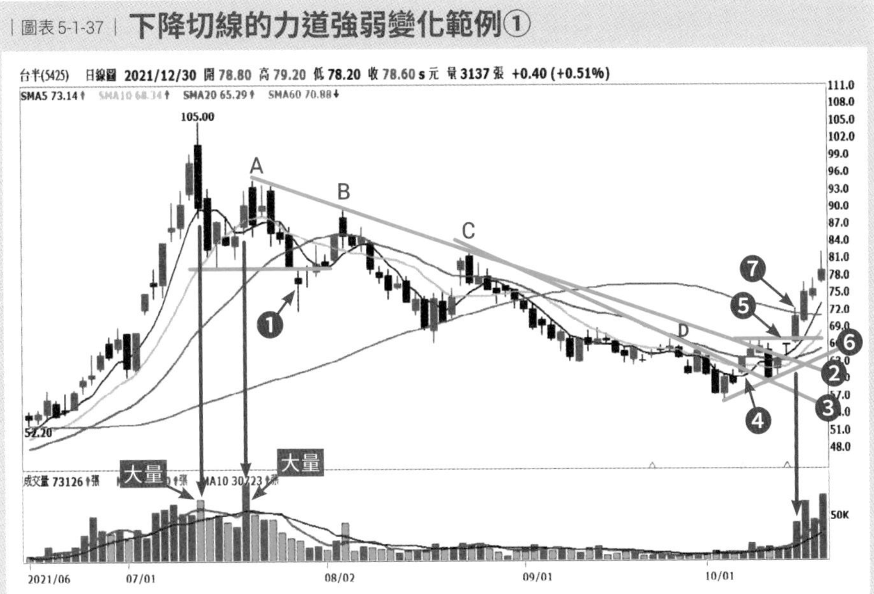

❶ 黑K下跌跌破前低，趨勢反轉空頭確認。

❷ 連接A、B兩點的下降切線，對後續股價產生壓力。

❸ 連接C、D兩點的隨機下降切線，向下角度增加，走勢轉弱。

❹ 紅K上漲反彈突破第3條下降切線，多方力道轉強。

❺ 股價上漲，向上突破第2條下降切線，站上月線、5日均線，趨勢出現「底底高」盤整。

❻ 連接「底底高」兩低點的原始上升切線。

❼ 大量長紅K突破前高，反轉多頭趨勢確認。

資料來源：富邦 e01 及嘉實資訊

｜圖表 5-1-38｜ **下降切線的力道強弱變化範例②**

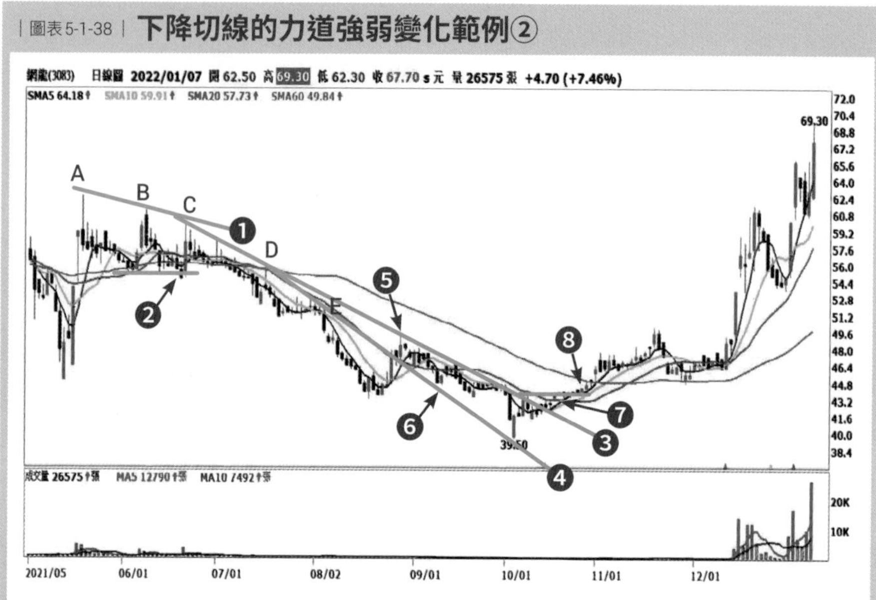

❶ 連接「頭頭低」A、B 兩點的原始下降切線。

❷ 黑 K 下跌跌破前低，趨勢反轉空頭確認。

❸ 連接 C、D 兩點的隨機下降切線，對後續股價產生壓力。

❹ 連接 D、E 兩點的隨機下降切線，向下角度增加，走勢轉弱。

❺ 紅 K 上漲反彈突破第 4 條下降切線，多方力道轉強。

❻ 空頭下跌碰到第 4 條被突破的下降切線出現支撐。

❼ 股價上漲，向上突破第 3 條下降切線，站上月線、5 日均線，趨勢出現「底底高」盤整。

❽ 紅 K 突破前高，反轉多頭趨勢確認。

資料來源：富邦 e01 及嘉實資訊

切線與趨勢變化的關係

一、多頭跌破上升切線的趨勢變化

|圖表 5-1-39| 變化①：仍然走原來的方向

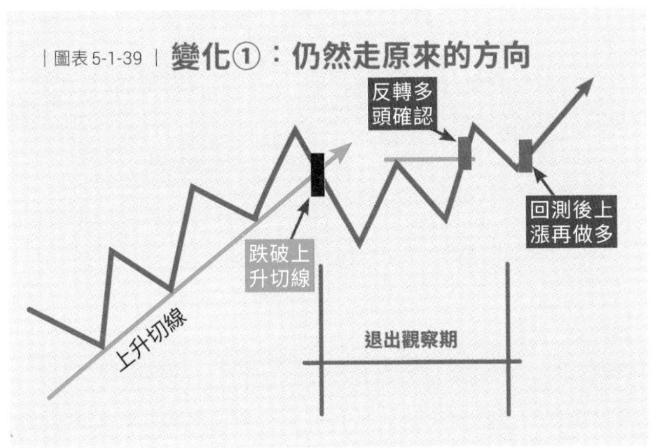

|圖表 5-1-40| 變化①：仍然走原來的方向範例

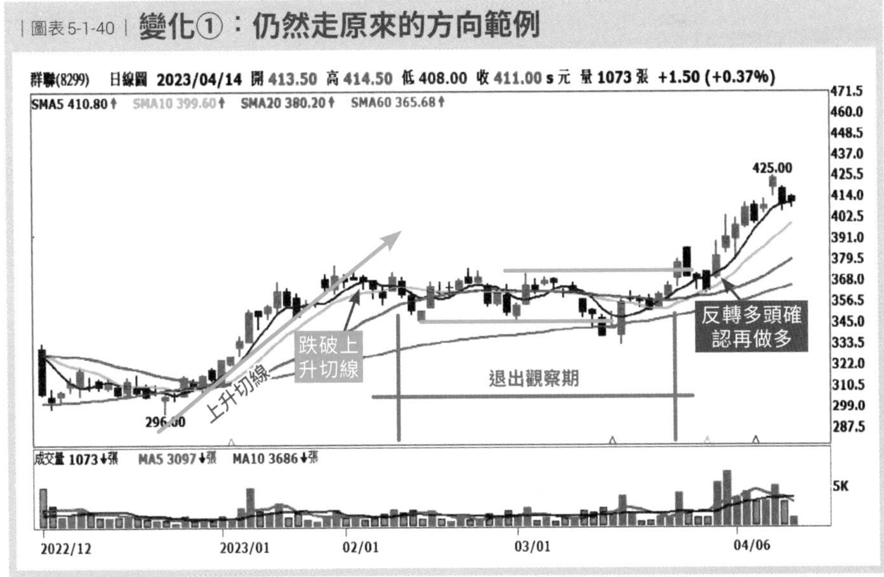

資料來源：富邦 e01 及嘉實資訊

｜圖表 5-1-41｜ 變化②：改變方向成為盤整

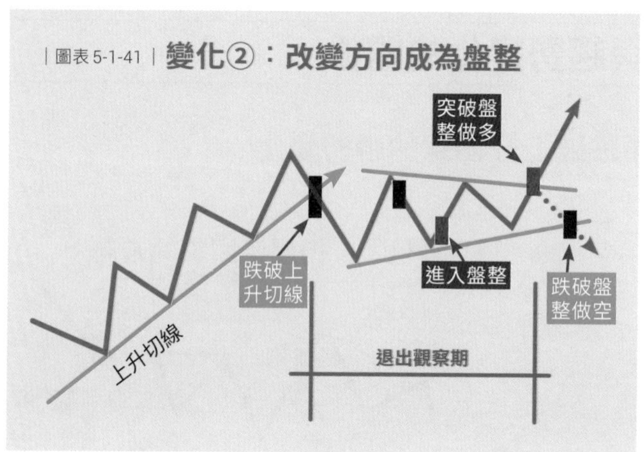

｜圖表 5-1-42｜ 變化②：改變方向成為盤整範例

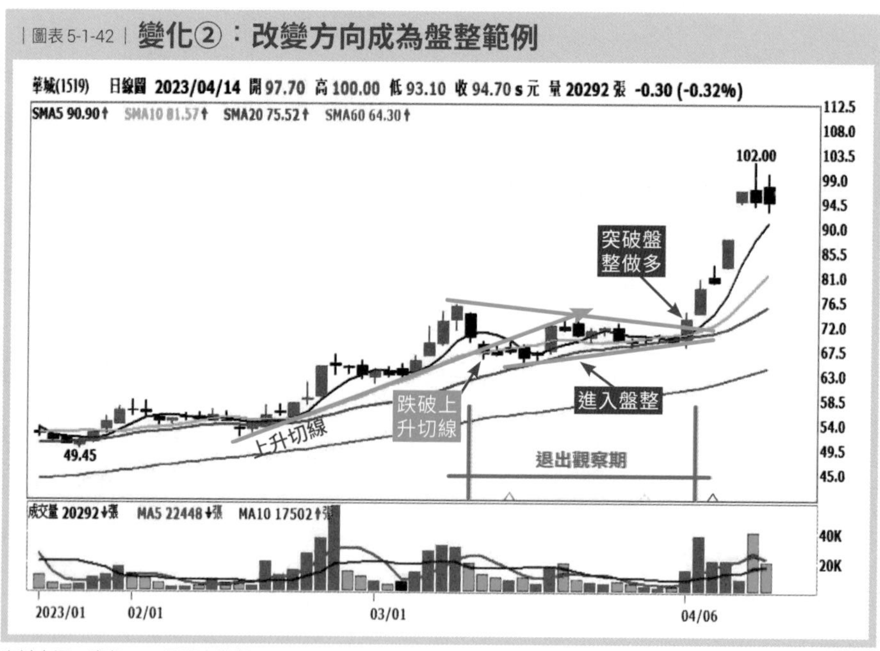

資料來源：富邦 e01 及嘉實資訊

｜圖表 5-1-43｜**變化③：反轉由多轉空**

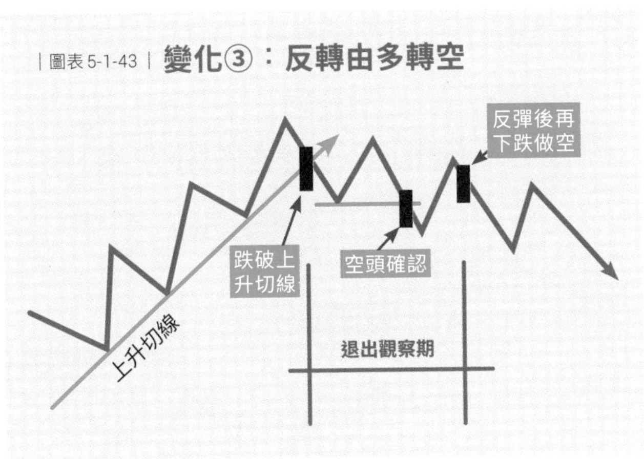

｜圖表 5-1-44｜**變化③：反轉由多轉空範例**

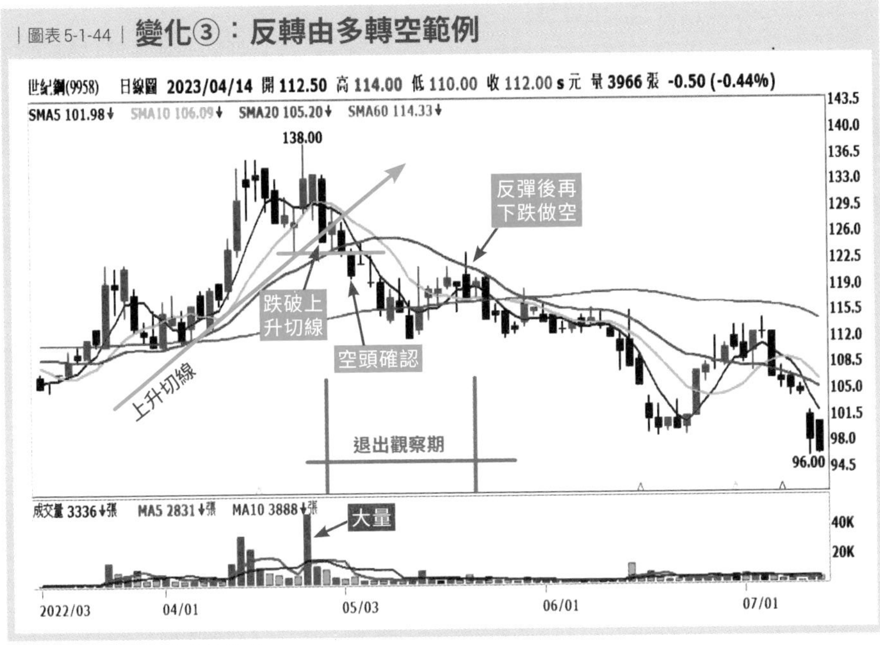

資料來源：富邦 e01 及嘉實資訊

二、空頭突破下降切線的趨勢變化

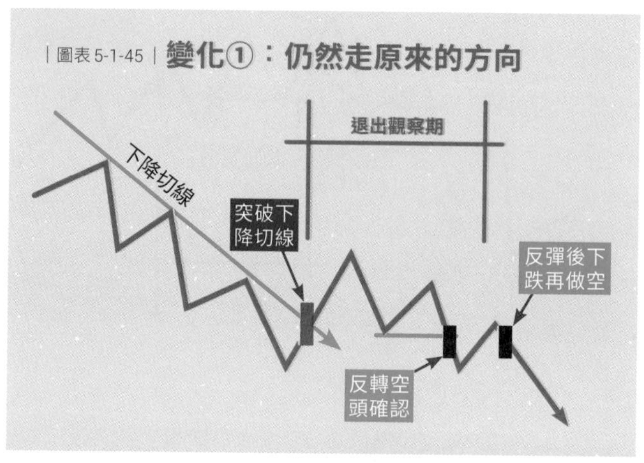

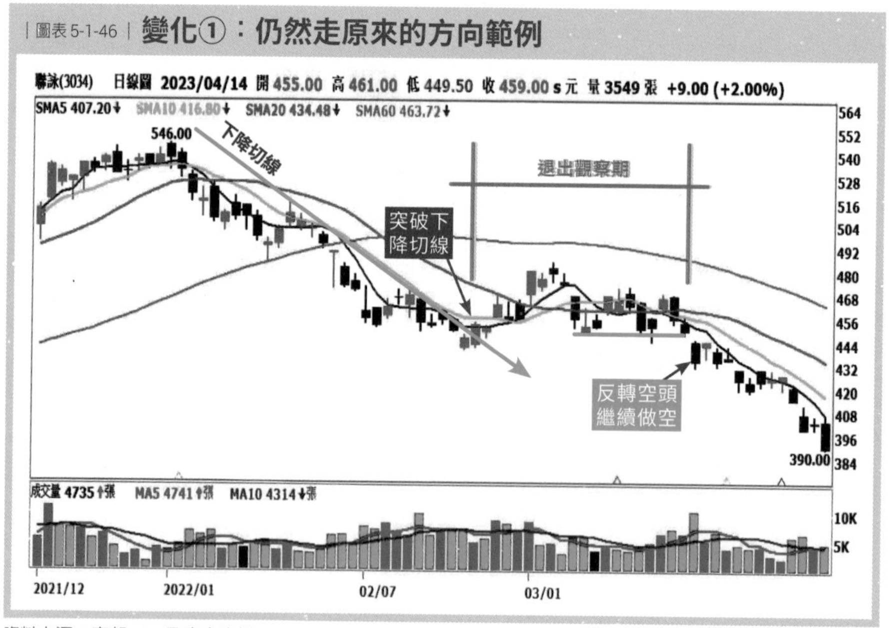

資料來源：富邦 e01 及嘉實資訊

| 圖表 5-1-47 | 變化②：改變方向成為盤整

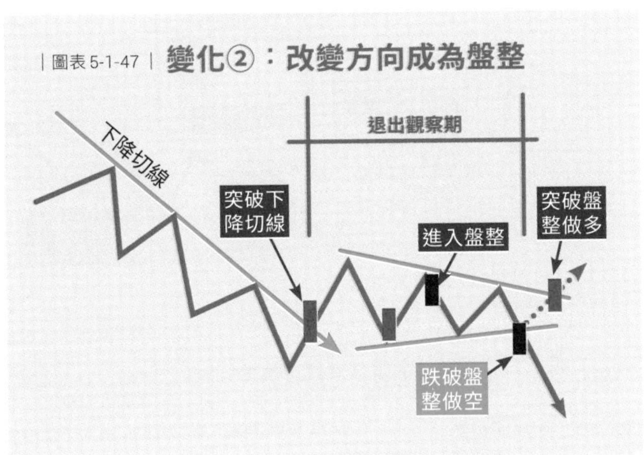

| 圖表 5-1-48 | 變化②：改變方向成為盤整範例

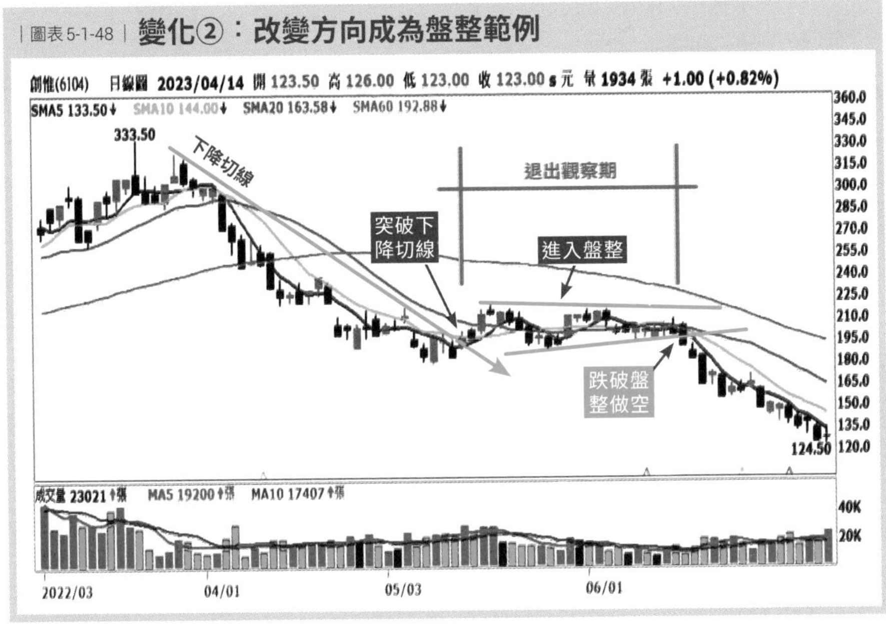

資料來源：富邦 e01 及嘉實資訊

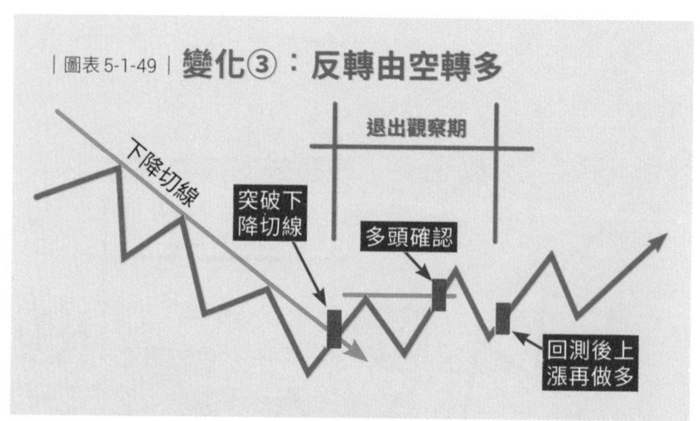

| 圖表 5-1-49 | **變化③：反轉由空轉多**

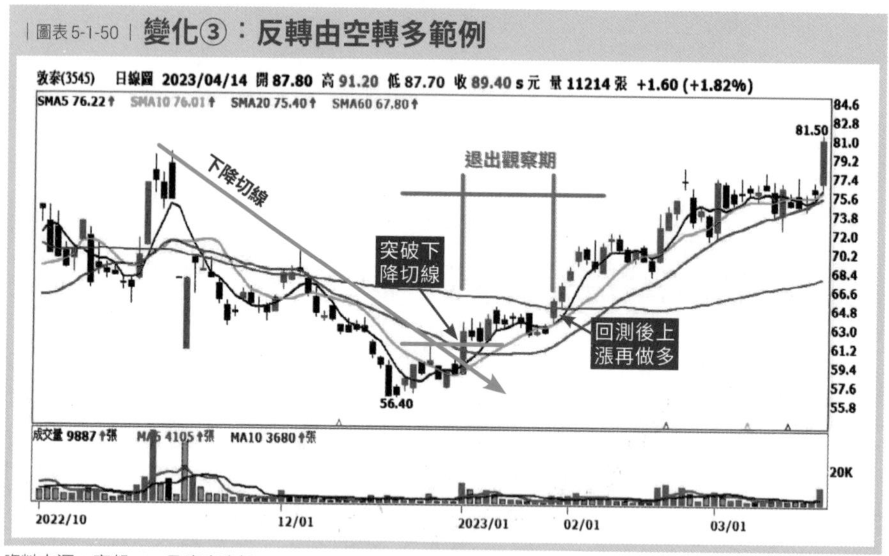

| 圖表 5-1-50 | **變化③：反轉由空轉多範例**

資料來源：富邦 e01 及嘉實資訊

股價的走勢只有 3 個方向，當原走勢架構出現轉變訊號時，我們要考慮可能會產生 3 種方向的可能，不能一廂情願地認為一定會改變到某方向，應該等到走勢出現確認的方向後，再來做決定是否介入操作（退出觀察期，等方向確認後再出手）。

｜圖表 5-1-51｜ **方向確認再進行操作**

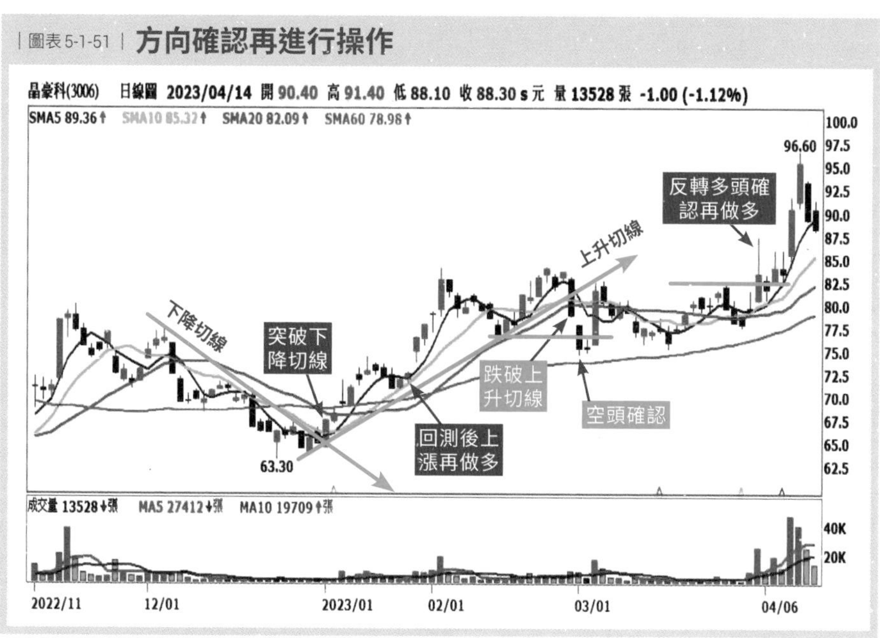

資料來源：富邦 e01 及嘉實資訊

5-2

軌道線的畫法與實戰應用

上升軌道線的畫法與實戰應用

多頭上漲時，上升切線是一條連接2低點的趨勢線，也是一條支撐參考線，在連接2低點中間的上面高點，畫1條與上升切線平行的上升線稱為「上升軌道線」，是一條壓力線，當股價突破上升軌道壓力線，是走勢轉強的訊號，往往會出現連續上漲的一波攻勢，可以把握做多。

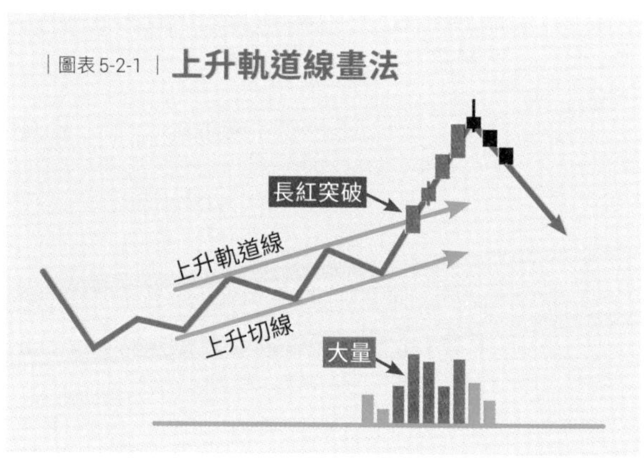

｜圖表 5-2-1｜上升軌道線畫法

重點說明：

1. 突破當天，出現跳空上漲大量長紅K實體棒，力道最強。

2. 沿軌道區間上漲到趨勢高檔（第3波）的突破長紅K，容易急漲，是末升段的現象，注意當出現變盤訊號，要準備停利出場（可以畫急切線參考，跌破急切線停利）。

3. 上升軌道線是壓力，沒有突破確認，不可提早進場，相反在下跌時可以短線逆勢做空。

| 圖表 5-2-2 | **上升軌道線應用範例①**

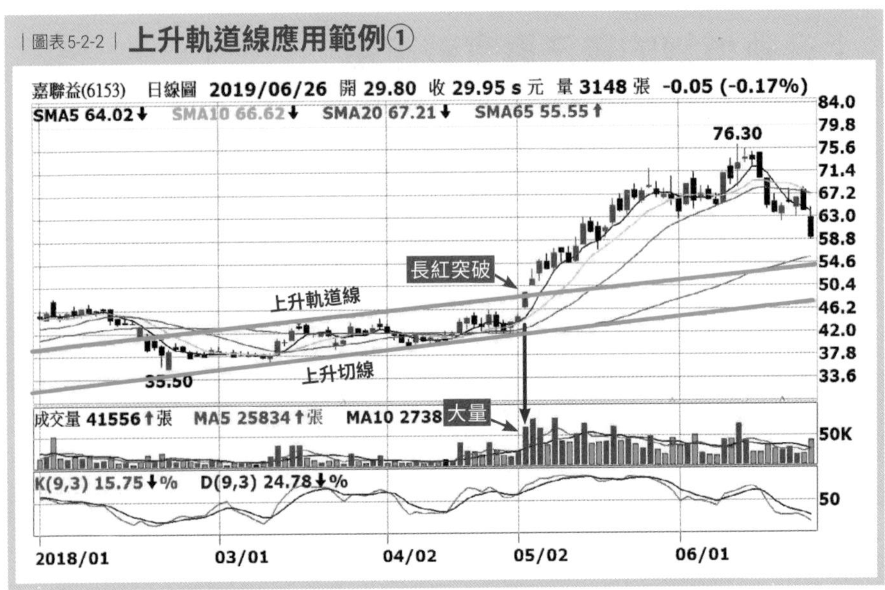

資料來源：富邦 e01 及嘉實資訊

| 圖表 5-2-3 | **上升軌道線應用範例②**

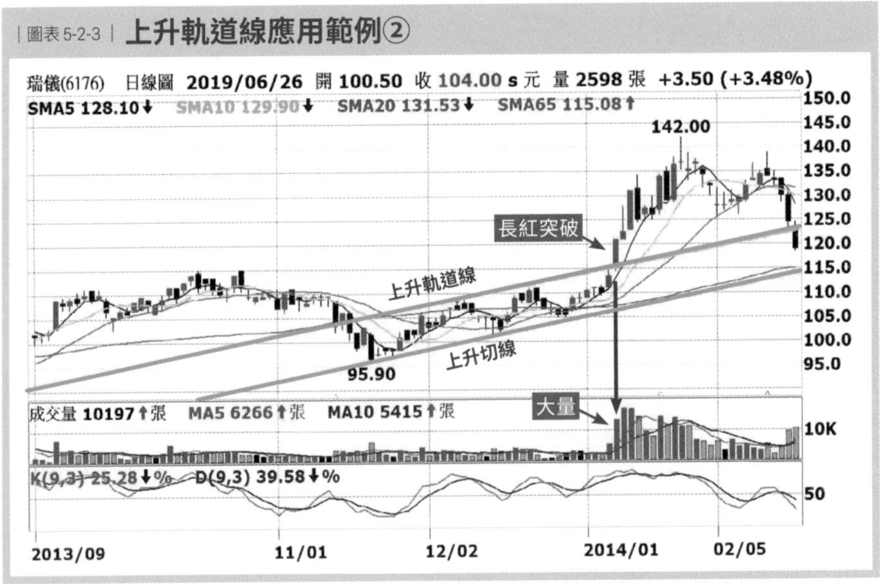

資料來源：富邦 e01 及嘉實資訊

｜圖表 5-2-4｜ **上升軌道線應用範例③**

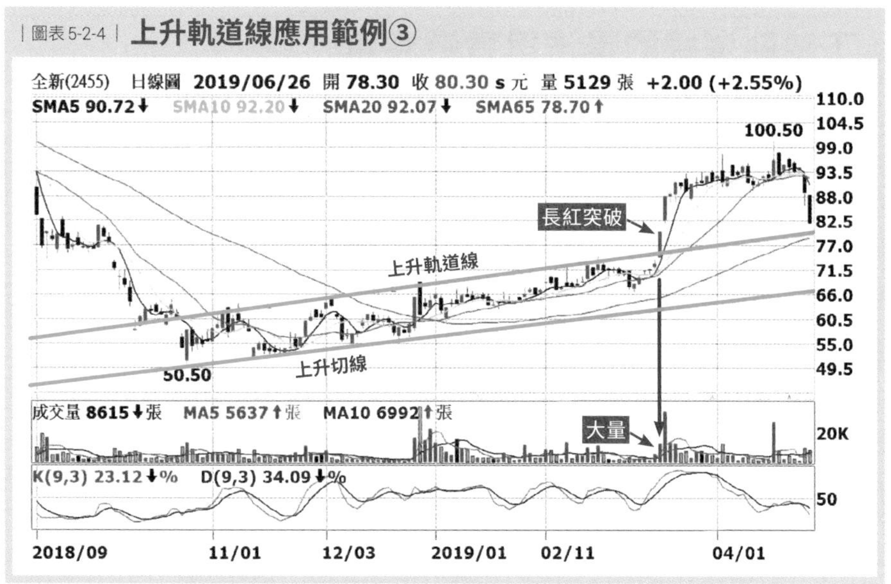

資料來源：富邦 e01 及嘉實資訊

｜圖表 5-2-5｜ **上升軌道線應用範例④**

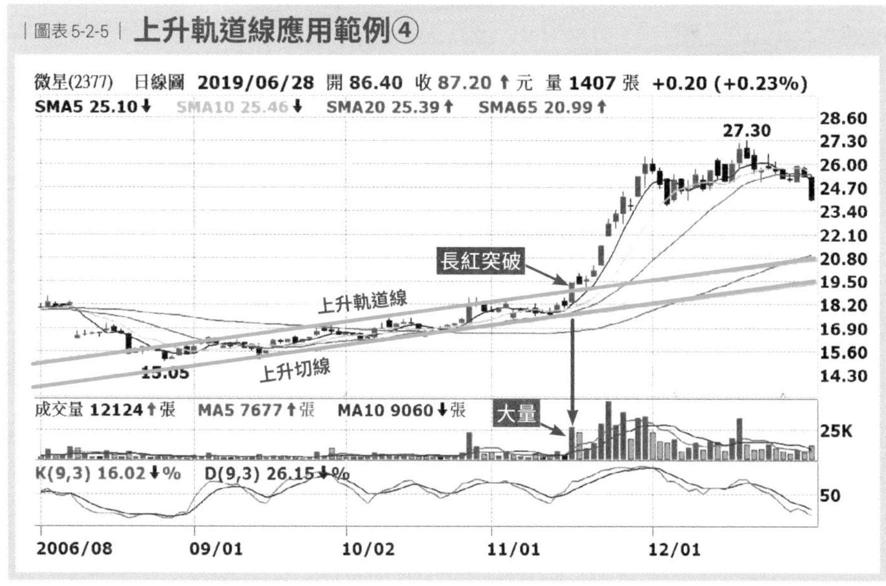

資料來源：富邦 e01 及嘉實資訊

下降軌道線的畫法與實戰應用

空頭下跌時，下降切線是一條連接2高點的趨勢線，也是一條壓力參考線，在連接2高點中間的下面低點，畫1條與下降切線平行的下降線稱為「下降軌道線」，是一條支撐線，當股價跌破下降軌道支撐線，是走勢轉弱的訊號，往往會出現連續下跌的一波跌勢，可以把握做空。

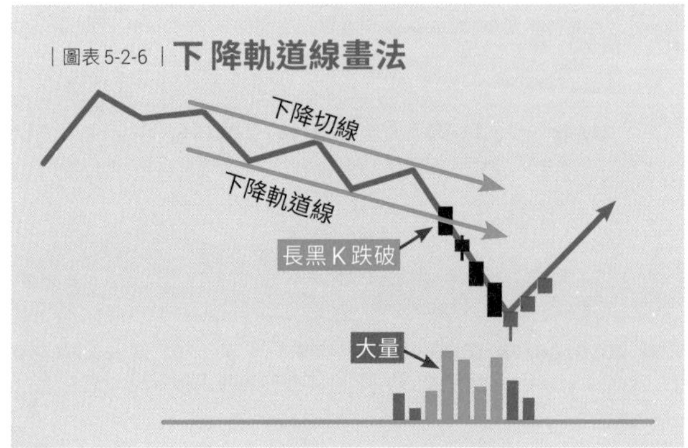

|圖表5-2-6|下降軌道線畫法

重點說明：

1. 跌破當天，出現跳空下跌大量長黑K實體棒，力道最強。

2. 沿軌道區間下跌到趨勢低檔（第3波）的跌破長黑K，容易急跌，是末跌段的現象，注意當出現變盤訊號，要準備空單回補停利出場（可以畫下降急切線參考，突破急切線停利）。

3. 下降軌道線是支撐，沒有跌破確認，不可提早進場做空，相反在上漲時可以短線逆勢做多。

圖表 5-2-7 **下降軌道線應用範例①**

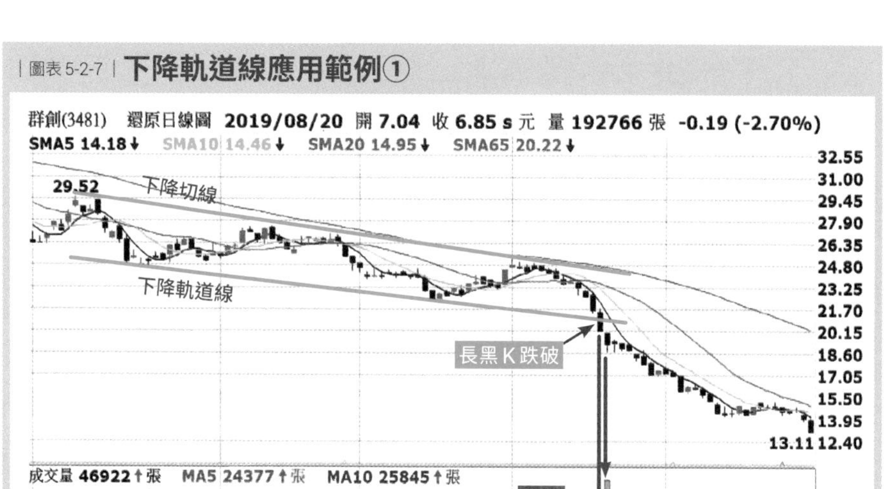

資料來源：富邦 e01 及嘉實資訊

圖表 5-2-8 **下降軌道線應用範例②**

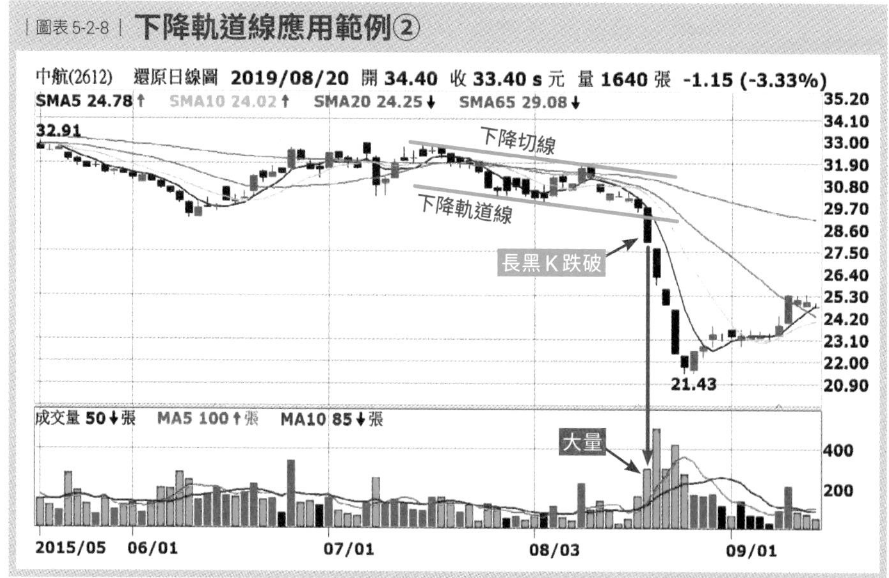

資料來源：富邦 e01 及嘉實資訊

| 圖表 5-2-9 | **下降軌道線應用範例③**

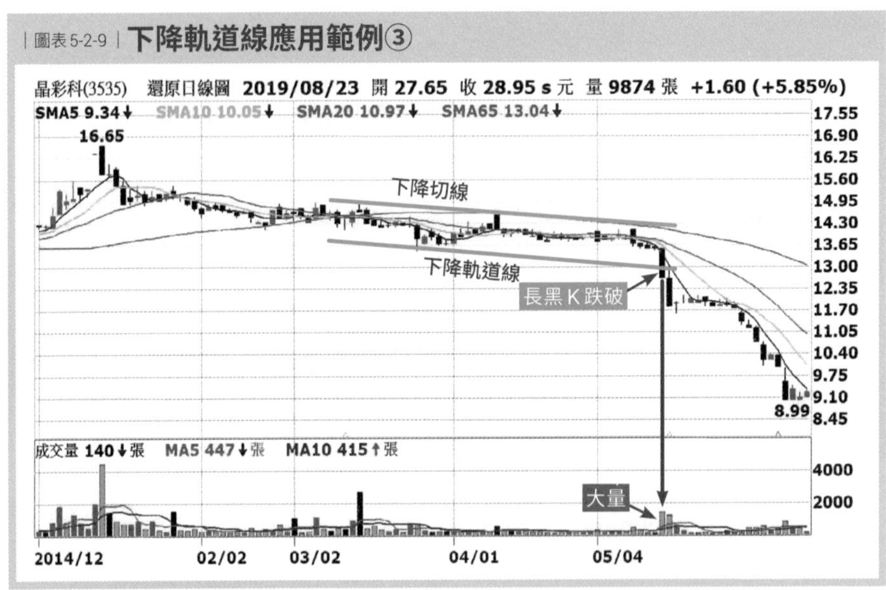

資料來源：富邦 e01 及嘉實資訊

| 圖表 5-2-10 | **下降軌道線應用範例④**

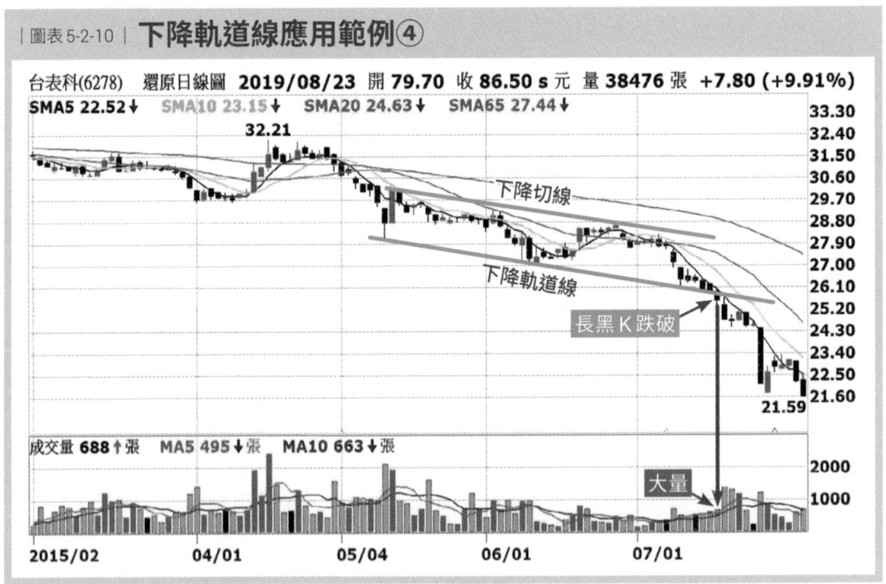

資料來源：富邦 e01 及嘉實資訊

學習筆記

學習筆記

學習筆記

學習筆記

學習筆記

活用技術分析寶典(上):
飆股上校朱家泓 40 年實戰精華 從 K 線、均線到交易高手的養成秘笈

作者:朱家泓

總編輯:張國蓮
副總編輯:周大為
責任編輯:李文瑜
資深編輯:謝一榮
美術設計:楊雅竹
封面攝影:黃聖育

董事長:李岳能
發行:金尉股份有限公司
地址:新北市板橋區文化路一段 268 號 20 樓之 2
傳真:02-2258-5366
讀者信箱:moneyservice@cmoney.com.tw
網址:money.cmoney.tw
客服 Line@:@m22585366

製版印刷:緯峰印刷股份有限公司

初版 1 刷:2024 年 11 月
初版 6 刷:2024 年 12 月

定價:1200 元

國家圖書館出版品預行編目(CIP)資料

活用技術分析寶典:飆股上校朱家泓 40 年實戰精華:從 K 線、均線到交易高手的養成秘笈 / 朱家泓著 . -- 初版 . -- 新北市 : 金尉股份有限公司 , 2024.11

冊; 公分

ISBN:978-626-7549-08-7(全套 : 平裝)

1.CST: 股票投資 2.CST: 投資技術 3.CST: 投資分析

563.53 113015882